Neuer Stuttgarter Kommentar
– Altes Testament 21/1 –

Neuer Stuttgarter Kommentar
– Altes Testament 21/1 –

Herausgegeben von
Christoph Dohmen

Franz Sedlmeier

Das Buch Ezechiel
Kapitel 1-24

Verlag Katholisches Bibelwerk GmbH, Stuttgart

ISBN 3-460-07211-3
Alle Rechte vorbehalten
© 2002 Verlag Katholisches Bibelwerk GmbH, Stuttgart
Druck: Druckerei Neubert, Bayreuth

Inhaltsverzeichnis

VORWORT 11

ERSTER TEIL: EINLEITUNG 13

I. *Die Zeit Ezechiels im Rahmen der Geschichte Israels*..... 13
   1. Politisch-militärische Großwetterlage 13
   2. Geistig-religiöser Hintergrund der Verkündigung Ezechiels 24

II. *Die Person des Propheten Ezechiel und ihr Wirken* 28
    1. Ezechiel im Widerstreit der Meinungen 28
    2. Das Ezechielbuch über Ezechiel 34
    3. Ezechiels theologische Herkunft 36

III. *Das Ezechielbuch* 43
     1. Der Gesamteindruck: ein in sich geschlossenes Werk ... 43
     2. Das Buch in seiner Endgestalt 49
     3. Zur Genese des Ezechielbuches 53
     4. Grundtendenzen gegenwärtiger Forschung zum Ezechielbuch 55

IV. *Theologische Grundgedanken des Ezechielbuches* 56
    1. Israels Gott, der Einzige 56
    2. JHWH und sein Wirken in der Geschichte 57
    3. Das »Haus Israel« – JHWHs erwähltes Volk 60
    4. Das Rätsel menschlicher Schuld 64
    5. Prophetische Existenz 65
    6. Heilvolle Zukunft 67

    7. Die Exilsgegenwart – Raum und Zeit der
       Entscheidung 69

ZWEITER TEIL: KOMMENTAR 73

I. *Die Berufungsvision 1,1 – 3,15* 73
    1. Hinführung 73
    2. Überschrift und Einleitung 1,1-3a 75
    3. Die Thronwagenvision 1,3b-28a 77
    4. Zurüstung und Sendung des Propheten 1,28b – 3,15 ... 93

II. *Prophetische Existenz und prophetische Zeichenhandlungen:*
    Jerusalems Belagerung und Israels Exil 3,16 – 5,17 105
    1. Hinführung 105
    2. Ezechiels Bestellung zum Wächter Israels 3,16-21 ... 105
    3. Das Verstummen des Propheten 3,(16a.)22-27 107
    4. JHWH wider Jerusalem 4,1 – 5,17 109

III. *Wider die Berge Israels und das ganze Land 6,1-14* 125
    1. Hinführung 125
    2. Wider die Berge Israels 6,1-7 125
    3. Abscheu vor sich selbst 6,8-10 126
    4. Verwüstung des ganzen Landes 6,11-14 127

IV. *Der große Tag JHWHs und das Ende für das ganze*
    Land 7,1-27 129
    1. Hinführung 129
    2. Erste Gottesrede: Das »Land Israel« und das
       kommende Ende 7,1-4 130
    3. Zweite Gottesrede: Die »Bewohner der Erde« und
       der nahe »Tag JHWHs« 7,5-9 131
    4. Der Tag JHWHs und seine Auswirkungen auf das
       ganze Land 7,10-27 131

V. *Die Vision von der verdorbenen Mitte des Gottesvolkes*
    und vom Auszug der göttlichen Herrlichkeit 8 – 11 134
    1. Hinführung, Einheit und Aufbau 134
    2. Die Entrückung des Propheten 8,1-3bα 138
    3. Die Verschuldung des Gottesvolkes 8,3bβ-18 139
    4. Göttliches Gericht und Beginn des Auszugs der
       Herrlichkeit JHWHs 9,1 – 10,22 146

	5. Ende und Neubeginn 11,1-21 154
	6. Abschluss der Vision und Rückkehr des Propheten in die Gola 11,22-25 162
VI.	*Prophetische Zeichenhandlungen über das hereinbrechende Unheil 12,1-20* 164
	1. Hinführung 164
	2. Das Exulantengepäck 12,1-16 164
	3. Kommende Erschütterungen 12,17-20 170
VII.	*Prophetie im Zeichen des Widerspruchs 12,21 – 14,11* 172
	1. Hinführung 172
	2. Immunisierung gegen das prophetische Wort 12,21-25.26-28 173
	3. Wider falsche Prophetie 13,1-23 176
	4. Ein Aufruf zur Umkehr 14,1-11 188
VIII.	*JHWHs schonungsloses Gericht über Jerusalem 14,12-23* 196
	1. Hinführung und Aufbau 196
	2. Die vier Gerichtswerkzeuge 14,12-23 196
IX.	*Jerusalem – das unnütze Rebholz 15,1-8* 200
	1. Hinführung und Aufbau 200
	2. Für nichts zu gebrauchen 15,1-8 200
X.	*Jerusalem – die untreue Frau 16,1-63* 203
	1. Hinführung und Aufbau 203
	2. Das göttliche Gericht 16,1-43a 205
	3. Jerusalem und ihre beiden Schwestern 16,43b-58 216
	4. Gottes ewiger Bund 16,59-63 219
XI.	*Das davidische Königtum – Untergang und neue Hoffnung 17,1-24* 221
	1. Hinführung und Aufbau 221
	2. Das Bildwort von Adler, Zeder und Weinstock 17,1-10 224
	3. Auslegung und Vertiefung der Fabel 17,11-21 229
	4. Neubeginn von Gott her 17,22-24 232

XII.	*Umkehr als Weg in die Freiheit 18,1-32*	234
	1. Hinführung	234
	2. Einheit, Aufbau und Textgestalt	237
	3. »Saure Trauben« – »stumpfe Zähne«: eine gefährliche Redensart 18,1-3	241
	4. Von der Selbstständigkeit und Verantwortung der einzelnen Generationen 18,4-20	244
	5. Umkehr als das Gebot der Stunde 18,21-32	251

XIII.	*Totenklage über das davidische Königtum 19,1-14*	255
	1. Hinführung, Aufbau und Einheit	255
	2. Die Löwin und ihre Jungen 19,1-9	257
	3. Der fruchtbare Weinstock 19,10-14	262

XIV.	*Israels bisherige Geschichte und der neue Exodus 20,1-44*	264
	1. Hinführung	264
	2. Der Text, sein Aufbau und seine Einheit	265
	3. Die Situationsangabe von 20,1	273
	4. Die Rahmung des Geschichtsrückblickes 20,2-4.30-31	276
	5. Der Geschichtsrückblick 20,5-26.27-29	281
	6. Israel und die Preisgabe seiner Identität nach 20,32	294
	7. Der neue Exodus 20,33-38	295
	8. Ein (ursprünglicher) Aufruf zur Umkehr an die gegenwärtige Generation 20,39*	298
	9. Israel im Lande – neues Heil von Gott 20,39.40-44	299

XV.	*Unter dem Schwert 21,1-37*	302
	1. Hinführung	302
	2. Das Schwert JHWHs 21,1-12	302
	3. Ein Schwertlied 21,13-22	304
	4. Das Schwert des Königs von Babel 21,23-37	306

XVI.	*Jerusalem – die verderbte Stadt 22,1-31*	310
	1. Hinführung	310
	2. Die Blutstadt 22,1-16	310
	3. Im Schmelzofen 22,17-22	313
	4. Die Verderbtheit aller Stände im Volk 22,23-31	314

XVII. Die beiden treulosen Schwestern Ohola und
Oholiba 23,1-49 316
 1. Hinführung 316
 2. Die gemeinsame Jugend 23,1-4 317
 3. Die ältere Schwester – Ohola 23,5-10 318
 4. Die jüngere Schwester – Oholiba 23,11-27 319
 5. Ausmalende Fortschreibungen 23,28-47 320

XVIII. Jerusalem – das unbrauchbare Gefäß 24,1-14 322
 1. Hinführung 322
 2. »Gekochtes Fleisch« und »verrosteter Kessel« –
    Bildworte für das Gottesvolk 24,1-14 322

XIX. Der große Verlust 24,15-27 325
 1. Hinführung 325
 2. Der Tod der geliebten Frau 24,15-24 326
 3. Das Verstummen des Propheten 24,25-27 327

DRITTER TEIL: ANHANG 329

I. Zur Wirkungsgeschichte 329

II. Literatur zum Ezechielbuch und zum vorliegenden
    Kommentar 330
 1. Kommentare 330
 2. Forschungsberichte 330
 3. Einführungen und Einleitungen 331
 4. Weitere Literatur (Monographien und Aufsätze) 331

III. Namen und Sachen 333
 1. Abkürzungen 333
 2. Abbildungen 334
 3. Erläuterungen zu Namen und Sachen 335

EXKURSE
Ezechiel im Kreuzfeuer der Kritik – ein Florilegium 29
Gottes Herrlichkeit – Gottes *kābôd* 89
Gottes Zorn 116
Falsche Prophetie in Israel 177
Die Stellung von Ez 18 im Ezechielbuch 235
Gottes ungute Gebote 287

Vorwort

Das Ezechielbuch macht es seinen Leserinnen und Lesern nicht leicht. Wer sich ohne Vorbereitung auf die Lektüre dieses aufregenden, ja dramatischen Buches einlässt, findet vermutlich nur mühsam Zugang zu seiner Botschaft. Ezechiel und seine Zeit, die des babylonischen Exils im 6. Jahrhundert v.Chr., scheint zu weit weg zu sein von unserer heutigen Lebenswelt mit ihren Fragen und Bedürfnissen. Die bildreiche, symbolträchtige Sprache des Propheten erschließt sich zum Teil nur widerstrebend. Die Schärfe und Aggressivität mancher seiner Anklagen und Gerichtsworte wirken verletzend, ja mitunter abstoßend. Und Gott, in dessen Auftrag Ezechiel redet und handelt, ist abgründig ohnegleichen, ein fremder und unbegreiflicher Gott. Der Prophet selbst erscheint – im Unterschied etwa zu Jeremia – distanziert und kühl in seiner Verkündigung. Er gewährt kaum Einblick in sein eigenes inneres Ringen und tritt ganz hinter die ihm aufgetragene Botschaft zurück.

Aufgabe des vorliegenden Kommentars ist es, zur Botschaft Ezechiels hinzuführen und diese zu erschließen. Um den Umfang des Kommentars nicht allzu sehr anschwellen zu lassen, haben der Verlag und der Herausgeber dieser Reihe beschlossen, auf eine eigene Übersetzung des Bibeltextes zu verzichten und dem Kommentar den Text der Einheitsübersetzung zugrunde zu legen. Es ist deshalb noch vor der Lektüre des Kommentars geboten, sich mit dem Bibeltext vertraut zu machen und – nach der Beschäftigung mit dem Kommentar – erneut zum Wort der Schrift zurückzukehren. Denn keine Schrifterklärung kann den Sinn haben, dass statt des Schrifttextes »nur« die Kommentierung gelesen wird. Die vielen Hinweise auf einzelne Verse des erklärten Textes oder seines Kontextes wollen gerade dazu einladen: dass die Leserinnen und Leser immer wieder neu zum Wort der Schrift zurückkehren, dieses bewohnen und so mit dem Wort selbst vertraut werden. Wo es angemessen erscheint, wird statt des Textes der Einheitsübersetzung eine eigene Übersetzung vorgeschlagen, um die biblische Aussage noch mehr zu profilieren.

Die Erläuterung der einzelnen Textabschnitte beginnt mit einer Hinführung, die den jeweilig Text in den größeren literarischen, traditionsgeschichtlichen und theologischen Zusammenhang stellt. Dadurch soll zum einen die Botschaft Ezechiels in die Polyphonie alttestamentlicher (und gesamtbiblischer) Theologien eingebunden werden, zum anderen – bei aller Vielfalt der Verkündigung Ezechiels – die größere Einheit des Ezechielbuches immer wieder in den Blick kommen. Diesem Anliegen dienen auch die vielen Verweise und Querverweise auf Schriftstellen alt- und neutestamentlicher Texte.

Für die Erstellung dieses Kommentars habe ich vielen zu danken. Zunächst gilt der Dank meinem Lehrer Rudolf Mosis für so manches Gespräch über die »ezechielische« Theologie, das wir im Verlauf der vergangenen Jahre geführt haben. Ich danke Frau Christine Mayr für ihr Engagement bei der Erstellung des Manuskriptes, Frau Constanze Baeck, Herrn Michael Heinrich und Frau Christina Wendling für die mühsame Arbeit des Korrekturlesens. Mein Dank gilt schließlich dem Herausgeber der Kommentarreihe, Herrn Kollegen Christoph Dohmen, und dem Verlag Katholisches Bibelwerk für ihr Verständnis und ihre Geduld, da die Entstehung des vorliegenden Bandes aufgaben- und berufsbedingt mehr Zeit in Anspruch nehmen musste, als ursprünglich geplant war.

Ezechiel und seine Botschaft haben mich besonders während meiner Tätigkeit an den Universitäten Eichstätt, Mainz und Augsburg, wie an der Dormition Abbey in Jerusalem begleitet. Den ehemaligen wie den gegenwärtig Studierenden in Augsburg, Eichstätt, Mainz, Speyer und an der Dormition Abbey in Jerusalem, deren Interesse für die Schrift mich immer wieder erfreut und beglückt hat, sei dieses Werk gewidmet.

Augsburg, im Juni 2002　　　　　　　　　　　　　　Franz Sedlmeier

ERSTER TEIL

Einleitung

I. Die Zeit Ezechiels im Rahmen der Geschichte Israels

1. Politisch-militärische Großwetterlage

Die Zeit, in der Ezechiel wirkt, ist für das JHWH-Volk eine Zeit der Abbrüche und Umbrüche, eine Zeit voller Risse. Ein großer Bogen in der Geschichte Israels, der mit David begonnen hatte, ist an sein Ende gekommen. David war es einst gelungen, sich gegen die Philister durchzusetzen, die sich um 1200 v.Chr. an der Küste Palästinas niedergelassen hatten. Nachdem ihn zunächst die Südstämme in Hebron zu ihrem König gesalbt hatten, trugen, nach der Niederlage Sauls gegen die Philister (1 Sam 31,1-13), auch die Nordstämme das Königtum an ihn heran. Kaum hatte er die Philister besiegt, eroberte David um 1000 v.Chr. mit seinem eigenen Söldnerheer die Stadt Jerusalem. Jerusalem wurde so zu seiner Stadt, zur Stadt Davids. Er ließ die Bundeslade nach Jerusalem bringen und machte diese seine Stadt zur Hauptstadt und zum religiösen Mittelpunkt seines Reiches. Sein Vorhaben, über der Bundeslade einen Tempel zu errichten, wurde nicht von ihm selbst, sondern von seinem Sohn Salomo durchgeführt (vgl. 2 Sam 7; 1 Kön 6 – 8). In weiteren Kriegen unterwarf David nach der Darstellung der biblischen Bücher die umliegenden Völker und gliederte sie seinem entstehenden Reiche ein. Wenn sein Reich auch nicht die Ausmaße besaß, wie dies lange Zeit angenommen worden war, mit David war Israel in die Welt der Staaten eingetreten.

In der davidisch-salomonischen Zeit waren somit die tragenden Institutionen vorhanden, die das Selbstverständnis des JHWH-Volkes in den folgenden Jahrhunderten entscheidend prägen sollten: das *Land*, der *Tempel* und das *davidische Königtum*.

Das *Land* galt nicht einfach nur als wertneutraler Besitz. Es war vielmehr Gabe JHWHs, mit der der Exodus zu seinem Ziel kam. Leben im Lande implizierte zugleich ein Leben im Sinne JHWHs, ein Leben nach seinen Weisungen. Andernfalls würde das Land seine Bewohner »ausspeien« wie die früheren Bewohner (Lev 18,24-28). Das Land galt somit als Gottes Geschenk an Israel. Es war Zeichen seiner Fürsorge und seiner Führung durch die Geschichte.

Natürlich gab es während der frühen Königszeit im Lande eine Vielzahl lokaler Heiligtümer. Der *Tempel* von Jerusalem galt jedoch als das Heiligtum par excellence. Jahr für Jahr pilgerten Frauen und Männer zu den großen Wallfahrtsfesten nach Jerusalem (vgl. Ps 122). In einer feierlichen Tempelliturgie wurden die vergangenen Taten Gottes in Erinnerung gerufen, denen Israel sein Dasein und seine Existenz verdankte. Jahr für Jahr stellten sich die Pilger auf diese Weise hinein in die große Geschichte Gottes mit seinem Volk und machten sich bewusst, dass sie Teil dieser Geschichte waren (vgl. Dtn 26,1-11).

Dem *davidischen Königtum* war nach der Natanweissagung dauernder Bestand zugesagt (2 Sam 7,15f.). Diese Verheißung bedeutete eine weitere Gewähr für die Gültigkeit des göttlichen Beistandes und des göttlichen Schutzes.

Diese drei genannten Größen – Land, Tempel und Königtum – prägten also das Selbstverständnis des Gottesvolkes entscheidend mit. Diese Institutionen gaben den einzelnen Israeliten Orientierung und galten als sichtbare Zeichen dafür, dass Gott sein Volk beschützte und es durch die Geschichte führte. Natürlich wurden alle drei der genannten Institutionen auch problematisiert und kritisch hinterfragt. Nicht zufällig treten mit den Königen auch die Propheten auf den Plan und weisen in scharfen Worten auf das Fehlverhalten vor allem der Könige und der führenden Schichten des Volkes hin. Selbst die Institution des Tempels wird problematisiert. Besteht doch die Gefahr zu meinen, mit feierlichen Zeremonien könnte man Gottes gleichsam habhaft werden (vgl. Jer 7,1-15). Doch trotz aller kritischer Infragestellung gelten Land, Tempel und davidische Dynastie als Gewähr dafür, dass Gott seinem Volk beisteht und es führt.

Nach dem Tode Salomos bricht das geeinte Reich entzwei (vgl. 1 Kön 12). Die Allianz zwischen Norden und Süden wird nicht erneuert. Es kommt zur sog. Reichstrennung (ca. 926 v.Chr.). Das Nordreich »Israel« und das Südreich »Juda« gehen fortan ihre eigenen Wege. Im 9. und 8. Jahrhundert v.Chr. treten die Neuassyrer als neue politische Kraft auf die Weltenbühne. In der zweiten Hälfte des 8. Jahrhunderts bedrängen sie zunehmend auch Palästina. Während des syrisch-efraimitischen Krieges 734/33 v.Chr. erobert König Tiglat-Pileser III. einen Großteil des Nordreiches. Ein Jahrzehnt später stehen die Assyrer vor Samaria, der Hauptstadt des Nordreiches. 722 v.Chr. erobert Salmanassar V. (727-722 v.Chr.) bzw. sein Nachfolger Sargon II. (722-705 v.Chr.) Samaria und bereitet dem Nordreich ein Ende. Große Teile der Bevölkerung werden in die verschiedenen Regionen des assyrischen Reiches verschleppt und fremde Völkerschaften, vor allem eine neue Oberschicht angesiedelt (vgl. 2 Kön 17). Im Gebiet des ehemaligen Nordreiches, das als assyrische Provinz den Namen Samerina trägt, entsteht eine Mischbevölkerung mit einer Mischreligion.

Das Südreich überstand den syrisch-efraimitischen Krieg. König Ahas von Juda (741-725 v.Chr.) konnte den Staat zwar retten, musste aber die assyrische Oberhoheit anerkennen und hohe Tribute zahlen. Juda mit seiner Hauptstadt Jerusalem war zu einem von Assur abhängigen Vasallenstaat geworden. König Hiskija (725-699 v.Chr.), der auf Ahas folgte, versuchte, die Oberherrschaft der Assyrer abzuschütteln und nahm an mehreren Aufstandsbewegungen teil. Doch diese Befreiungsversuche scheiterten allesamt. Im Jahre 701 v.Chr. steht Sanherib (705-681 v.Chr.) vor den Toren Jerusalems. Doch die Stadt wird nicht erobert, sie übersteht die Belagerung (vgl. 2 Kön 18,13 – 19,37; Jes 36,1 – 37,38).

»Hiskija entschlief zu seinen Vätern,« – so 2 Kön 20,21 – »und sein Sohn Manasse wurde König an seiner Stelle.« Manasse (2 Kön 21,1-18) bestimmt die Geschicke des Südreiches für etwa ein halbes Jahrhundert, von ca. 699 bis 643/42 v.Chr. Er betreibt eine proassyrische Politik. Dies wirkt sich u.a. in der Übernahme religiöser assyrischer Gebräuche aus. Im Tempel von Jerusalem

lässt er Altäre für die Reichsgötter Assurs aufstellen. Für die
JHWH-treuen Kreise im Land war dies eine schwere Zeit (vgl.
2 Kön 21,3-7).

Im 7. Jahrhundert bläht sich das neuassyrische Reich noch einmal
gewaltig auf. Asarhaddon (681-669 v.Chr.) gelingt es, 671 v.Chr. bis
nach Ägypten vorzustoßen. Doch dieser letzte Höhepunkt als
Weltmacht währt nicht lange. Nur 15 Jahre können sich die Neuassyrer in Ägypten halten, eine Zeit, die von vielen Aufständen und
Unruhen gekennzeichnet ist. 656 v.Chr. wird Asarhaddons Nachfolger Assurbanipal (696-627 v.Chr.) aus Ägypten vertrieben. Die
assyrische Vorherrschaft begann langsam zu zerfallen. Assurbanipal
– berühmt wegen seiner Bibliothek, die er in Ninive einrichten ließ
– vermochte das Reich nur mühsam zusammenzuhalten. Aufstände
und Unruhen mehrten sich. In den vierziger Jahren des 7. Jahrhunderts gab es noch einige militärische Erfolge – in Babylon etwa und
auf der arabischen Halbinsel.

Doch dann trat eine neue Macht auf der Weltenbühne auf, die das
kommende Jahrhundert bestimmen sollte. Sie war ihrem Gott Nabu
verpflichtet, nach dem sich auch ihre Herrscher benannten. Im Jahre
626 v.Chr. erkämpft sich Nabopolassar gegen Assur die Macht in
Babylon und begründet die neubabylonische Dynastie. Dieser
Kriegerkönig bedeutet den Anfang vom Ende Assurs. Die Neubabylonier verbünden sich mit den Medern, die im Jahre 614 v.Chr. die
Stadt Assur erobern und zerstören. Zwei Jahre später, 612 v.Chr.,
fällt Ninive, die damalige Hauptstadt des assyrischen Reiches. Die
Neubabylonier schlagen daraufhin die Meder, mit denen sie bisher
verbündet waren, und präsentieren sich als die neue Weltmacht.

Nun versucht auch Ägypten, sich in dieses Spiel der Weltmächte
einzuklinken. Nach der Devise »lieber ein krankes und schwaches
Assur, als ein gesundes und aggressives Babylon« eilen sie dem alten
Feind Assur zu Hilfe. Für Ägypten diente dieser Rumpf des ehemaligen assyrischen Reiches als willkommener Pufferstaat gegenüber
dem erstarkten Babylon. So zog Pharao Necho II. (610-595 v.Chr.)
auf der alten Militärstraße nach Norden, vorbei an Jerusalem, Richtung Zweistromland. Auf diesem Weg geschah nun etwas
Unvorhergesehenes und Tragisches. Was geschah?

Szenenwechsel – zurück nach Juda: Wie Manasse war auch sein
Sohn Amon (2 Kön 21,19-26) den Assyrern ergeben. Als treuer

Vasall zahlte er seinen Tribut. Nach nur etwa zwei Jahren Regierung stirbt Amon (642-641 v.Chr.) eines gewaltsamen Todes. Sein Sohn Joschija (ca. 640-609 v.Chr.) wird im Alter von nur 8 Jahren auf den Thron gesetzt. Hinter Joschija und seiner Ernennung zum König von Jerusalem stand wohl der konservative und JHWH-treue Landadel, dem die Religionspolitik Manasses ein Gräuel gewesen war. Die Zeit, in der Joschija in die Regierungsverantwortung hineinwächst, ist zugleich die Zeit des Verfalls der assyrischen Großmacht, die immer weniger Einfluss auf den Raum Syrien-Palästina ausüben kann. Während Assur und Babylon im Zweistromland um die Vorherrschaft ringen, entsteht im Raum Syrien-Palästina ein Machtvakuum. Je deutlicher sich die Ohnmacht Assurs zeigt, umso mehr strebt Joschija nach Unabhängigkeit für Jerusalem und Juda. Er stellt die hohen Tributzahlungen an Assur ein, kündigt das Vasallenverhältnis auf und beginnt, Teile des ehemaligen Nordreiches zu erobern. Er gliedert die assyrische Provinz Samerina, das Kerngebiet des ehemaligen Nordreiches, seinem Staatsgebiet ein. Es musste erscheinen, als sei mit Joschija ein Stern aufgegangen, ein neuer David. Und mancher begann wohl schon wieder von einem davidischen »Großreich« zu träumen und von einem Platz unter den Großen der Erde.

Doch Joschija tat noch mehr. Er ließ Tempel und Land von heidnischen Kulten und Wahrzeichen reinigen. Der Tempel diente nun wieder ausschließlich der JHWH-Verehrung. Die Zeit Joschijas wird so zu einer Zeit der religiösen Erneuerung, zu einer Zeit der Neubesinnung und der Rückbesinnung auf JHWH allein. Man spricht in diesem Zusammenhang von der sog. joschijanischen Reform (vgl. NSK-AT 19/1, 27-29 [Exkurs: Die Reform Joschijas]). Diese religiöse und kultische Erneuerung wird nach 2 Kön 22 – 23 mit einem wichtigen Ereignis in Verbindung gebracht: mit der Auffindung eines Gesetzbuches bei Reparaturarbeiten am Tempel. Nach Meinung namhafter Alttestamentler handelt es sich hierbei um das sog. Urdeuteronomium, eine Vorstufe unseres Buches Deuteronomium. Doch ist der Zusammenhang von joschijanischer Reform, Auffindung des in 2 Kön 22 – 23 erwähnten Gesetzbuches und der Entstehung des Buches Deuteronomium sehr komplex und wird in der wissenschaftlichen Diskussion kontrovers diskutiert.

Die Reformmaßnahmen Joschijas brachten für all die Kreise, die unter Manasse gelitten hatten und in Opposition abgedrängt worden waren, ein großes Aufatmen. In diese Zeit der joschijanischen Reform fällt die Geburt des Ezechiel. Neben den religiösen Reformen gab es freilich auch Tendenzen politischer Art, die nicht ganz unproblematisch waren, etwa der Traum von einem »Großreich« im Sinne Davids. Doch das Werk des Joschija währt nur kurze Zeit. Warum?

Szenenwechsel – zurück zur Weltpolitik: Das neuassyrische Reich liegt also im Todeskampf. Der Begründer der neubabylonischen Dynastie Nabopolassar ist dabei, ihm den Todesstoß zu versetzen. Ägypten greift in das Spiel der Weltmächte ein. Nicht uneigennützig versucht es, das schwache Assur gegen die Neubabylonier zu stützen. Als Puffer gegen die aufkommende aggressive Großmacht Babylon ist Assur allemal zu gebrauchen. Außerdem geht es um den Einfluss auf Syrien und Palästina. Pharao Necho II. bricht also auf. Im Jahre 609 v.Chr. zieht er mit starken Truppenverbänden nach Norden, Richtung Eufrat. Sein Ziel ist Haran (vgl. 2 Kön 23,29). Necho zieht an Jerusalem vorbei. Juda interessiert ihn nicht. Da geschieht das Unverständliche und Tragische: Joschija stellt sich ihm bei Megiddo in den Weg. Sein Heer wird geschlagen, Joschija findet den Tod und wird in Jerusalem begraben. Eine Welt war zusammengebrochen (vgl. 2 Kön 23,28-30).

Judas letzte Könige

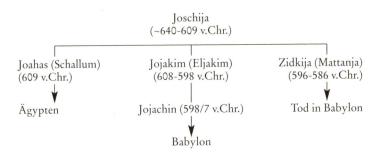

Doch der judäische Landadel handelt schnell. Er ernennt nicht den ältesten Sohn Joschijas, Eljakim, zum König, sondern den jüngeren Joahas (»JHWH ergreift«; vgl. 2 Kön 23,30). Dieser sollte die Politik seines Vaters fortsetzen. Nach Beendigung der Kämpfe bei Haran schlägt Necho II. auf dem Rückweg sein Feldlager in Ribla in Syrien auf. Er lässt Joahas zu sich kommen. Joahas zieht ihm entgegen, wohl in der Meinung, den Treueeid ablegen zu müssen. Doch der Pharao nimmt ihn gefangen, entkleidet ihn seiner königlichen Würde und verschleppt ihn mit nach Ägypten. Die Regierungszeit des Joahas währt somit nur drei Monate. Mit seiner Entscheidung sagt der Pharao sein deutliches Nein zur Fortführung der joschijanischen Politik. Dieses Geschehnis hat seinen Niederschlag gefunden in 2 Kön 23,31-35; Jer 22,10-12 (Schallum entspricht Joahas) und in Ez 19,1-4. Necho setzt Eljakim (»Gott wird aufrichten«), den älteren Sohn Joschijas, der zunächst übergangen worden war, als Vasallenkönig ein und ändert seinen Namen in Jojakim (»JHWH wird aufrichten«) (608-598 v.Chr.).

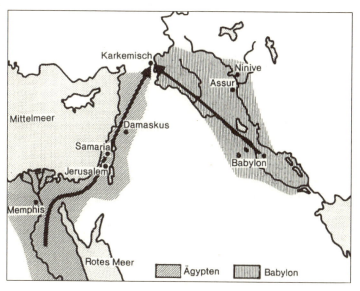

Abb. 1: Ägypten, Babylon und die Schlacht bei Karkemisch

Doch die Oberhoheit Ägyptens währt nicht lange. 605 v.Chr. kommt es zur Schlacht bei Karkemisch. Babylonische Chroniken berichten hierüber Folgendes:

»[1]Im 21. Jahre (scil. 605) blieb der König von Akkad in seinem Lande. Sein ältester Sohn Nebukadnezzar, der Kronprinz vom Thronfolge-Haus, [2]bot die Truppen von Akkad auf, trat an die Spitze seiner Truppen und zog nach Karchemis am Ufer des Euphrat. [3][*Gegen die ägyptischen Truppen*], die in Karchemis lagen, überschritt er den Fluss. [4][...] griffen sie einander an. Die Truppen von Ägypten zogen sich vor ihm zurück, [5]er brachte ihnen eine [Niederlage] bei und vernichtete sie. Die Reste der Truppen von Ägypten, [6][die bei] der Niederlage davongekommen waren und außer Schussweite geblieben waren – im Gebiet von Hamath ... [7]holten die Truppen von Akkad sie ein und brachten ihnen eine Niederlage bei; kein einziger Mann [kehrte] in sein Land [zurück]. [8]Damals eroberte Nebukadnezzar das ganze Land *Hamath*. [9]21 Jahre hat Nabopolassar über Babel regiert. [10]Am 18. Ab starb er. Im Monat Elul kehrte Nebukadnezzar nach Babel zurück. [11]Am 1. Elul bestieg er in Babel den Königsthron« (TUAT I/4, 403).

Ägypten unterliegt bei dieser Schlacht von Karkemisch. Die Neubabylonier übernehmen als die neuen Herren die Oberhoheit über Syrien und Palästina. Um diese Zeit kommt der Sohn Nabopolassars an die Macht: Nebukadnezzar II. (605-562 v.Chr.). Das Vasallenverhältnis Judas mit Ägypten endet. An dessen Stelle tritt das Vasallitätsverhältnis mit Babylon. Nebukadnezzar ist nun der neue Großkönig und Herr.

Doch Palästina kommt nicht zur Ruhe. Nach nur etwa drei Jahren fällt Jojakim von Babel ab (602/01 v.Chr.). Warum? Sicher waren die Tributleistungen sehr hoch. Sie drückten. Dann gab es wohl auch ägyptische Zusagen auf militärische Hilfe. Vermutlich spielte ein gescheiterter Feldzug Nebukadnezzars gegen Ägypten im Jahre 601 v.Chr. die entscheidende Rolle. Auch darüber berichten die babylonischen Chroniken:

»[5]Im 4. Jahre (scil. 601) bot der König von Akkad seine Truppen auf und zog nach dem Hethiterlande. Siegreich [zog er] durch das Hethiterland. [6]Im Monat Kislew trat er an die Spitze seiner Truppen und zog nach Ägypten. Als der König von Ägypten das hörte, [bot er] seine Truppen [auf]. [7]In einer Feldschlacht griffen sie einander an und brachten sich wechselseitig schwere Verluste bei. Der König von Akkad und seine Truppen *kehrten* zurück nach Babel« (TUAT I/4, 403).

In Juda missdeutete man diesen gescheiterten Feldzug Nebukadnezzars als Ende der Ära Babylon oder zumindest als Begrenzung seiner Macht durch Ägypten. Doch dies war eine verhängnisvolle Fehlinterpretation. Nebukadnezzar reagierte unmittelbar auf den Abfall Jojakims. Im Jahre 599/98 v.Chr. zog er gegen Jerusalem und belagerte die Stadt (vgl. 2 Kön 24,1-7). Auch hierüber findet sich eine Notiz in den babylonischen Chroniken:

> »[11]Im 7. Jahre (scil. 598), im Monat Kislew, bot der König von Akkad seine Truppen auf und zog nach dem Hethiterlande. [12]Die Stadt Juda ... belagerte er. Am 2. Adar eroberte er die Stadt. Den König nahm er gefangen. [13]Einen König nach seinem Herzen setzte er dort ein. *Seinen* schweren Tribut nahm er mit und führte ihn nach Babel« (TUAT I/4, 403-404).

König Jojakim, der den Bund mit Nebukadnezzar gebrochen hatte, stirbt während der Belagerung Jerusalems. Sein Sohn Jojachin (»JHWH möge Festigkeit verleihen«) wird König an seiner statt, doch nur für drei Monate. Seine Hauptaufgabe besteht darin, zu kapitulieren und die Tore der Stadt zu öffnen. So wird Jerusalem im Jahre 598/97 v.Chr. ein erstes Mal erobert, bleibt jedoch aufgrund der freiwilligen Kapitulation durch den noch jungen König verschont. Jojachin selbst wird mit seinen Angehörigen und Teilen der Oberschicht – unter ihnen befindet sich auch Ezechiel – nach Babel geführt. Dies ist die erste Deportation nach Babel.

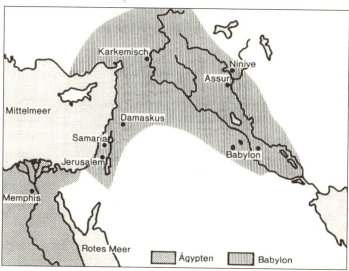

Abb. 2: Das babylonische Großreich

In Babylon geht es den Verbannten nicht so schlecht, wie dies mitunter angenommen wird. Sie sind nicht versklavt. Sie wohnen zusammen in eigenen Enklaven, z.B. im babylonischen Tel Abib bei Nippur in der Nähe von Babylon. Sie besitzen ihre eigene Selbstverwaltung, können Geschäften nachgehen und ihr Leben selbst organisieren. Dies alles konnte jedoch zu der falschen Meinung führen, das Exil sei eine nur vorübergehende Panne, ein Provisorium. Gegen diese Missdeutung des Exils wenden sich Ezechiel im Exil und Jeremia in der judäischen Heimat. Denn auch in Palästina gab es ähnliche Hoffnungen.

Nebukadnezzar regelt auch die Verhältnisse in Palästina. Er setzt Mattanja als neuen Vasallenkönig ein und gibt ihm den Namen Zidkija (»meine Gerechtigkeit ist JHWH«; vgl. Jer 37,1 und 2 Kön 24,17-20). Zidkija ist eine schwache, farblose Persönlichkeit und leicht beeinflussbar. An ihn machen sich diejenigen Kreise in Jerusalem heran, die meinen, das Exil sei eine nur kleine und reparable Panne. Obwohl Jeremia und Ezechiel vor einer solchen Fehleinschätzung der Lage warnen, gewinnen jene Kreise die Oberhand. Als im neubabylonischen Reich vorübergehende Schwierigkeiten entstehen, sehen manche ihre Stunde, die Stunde der Befreiung gekommen. Auch Ägypten scheint hierbei wieder eine verhängnisvolle Rolle gespielt zu haben. Im Jahre 592/91 v.Chr. hält sich Pharao Psammetich II. für diplomatische Zwecke in Palästina auf. Es kommt zum Aufstand und zum Abfall von Babylon. Nach Jer 27,2-3 war dies wohl eine konzertierte Aktion mehrerer kleiner Staaten. Womöglich bildete Jerusalem das Nest des Widerstandes, da die Gesandten der betroffenen Staaten dort zusammenkamen (vgl. Jer 27,2-3).

Nebukadnezzar antwortet prompt. Er schickt ein babylonisches Heer nach Jerusalem und beginnt 589/88 v.Chr. mit der Belagerung der Stadt, die sich über eineinhalb Jahre hinzieht. Als zwischendurch ein ägyptisches Heer erscheint, meinen König und Volk, die Stunde der Befreiung sei endlich gekommen. Doch so schnell wie das ägyptische Heer herangerückt war, so schnell zieht es sich auch wieder zurück (vgl. Jer 37,5-10).

Jerusalem wird nach eineinhalbjähriger Belagerung erobert. Zidkija flieht mit den engsten Vertrauten in Richtung Ostjordanland. Bei Jericho im Jordangraben wird er gefangen genommen.

Man bringt ihn nach Ribla in Syrien, wo Nebukadnezzar sein Hauptlager aufgeschlagen hat. Die Söhne und die Angehörigen seines Hofstaates werden vor den Augen Zidkijas hingerichtet, Zidkija selbst wird geblendet und in die Gefangenschaft nach Babylon weggeführt (vgl. 2 Kön 25,1-6). Einen Monat später kommt es zur Plünderung und Zerstörung der Stadt (vgl. 2 Kön 25,8-17). Jerusalem wird dem Erdboden gleichgemacht, der Tempel niedergebrannt, ein Teil der Bevölkerung deportiert. Weitere Hinrichtungen, besonders von politisch Verantwortlichen, folgen (vgl. 2 Kön 25,18-21).

Juda verliert seine Selbstständigkeit. Es wird dem Gouverneur der Provinz Samerina unterstellt. Ein gewisser Gedalja (»groß ist JHWH«) erhält die Aufgabe eines Aufsehers übertragen (2 Kön 25,22-26). Er nimmt seinen Sitz in Mizpa, nördlich von Jerusalem. Nur für kurze Zeit kann er diese Aufgabe wahrnehmen. Er wird erschlagen, die Mörder fliehen in das Ostjordanland. Eine andere Gruppe setzt sich nach Ägypten ab. Diese zwingt Jeremia, mit ihnen zu gehen. So verlieren sich die Spuren Jeremias in Ägypten.

Damit ist das Ende des Staates Juda gekommen. Doch es handelt sich hierbei nicht nur um eine politisch-militärische Niederlage. Was seit Davids und Salomos Tagen für das Gottesvolk prägend und konstitutiv gewesen war, ist zerbrochen und scheint endgültig verloren. Das *Land*: Es war Gottes Gabe, Zeichen seiner Nähe, Ziel auch des Exodus. Der *Tempel*: Er war Ort der Bundeslade, der Ort der Gegenwart Gottes. Bei den Wallfahrten und den großen Festen und Feiern konnte man sich der göttlichen Gegenwart vergewissern. Das *davidische Königtum*: Auf ewig sollte die Dynastie Davids währen. Nun war sie zerbrochen. Lediglich ein kleiner Hoffnungsschimmer bleibt nach 2 Kön 25,27-30 bestehen.

Diese Institutionen hatten den Glaubenden Israels über Generationen hin Halt und Orientierung gegeben. War in ihnen doch Gottes Führung und seine Sorge zum Ausdruck gekommen. Der Zusammenbruch und der Verlust dieser Größen führte in eine große geistige Krise hinein, welche die wesentlichen und grundlegenden Fragen des Glaubens an Gott betraf.

2. Geistig-religiöser Hintergrund der Verkündigung Ezechiels

Die Not der Exulanten bestand nicht zuerst in ihrer wirtschaftlichen oder sozialen Lage, so bedrückend diese auch sein mochte. Die Verbannten besaßen eine relative Eigenständigkeit. Sie konnten sich frei bewegen, Häuser bauen, Pflanzungen anlegen und Handel treiben. Sie führten im Grunde genommen ein recht normales Leben. Von einem Sklavendasein kann in keinem Falle die Rede sein. Auch Fronarbeit ist nicht bezeugt. Die Verbannten konnten ihr Leben in ihren Familien gestalten (vgl. Jer 29,1.4-7) und das Zusammenleben im Sinne einer Art Selbstverwaltung frei organisieren. Mehrmals ist davon die Rede, dass »Älteste« zu Ezechiel kommen, um seinen Rat einzuholen (vgl. Ez 8,1; 14,1; 20,1). Möglicherweise gab es sogar eine organisierte Religionsausübung. Nach manchen Exegeten verweist die Aussage Ez 11,16 »ich (JHWH) bin ihnen ein wenig zum Heiligtum geworden« auf so genannte »Notformen des Gottesdienstes« (Zimmerli 249f.).

Die Lage derer, die in Palästina zurückgeblieben waren, war wohl kaum merklich besser. Der Krieg hatte das Land ausgezehrt. Die Lebensbedingungen waren härter als zuvor. Ein Großteil der Führungsschicht war ins Exil verschleppt worden. So stellte sich das Problem der Führung für die im Lande ansässige Bevölkerung. Hohe Tributabgaben brachten zusätzliche ökonomische Probleme mit sich. Auch die im Lande Verbliebenen befanden sich somit in keiner beneidenswerten Lage.

Die eigentliche Not beider – derer, die in Palästina zurückgeblieben waren, wie derer, die man ins Exil verschleppt hatte – lag im Zusammenbruch der tragenden Stützen, die dem Leben der Glaubenden über Jahrhunderte hin Halt, Orientierung und Heimat gegeben hatten. Mit einem Male lag alles darnieder. Nach der altorientalischen Landgott-Vorstellung waren das Schicksal eines Gottes und das seines Volkes wie seines Landes auf Gedeih und Verderb miteinander verbunden. Bedeutete die Niederlage Israels somit nicht die Niederlage seines Gottes? War JHWH gescheitert? War Israel einem Gott gefolgt, der sich nun als ein der Geschichte ohnmächtiger Gott offenbaren musste?

Der Zusammenbruch des Exils löste eine tiefgreifende geistig-religiöse Krise aus. Es kam zur Verunsicherung in zentralen Aspekten des Glaubens: Was ist der Sinn von Erwählung, was der Sinn unserer Geschichte als JHWH-Volk? Ist der Glaube an JHWH tragendes Fundament oder eine Illusion, der wir nachgelaufen sind? Ist JHWH verlässlicher Lebensgrund oder nur Trug? »Der Herr hat mich verlassen. Gott hat mich vergessen« (Jes 49,14). In diesem Ausspruch Zions findet die existentielle Not des JHWH-Volkes ihren Ausdruck. Es glaubt, von seinem Gott im Stich gelassen, von seinem Gott verraten zu sein. Zu diesem Sinnvakuum mag auch der Spott der Feinde und Bedränger beigetragen haben, die sich über das besiegte JHWH-Volk lustig machten: »Warum dürfen die Heiden sagen: ‚Wo ist nun ihr Gott?'« (Ps 79,10).

Die beiden großen Propheten Jeremia und Ezechiel haben den Weg des Gottesvolkes in die Krise hinein am intensivsten miterlebt und diese am eigenen Leib erfahren. So besteht die Lebensaufgabe Jeremias nach Jer 1,4.10 vorwiegend darin, Scheinsicherheiten »auszureißen und niederzureißen, zu vernichten und einzureißen«. Erst gegen Ende seines Lebens darf er (vielleicht) tun, was er zu jeder Zeit und von Herzen gerne getan hätte: »aufbauen und einpflanzen«. Ezechiel wird mit König Jojachin ins Exil geführt und dort zum Propheten berufen. Ähnlich wie Jeremia hat auch er sich in erster Linie mit dem hartnäckigen Widerstand des Gottesvolkes gegen Gott und seinen Willen auseinanderzusetzen. Der erste Teil des Ezechielbuches, Ez 1 – 24, zeigt dieses Ringen des Propheten auf anschauliche, oft auf drastische Weise. Erst in einer zweiten Phase seines Wirkens, nachdem mit der zweiten Eroberung Jerusalems, der Zerstörung der Stadt und des Tempels die letzten Hoffnungen auf ein schnelles Ende des Exils zerbrochen sind, wird Ezechiel zum Künder einer neuen Hoffnung, eines neuen Heiles, das von Gott kommt: Ez 33 – 48.

Im Ezechielbuch findet sich eine Reihe von geflügelten Worten, die während der Exilszeit im Umlauf waren, sei es unter den Exilierten in Babylon, sei es in der judäischen Heimat. Diese Redewendungen geben Einblick in die Art und Weise, wie Ezechiels Zeitgenossen mit dem allmählichen Zusammenbruch ihrer Hoffnungen zurechtzukommen suchten.

Nach *Ez 11,3* sagen die Autoritäten von Jerusalem: »In nächster Zeit braucht man keine Häuser zu bauen. Die Stadt ist der Topf, und wir sind das Fleisch.« Die im Lande Verbliebenen haben nach der ersten Eroberung Jerusalems die Schäden an den Häusern und an der Stadt notdürftig behoben. Weil die Häuser und die Stadtmauern noch stehen, wähnen sie sich in Sicherheit und fahren mit ihrem gewohnten Verhalten fort. Die Krisenzeit wird von ihnen nicht als solche wahrgenommen. Sie wird nur als Schönheitsfehler angesehen, der durch einige kleine Reparaturen zu beheben sei. Die Vertreter dieser Auffassung vertrauen auf das, was an äußeren Beständen und Strukturen noch da ist. Einen Anlass für eine Veränderung ihres Verhaltens sehen sie nicht.

Bei der ersten Eroberung Jerusalems wird ein Teil der Bevölkerung ins Exil geführt, unter ihnen auch Ezechiel, vermutlich mit seiner Frau. Manche, die verschont bleiben, glauben, dass nun ihre Stunde gekommen sei. Sie sehen die Verschleppung von Angehörigen ihres Volkes als willkommene Gelegenheit, sich auf deren Kosten zu bereichern und eigene Positionen auszubauen. Nach *Ez 11,15* sagen die in Jerusalem Zurückgebliebenen von den Exilierten: »Sie sind fern vom Herrn; uns ist das Land zum Besitz gegeben.« Ezechiel weist diese Ansprüche schroff zurück. Eine Theologie oder eine Frömmigkeit, die Erfolg auf Kosten anderer als Zeichen einer besonderen Nähe Gottes deutet, kommt nicht von JHWH. Sie ist vielmehr eine Ideologie der Sieger. Eine solche Haltung zerstört die gebotene Solidarität im Volk, sie vermehrt das Unheil und ruft das Gericht Gottes herbei (vgl. Ez 22,29-31).

Mit dem Gericht, das Ezechiel anzukündigen hat, fordert er die Bereitschaft, Gewohntes und Vertrautes loszulassen und zu verlieren. Eine Strategie, diesem »Verlieren« aus dem Wege zu gehen, besteht darin, die Gültigkeit des göttlichen Wortes in Frage zu stellen. So sagen die Hörer Ezechiels über seine Verkündigung und seine Schauung: »Die Zeit zieht sich dahin, die Visionen erfüllen sich nie« (*Ez 12,22*). Und weiter: »Die Vision, die er hat, handelt von späteren Tagen, er weissagt für ferne Zeiten« (*Ez 12,27*). Ezechiel muss diese Ausflucht, dem gegenwärtigen Handeln Gottes auszuweichen, verbauen. Die göttliche Botschaft des Gerichtes bezieht sich auf die Gegenwart und will in der Gegenwart angenommen und im Leben realisiert werden. Hier und jetzt gilt das göttliche Wort. Wer sich dem göttlichen An-Spruch verschließt, weil er weh tut, verschließt sich auch dem kommenden Heil, das Gottes Wort wirkt.

»Die Väter essen saure Trauben, und den Söhnen werden die Zähne stumpf«. Mit dieser Redewendung von *Ez 18,2* stellen sich Ezechiels Zeitgenossen als unschuldige Opfer des Fehlverhaltens ihrer Vorfahren dar. Vielleicht verbirgt sich hinter diesem Spruch eine tiefe Verbitterung über ihr vermeintlich ungerechtes Schicksal, vielleicht aber auch trotzige Auflehnung und Zynismus.

Angesichts des göttlichen Gerichtes und des darin sich offenbarenden menschlichen Versagens besteht auch die Versuchung, die eigene Glaubensgeschichte über Bord zu werfen und sich in die Völkerwelt hinein zu assimilieren, so *Ez 20,32*: »Wir wollen wie die anderen Völker sein, wie die Völkerstämme in anderen Ländern, und wollen Holz und Stein verehren«.

Mit der Zerstörung Jerusalems brach für viele eine Welt zusammen. Die Worte Ezechiels hatten sich als wahr erwiesen. Das Wissen um das eigene Fehlverhalten wurde als eine so drückende, ja unerträgliche Last erfahren, dass jegliche Aussicht auf Zukunft schwand. Nach *Ez 33,10* sagen Ezechiels Zeitgenossen von sich: »Unsere Vergehen und unsere Sünden lasten auf uns, wir siechen ihretwegen dahin. Wie sollen wir da am Leben bleiben?« Eine Steigerung dieser Aussage findet sich in *Ez 37,1-14*: in der Vision von den Totengebeinen. Das Gottesvolk Israel als ganzes erfährt sich als tot, als lebendig begraben. »Menschensohn, diese Gebeine sind das ganze Haus Israel. Jetzt sagt Israel: Ausgetrocknet sind unsere Gebeine, unsere Hoffnung ist untergegangen, wir sind verloren« (*Ez 37,11*).

Neben diesem resignativen Verhalten angesichts des eigenen Versagens blüht auch ein naiver Optimismus, der sich als Gottvertrauen gibt: »Abraham war nur ein einzelner Mann und bekam doch das ganze Land; wir aber sind viele. Um so mehr ist das Land uns zum Besitz gegeben« (*Ez 33,24*). Bei wieder anderen weckt die Zeit der Krise ihre Sensationssucht, der Prophet erhält die Rolle eines Entertainers: »Du, Menschensohn, die Söhne deines Volkes reden über dich an den Mauern und Toren der Häuser. Einer sagt zum andern: Komm doch und höre, was für ein Wort vom Herrn ausgeht. Dann kommen sie zu dir wie bei einem Volksauflauf, setzen sich vor dich hin ... und hören deine Worte an, aber sie befolgen sie nicht; denn ihr Mund ist voller Lügen, und so handeln sie auch, und ihr Herz ist nur auf Gewinn aus. Du bist für sie wie ein Mann, der mit wohlklingender Stimme von der Liebe singt und dazu schön auf der Harfe spielt. Sie hören deine Worte an, aber befolgen sie nicht« (*Ez 33,30-32*).

Diese vielfältigen Stimmen, die im Ezechielbuch laut werden, geben einen Einblick in die geistig-religiöse Landschaft der Zeit Ezechiels. In dieser Zeit fehlender Orientierung, voller Ratlosigkeit und Enttäuschung, hat Ezechiel Trug als Trug und Lüge als Lüge zu entlarven. Erst durch den Nullpunkt der Krise hindurch kann Ezechiel im Auftrag JHWHs eine Perspektive über die Krise hinaus eröffnen und von einer neuen Hoffnung sprechen. Aufgabe des Propheten Ezechiel ist es, das JHWH-Volk in dieser geistigen Krise und durch sie hindurch zu begleiten und sich mit ihm für eine neue Zukunft zu bereiten.

II. *Die Person des Propheten Ezechiel und ihr Wirken*

1. Ezechiel im Widerstreit der Meinungen

Ezechiel gehört wohl zu den in der Forschungsgeschichte umstrittensten Propheten. Dies liegt zum einen an seiner priesterlichen Herkunft. Der Priester verdirbt den Propheten, so eine gängige Auffassung in der Geschichte der Prophetenexegese. Zum anderen war Ezechiel wohl nicht nur als »Künder« des Wortes, sondern auch als schreibender Prophet tätig. Während in der jüngsten Exegese die Verschriftung prophetischer Botschaft eine neue Wertschätzung genießt, hat sich die Prophetenexegese mit der Vorstellung eines Propheten als Schriftsteller oft schwer getan. Dies ging nicht selten zu Lasten Ezechiels.

Die folgende Blütenlese bietet, abgesehen vom Amüsement, Anlass genug zu einem kritischen Umgang mit den in der Exegese vertretenen Deutungen und zur kritischen Rückfrage nach den dort vorhandenen und wirksamen Vorverständnissen.

Ezechiel im Kreuzfeuer der Kritik – ein Florilegium

J. G. EICHHORN (1824)
»Von jeher ist es den Lesern des Ezechiel's, Juden sowohl als Christen, schwer geworden, seinen geflügelten Dichtungen nachzufolgen; und die Geschichte erzählt, wieviel der arme Dichter deshalb von Jahrhundert zu Jahrhundert unverschuldet leiden mußte. In der Voraussetzung, daß die Schuld der Unverständlichkeit an dem Dichter und nicht an der Stumpfheit der Leser liege, wurden die prächtigsten Gesichte, die er gibt, verspottet; die schönsten Scenen, die er gemalt hat, verhöhnt; die schönsten Bilder, die er erfunden hat, verlacht; andre setzten ihn [...] bis zur Klasse unsinniger Phantasten herab; andre [...] wollten ihn bald ganz, bald einigen Theilen nach aus dem Kanon herausgeworfen wissen.

Heiliger Mann Gottes, wie mußtest du dich deiner hohen Aussichten halber mit unheiligen Füßen treten lassen!« (Feist 68).
"Gedichtet (das Wort in seiner edelsten Bedeutung genommen) haben alle Propheten aller Zeiten; [...]. Aber kein andrer Prophet hat seiner Phantasie so freyen Lauf gelassen, daß sie so viele Dichtungen von so mancherley Arten geschaffen hätte. [...]; fast alles ist in symbolischen Handlungen, in Fabeln, Erzählungen, Allegorien, oder in die noch höhere Dichtungsart, in Gesichte gekleidet.« (Feist 75).

M. W. L. DE WETTE (1833)
»Was bei ihm [i.e. Ezechiel] am meisten auffällt, ist seine levitische Gesinnung, vermöge deren er auf heilige Gebräuche einen hohen Werth legt [...], und sich selbst in Bildung von Idealen nicht darüber erheben kann [...]. Daher auch sein Mangel an Tiefe und Reichthum des Geistes und an grossen Gedanken [...]. Die prophetische Rede ist bei ihm zur niedrigen, weitschweifigen, matten Prosa herabgesunken; nur in symbolischen und allegorischen Dichtungen will er sich über das Gemeine erheben, verfällt aber gewöhnlich in das Ueberladene, Gesuchte und Verworrene.« (Feist 83f.).

F. HITZIG (1847)
»Ez. empfängt ein Buch, weil er Schriftsteller ist.« (Feist 96).

F. KLIEFOTH (1864/65)
»Völlig unvereinbar mit dem Buche selbst ist die Annahme Hitzig's, nach welcher Ezechiel am Ende seines Lebens das Buch wie eine schriftstellerische Arbeit angefertigt hat. Wenn je ein Buch das Gepräge getragen hat, aus dem Thatleben seines Verfassers selbst erwachsen zu sein, so das Buch Ezechiel.« (Feist 102).

H. EWALD (1868, gegen Vorwürfe HÄVERNICKS)
»Wer genau liest und nicht sein eignes gift zugiesst, findet leicht dass mir Hézeqiél noch als ein ächter wahrer Prophet gilt, wiewohl [...] die beginnende auflösung des Prophetenthums Israel's sich in ihm als schriftsteller nicht verkennen lässt.« (Feist 94, Anm. 65).

L. ZUNZ (1873)
»Der Name Ezechiel ist erdichtet; den Verfasser dieses Prophetenbuches kennen wir nicht.
Dasselbe belehrt die Zeitgenossen über längst Vergangenes.
Die in diesem Buche angegebenen Zeitdaten gehören der Dichtung an. [...]
Seine Schilderungen sind denen der nachexilischen Schriftsteller oft ähnlich.
Sprache und Ausdrucksweise sowohl als Bekanntschaft mit jüngeren Personen und Werken, namentlich die Tempelbeschreibung sammt den Verordnungen, verweisen den Verfasser des Buches in die Zeit 440-400 J.v.Chr.« (Feist 104).

H. GRAETZ (1874)
»Die Authentie des Propheten Ezechiel ist bisher von sämmtlichen Kritikern unangefochten und unbeanstandet geblieben. [...] Nur Zunz ist der einzige, welcher in einer Art Pessimismus die Entstehung des Ezechiel'schen Buches in eine spätere Zeit herabgedrückt hat.« (Feist 114).
»In Wahrheit setzen alle Thatsachen, welche in diesem Buche erwähnt werden, die Zeit kurz vor dem babylon. Exil und während desselben voraus.« (Feist 115).

B. DUHM (1875)
»Jeremia ist Gefühlsmensch, Hesekiel ist Verstandesmensch. [...] Hesekiel ist Dogmatiker, wie [...] nur noch der Vf. d. priesterl. Religionsbuches.« Und es »gehört das Buch Hesekiels nur in einigen Stücken in die prophetische Literatur.«
»Die Idee des Volkes Jahves [...] flößt ihm keine wärmeren Gefühle ein: er ist Supranaturalist, für den das Menschliche keinen Werth hat.« Und »so spricht Hesekiel mit der Kälte des Criminalrichters das Urtheil, ohne zu fragen, ob die dem Volk vorgeworfenen Vergehungen menschlich und geschichtlich denkbar sind.« (Feist 133).
»Aber die juristische Begründung folgt leicht nach, wo die dogmatische Fixierung vorliegt, und Hesekiel hat das Verdienst, die Ideale der Propheten in Gesetze u. Dogmen umgesetzt und die geistig freie u. sittl. Religion vernichtet zu haben.« (Feist 133, Anm. 68).
»Hesekiel, der die grösste Schrift geschrieben, ist von allen Propheten der ärmste an Gedanken.« (Feist 133).

J. WELLHAUSEN (1878)
»Ezechiel hat zuerst den Weg eingeschlagen, auf den die Zeit wies. Er ist das Mittelglied zwischen Prophetie und Gesetz. Er will Prophet sein, [...]: aber es sind nicht seine eigenen [i.e. Gedanken], sondern die seiner Vorgänger, die er dogmatisiert.«
»Mit dem Erscheinen des Gesetzes hörte die alte Freiheit auf, nicht bloß auf dem Gebiete des Kultus, [...], sondern auch auf dem Gebiete des religiösen Geistes. Es war jetzt eine höchste objective Autorität vorhanden: das war der Tod der Prophetie.« Folglich dürfe man »Jeremias den letzten der Propheten nennen; die nach ihm kamen, waren es nur dem Namen nach. Ezechiel hatte ein Buch verschlungen (3,1-3) und gab es wieder von sich. Wie Zacharia so nennt auch er schon die vorexilischen Propheten, im Bewußtsein seines Epigonentums, die alten Propheten; er sinnt über ihre Worte nach wie Daniel (38,17. 39,8).« (Feist 116f.).
»Ezechiel ist mehr ein Ketzerrichter als ein Prophet.« (Feist 133, Anm. 68).

CORNILL (1886)
»Wenn irgend ein Buch des AT den Stempel der Authentie auf der Stirne trägt«, so das Buch Ezechiels. »Kein anderes ist eine so grossartig angelegte und klar durchgeführte planvolle Einheit, [...], dieselbe Hand, [...], dieselbe scharf ausgeprägte Individualität: [...]. Bei einem solchen Buche kann es sich nur um Anerkennung oder Verwerfung im Ganzen handeln, und letzteres ist thatsächlich geschehen von Zunz und Seinecke«, die »mit vollem Recht nicht ernstgenommen, sondern lediglich als Curiosa betrachtet« werden. (Feist 136, Anm. 83).

C. KUHL (1933)
»Zusammenfassend ergibt sich, daß beim Buche des Propheten Hesekiel, das einst durch seine Problemlosigkeit sich von den andern AT.lichen Bücher abhob, heute nicht weniger als alles strittig und problematisch geworden ist. Eine Fülle von Divergenzen: Einheitlichkeit oder Komposition, Echtheit oder Pseudepigraph, Dichter oder Schriftsteller, Prophet oder Seelsorger, wirkliche Prophetie oder Fiktion, Babylonien oder Palästina, Samarien oder Jerusalem. Aufgabe der Wissenschaft bleibt, das Buch Hesekiel aus dieser Krise zu klarerer Erkenntnis herauszuführen.« (Feist 151).

G. FOHRER (1955)
Es sei »anzunehmen, daß Ez seine Worte und Berichte selbst vor oder nach ihrer mündlichen Verkündigung schriftlich niedergelegt und in dieser Form einzeln hinterlassen hat, jedoch weder an ihrer Ordnung und Zusammenfassung noch an der Gliederung des

gesamten Stoffs beteiligt gewesen ist. Später haben andere Hände diese Einzelaufzeichnungen zu kleineren oder größeren Sammlungen zusammengefaßt [...]; den meisten liegt ein sachlich gleicher oder ähnlicher Inhalt zugrunde. [...] Den nächsten Schritt bildete ihre chronologische Aneinanderreihung, soweit sie Daten erhielten [...] Die übrigen Sammlungen und Einzelabschnitte scheinen auf Grund der aus ihrem Inhalt zu erschließenden Zeit oder sachlicher Zugehörigkeit eingereiht worden zu sein, so daß sich chronologische und sachliche Gesichtspunkte kreuzen.« (Feist 178, Anm. 93).
»Ez ist Dichter, voller Kraft und Tiefe, begabt mit Phantasie und einer Fülle von Bildern. Seine dichterische Kraft kann bis zur Leidenschaft entflammen und so stark werden, daß sie häßlich und abstoßend wirkt. Daher neigt er manchmal zum Absonderlichen und Maßlosen, Unschönen und Grausigen [...] Ez erscheint ferner als kalter Verstandesmensch, für den das logische Denken und nüchterne Überlegen eine wichtige Rolle spielt.« (Feist 179, Anm. 94).

W. ZIMMERLI ([1955-]1979)
»Ezechiels eigene Hand hat seinem Wort diese charakteristische Ausprägung gegeben. Die Schule [...], hat ihre Ergänzungen und Nachinterpretationen auf der vom Propheten selber bezeichneten Grundlinie gehalten.«
»Aus der Hand der ‚Schule' Ezechiels stammt dann ohne Zweifel das heute vorliegende Ezechielbuch.«
Und der gleichfalls der Schule (oder ihren Ausläufern) angehörige »Endredaktor hat lieber Störungen der geordneten Reihenfolge der Daten in Kauf genommen, als daß er vorgefundene Textaussagen geändert hätte.«
»Es ist im Einzelfall oft nicht möglich, die Grenzlinie festzustellen, an der des Propheten eigene Arbeit in die der Schule übergeht.« »Es wird noch weitergehender Arbeit bedürfen, um die Züge dieser ‚Schule Ezechiels' voller herauszuarbeiten.« (Feist 187).

W. EICHRODT (1966)
»Es ist also ein komplizierter Vorgang der Neuordnung, Überarbeitung und Ergänzung, aus dem das uns jetzt vorliegende Prophetenbuch hervorging.« Allerdings sei »die charaktervolle Eigenart der Aufzeichnungen Hesekiels so groß und beherrschend, daß sie durch die umfangreiche Redaktionsarbeit nicht wesentlich verändert werden konnte«. (Feist 188, Anm. 123).

B. LANG (1978)
»Der geschichtliche Ort von Ezechiels Unheilsprophetie ist die Auseinandersetzung zwischen Friedenspartei und Aufstandspartei unter

den Exulanten. [...] man hat bisher die unmittelbare Umgebung Ezechiels als politischen Faktor unterschätzt und nicht in Rechnung gestellt, daß unter den Deportierten die ehemaligen Häupter der proägyptischen Partei waren.« (Feist 195, Anm. 147).
»Der Trend, Ezechiel unpolitisch zu lesen, ist durchgängig und scheint einer der wenigen verhandelten Gegenstände zu sein, über den die Ezechielforschung Einmütigkeit erzielt hat.« (Feist 195, Anm. 148).
»Um auf sein Publikum einzuwirken, verdichtet der Prophet seine Auffassung gerne zu Schlagwörtern, die er selber prägt. Die Sprache verrät den engagierten Propheten, nicht den seiner Zeit enthobenen theologischen Denker.« (Feist 196, Anm. 150).
»Der Prophet scheint die Aufstandspartei unter den Exulanten genausowenig beeindruckt zu haben wie Jeremia die Aufständler in Jerusalem. So mußte Ezechiels Kritik im Exil das Schicksal der prophetischen Kritik überhaupt teilen.« (Feist 196, Anm. 151).

J. BECKER (1982)
»Wenn nämlich das Buch – und sei es nur sprachlich – eine Einheit ist, dann stammt es entweder ganz von Ezechiel oder es ist als Ganzes ein Pseudepigraphon. Wer wollte aber bestreiten, daß manches nicht von Ezechiel stammen kann?« (Feist 191, Anm. 132).

K.-F. POHLMANN (1992)
»Die derzeitige Ezechielforschung ist in den wesentlichen Fragen, was Eigenart und Genese des Buches, aber auch die Gestalt eines Ezechiel selbst und Art und Umfang seiner Worte betrifft, zu völlig divergierenden Urteilen gelangt. Annähernd unbestritten ist lediglich, daß die vorliegende Buchfassung das Ergebnis kompositioneller Arbeit ist. Auf welche Weise, ob in einem Zuge oder in mehreren Etappen, ob entsprechend von einer Hand oder von unterschiedlichen Personen, in welcher Absicht, für welche Adressaten etc. [...], all diese Fragen werden kontrovers diskutiert und beantwortet.« (Feist 12).

Literatur
U. Feist, Ezechiel. Das literarische Problem des Buches forschungsgeschichtlich betrachtet (BWANT 138), Stuttgart u.a. 1995.

2. Das Ezechielbuch über Ezechiel

a. Das Exil als Ort des prophetischen Wirkens

Das Ezechielbuch verweist in das babylonische Exil und ist überwiegend im babylonischen Exil entstanden. Dafür sprechen zum einen die *biographischen Angaben* des Buches, die allesamt auf das Jahr 597 v.Chr., das Jahr der Deportation König Jojachins, Bezug nehmen. Vgl. dazu das Anfangsdatum in Ez 1,2, das Datum in 33,21, das einen Wendepunkt im Geschick des Gottesvolkes und in der Verkündigung des Propheten markiert, und das letzte Datum in 40,1.

Das Ezechielbuch kennt zwei *geographische Schwerpunkte* des prophetischen Wirkens, Babylon (Tel Abib) und Jerusalem. Aus der Darstellungsweise geht klar hervor, dass sich Ezechiel inmitten der Verbannten von Babylon befindet (vgl. 1,1.3; 3,10-15.22-23; 37,1). Jerusalem hingegen liegt nach der Optik des Ezechielbuches in der Ferne. So muss Ezechiel nach Jerusalem entrückt werden (8,1-4) und kehrt in 11,24-25 wieder nach Babylon zurück. Nach 24,26-27 und 33,21 kommt ein Flüchtling aus dem fernen Jerusalem zu Ezechiel. Auch das neue Jerusalem mit dem erneuerten Gottesvolk kann Ezechiel in einer Vision erst schauen (40,1-2), nachdem er zuvor erneut von Babylon nach Jerusalem entrückt wurde.

Sowohl die biographischen Angaben als auch die beiden geographischen Schwerpunkte des prophetischen Wirkens und die Optik, in der diese erscheinen, legen es nahe, das Exil als Lebenswelt Ezechiels und als Entstehungsort großer Teile des Ezechielbuches anzunehmen.

b. Die Person des Propheten

Der Name »Ezechiel« (Luther: »Hesekiel«) bedeutet »Gott möge stark/kräftig machen«. Nach Ez 1,3 ist Ezechiel der Sohn des Priesters Busi, entstammt also der priesterlichen Tradition und ist in Jerusalem aufgewachsen. Im Jahre 597 v.Chr. trifft ihn mit Jojachin, seinem König, das Geschick der ersten Deportation nach Babylon. Im fünften Jahr der Deportation, im Jahre 593 v.Chr., wird er inmitten der Verschleppten zum Propheten berufen. Dieses fünfte Jahr der Deportation entspricht nach Ez 1,1 einem 30. Jahr. Vermutlich gibt die letztgenannte Zahl das Alter des Propheten an. Nach Num 4,3.23.30.47 und 1 Chr 23,3 hatten die Priester ihren Dienst am Offenbarungszelt bzw. am Tempel mit 30 Jahren zu beginnen. Das Lebensalter Ezechiels würde dann daran erinnern, dass das Exil auch seine eigene Karriere, den Dienst am Tempel von Jerusalem, zerstört hat.

Nimmt man das 30. Jahr als das Lebensalter des Propheten an, dann ist Ezechiel 623 v.Chr. geboren. Seine Geburt und seine Jugend fallen somit in die Zeit der joschijanischen Reform, in eine Zeit des Aufbruches und der religiösen Erneuerung (s.o. I. 1.). Zugleich erlebt der junge Ezechiel den Tod des Königs Joschija und den allmählichen Niedergang Judas mit. In seiner Verkündigung erwähnt er die Könige Joahas, Jojakim, Jojachin und Zidkija, bezeichnet sie jedoch durchgängig als »Fürsten«.

Mit 30 Jahren also, im Jahre 593 v.Chr., wird Ezechiel im Exil zum Propheten berufen. Statt den Dienst am Tempel anzutreten, wofür er aufgrund seiner priesterlichen Abstammung vorgesehen war, erhält er als Prophet den Auftrag, das Ende und die Zerstörung dieses Tempels anzusagen. Die Verkündigung Ezechiels ist zunächst unerbittliche Gerichtsbotschaft, die an das Haus Israel, an Juda und Jerusalem, an die Fürsten, die Prophetinnen und Propheten und an die Verschleppten ergeht (Ez 1 – 24). Die zweite Eroberung Jerusalems im Jahre 587/86 v.Chr. bringt hierin eine Zäsur. Diesen Wendepunkt markieren die Textabschnitte Ez 24,25-27 und 33,21-22. Beide Textstellen, die durch die Fremdvölkersprüche Ez 25 – 32 voneinander getrennt sind, nehmen auf den Fall Jerusalems Bezug. Fortan wirkt Ezechiel als kritischer Begleiter, als »Seelsorger« und »Wächter« für die Verschleppten. In zunehmendem Maße gewinnt nun die Heilsbotschaft Gewicht in seiner Verkündigung (vgl. Ez 34; 36,17ff.; 37,1-14; 37,15-28 usw.).

Nach Ez 24,15-24 war Ezechiel verheiratet. Des öfteren kamen Älteste bei ihm zusammen (8,1; 14,1; 20,1), um seinen Rat einzuholen und den Willen Gottes zu erkunden. Ez 33,30f. weiß von einem Zusammenlaufen des Volkes bei ihm. Aus diesen Angaben geht hervor, dass Ezechiel während des Exils als einflussreiche Persönlichkeit galt, der eine außergewöhnliche Rolle und Autorität zukam. Das letzte datierte Wort des Propheten, das auf Israel

Bezug nimmt, findet sich in 40,1 und weist in das Jahr 573/72 v.Chr. Nach diesem Datum zu urteilen, schaut Ezechiel im Alter von 50 Jahren – dies war zugleich das Pensionsalter des Priesters – in der großen Tempelvision von Ez 40 – 48* das kommende Heil. Mit diesem heilvollen Ausblick auf die Zukunft, die sich von Gott her schenkt, endet die Verkündigung des Propheten.

3. Ezechiels theologische Herkunft

Ezechiel entstammt als Sohn des Priesters Busi (1,3) der zadokidischen Priesterschaft Jerusalems, ist also in der priesterlichen Theologie beheimatet. Zugleich gehört Ezechiel mit seiner Berufung zum Propheten in die Welt der Propheten.

Die »Blütenlese« über Ezechiel (s.o. Einleitung II.1., Exkurs: Ezechiel im Kreuzfeuer der Kritik – ein Florilegium) hat deutlich gemacht, dass sich nach Auffassung namhafter Exegeten priesterliche und prophetische Existenz nicht miteinander vertragen. Der Priester verdirbt den Propheten, diese Position taucht in der exegetischen Literatur über Ezechiel immer wieder auf: Mit Ezechiel würde die Dogmatisierung der prophetischen Verkündigung einsetzen. Ezechiel markiere den Übergang zur Gesetzesreligion, wobei »Gesetz« mitunter nicht nur abwertend, sondern geringschätzig verwendet wird. Ezechiel sei ganz und gar fixiert auf den äußerlichen Kult.

Aufgrund seiner Beheimatung sowohl in der priesterlichen Theologie wie in der prophetischen Überlieferung ergeben sich drei für das Verständnis der ezechielischen Theologie wichtige Problemfelder:

a. Wie steht Ezechiel in der prophetischen Tradition?
b. Wie sieht das alttestamentliche Bild des Priesters aus, wie dessen Aufgabe?
c. Vertragen sich priesterliche und prophetische Theologie? Wie verhalten sich beide zueinander?

a. Ezechiel als Prophet und die prophetische Überlieferung

Ezechiel und die Tradition der Vorschriftprophetie (Elija, Elischa)
Mehr als die Schriftpropheten vor ihm greift Ezechiel auf Formen,

Motive und Traditionen der Vorschriftprophetie zurück, vor allem im Rahmen seines visionären Erlebens, das im Ezechielbuch besondere Bedeutung gewinnt. Die Aussage, dass die »Hand JHWHs« über Ezechiel kommt oder auf ihn fällt (1,3; 3,14.22; 8,1; 33,22; 37,1; 40,1), erinnert an die alten Prophetenerzählungen. So kommt die Hand JHWHs über Elija und befähigt ihn, neben dem Wagen des Königs Ahab herzulaufen (1 Kön 18,46). Der Prophet Elischa wird durch die Hand JHWHs, die ihn während des Harfenspiels erfasst, ermächtigt, den Königen Joram von Israel und Joschafat von Juda einen Gottesbescheid zu geben (2 Kön 3,15).

Während die Schriftpropheten vor Ezechiel das Thema des »Geistes Gottes« meiden, verwendet es Ezechiel wie auch schon die Vorschriftpropheten (vgl. 2 Kön 2,16) überaus häufig: Ez 3,12.14; 8,3; 11,24; 43,5. Es fällt zudem auf, dass Ezechiel an den erwähnten Stellen nicht vom »Geist JHWHs« spricht, sondern das Wort »Geist« absolut gebraucht.

Wie schon die Vorschriftpropheten Dinge schauen, die an räumlich entfernten Orten geschehen, vgl. etwa Elischa in 2 Kön 5,26, so nimmt auch Ezechiel Dinge wahr, die sich fern von seiner exilischen Lebenswelt in der judäischen Heimat ereignen. Dieser Vorgang der »Fernschau« ist bei Ezechiel als leibliche Entrückung nach Jerusalem beschrieben (vgl. Ez 8 – 11).

Weitere Entsprechungen, die die traditionsgeschichtliche Verbundenheit Ezechiels mit der Vorschriftprophetie unterstreichen, seien nur kurz erwähnt: Die Formulierung »einen Sitz nehmen«, um ein offizielles Geschehen auszudrücken, findet sich z.B. in 2 Sam 7,1 (»und es geschah, da der König Sitz genommen hatte in seinem Haus ...«) und in 2 Kön 6,32 (»und die Ältesten haben Sitz genommen bei ihm«). Im Ezechielbuch begegnet ein ähnlicher Ausdruck in 8,1; 14,1 und 20,1. Zeichen- und Gebärdehandlungen, etwa »sein Angesicht hinwenden zu« (in den Bileamerzählungen: Num 22,41; 23,13; 24,1-2), »in die Hände klatschen« und »auf den Boden stampfen« (vgl. 2 Kön 13,18) tauchen im Ezechielbuch an verschiedenen Stellen auf: vgl. 4,3.7; 6,11; 21,2.7; 25,2; 28,21; 29,2; 35,2; 38,2. Auch die für das Ezechielbuch so typische Erkenntnisformel (»und sie werden erkennen, dass ich JHWH bin«) hat ihre Vorläufer in der Vorschriftprophetie: vgl. 1 Kön 17,24; 18,36-37; 20,13.28; 2 Kön 5,8.15; 2 Kön 19,19.

Ezechiel und die älteren Schriftpropheten
Die Bezüge Ezechiels zu den Schriftpropheten, die älter sind als er, sind so zahlreich, dass hier nur beispielhaft einige wichtige Verbindungen zu dieser älteren Schriftprophetie herausgegriffen werden können.

Amos: Die für das Ezechielbuch charakteristischen großen Visionsschilderungen in Ez 1 – 3; 8 – 11; 37,1-14; 40 – 48 haben im Visionszyklus des Amosbuches ihren Vorläufer: Am 7,1-9; 8,1-3; 9,1-6. Ezechiel greift besonders auf die vierte Vision des Amos Am 8,1-3 (»gekommen ist das Ende«) zurück und entfaltet deren Aussage vom kommenden Ende in Ez 7 auf dramatische Weise, wobei die Botschaft vom »Ende« zudem mit der vom »Tag JHWHs« (vgl. dazu Am 5,18-20) verknüpft ist.

Hosea: Die zahlreichen symbolischen Handlungen Ezechiels legen nahe, dass Ezechiel auch mit der Botschaft des Hosea vertraut war. So dürfte das Bildwort Ez 16 von der Frau, die zur Dirne wird, auf Hos 1,2 und 2,4-15 zurückgehen.

Jesaja: Der erste Teil der Berufung Ezechiels, sein in 1,3b-28a beschriebenes visionäres Erleben, ist vermutlich durch die Berufungsvision Jesajas beeinflusst (Jes 6). Die Zeichenhandlung 5,1-4, wonach Ezechiel sich kahl zu scheren hat, greift möglicherweise das Gerichtswort von Jes 7,20 auf. Das Bild von den Schlacken 22,17-22 könnte von Jes 1,22ff. abhängig sein, usw.

Zefanja: Die Ständepredigt Ez 22,23-31 greift vermutlich auf Zef 3,3-8 zurück und bearbeitet diese Textvorlage auf originelle Weise. Das Zitat Zef 1,18 in Ez 7,19 wurde mit Sicherheit später eingefügt, vermutlich erst im Rahmen der allmählichen Entstehung der Prophetenschriften als Ganzer.

Jeremia: Die Bezüge zwischen den beiden Propheten Ezechiel und Jeremia sind besonders auffällig. Das Bild der treulosen Frau Ez 16 kann neben Hos 1,2 und 2,4-15 auch von Jer 2,2 mitgeprägt sein, das der treulosen Schwestern Ohola und Oholiba Ez 23 ist mit Sicherheit von Jer 3,6ff. beeinflusst. Ezechiel wird im Rahmen seiner Berufung aufgefordert, eine Buchrolle zu essen (3,1-3). Hinter dieser Zeichenhandlung steht wahrscheinlich Jer 15,16: »Kamen Worte von dir, so verschlang ich sie; dein Wort war mir Glück und Herzensfreude«. Dieses Bildwort Jeremias ist bei Ezechiel zu einem Vorgang vom Verschlingen einer Buchrolle ausgeweitet. Der

Weheruf über die Hirten Israels Jer 23,1-6, der zur Ankündigung eines neuen Hirten führt, wird im Hirtenkapitel Ez 34 zu einem großen Gemälde ausgemalt.

Neben einzelnen zentralen Texten zeigt sich die Verwandtschaft zwischen Ezechiel und Jeremia auch in ihrer probabylonischen und antiägyptischen Einstellung. Beide Propheten beurteilen Zidkija äußerst kritisch. Beide betonen die Notwendigkeit der Umkehr und sind der Überzeugung, dass die Zukunft des Gottesvolkes nicht bei den im Lande Juda Verbliebenen, sondern bei den Verschleppten in der babylonischen Gola liegt.

Es ist offensichtlich, dass Ezechiel mit der Botschaft der Propheten vertraut war. Wie schon Jeremia unter dem Einfluss eines Hosea stand, so ist Ezechiel von Amos, Hosea, Jesaja, Zefanja, vor allem aber von Jeremia beeinflusst. Die prophetische Tradition ist bei Ezechiel somit breit vorhanden, sowohl die der Vorschriftprophetie als auch die der älteren Schriftprophetie. Beide Traditionen werden von Ezechiel aufgegriffen und auf originelle Weise verarbeitet. Ezechiel ist ohne »wenn« und »aber« ein authentischer Prophet.

b. Ezechiel als Sohn eines Priesters und priesterlicher Theologe

Nach Ausweis neutestamentlicher Schriftstellen ist der Priester dafür zuständig, für die Sünden Opfer darzubringen (Hebr 7,27) und Menschen für kultisch rein oder kultisch unrein zu erklären (vgl. Mt 8,4; Mk 1,44; Lk 5,14; 17,14). Diese Sicht des Neuen Testaments greift zurück auf alttestamentliche Ritualbücher, wie sie sich etwa in Lev 11 – 16 finden. Diese bieten jedoch ein einseitiges Bild vom Priester und von seinem Tun. Der Priester ist nicht in erster Linie der, der »opfert«. Aus 1 Sam 1,4 geht klar hervor, dass es ursprünglich Aufgabe des Familienvaters war, das Opfer am Heiligtum darzubringen. Erst nach dem babylonischen Exil, in der Zeit des zweiten Tempels, verlagerte sich der Schwerpunkt priesterlicher Tätigkeit im Rahmen der großen Opferfeiern am Tempel auf Opfer und Kult. In dieser Zeit wurden die entstehenden biblischen Schriften mehrfach überarbeitet, auch das Ezechielbuch, besonders in Kap 40 – 48. Diese späte nachexilische Bearbeitung des Ezechielbuches hat nicht wenig zum Missverständnis des Propheten Ezechiel und zu seiner Abwertung beigetragen.

Wie lässt sich nun ein ausgewogeneres, stimmigeres Bild des Priestertums und der priesterlichen Tätigkeit innerhalb des Alten Testamentes gewinnen? Einen Zugang hierzu vermag die prophetische Kritik am Priestertum zu geben. Was prangern die Propheten an? Das Priestertum als solches oder ein bestimmtes Fehlverhalten der Priester? Dazu einige Beispiele aus der prophetischen Literatur.

Hosea – er wirkt im 8. Jh. v.Chr. im Nordreich – bringt in 4,1-10 ein harsches Gerichtswort über die Priester. Diesen wird – so V. 6 – vorgeworfen: »Mein Volk kommt um, weil ihm die *Erkenntnis* fehlt. Weil du die *Erkenntnis* verworfen hast, darum verwerfe auch ich dich als meinen Priester. Du hast die *Weisung* deines Gottes vergessen; deshalb vergesse auch ich deine Söhne.« Der Priester hat demnach zu tun mit der »Weisung«, der Tora – also mit dem göttlichen Willen, wie er in der Weisung Israels, die ein bundesgemäßes Verhalten ermöglichen soll, niedergelegt ist. Ferner steht der Priester im Dienste der »Erkenntnis« des göttlichen Willens. Wo diese »Gotteserkenntnis« fehlt, bricht das Chaos ein. Vgl. Hos 4,1b-2: »Es gibt keine Treue und keine Liebe und keine *Gotteserkenntnis* im Land. Nein, Fluch und Betrug, Mord, Diebstahl und Ehebruch machen sich breit, Bluttat reiht sich an Bluttat.« Leben aus der Gotteserkenntnis und Leben nach der Tora fallen somit sachlich zusammen und beziehen sich darauf, die Gebote Gottes zu halten und den göttlichen Willen zu verwirklichen. Aufgabe des Priesters ist es, der Gotteserkenntnis und der Weisung zu dienen, indem er diese verkündet und durch sein Leben bezeugt.

Micha – auch er wirkt im 8. Jh., jedoch im Südreich Juda, – klagt die Priester an: »Ihre Priester lehren gegen Bezahlung« (3,11). Micha wirft den Priestern somit vor, dass sie den Willen Gottes nicht unverfälscht verkündigen, sondern ihn verändern, je nach ihrem persönlichen Vorteil und nach dem Gewinn, den sie daraus ziehen können. Aufgabe des Priester wäre es hingegen, den Willen Gottes authentisch und unverfälscht weiterzugeben.

Der Prophet *Jeremia* klagt: »Die Priester fragten nicht: Wo ist der Herr?« (2,8). Wie die falschen Propheten, so verfälschen auch die Priester die ihnen anvertraute Lehre, um beim Volk gut anzukommen und privaten Nutzen aus ihrer Tätigkeit zu ziehen (vgl. 5,30-31; 6,13). Jer 18,18 bringt eine nahezu klassisch gewordene Zuteilung von Aufgaben: »Nie wird dem Priester die Weisung ausgehen, dem Weisen der Rat und dem Propheten das Wort« (vgl. auch Ez 7,26b). In dieser Aufgabenteilung wird wiederum festgehalten, dass es Hauptaufgabe des Priesters ist, die Weisung, die Tora kundzutun.

Der nach dem Exil, im 5. Jh. v.Chr. wirkende Prophet *Maleachi* weist in einem Drohwort gegen die Priester Mal 2,1-9 auf den »Bund mit Levi« hin (V. 4). Das vorbildhafte Verhalten Levis wird folgendermaßen charakterisiert: »Zuverlässige Belehrung kam aus seinem Mund, nichts Verkehrtes fand sich auf seinen Lippen, in Frieden und Aufrichtigkeit ging er mit mir seinen Weg, und viele hielt er davon ab, schuldig zu werden. Denn die Lippen des Priesters bewahren die Erkenntnis, und aus seinem Mund erwartet man Belehrung; denn er ist der Bote des Herrn der Heere« (VV. 6-7). Dieser Text betont die Zusammengehörigkeit von Belehrung und Erkenntnis mit dem persönlichen Lebenszeugnis (»in Frieden und Aufrichtigkeit ging er mit mir seinen Weg«). Zu Levi und zu seinen Söhnen vgl. auch Dtn 33,9-10.

In der prophetischen Kritik am Priestertum wird somit nicht das Priestertum als solches, sondern lediglich das Fehlverhalten der Priester kritisiert und zurückgewiesen. Aus dieser prophetischen Kritik geht klar hervor, dass der Priester der Erkenntnis des göttlichen Willens, wie dieser in der Weisung, in der Tora, niedergelegt ist, zu dienen hat. Sein Tun ist ein Dienst am Bund, dem zwischen JHWH und seinem Volk gestifteten Verhältnis. Durch seine Verkündigung soll der Priester diesen Bund vergegenwärtigen und der Erkenntnis des göttlichen Willens dienen, im eigenen persönlichen Leben daran festhalten und so den göttlichen Willen und den Bund Gottes mit seinem Volk öffentlich bezeugen.

c. Ezechiel als Priester und Prophet

In der Verkündigung Ezechiels verbinden sich priesterliche und prophetische Tradition und befruchten sich gegenseitig. Folgendes Beispiel mag veranschaulichen, wie priesterliche und prophetische Redeformen bei Ezechiel zusammenwirken und seine Verkündigung bereichern. Eine typisch prophetische Redeform, das »Gerichtswort«, besteht aus den beiden Teilen »Schelte« (oder Schuldaufweis) und »Drohung«. In der Schelte deckt das prophetische Wort auf, was nicht stimmt. In der sich anschließenden Drohung erfolgt die Gerichtsankündigung durch das JHWH-Wort. Solche Gerichtsworte, sie finden sich z.B. in Am 4,1-3; Mi 3,9-12; Jer 7,16-20, nehmen Bezug auf ganz konkrete, aktuelle Zustände und Probleme im Gottesvolk.

Als typische Form priesterlicher Verkündigung kann hingegen die Unterweisung im Gesetz gelten. Diese Rechtsbelehrung ergeht z.B. in apodiktischen Rechtssätzen, wie sie sich etwa im Dekalog finden (Ex 20). Sie kann auch in kasuistischen Rechtssätzen geschehen. Dabei wird zunächst ein Fall, eingeleitet mit »wenn ...« (Protasis), dargestellt, der den Tatbestand festhält. Daran schließt sich die Rechtsfolge, eingeführt mit »dann ...« (Apodosis), an. Beispiele hierfür: Ex 21,18; Lev 17,3.8.10. Die Rechtsbelehrung ist, im Unterschied zum prophetischen Gerichtswort, in gewisser Weise zeitlos. Ihr Inhalt zielt auf grundsätzlich gültige und objektive Aussagen und dient der Orientierung an der Wegweisung JHWHs.

Bei Ezechiel verbinden sich nun beide Redeformen – die situationsbezogenen prophetischen Aussagen und die ins Grundsätzliche gehenden priesterlichen Belehrungen. Dabei zeigt sich die Tendenz, dass konkrete Vorgaben und Situationen als Ausgangspunkt für Reflexionen dienen, die in allgemein gültige, grundsätzliche Aussagen münden. Nicht selten greift Ezechiel Redewendungen, Sprichwörter, Meinungen, die im Volke im Umlauf sind, auf und baut diese zu größeren Abhandlungen und Reflexionen aus (vgl. Ez 14,1-11.12-23; 18; 33). So überlagern sich etwa in 14,1-11 Gerichtswort und Rechtsbelehrung, wobei Schelte und Rechtstatbestand einerseits und Drohung und Rechtsfolge andererseits einander entsprechen (s.u. Kommentar VII.3.). Mit seiner Neigung zur systematisierenden Darstellung bereitet Ezechiel, der mitunter als Vater der priesterlichen Theologie bezeichnet wird, zugleich den großen priesterlichen Geschichtsentwurf vor, wie er in der Priesterschrift vorliegt.

Es ist somit offensichtlich: Weder muss der Prophet den Priester, noch muss der Priester den Propheten verderben. Beide Traditionen können sich vielmehr gegenseitig befruchten. Das Ezechielbuch selbst ist ein beredtes Zeugnis dieser fruchtbaren Symbiose von prophetischer und priesterlicher Überlieferung, die in Ezechiel und in dem nach ihm benannten Buch zu einer originellen Einheit zusammengewachsen ist.

III. Das Ezechielbuch

Abb. 3: Der Priesterprophet Ezechiel. Ausschnitt aus der Darstellung der Totengebeinvision (Ez 37,1-14) in der Synagoge von Dura Europos (245-256 n.Chr.)

Wer unvorbereitet mit der Lektüre des Ezechielbuches beginnt, wird nur mühsam Zugang finden zu einer Botschaft, die sich ihm mitteilt und zugleich verschließt. Fremd, ja mitunter abweisend mutet sich die Botschaft Ezechiels den Leserinnen und Lesern zu. Je mehr sich jedoch die Sinne auf seine Verkündigung eingestellt haben, umso mehr entdecken sie hinter den vielfältigen Ausdrucksformen ezechielischer Verkündigung ein in sich geschlossenes, stimmiges Gesamtwerk und hinter einer einheitlich erscheinenden Botschaft eine polyphone Vielfalt von Stimmungen und Stimmen.

1. Der Gesamteindruck: ein in sich geschlossenes Werk

Es ist schon immer aufgefallen, dass das Ezechielbuch, bei allen Problemen, die es bieten mag, den Eindruck einer besonderen Geschlossenheit und Einheitlichkeit erweckt. Für diesen Gesamteindruck sind mehrere Faktoren verantwortlich.

a. Das Ezechielbuch als Selbstbericht

Es ist auffällig, dass das gesamte Ezechielbuch im Ich-Stil gehalten ist, ausgenommen die beiden Stellen 1,3 und 24,24. Die meisten Prophetenbücher sind wohl so entstanden, dass Schüler die mündlichen Worte ihres Meisters sammelten, Berichte über ihn schrieben und in diese Berichte über den Propheten seine mündlichen Worte und seine Ich-Berichte einfügten, etwa die Berufungsberichte (vgl. Jes 6,1ff.; Jer 1,4ff.). Das Ezechielbuch ist hingegen als Ganzes, von den beiden erwähnten Ausnahmen 1,3 und 24,24 abgesehen, im

Ich-Stil gehalten. Dieser durchgehende Selbstbericht trägt wesentlich zu dem Gesamteindruck bei, das Ezechielbuch sei ein in sich geschlossenes Werk.

b. Die Anrede: »Sohn eines Menschen«

Durchgehend wird Ezechiel in »seinem« Buch als »Sohn eines Menschen« (EÜ: »Menschensohn«) angeredet. Diese Anrede begegnet insgesamt 93-mal, davon 23-mal in der erweiterten Form »du aber, Sohn eines Menschen«.

Während der durchgehende Selbstbericht in Ich-Form auf die Bedeutung des Propheten hinweist, betont die Anrede »Sohn eines Menschen« seine Kreatürlichkeit, seine Geschöpflichkeit. Denn das Wort »Mensch« ist als Gegenwort zu »Gott« zu verstehen. Die Anrede »Sohn eines Menschen« ist also nicht mit dem Titel »Menschensohn« zu verwechseln, wie er sich etwa im Buch Daniel (vgl. NSK-AT 22, 257-258 [Exkurs: Der »wie ein Menschensohn« und die »Heiligen des Höchsten« im Danielbuch], ferner 239-241 [Exkurs: Jesus und der Menschensohn]) und im Neuen Testament (vgl. SKK-NT 2, 105-107 [Exkurs: Jesus und der Menschensohn]) findet. Vielmehr handelt es sich hierbei um eine Niedrigkeitsaussage, die betont, dass Ezechiel zu den Geschöpfen, zu den Sterblichen gehört.

c. Die Datierungen des Ezechielbuches

Das Ezechielbuch ist von insgesamt 14 Datierungen durchzogen: 1,1-2; 3,16; 8,1; 20,1; 24,1; 26,1; 29,1.17; 30,20; 31,1; 32,1.17; 33,21; 40,1. Diese gegenüber den früheren prophetischen Büchern auffallende Häufung verleiht dem Ezechielbuch ebenfalls einen einheitlichen Charakter und lässt zudem den Eindruck einer Prophetenbiographie entstehen. Die Datierungen prophetischer Worte betonen nicht nur deren Zeitgebundenheit. Sie zielen zudem, da sie zum größten Teil um das schicksalhafte Ereignis der Zerstörung Jerusalems kreisen, auf ein zentrales Anliegen ezechielischer Verkündigung: auf das Ende der verfehlten Geschichte und auf den Neubeginn nach der Krise.

d. Bevorzugte Textsorten im Ezechielbuch

Von den vielfältigen Formen, die Propheten für ihre Verkündigung verwenden können, gibt es innerhalb des Ezechielbuches einige

Textsorten, die Ezechiel mit besonderer Vorliebe einsetzt, und die er mitunter zu großen Textkomplexen ausweitet. Auch diese tragen wesentlich zum einheitlichen Gesamteindruck des ezechielischen Werkes bei. Dazu gehören vor allem:

Visionsberichte
Die auffällig gestalteten Visionsberichte in Ez 1 – 3; 8 – 11; 37,1-14; 40 – 48 sind ein Charakteristikum des Ezechielbuches. Da die jeweils späteren Visionen auf die vorausgehenden Bezug nehmen (3,23 → 1; 8,2-4 → 1,26-27 und 3,23; 43,3 → 1 und 8-11), verstärken sie den Eindruck eines in sich geschlossenen Ganzen.

Prophetische Zeichenhandlungen
Dreimal folgen diese zeichenhaften Handlungen im Ezechielbuch auf Visionsberichte, in 4 – 5; 12,1-20 und 37,15-28. Die insgesamt sieben Zeichenhandlungen stellen wiederum eine Besonderheit des Ezechielbuches dar. Zeichenhandlungen sind freilich nicht im Sinne bloßer Veranschaulichung des prophetischen Wortes zu verstehen, wie etwa ein geschickter Pädagoge seinen Lehrstoff veranschaulichend darbietet. Zeichenhandlungen sind nicht nur sekundärer Zusatz zum prophetischen Wort, bloßes Mittel pädagogischer Vermittlung. Sie bringen vielmehr in ihrer Handlung die dynamische Wirkmacht des Prophetenwortes zum Ausdruck. Prophetische Zeichenhandlungen machen deutlich, dass das von Gott ausgehende Wort, das sich durch den Propheten mitteilt, bereits dabei ist, sich auszuwirken.

Bildreden
Die für das Ezechielbuch wiederum so typischen Bildreden – Ez 15; 16; 17; 19; 21,1-5.6-22; 22,17-22; 23; 24,1-14; 26,15-21; 27; 28,11-19; 31; 32 – sind den unterschiedlichsten Aussagezielen zugeordnet. Sie dienen z.B. als Totenklagen (19; 26,15-21; 27; 28,11-19; 32), geben einen Einblick in die verfehlte Geschichte des Gottesvolkes (15; 16; 23), illustrieren Arroganz und Überheblichkeit (27; 31) oder veranschaulichen das göttliche Gericht (21,1-5.6-22; 22,17-22). Dabei können die einzelnen Bilder ineinander übergehen oder direkt in eine aktualisierende Deutung einmünden.

Disputationsworte
Disputationsworte – z.B. 11,2-12; 12,21-25.26-28; 18; 20; 33; 37,1-14 – nehmen in der Regel Bezug auf Redewendungen, die im Volk im Umlauf sind. Inwieweit es sich dabei um tatsächliche Redeweisen handelt oder nur um fiktive, dem Volk in den Mund gelegte Worte, ist umstritten. Ezechiel reagiert auf diese »Theologie des Volkes« mit seiner Verkündigung, die er nicht selten zu großen Abhandlungen und Reflexionen ausweitet (z.B. Ez 18; 33,1-20).

e. Formelhafte Wendungen im Ezechielbuch

Entscheidend für den geschlossenen Gesamteindruck des Ezechielbuches ist nicht zuletzt dessen formelhafte, typisierte Sprache. Da die vielen geprägten Wendungen zugleich theologische Inhalte transportieren, ist neben ihrer formalen Funktion auch nach ihrer inhaltlichen Bedeutung zu fragen.

Die Wortereignisformel (WEF)
»Und das Wort des Herrn erging an mich folgendermaßen:«
Unter inhaltlichen Gesichtspunkten ist diese Formel zentral für das prophetische Selbstverständnis. Sie bringt zum Ausdruck, dass das Wort Gottes als wirksame Kraft, als Ereignis zu verstehen ist, das dem Propheten widerfährt (vgl. Jes 55,9.10-11; Ps 147). Durch die Verbindung von WEF und Datierung wird der geschichtliche Charakter des göttlichen Wortes besonders betont.

In formaler Hinsicht dient diese Formel zur Einleitung in Redeeinheiten und ist deshalb besonders wichtig für die Gliederung des Ezechielbuches. Dieses lässt sich aufgrund der WEF in insgesamt 52 Einheiten gliedern.

Die Botenformel (BF)
»So spricht der Gebieter / mein Gebieter JHWH.« EÜ: »So spricht Gott, der Herr.«
Die BF entstammt der politisch-diplomatischen Welt. Ein Sender schickt einen Boten mit einer Botschaft. Er beauftragt diesen mit Redeauftrag und Nennung des Adressaten: »Sprich zu N.N.:« Die zu überbringende Botschaft wird mit der BF eröffnet. Dabei gilt: Im Gesandten ist der Sendende gegenwärtig. Diese aus dem öffentlichen Leben stammenden Formulierungen übertragen die Propheten auf

sich, um deutlich zu machen, dass sie als Botschafter JHWHs unterwegs sind und in seinem Auftrag sprechen und handeln. Die BF dient u.a. der Legitimierung des Propheten (vgl. Ez 2,1-5).

In formaler Hinsicht ist auf das häufige Vorkommen der Botenformel hinzuweisen. Sie findet sich im Ezechielbuch insgesamt 126-mal und übt verschiedene Funktionen aus. Sie dient zur Eröffnung einer JHWH-Rede, die dem Propheten aufgetragen ist. In Worten, die mit der Partikel *lāken* »deshalb« eröffnet werden, leitet sie eine Drohung oder ein Gerichtswort ein. Der Botenformel kann zudem die Funktion zukommen, einen Textabschnitt zu untergliedern und Aussagen besonders hervorzuheben.

Die Gottesspruchformel (GSF)
Die GSF wird sowohl nominal als auch verbal gebraucht. Die nominale Variante lautet: »*Spruch des Gebieters / meines Gebieters JHWH*« (EÜ: »*Spruch Gottes, des Herrn*«), die verbale Form: »*Ich (JHWH) habe gesprochen*«. Die GSF betont die Echtheit des prophetischen Wortes und die Authentizität der Berufung des Propheten. So wird in Ez 13,1-10 den falschen Propheten vorgeworfen, sie würden sagen »Spruch des Herrn« (VV. 6-7), wo doch JHWH gar nicht gesprochen hat.

Formal steht die GSF häufig am Ende einer Redeeinheit oder eines Textabschnittes, markiert also einen Textabschluss. Sie dient zudem der Hervorhebung und Betonung von Aussagen, besonders dort, wo sie mit einer weiteren Formel, der so genannten *Schwurformel* »so wahr ich lebe« verbunden ist.

Die Erkenntnisformel (EF)
»*Und sie werden / sollen erkennen, dass ich JHWH (EÜ: der Herr) bin*«
Der EF kommt für die ezechielische Verkündigung ein besonderes Gewicht zu. Die Formel begegnet über 70-mal im Ezechielbuch. Sie ist zusammengesetzt aus der Erkenntnisaussage »und sie werden / sollen erkennen / erfahren« und dem Inhalt der Erkenntnis: »Ich bin JHWH«. Die EF gibt den Sinn und das Ziel allen Reden und Tuns des Propheten, mehr noch: allen Reden und Tuns JHWHs an: die Erkenntnis, die Erfahrung Gottes selbst.

Da die Erkenntnis Gottes das Ziel aller Gottesworte des Ezechielbuches angibt, hat Zimmerli für diese auf die Gotteserkenntnis hinführenden Worte den Ausdruck »Erweiswort« geprägt, eine Gattungsbestimmung, die sich in der Ezechielforschung allerdings nur teilweise durchsetzen konnte: »Ich habe ... für diese bei Ez so ungemein häufig vorkommende Wortstruktur die Bezeichnung ‚Erweiswort' vorgeschlagen. Die ganzen Ankündigungen kommenden göttlichen Handelns treten da, wo sie in die Erkenntnisformel auslaufen, in das Licht eines göttlichen Selbsterweises. In seinem Handeln in der Geschichte stellt Jahwe sich seinem Volk und der Welt in seinem Ich vor. All das, was an scheinbar auch neutral zu verstehendem Geschehen vom Propheten verkündet wird, hat sein Ziel darin, Israel und die Völker zur Erkenntnis, und d.h. im AT immer auch Anerkenntnis, ebendieses in seinem Namen offenbaren Ichs zu führen. Jahwes ganzes Tun, das der Prophet verkündet, dient Jahwes Erweis unter den Menschen« (Zimmerli 58*).

Die Herausforderungsformel
»Siehe, ich will gegen dich!«
Die Herausforderungsformel begegnet meist im Zusammenhang der Unheilsverkündigung, und hier vor allem in den Fremdvölkersprüchen (FVS) Ez 25 – 32. Von den insgesamt 22 alttestamentlichen Belegen finden sich immerhin 14 im Ezechielbuch: 5,8; 13,8.20; 21,8; 26,3; 28,22; 29,3.10; 30,22; 34,10; 35,3; 36,9; 38,3; 39,1.

Die Heiligkeitserweisformel
»Und ich werde mich als heilig erweisen.«
Vgl. dazu Ez 28,22.25; 36,23.

Die Hinwendungsformel
»Richte dein Gesicht wider ...«
Die Hinwendungsformel – vgl. Ez 6,2 – ist mit einer symbolischen Handlung in Verbindung zu sehen. Sie dient der Kontaktaufnahme. Diese geschieht meist in feindlicher Absicht.

Diese vielfältigen formelhaften Wendungen, die das gesamte Ezechielbuch durchziehen, tragen entscheidend zum Gesamteindruck dieses Buches bei, ein in sich geschlossenes Werk zu sein. Eine aufmerksame Lektüre zeigt freilich auch, wie unterschiedlich und differenziert die so einheitlich erscheinenden Formen und Formeln im Ezechielbuch eingesetzt sind.

2. Das Buch in seiner Endgestalt

Der Stoff des Ezechielbuches ist nach unterschiedlichen und voneinander divergierenden Gesichtspunkten gegliedert. Die dadurch entstehenden textübergreifenden Ordnungsstrukturen überlagern sich teilweise oder konkurrieren miteinander, ein Indiz dafür, dass das Buch nicht in einem Zug, sondern in einem längeren Prozess entstanden ist.

a. Die Gliederung nach dem sog. »dreiteiligen eschatologischen Schema«

Ähnlich wie das Textmaterial eines Protojesaja Jes 1 – 39, des griechischen Jeremiabuches (vgl. NSK-AT 19/1, 12-14) und des Zefanjabuches ist das Ezechielbuch nach dem sog. dreiteiligen eschatologischen Schema aufgebaut.

Das dreiteilige eschatologische Schema

Teil I	Ez 1 – 24	Gericht über das JHWH-Volk
Teil II	Ez 25 – 32	Gericht über die Fremdvölker
Teil III	Ez 33 – 48	Heil für das JHWH-Volk

Diese großflächige und klare Gliederung, die sicher nicht von Ezechiel selbst stammt, sondern später in das vorgegebene Textmaterial eingetragen wurde, will vermutlich aussagen: Die Zeit des Gerichts für das Versagen Israels (Ez 1 – 24) gehört der Vergangenheit an. Mit dem anbrechenden Gericht über die Fremdvölker (Ez 25 – 32) bereitet sich nunmehr das kommende Heil vor, das freilich in seiner Fülle noch aussteht (Ez 33 – 48). Dieses sog. dreiteilige eschatologische Schema charakterisiert die eigene Gegenwart somit als eine Übergangszeit zwischen Gericht und Heil, die in der Erwartung des kommenden Heiles, vielleicht in der Erwartung auf eschatologische Vollendung lebt.

Dass die Gliederung des Ezechielbuches in drei Großabschnitte erst später geschah, geht auch aus der Tatsache hervor, dass sich innerhalb der Gerichtsworte Heilsankündigungen finden, sowohl in den Gerichtsworten über Israel (z.B. in Ez 11,14-21; 16,53-63; 17,22-24; 20,39-44) als auch in den Gerichtsworten über die Fremdvölker (28,24-26). Umgekehrt tauchen auch innerhalb der Heilsworte Ez 33 – 48 Gerichtsworte auf (Ez 33,23-33; 34,1-10; 35,1-15). Offensichtlich waren die einschlägigen Texte oder Textkomplexe bereits mit Heils- bzw. Unheilsworten verknüpft, als das Textmaterial des gesamten Ezechielbuches nach dem dreiteiligen eschatologischen Schema angeordnet wurde.

b. Die Zweiteilung des Ezechielbuches

Das prophetische Wirken Ezechiels zerfällt – etwas vereinfacht dargestellt – in zwei Phasen. Eine erste Phase, geprägt durch die Unheilsverkündigung, beginnt mit seiner Berufung 593 v.Chr. und dauert bis zum Untergang Jerusalems 587/86 v.Chr. Eine zweite, von der Mahnung zur Umkehr und von der Heilsverkündigung bestimmte Wirksamkeit des Propheten, setzt nach dem Untergang Jerusalems ein. Diese Zweiphasigkeit in der ezechielischen Verkündigung hat sich auch im Aufbau des Ezechielbuches niedergeschlagen.

Das zentrale Ereignis der Zerstörung Jerusalems, das Ezechiel zum Verstummen bringt (24,25-27 und 33,21-22), markiert nicht nur in der Verkündigung des Propheten, sondern auch im Aufbau des Ezechielbuches eine Wende. Das Ezechielbuch reflektiert somit die Zweiphasigkeit der prophetischen Verkündigung. Auffälligerweise werden gerade an diesem Wendepunkt Ez 24,25-27 und 33,21-22 die Fremdvölkersprüche Ez 25 – 32 eingefügt (ausführlicher dazu NSK-AT 21/2), die dem gesamten Buch die erwähnte Dreiteilung verleihen.

Die zweiphasige Wirksamkeit des Propheten, die sich in einer Zweiteilung des Ezechielbuches niedergeschlagen hat, gründet in einer doppelten Berufung Ezechiels zum Gerichtspropheten zu Beginn des Buches (Ez 1 – 3) und zum Wächter und Mahner der Gläubigen unmittelbar vor der Wende (Ez 33,1-20). Weitere Entsprechungen zwischen den beiden Großabschnitten des Ezechielbuches 1 – 24 und 33 – 48 unterstreichen die Zweiteilung des Buches: Das Gerichtswort über die Berge Israels (6) wird im Gerichtswort über die Berge Edoms aufgegriffen und mündet in das Heilswort über die Berge Israels (35,1 – 36,15) ein. Das Gerichtswort vom »Tag JHWHs« über das ganze Land (die ganze Erde) in Ez 7 findet sein Pendant im großen Gericht über Gog aus Magog (38 – 39). Der ersten Tempelvision mit der Schilderung des Auszugs der Herrlichkeit JHWHs aus dem Tempel (8 – 11) entspricht die zweite Tempelvision 40 – 48 mit der Schilderung der Rückkehr der göttlichen Herrlichkeit und ihrem Einzug in den Tempel (43,1-9). Auf den Geschichtsrückblick 20 wird in 36,16-23 mehrfach zurückgegriffen: 20,7 spricht von der Verunreinigung durch Götzen, ebenso 36,18. Das Ausgießen des göttlichen Zornes (20,8.13.21) taucht in 36,18 wieder auf. Von der Zerstreuung Israels unter die Völker weiß neben 20,23 auch 16,19. Die mit der Zerstreuung geschehene Entweihung des göttlichen Namens thematisieren 20,9.14.22 und 36,20-23. Diese vielfältigen Verweise und Rückverweise innerhalb des Ezechielbuches tragen nicht unwesentlich dazu bei, dem gesamten Buch den Charakter der Einheitlichkeit und der Geschlossenheit aufzuprägen. Dabei ist zu beachten, dass diese Bezüge nicht an den Anfang der prophetischen Tätigkeit, sondern in die Endphase der Redigierung des Ezechielbuches gehören.

c. Weitere Ordnungsmuster im Ezechielbuch

Immer wieder ist im Ezechielbuch die Tendenz bemerkbar, das vielfältige und heterogene Textmaterial zu strukturieren und zu systematisieren. So folgen auf die drei Visionsberichte Ez 1 – 3; 8 – 11 und 37,1-14 jeweils drei Erzählblöcke mit Zeichenhandlungen: Ez 4 – 5; 12,1-20 und 37,15-28. Häufig werden Worte aufgrund gemeinsamer Themen und Motive aneinandergefügt, etwa die geographischen Größen »Berge« (6) und »Land« (7). In 12,21 – 14,11 folgen mehrere Worte aufeinander, die sich mit dem Phänomen der Prophetie auseinandersetzen. In Ez 15 – 17 und 19 reihen sich – durchbrochen von Kap. 18 – Bildreden aneinander. Die drei Worteinheiten von 21,1-37 sind durch das Stichwort »Schwert« miteinander verknüpft, usw. (ausführlicher dazu Hossfeld, Das Buch Ezechiel 446-451).

Diese wohl relativ bald nach Ezechiel stattfindende Anordnung des vorgegebenen Textmaterials wird an manchen Stellen aufgebrochen, sei es dadurch, dass Heilsaussagen in die Gerichtsworte (11,14-21; 16,53-63; 17,22-24; 20,39-44; 28,24-26), sei es dadurch, dass Umkehrforderungen in die Bildworte eingefügt wurden und diese voneinander trennen (18). Vieles im Aufbau des Ezechielbuches bleibt nach wie vor unklar, und man wird vielfach über Vermutungen nicht hinauskommen.

Der Aufbau des Ezechielbuches

I. Ez 1 – 24	Gerichtsworte gegen das eigene Volk	
1,1 – 3,15	Die Berufungs-VISION	
3,16 – 5,17	*Zeichenhandlungen:* Jerusalems Belagerung	[3,16b-21 Ez als Wächter]
6,1-14	Wider die Berge Israels	
7,1-27	Der große Tag JHWHs	
8,1 – 11,25	VISION vom Auszug der göttlichen Herrlichkeit	[11,14-21 Heil]
12,1-20	*Zeichenhandlungen* über das hereinbrechende Unheil	
12,21 – 14,11	Prophetie im Zeichen des Widerspruchs	
14,12-23	JHWHs schonungsloses Gericht über Jerusalem	
15,1-8	Jerusalem – das unnütze Rebholz (Bildrede)	
16,1-63	Jerusalem – die untreue Frau (Bildrede)	[16,53-63 Heil]
17,1-24	Das davidische Königtum (Bildrede) – Untergang und neue Hoffnung	[17,22-24 Heil]
18,1-32	Umkehr als Weg in die Freiheit	
19,1-14	Totenklage über das davidische Königtum (Bildrede)	
20,1-44	Israels bisherige Geschichte und der neue Exodus	[20,39*-44 Heil]
21,1-37	Unter dem Schwert (VV. 11f.23ff.: *Zeichenhandlungen*)	
22,1-31	Jerusalem – die verderbte Stadt	
23,1-49	Die beiden treulosen Schwestern Ohola und Oholiba (Bildrede)	
24,1-14	Jerusalem – das unbrauchbare Gefäß	
24,15-27	Der große Verlust (*Zeichenhandlung*)	

II. Ez 25 – 32 Gericht über sieben Fremdvölker

25,1-17	Worte gegen Ammon, Moab, Edom und die Philister	
26,1 – 28,19	Worte gegen Tyrus und seinen Fürsten	
28,20-23	Ein Wort gegen Sidon	[28,24-26 Heil]
28,1 – 32,32	Sieben Worte gegen den Pharao und gegen Ägypten	

III. Ez 33 – 48 Heilsworte für das eigene Volk

33,1-20	Ezechiels Beauftragung zum Wächter	
33,21-22	Die Kunde vom Fall Jerusalems	WENDE
33,23-33	Gegen falsche Sicherheit	
34,1-31	Die schlechten Hirten Israels und Gott als guter Hirt seines Volkes	
35,1 – 36,15	Gericht über Edoms Berge, Heil über Israels Berge	
36,16-38	Israels innere Erneuerung	
37,1-14	VISION: Die Auferweckung des toten Israel	
37,15-28	Die zwei Stäbe – *Zeichenhandlung*	
38,1 – 39,29	Sieg über den endzeitlichen Feindansturm von Gog aus Magog	
40 – 48	VISION vom endgültigen Heilszustand, JHWHs Rückkehr in den Tempel	

3. Zur Genese des Ezechielbuches

Trotz des einheitlichen Gesamteindrucks, den das Ezechielbuch vermittelt, finden sich zahlreiche Hinweise darauf, dass diese Schrift über einen längeren Zeitraum hin entstanden sein muss. Ausgangspunkt dieser Entwicklung ist die Verkündigung Ezechiels selbst.

a. Die Verkündigung Ezechiels

Der auffällige Tatbestand, dass das Ezechielbuch fast durchgehend als Ich-Bericht stilisiert ist, erklärt sich wohl am einfachsten mit der Annahme, dass Ezechiel selbst seine ursprünglich mündliche Verkündigung auch schriftlich niedergelegt hat. Es ist also davon auszugehen, dass am Anfang dieses Buches die mündliche Verkündigung des Propheten steht, die dann von ihm selbst niedergeschrieben und bearbeitet wurde. Andere u.U. ebenfalls von Ezechiel stammende Texte könnten auch von Anfang an schriftlich konzipiert worden sein. Aus diesem Grunde ist es relativ schwierig, die mündliche Verkündigung des Propheten herauszuarbeiten und sie gegenüber seiner eigenen schriftlichen Bearbeitung zu profilieren. Dennoch: Ezechiel war als Prophet neben seiner mündlichen Verkündigung vermutlich auch selbst schriftstellerisch tätig.

b. Die Schüler des Propheten

Die Arbeit Ezechiels wurde von seinen Schülern – der so genannten Ezechielschule – aufgegriffen und fortgeführt. Deren Bearbeitungen halten sich zum einen eng an die Vorgaben des Meisters, andererseits setzen sie gegebenenfalls auch deutlich neue Akzente und Schwerpunkte. Gegenstand des wissenschaftlichen Diskurses in der neueren Exegese ist es, die Arbeit der Ezechielschule in ihren Bezügen zur Priesterschrift und zur deuteronomistischen Theologie, zu Deuterojesaja und zu den Psalmen zu erforschen.

c. Weitere redaktionelle Bearbeitungen

Kaum ein alttestamentliches Buch hat so viele kleinere Ergänzungen und Zusätze erhalten wie das Ezechielbuch. Während des babylonischen Exils und in der nachexilischen Zeit bestand das Bedürfnis, sich immer wieder mit dem abgründigen Geschehnis des Exils auseinanderzusetzen, eine Arbeit, die sich in vielfältigen redaktionellen Ergänzungen und Glossierungen (z.B. in Ez 1; 8 – 11; 40 – 48) niedergeschlagen hat.

Zu diesen späteren Bearbeitungen des Ezechielbuches gehören auch die unterschiedlichen Weisen der Gliederung des Textmaterials, u.a. nach dem bereits erwähnten dreigliedrigen eschatologischen Schema. Schließlich wurden im Rahmen des langwierigen kanonischen Prozesses Querverbindungen zu den übrigen prophetischen Schriften und zu den biblischen Büchern insgesamt hergestellt. Auch dieser Wachstumsprozess findet im gegenwärtigen exegetischen Diskurs viel Aufmerksamkeit.

4. Grundtendenzen gegenwärtiger Forschung zum Ezechielbuch

In der gegenwärtigen Ezechielexegese zeigen sich zwei deutlich voneinander unterschiedene Grundausrichtungen im Verständnis und in der Auslegung des Ezechielbuches. Eine vom Endtext ausgehende, synchron orientierte Exegese achtet vor allem auf die buchübergreifenden Textsignale und betont die Einheit des ganzen Buches. Hierbei werden wiederum zwei verschiedene Positionen vertreten. Eine erste führt das gesamte Ezechielbuch auf den historischen Propheten Ezechiel aus dem 6. Jh. v.Chr. zurück (z.B. M. Greenberg, D.I. Block), die andere sieht das Ezechielbuch insgesamt als ein pseudepigraphes Werk aus späterer Zeit (J. Becker, U. Feist).

Die diachron arbeitende Exegese achtet hingegen auf das allmähliche Wachstum des Ezechielbuches. Ausgehend, sei es von der Verkündigung Ezechiels (und gegebenenfalls von einer ersten Verschriftung durch ihn selbst), sei es umgekehrt vom Endtext des Ezechielbuches, versucht sie im Voran- oder Rückschritt die verschiedenen Bearbeitungsschichten herauszuarbeiten und zu profilieren. Dass hierbei wiederum ganz verschiedene Interessen wirksam sind und unterschiedliche Akzente gesetzt werden, liegt auf der Hand. Besondere Aufmerksamkeit gilt den Bezügen der verschiedenen Fortschreibungen durch die Schüler Ezechiels zu anderen biblischen Traditionen, etwa zum deuteronomisch-deuteronomistischen Gedankengut (vgl. 20,27-29; 36,23-28.31-32; 37,13b-14.20-23.24a), zur priesterlichen Theologie, sei es der Priesterschrift P^g, dem Heiligkeitsgesetz oder der priesterlichen Gesetzgebung (z.B. 16,59-63; 40 – 48*; das Thema »Sabbate« im Ezechielbuch). Vgl. dazu W. Zimmerli, W. Eichrodt, G. Fohrer, T. Krüger, F.-L. Hossfeld, K.-F. Pohlmann.

Die hier vorgelegte Erläuterung versucht einen Mittelweg zwischen beiden Positionen, wie ihn R. Mosis schon seit längerer Zeit und L.C. Allen gehen und wie F.-L. Hossfeld ihn neuerdings ausdrücklich empfiehlt. Ohne das Wachstum des Textes auszuklammern, steht doch die Endgestalt des Textes im Vordergrund. Diese bildet im Folgenden in der Regel den Ausgangspunkt und den Zielpunkt in der Erläuterung des Textes.

IV. Theologische Grundgedanken des Ezechielbuches

Der folgende Überblick über die Schwerpunkte der Theologie des Ezechielbuches folgt nicht diachron der Genese des Buches, sondern setzt in synchroner Lektüre den gesamten Textbestand des Ezechielbuches voraus. Da die Schüler Ezechiels die Vorgaben ihres Meisters sehr wohl beachteten und in der Fortschreibung der von ihm überkommenen Texte seinen Spuren folgten (vgl. Zimmerli, Eichrodt, Allen; anders die Position von Pohlmann), ist eine solche Konzentration auf den Endtext zulässig. Sofern es angebracht erscheint, wird freilich auch auf den Fortschreibungs- und Transformationsprozess in der ezechielischen Theologie hingewiesen.

1. Israels Gott, der Einzige

JHWH als Gott Israels, seine Worte und sein Tun bestimmen die ezechielische Verkündigung. Alles Reden und Wirken des Propheten nimmt hier seinen Ausgang und mündet hierher zurück mit der Zielangabe: »Sie sollen erkennen, dass ich JHWH bin.« JHWH ist der Einzige für Israel. In scharfer Polemik werden die fremden Götter als Götzen disqualifiziert und als »Scheusale« und »Mistdinger« geschmäht.

JHWHs Einfluss ist nicht auf Israel allein beschränkt. In Abweichung von der priesterlichen Theologie, wonach der göttliche Glanz über dem Zelt der Begegnung, dem Tempel und dem Zion ruht, wird der göttliche *kābôd*, die »Herrlichkeit« Gottes, bei Ezechiel auch im unreinen Exilsland gegenwärtig. Sie erscheint im Exil und nimmt Ezechiel dort in Dienst. Dieses unglaubliche Widerfahrnis der Nähe JHWHs mitten im Exil bezeugt nicht nur die Freiheit JHWHs gegenüber dem Tempel von Jerusalem als seinem Haus, also die göttliche Transzendenz. JHWHs Gegenwart im Exil bezeugt ihn zugleich als den souveränen und universalen Weltenherren. Er ist Herr nicht nur über Israel, sondern über alle Völker. Diese sollen allesamt zur Anerkenntnis Gottes gelangen. Durch die Heiligung des in der Welt entweihten göttlichen Namens führt Gott selbst die Völker hin zur Erkenntnis seiner selbst (Ez 36,22-23).

Ezechiel vertritt somit einen reflexen Monotheismus. JHWH ist als der Gott Israels zwar einziger und ausschließlicher Bezugspunkt für das Gottesvolk. Er ist aber zugleich auch der Weltenherr. Er ist der Schöpfer (37,1ff.) und der Lenker der Geschichte (16; 20; 23) und als solcher Bezugs- und Orientierungspunkt der gesamten Völkerwelt. Wo JHWH richtend und strafend in die Geschichte eingreift, dienen in der Regel das erste und das zweite Gebot zur Begründung des göttlichen Gerichts. Auch die für das Ezechielbuch so typische Erkenntnisformel betont neben der Erkenntnis Gottes zugleich die göttliche Einzigkeit. Sie setzt darin einen klaren monotheistischen Akzent: »Sie sollen erkennen, dass *ich* JHWH bin.«

Die göttliche Majestät, die Ezechiel in seiner Berufungsvision als den souveränen Weltenkönig schaut und die sich als eine der Welt transzendente Größe jeglicher Beschreibung und jeglichem verstehenden Zugriff entzieht, erweist sich zugleich als die sich offenbarende, die Welt, ihre Geschichte und Geschicke bestimmende Größe. Wer dieser Gott ist, erschließt sich vor allem an seinem wirkmächtigen Tun, durch das Er, der Transzendente, dieser Welt immanent wird.

2. JHWH und sein Wirken in der Geschichte

Nach der altorientalischen Landgotttheologie sind das Schicksal eines Gottes und das seines Volkes, seines Landes oder seiner Stadt deckungsgleich. Die Niederlage Israels im Exil musste also als Niederlage seines Gottes erscheinen, hatte er sich doch in der Pleite seines Volkes – so der Anschein – als ein der Geschichte ohnmächtiger Gott erwiesen, oder aber als hinterhältige, unberechenbare und launische Gottheit, die mit ihrem Volk ein böses Spiel trieb. Einer solchen, sei es verschlagenen, sei es machtlosen Gottheit konnte im babylonischen Götterpantheon keine besondere Stellung zukommen, allenfalls ein bescheidenes Nischendasein mit einer unbedeutenden Nebenrolle. Unter religionsgeschichtlichen Gesichtspunkten war das Widerfahrnis des Exils für eine Gottheit Grund genug, um für immer abzudanken und in der Geschichtsvergessenheit zu verschwinden. Anders JHWH!

In den Vorgaben der altorientalischen Landgotttheologie liegt wohl einer der Hauptgründe dafür, dass das Ezechielbuch sein Augenmerk nicht auf die Wesenszüge Gottes richtet, sondern fast penetrant auf seinem Handeln in der Geschichte insistiert. Treffend hat Zimmerli darauf hingewiesen, dass bei Ezechiel nicht – wie etwa bei Deuterojesaja und in den Psalmen, zum Teil auch bei Jesaja und Jeremia – die hymnischen Partizipien vorherrschen, sondern unüberhörbar und eindeutig das *Verbum finitum* den Ton angibt. War doch die Schicksals- und Überlebensfrage des JHWH-Volkes daran geknüpft, ob sein Gott der Geschichte mächtig ist oder nicht. Das göttliche Handeln in der Geschichte verschafft sich deshalb im Ezechielbuch auch lautstark Gehör. Die JHWH-Erkenntnis, zu der vor allem Israel, dann aber auch die Völkerwelt insgesamt geführt werden soll, ist die Erkenntnis des in der Geschichte handelnden Gottes: »Erkennen, dass ich, JHWH, geredet habe [in meinem Eifer]« (5,13; 6,10; 17,21; 37,14), »dass ich, JHWH, es [das Feuer] angezündet habe« (21,4), »mein Schwert aus der Scheide gezogen habe« (21,10), »meine Zornglut über euch ausgegossen habe« (22,22), »alle deine Schmähungen gehört habe« (35,12), »dass ich, JHWH, den hohen Baum erniedrigt, den niedrigen aber erhöht habe« (17,24), »das Eingerissene baue, das Verwüstete pflanze« (36,36). Auch dort, wo statt des Verbum finitum Partizipien auftauchen, steht das göttliche Handeln im Vordergrund, ob nun JHWH Israel schlägt (7,9) oder ob er sein Volk heiligt (20,12; 37,28) oder auf andere Weise tätig ist. Auch das Königtum JHWHs wird nicht mit einem nominalen Titel affirmiert, sondern es aktualisiert sich als geschichtliche Tat (20,33), die in Verbindung mit dem neuen Exodus den Herrschaftsanspruch Gottes über sein Volk auf Zukunft hin behauptet.

So anstößig auch manche der Gerichtsansagen des Ezechielbuches in den Ohren klingen mögen, weitaus grundlegender als das Anstößige der Aussagen ist die alles entscheidende Frage, ob und inwieweit JHWH es vermag, sich in den Nächten Israels als der Lebendige, d.h. als der in und aus diesen Nächten Handelnde zu erkennen zu geben. Indem Ezechiel und in seiner Nacharbeit auch die Ezechielschule selbst noch in den schrecklichsten und abgründigsten Ereignissen um die Eroberung und Verwüstung der heiligen Stadt und ihres Tempels das Handeln des göttlichen Herrn wahrzunehmen und ihn am Werk zu sehen bereit sind, belasten sie zwar die Gottesrede mitunter bis ins Unerträgliche, ja ins Abstößige und Widerliche. Zugleich aber erlaubt ihnen dieses »Wagnis Theologie« das Unaussprechliche des göttlichen Gerichtes zu benennen und es in harter Auseinandersetzung anzunehmen, ohne das Geschehene beschönigend zu verharmlosen. Nur so kann selbst in der geschichtlichen Diskontinuität, welche das Exil nach der prophetischen Deutung ohne Abstriche bedeutet, noch ein Kontinuum dieser Geschichte Israels sichtbar werden: im Handeln seines Gottes, der in offenbarer Ohnmacht und Verborgenheit sich noch einmal abgründiger als der erweist, der er ist: als JHWH, der Einzige.

Das göttliche Wirken in der Geschichte manifestiert sich in objektiven Gegebenheiten. Es wird sichtbar in der *Erwählung Israels*, wenngleich Ezechiel diese nur am Rande erwähnt. Besonderes Gewicht verleiht der Priesterprophet, sicherlich auch aufgrund seiner priesterlichen Herkunft (s.o. II.3.), dem göttlichen Heilswillen, der in der *Tora* niedergelegt ist und durch sie wirksam werden will. Wie die Erwählung sind auch die Gebote göttliche Gabe (18,9; 20,10-12.13.18-21), die Leben freisetzen und ermöglichen sollen. Der in der Weisung niedergelegte göttliche Wille liefert deshalb auch die Maßstäbe für das rechte kultische und soziale Verhalten bzw. das Fehlverhalten (Ez 6; 8; 22; 34). Folgerichtig fordert Ezechiel ein Hören auf Gott und auf seinen Willen ein. Das Paradox göttlichen Handelns kann im Falle eines beständigen Fehlverhaltens Israels so ad extensum gedehnt, ja überdehnt werden, dass er selbst ungute Satzungen gibt, die Leben verunmöglichen (20,25-26). Auch darin offenbart sich JHWH als der handelnde und der Geschichte mächtige Gott. Zielt doch das Skandalon der unguten

Gebote darauf, menschlichem Verhalten, das völlig zum Fehlverhalten degeneriert ist und in der Verweigerung aufgeht, jegliche Wirkmöglichkeiten im Hinblick auf eine dauerhafte Gestaltung von Raum und Zeit zu nehmen.

Vor allem ist es das göttliche *Wort*, durch das Gott in der Geschichte handelt und wirkt. Dies zeigt schon allein die Wortereignisformel aufgrund der häufigen Verwendung und ihrer Funktion als Eröffnung jeglicher Verkündigung und Aktion, aber auch die Botenformel, die an den Inhalt des Wortes heranführt. Ezechiel steht ganz und gar unter dem Wirken dieses göttlichen Wortes, das ihm widerfährt und ihm nicht nur den Inhalt seiner Verkündigung, sondern auch den Rhythmus seines Redens und Handelns vorgibt, die Zeiten des Redens wie die Zeiten des Stummseins. Gottes Wort ist bei Ezechiel gleichsam eine »objektive, dem geschichtlichen Geschehen zugehörige Größe« (Eichrodt 11*) geworden, es ist die innere Kraft, aus der sich die geschichtlichen Ereignisse zum Unheil wie zum Heil entwickeln.

Gottes machtvolles Wirken drückt sich bei Ezechiel auch durch die *Hand JHWHs* und durch seinen *Geist* aus. Beide aus der Vorschriftprophetie übernommenen Ausdrücke (s.o. II.3.) betonen und veranschaulichen die göttliche Kraft und Vitalität. Diese bemächtigt sich des Propheten und rüstet ihn für seine Sendung zu. Sie ist aber auch im Stande, den Einzelnen zu erneuern (36,25-27), das abgestorbene Volk der Lebensmacht des Todes zu entreißen und es für eine neue Zukunft zu bereiten (37,1-14).

Es ist insbesondere das Handeln und Wirken Gottes dort, wo das JHWH-Volk dem Anschein nach die Rolle des Verlierers zu spielen hat und scheinbar am Ende ist, dass sich JHWH als die der Welt und dem Leben seines Volkes transzendente und gleichermaßen immanente göttliche Kraft erweist. Israel selbst wird durch dieses so ganz andere und ihm fremde göttliche Verhalten herausgefordert, seinen Gott neu zu suchen und ihn neu als den zu verstehen und zu finden, der er ist: als JHWH, Israels Einziger.

3. Das »Haus Israel« – JHWHs erwähltes Volk

Als von JHWH erwähltes Volk kommt Israel eine besondere Stellung und Funktion im göttlichen Heilsplan zu. Das Gottesvolk, symbolisiert in der Stadt Jerusalem, wird »mitten unter die Heidenvölker und die Heidenländer gesetzt« (5,5), um durch ein Leben aus der göttlichen Weisung die Wirklichkeit des lebendigen Gottes vor der Völkerwelt zu bezeugen. Dieses von JHWH erwählte und zum Zeugnis vor der Völkerwelt beauftragte Kollektiv wird mit dem besonderen Titel »Haus Israel« benannt, eine Ehrenbezeichnung, in der die Zugehörigkeit zu JHWH und die damit gegebene Dignität und Bedeutung ausgesagt sind.

Doch ist dieses so zu Ehren gekommene »Haus Israel« nach dem Zeugnis des Ezechielbuches zu einem »Haus der Widerspenstigkeit« degeneriert. In diesem Ausdruck, der innerhalb der Beauftragung und Sendung des Propheten besonders häufig auftaucht (1,1 – 3,15), kommt nicht nur der gegenwärtige Zustand des Gottesvolkes zur Sprache, sondern eine die gesamte Geschichte durchziehende Verweigerung gegenüber JHWH und seinem Wort: »Sie und ihre Väter sind immer wieder von mir abgefallen, bis zum heutigen Tag« (2,3).

So wird Ezechiel aufgefordert, sich mit einer harten und unerbittlichen Gerichtsbotschaft in die Konfrontation, ja in den Kriegszustand mit dem »Haus der Widerspenstigkeit« zu begeben, um den Widerstand des Volkes zu brechen. Die Buchrolle, die er zu verzehren hat (2,8 – 3,3), ist innen und außen mit »Klage, Seufzen und Wehe« beschrieben, ein deutlicher Hinweis auf den Inhalt seiner Verkündigung. Wie auch immer das so verhärtete Volk zu seinem prophetischen Wort Stellung nimmt, entscheidend ist, dass das prophetische Wort die Ohren der JHWH-Gläubigen erreicht (vgl. 2,5; 3,11).

Während die prophetischen Vorläufer Ezechiels Hosea, Jesaja und Jeremia im Kontrast zur sündigen und gottlosen Gegenwart von einer heilsamen und unverdorbenen, ja von einer idealen Frühzeit des JHWH-Volkes wissen, kennt Ezechiel einen solchen anfanghaften Idealzustand Israels nicht. Vielmehr ist Israels Weg von allem Anfang an gezeichnet durch Verweigerung und Aufbegehren gegenüber seinem göttlichen Herrn (20; 23). Das Wesen Israels ist von seiner Wurzel her (15; 16) so sehr verderbt, dass das von JHWH erwählte Werkzeug zu nichts zu gebrauchen ist (15). Zugleich hat die Korruption alle Schichten des Volkes erfasst (22,23-31), Propheten und Prophetinnen (13; 14,1-11), Könige (17;

19), Älteste (14,1; 20,1) und die führenden Schichten im Volk (34,1-10). Israel lebt somit nicht nur von Anfang an, sondern auch in seiner Gänze so sehr im Widerspruch zu JHWH, dass der Widerstand zu seinem Stand vor Gott geworden ist.

Ezechiels Gerichtsbotschaft konzentriert sich auf die judäische Hauptstadt Jerusalem, die in sprachlicher Verdichtung, zum Teil durch das Mittel der Personifikation, zum Inbegriff des Gottesvolkes wird. Die von JHWH erwählte Herrin verschmäht ihren Herrn, der sie vor dem Untergang bewahrt und ausgezeichnet hat, bricht ihm die Treue und buhlt ihren Liebhabern nach, ein Bild für die politischen und religiösen Vergehen Israels (16). Da das JHWH-Volk die Weisung seines Gottes mit Füßen tritt, degeneriert die Stadt. Als Stadt der Gerechtigkeit und des Friedens war sie gerufen, Zeugnis vom Gottesrecht und seiner Leben schenkenden Macht abzulegen. Aufgrund ihrer Verweigerung verfällt die Stadt indessen zur Blutstadt (22), in der Gewalttat und Unrecht regieren, Solidarität hingegen zum Fremdwort geworden ist (22,30).

Die Konsequenz aus diesem Zustand des Gottesvolkes, das in prophetischer Überzeichnung zu einem einzigen Unheilszusammenhang geworden ist, kann nur darin bestehen, diese unheilsame Allianz zu zerschlagen und aufzulösen. Diese Zerschlagung und Vernichtung geschieht durch die göttlichen Gerichtsvollstrecker, die Heere Babylons, wobei sich die schrecklichen Begleiterscheinungen des Krieges in der prophetisch verdichteten Sprache teilweise verselbständigen, etwa in der Gestalt des Schwertes (21), der Trias »Schwert, Hunger, Pest« (5,12; 6,11-14) oder in Gestalt der vier göttlichen Gerichtsplagen »Schwert, Hunger, wilde Tiere, Pest« (14,12-21). Mit den beiden Eroberungen Jerusalems und den entsetzlichen Geschehnissen vor allem während der Zerstörung und Plünderung der Stadt, war das von Ezechiel angekündigte Unheil tatsächlich über das JHWH-Volk hereingebrochen. Die Ezechielschule hat die Gerichtsworte ihres Meisters immer wieder von Neuem bedacht, um sich mit diesem Unglaublichen auseinanderzusetzen und es zu verstehen: mit der Zerstörung und Plünderung des Tempels und der Stadt ihres Gottes.

Schicksalsschläge für sich allein genommen, auch wenn sich in diesen das göttliche Gericht auswirkt, bedeuten noch lange keine Erneuerung des Gottesvolkes. Ein solcher Neubeginn ist kein

bloßer Selektionsvorgang, der nur diejenigen bestätigen würde, die
– sei es als die Stärkeren, sei es als die Glücklicheren – durch die
Pleite gegangen sind. Diese so genannten Davongekommenen sind
für Ezechiel nicht schon jener Rest, aus dem JHWH eine neue
Glaubensgemeinschaft bilden wird. Sie sind zunächst nicht mehr
als eine Manifestation und ein Zeichen dafür, dass das angekündigte
Gericht auch tatsächlich eingetroffen ist (6,8-10; 14,21-23).

Ein wirklicher Neubeginn im Gottesvolk setzt den Einblick in
die eigene verfehlte Geschichte, die Realisierung der geschehenen
Verfehlungen und die Annahme des göttlichen Gerichtes voraus.
Der Weg zu dieser Erneuerung und zu einer heilvollen Zukunft
führt nach Ezechiel nicht an der Krise des Gerichtes vorbei, sondern
durch das Gericht hindurch. Diesem Sachverhalt entsprechend
hat sich die prophetische Verkündigung auszudifferenzieren.
Man hat diese Ausdifferenzierung mit dem etwas schwerfälligen
Ausdruck »synchrone und diachrone Zweiphasigkeit« (Hossfeld)
umschrieben. »Synchrone Zweiphasigkeit« meint, dass Ezechiel
nach der ersten Deportation neben den von der Krise des Gerichts
betroffenen Exilierten noch eine weitere Adressatengruppe vor
sich hat: die vom Gericht verschonten und in der judäischen Heimat
verbliebenen JHWH-Gläubigen. Beide Adressatengruppen
haben die Annahme des göttlichen Gerichtes und die Einsicht in
die eigene verfehlte Geschichte zu realisieren. Die Bereitschaft
hierfür war in der Gola offenbar größer als bei den vermeintlichen
Siegern in der judäischen Heimat. Während letztere mit der unerbittlichen
Gerichtsbotschaft Ezechiels konfrontiert werden, ist die
Gerichtsankündigung für die Gola verhaltener. Ihr wird der Prophet
vermutlich schon vor 587/86 v.Chr. zum seelsorglichen
Begleiter und zum Mahner, der dazu aufruft, sich doch entschieden
zum Herrn zu bekehren.

Nach der zweiten Eroberung Jerusalems, der Zerstörung des
Tempels, der Verwüstung der Stadt und einer erneuten Deportation
wird aus dem Gerichtspropheten Ezechiel – gleichsam in einer
zweiten Phase seiner Verkündigung – zunehmend ein wachsamer,
seelsorglicher Begleiter (»diachrone Zweiphasigkeit«). Die
falschen und trügerischen Hoffnungen im Gottesvolk sind zerbrochen.
Während sich Lähmung und Resignation angesichts des eigenen
Versagens und der eigenen Hilflosigkeit breit machen, kann

Ezechiel von seinem Gott her eine neue Zukunft für das JHWH-Volk ankündigen.

Diese neue Zukunft setzt bei den einzelnen Gliedern im Gottesvolk an. Das Ganze, das zerbrochen ist, kann neu werden, wenn viele einzelne Gläubige aufbrechen, sich auf die Weisung ihres Gottes einlassen und so dem göttlichen Heilsplan Raum geben. Diese neue Zukunft des JHWH-Volkes ist vor allem ein von Gott her sich ereignendes Wunder, das einer Neuschöpfung gleichkommt (36,16-28; 37,1-14). Die entschwundene und verlorene Mitte des Gottesvolkes (8 – 11) wird neu gegenwärtig sein, wenn JHWH mit seiner Herrlichkeit zu seinem Volk zurückkehrt (43,1-9) und Jerusalem zum Ort der bleibenden Gegenwart Gottes wird (48,35). Dann endlich kommt zur Vollendung, was die große Berufung und Bestimmung des Gottesvolkes von Anfang an war und ist: das Leben mit Gott und das Zeugnis seiner Gegenwart vor der Welt. Die Bundesformel drückt dieses Ziel der Wege Gottes mit seinem Volk in dessen Mitte er wohnen will, aus: »Ihr seid mein Volk und ich bin euer Gott« (vgl. 11,20; 14,11; 34,24; 36,28; 37,23.27).

4. Das Rätsel menschlicher Schuld

Vor dem hellen Hintergrund der göttlichen Erwählung und der Gabe der Gebote, die dem Leben dienen, nimmt sich die menschliche Verweigerung gegenüber diesem göttlichen Lebensangebot wie ein großer, dunkler Schatten aus. Ezechiel betont neben den kultischen auch die sozialen Vergehen, verleiht aber den ersteren ein besonderes Gewicht. Die kultische Dimension der Schuld zielt auf die verweigerte Gottesbeziehung als das entscheidende Gravamen in Israel. Diese Schuld hat ein Ausmaß angenommen, dass sie die göttliche Gegenwart aus der Mitte des Volkes vertreibt (8 – 11). Die Schuld des Gottesvolkes existiert nicht nur als Fehlverhalten Einzelner, wie es sie immer gegeben hat. Sie ist vielmehr seit den Anfängen Israels (16; 20; 23) zu einer alles bestimmenden und beherrschenden Macht angewachsen, zu einer kollektiven Realität, die – einem Raubtier gleich – die einzelnen Glieder des Gottesvolkes in ihren Krallen gefangen hält und sie nicht freigibt für ihren Weg und für ihr Leben.

Ezechiels Verkündigung zielt darauf, zunächst das Ausmaß der Schuld, d.h. der Verweigerung gegenüber dem Gott des Lebens wahrzunehmen und zu realisieren. Er fordert dazu auf, jene unglückselige Solidarität mit der sündigen Vergangenheit, die der Beziehung zu Gott im Wege steht, aufzugeben (18,1-20; 20,1-31) und Maß zu nehmen am göttlichen Heilswillen, der als göttliche Alternative nicht nur den Ausweg aus der Schuldverstrickung angibt, sondern als Weg in die Freiheit und als Weg der Freiheit ein Leben in Wahrheit ermöglicht.

Wo die Gegenwartsgeneration nicht bereit ist, sich von ihrer Schuld zu lösen und das göttliche Lebensangebot ausschlägt, muss das kommende Gericht das Kollektiv des Gottesvolkes wie die einzelnen Gläubigen in ihm bis auf den Grund erschüttern, damit der Weg zur Wahrnehmung Gottes wieder frei wird und die Sehnsucht nach ihm neu aufbrechen kann. So zerbricht Gott das im Götzendienst gefangene Herz und die nach den Götzen schielenden Augen (6,8-10). Wie der Rost sich in ein metallenes Gefäß eingefressen hat, so haben sich auch Schuld und Sünde in die Existenz des Gottesvolkes eingefressen. Sie sind gleichsam zu seiner zweiten Natur geworden und lassen sich nicht tilgen, es sei denn durch Vernichtung des ganzen Gefäßes im Feuer (24,1-14).

Letztlich ist nur durch ein neues göttliches Gnadenhandeln, das einer Neuschöpfung gleichkommt, eine innere und vollständige Erneuerung des Menschen möglich. Diese Transformation des Menschen (36,24-26) ist Voraussetzung dafür, dass die JHWH-Gläubigen sich bleibend für jenes Leben mit Gott öffnen, das Gott ihnen anbietet. Zugleich will dieses von Gott geschenkte Leben aber auch in Freiheit angenommen und ergriffen werden. So schließt die göttliche Vergebungsbereitschaft und die gottgewirkte Erneuerung die Bereitschaft des Menschen mit ein, das Leben, das Gott anbietet, auch wirklich zu ergreifen und es in Freiheit zu gestalten (18,30-31).

5. Prophetische Existenz

Es ist eines der Charakteristika des Ezechielbuches, dass Ezechiel fast durchgängig als »Sohn eines Menschen« angeredet wird. In dieser Anrede erscheint der Prophet in seiner Geschöpflichkeit als sterblicher Mensch, der von seinem Schöpfer abhängig ist und in seinem Dienste steht. Dieser persönliche Bezug zu seinem göttlichen Herrn und Auftraggeber prägt die ganze, als Ich-Rede stilisierte Botschaft des Propheten. Dabei ist nicht nur des Propheten Wort, sondern seine ganze Existenz in Dienst genommen, da sich in und mit der beauftragten Person des Boten die göttliche Botschaft Bahn bricht: »Sie sollen erkennen, dass ein Prophet in ihrer Mitte gewesen ist« (2,5; 33,33). So hat der Prophet in erster Person jenen Krieg zu bestehen, den JHWH gegen sein eigenes Volk führt. Ezechiel selbst wird zum »Zeichen« (12,6.11; 24,24.27), sowohl in seinem aktiven Handeln, wie auch in seinem passiven Erleiden.

In seinen Zeichenhandlungen hat Ezechiel das verhängnisvolle Geschick darzustellen, das dem Volk bevorsteht: die Belagerung der Stadt (4,1-3), Hunger (4,9-11), Vertreibung und Vernichtung (5,1-2). Ist schon dieses aktive Tun des Propheten mit Leiden verbunden, wie die Klagen (4,12-15; 21,6) und der mehrfache Aufschrei Ezechiels zeigen (9,8; 11,13; 21,17), so noch mehr das passive Erleidenmüssen dessen, was sich da von Gott her wider sein Volk ereignet: das lange Darniederliegen des Propheten, um die Schuld des Hauses Israel und des Hauses Juda zu tragen (4,4-8), sein Erzittern in Vorwegnahme kommender Erschütterungen (12,17-20), sein Seufzen (21,11-12) und sein Erstarren über den jähen Tod seiner Frau, der Freude seiner Augen (24,15-24), ein Vorausbild für der Untergang des Heiligtums.

Während der etwas ältere Jeremia das Leiden an den Zumutungen Gottes und das Mitleiden am Schicksal des Volkes in den Konfessionen zum Ausdruck bringt und so eine innere Anteilnahme an seinem prophetischen Schicksal ermöglicht, ist die Verkündigung des Priesterpropheten Ezechiel »von einer schneidenden Härte, die nur ganz ausnahmsweise einmal sein persönliches Empfinden erkennen lässt« (Zimmerli 87*). Auch wenn es der Prophet seinen Leserinnen und Lesern schwer macht, einen Zugang zu ihm, seinem persönlichen Ergehen und zu seiner prophetischen Sendung zu finden, weil er sich so ganz hinter das Wort, das ihm aufgetragen ist, zurücknimmt, er ist dennoch mit seiner ganzen Existenz in Mitleidenschaft gezogen, wie der mehrmalige, nicht mehr unterdrückbare Aufschrei angesichts des göttlichen Gerichtes zeigt. Was Ezechiel in der Auseinandersetzung mit den falschen

Prophetinnen und Propheten (13,5) und im Gerichtswort gegen die Stände des Volkes (22,30) einklagt, das macht seine eigene prophetische Existenz ganz wesentlich mit aus: für das Volk in die Bresche zu springen und mit ihm – trotz der harten Gerichtsbotschaft und im Ergehen des Gerichtes – solidarisch zu sein.

Eine Besonderheit der ezechielischen Verkündigung liegt darin, dass die prophetische Aufgabe mit der Zerstörung von Tempel und Stadt neu bestimmt wird. War der Adressat seiner Verkündigung zunächst Israel als Ganzes (1,1 – 3,15), so gilt des Propheten Botschaft nunmehr dem Einzelnen innerhalb der Glaubensgemeinschaft (3,17-21; 33,1-9). War die prophetische Sendung zunächst von einer schneidenden Gerichtsankündigung bestimmt, so besteht sie nun im Dienst eines »Spähers« (vgl. Jer 6,17) und eines »Wächters«.

Als Begleiter und Seelsorger wird es nun zur Aufgabe der Propheten, die JHWH-Gläubigen für das göttliche Tun zu sensibilisieren. Diese ihrerseits sind in die Verantwortung gerufen, die Botschaft zu hören und der Botschaft gemäß zu handeln. Eine solche Neubestimmung prophetischer Aufgabe ist sicherlich auch durch die priesterliche Tradition mit ihrer typischen Toraunterweisung beeinflusst. Entscheidend ist jedoch, dass der Prophet hier durch göttliche Beauftragung zum Mahner und Wegweiser wird, der die Gläubigen in die Entscheidung ruft, doch das Leben zu ergreifen, das sich von Gott her anbietet.

6. Heilvolle Zukunft

Die Heilsverkündigung des Propheten, die sich gebündelt im umfangreichen dritten Abschnitt des Ezechielbuches findet (34; 36 – 39; 40 – 48), taucht bereits in Ez 1 – 24 im Rahmen von Fortschreibungen zugrundeliegender Gerichtsworte oder von eingefügten Ergänzungen auf: 11,14-21; 16,53-63; 17,22-24; 20,39-44. Mit dem großen Verlust, dem Untergang von Tempel und Stadt, waren alle »Scheinsicherheiten«, an denen man, dem Wort des Propheten zum Trotz, krampfhaft festgehalten hatte, zerbrochen. Eine dumpfe Resignation hatte sich breit gemacht. In diese hoffnungslose Lage der Verlorenheit und fehlender Perspektiven ergeht nun neu das prophetische Wort, das eine neue, heilvolle Zukunft in

Aussicht stellt. Dieses Wort des Heiles ist nicht zu verwechseln mit der Botschaft jener Propheten, die mit gefälligen und beifallheischenden Worten um die Zustimmung und Anerkennung ihrer Hörerinnen und Hörer gebuhlt hatten (13). Auch die Heilsverkündigung Ezechiels trägt jenes für die Propheten so typische, kritische Moment in sich, das die eigene Lebenswelt hinterfragt, um sie für das göttliche Wort zu öffnen. Insofern gleicht die Botschaft vom kommenden Heil einem Weckruf, der dazu auffordert, sich nicht in den eigenen depressiven Stimmungen und Ängsten zu beheimaten und zu verlieren. Jenes Licht aus der Zukunft, von dem die prophetische Heilsverkündigung weiß, will als Licht aus der Zukunft bereits in die Gegenwart fallen, den Blick heben und weiten und zu lebendiger Hoffnung und kraftvoller Zuversicht ermutigen.

Dass Ezechiel und in seinem Gefolge auch die Ezechielschule die Heilsverkündigung zur vorausgehenden Gerichtsverkündigung in Beziehung setzen, dient ihrer Aussageabsicht, die Wende im Geschick des JHWH-Volkes als solche zu markieren und zu profilieren. Diese Wende im Geschick hat ihren tragenden Grund nicht in einer Verhaltensänderung des JHWH-Volkes, wenngleich sie eine solche mit einschließt. Gott selbst, der seinen großen, bei den Völkern entweihten Namen heiligt, indem er das zerstreute Volk sammeln, aus der Gefangenschaft führen und es heimbringen wird in das verheißene und nun neu gewährte Land (36,16-38), setzt diesen Grund. Er selbst ist es, der die Gewähr und die Garantie für das kommende Heil abgibt. Diese so begründete Heilsgabe kann deshalb auch nicht mehr verloren gehen, denn sie ruht nicht auf der wankelmütigen menschlichen Treue, sondern sie ist in der unverrückbaren göttlichen Treue verankert und gesichert.

Dieses neue, gottgewirkte Heil gestaltet sich in einer doppelten und gegenläufigen Bewegung: vom Menschen und von seiner Lebenswelt ausgehend auf Gott hin und als von Gott ausgehende Bewegung auf sein Volk hin, bis JHWH seinem Volk und dieses ihm ganz inne ist.

Die erste der beiden Bewegungen spricht in farbigen Bildern von der Transformation des Gottesvolkes und seiner Lebenswelt, von der Heilung der Wunden (34,11-16), der Erneuerung des Lebensraumes (34,25-31; 36,1-15), von der inneren Heilung und Erneuerung des Menschen, die einer Neuschöpfung des Einzelnen gleichkommt (36,16-28), aber auch von der Neuschöpfung des gesamten Gottesvolkes, das der Macht des Todes entrissen wird (37,1-14) und seine innere Einheit vor Gott wiederfindet (37,15-28).

Dieser göttlichen Auferbauung des einzelnen Gläubigen wie des gesamten Gottesvolkes und seiner Lebenswelt entspricht in gegenläufiger Bewegung Gottes Rückkehr zu seinem Volk und seine Einkehr bei ihm (40 – 48). Wieder wird dabei im bewussten Rückgriff auf den Auszug der göttlichen Herrlichkeit aus dem Tempel verwiesen (8 – 11), jedoch mit dem Ziel, die bleibende, in jener heilvollen Zukunft nicht mehr verlierbare Gegenwart Gottes inmitten seines Volkes zu betonen. Damit findet endlich das seine Verwirklichung und Vollendung, was von Gott her von allem Anfang an beabsichtigt und auf dem mühsamen Weg durch die Geschichte nun verwirklicht ist: dass JHWH bei seinem Volk ist, und sein Volk bei ihm. Dies ist Heil in Fülle.

7. Die Exilsgegenwart – Raum und Zeit der Entscheidung

Die abgründige Zeit, in der Ezechiel das JHWH-Volk zu begleiten hat, die Welt des Exils mit ihrem harten Alltag, konnte dazu verleiten, von jener angekündigten heilvollen Zukunft zu träumen und die Belastungen des Alltags darin zu ertränken. Doch ist eine solche Flucht aus der Exilsgegenwart gerade nicht das Gebot der Stunde. Nur wenn auch der schwere Alltag des Exils zum Stoff des Lebens wird, das bewusst und in aller Intensität gelebt wird, kann sich die Nacht des Exils für einen neuen kommenden Morgen öffnen. Wie aber hat Ezechiel sein Volk in dieser Zeit zu geleiten? Wie ist der Exilsalltag zu leben und zu gestalten?

Ein erstes, was Ezechiel von seinen Mitexulanten verlangt, ist die Annahme der eigenen verfehlten Geschichte und des damit verbundenen göttlichen Gerichtes. Nicht an der Krise vorbei, sondern durch sie hindurch, konfrontiert also mit dem eigenen Fehlverhalten (6,8-10; 12,16; 14,22-23), geschieht jene Verarbeitung des Geschehenen, die ein Weg zum Leben ist. Dabei fällt auf – auch hierin zeigt sich wiederum eine Besonderheit des Ezechielbuches –, dass die Spuren der Verfehlung auch dann nicht verwischt werden, wenn die Zeit des Heiles anbricht. Das Erinnern der eigenen Untaten führt zur Beschämung und hält die Unterscheidung wach zwischen dem menschlichen (Fehl-)Verhalten und dem göttlichen Tun.

Die Wahrnehmung der eigenen Schuld und die Anerkenntnis des göttlichen Gerichtes führen zu einem neuen und veränderten Verhalten. Es ist nur folgerichtig, sich von den falschen Abhängigkeiten zu lösen, welche die Kräfte binden und den Weg in die Freiheit blockieren. Das bedeutet zunächst eine Absage an jegliche Form von Götzendienst (14,1-11), aber auch die Loslösung von den früheren Generationen (18,1-20; 20,5-26), ja von der eigenen Vergangenheit (18,21-32), sofern diese daran hindern, frei und in eigener Verantwortung den Weg mit Gott zu gehen.

Die geforderte Loslösung ist freilich nur die Kehrseite einer anderen Entscheidung. Das zu vollziehende »Nein« wider falsche Abhängigkeit dient letztlich dazu, ein um so entschiedeneres »Ja« zu sprechen, d.h. sich entschlossen Gott zuzuwenden. Die Umkehr zu Gott ist die große Entscheidung, die Ezechiel von den einzelnen Gläubigen einfordert. Das in der Wüste der Nationen anstehende große Scheidungsgericht, zu dem der neue Exodus hinführt (20,32-38), will diese Entscheidung des Einzelnen geradezu provozieren, wird doch jeder für sich persönlich vor JHWH als seinem Richter Rechenschaft über seine Entscheidung ablegen müssen.

Die Entscheidung für Gott und die Zukehr zu ihm konkretisiert sich in einem Leben nach dem göttlichen Willen, wie er in der Weisung JHWHs niederlegt ist. Ezechiels vordringliche Aufgabe als Priesterprophet ist es, Hilfen zu geben, wie die verschiedenen Bereiche, in denen menschliche Existenz sich abspielt, für diesen göttlichen Willen transparent gemacht werden können (18,1-20).

Zu diesem Leben nach dem Willen Gottes, wie er in der Tora niedergelegt ist, gehört auch die Bereitschaft, auf das Wort JHWHs zu hören, das er durch seinen Propheten mitteilt. Gerade deshalb wird dieser der Gemeinde ja als Späher und Wächter gegeben, damit er die suchenden Glieder der Gemeinde hellhörig macht für jenes Wort, das ihren Weg begleitet, das sie vor Gefahren warnt und so zum Licht wird auf ihrem Weg.

Alle diese Impulse und Orientierungen für eine gläubige Existenz vor JHWH zielen auf das Hier und Jetzt, auf das Heute des Exils. Eine Relativierung der prophetischen Sendung, welche die Aktualität des Wortes in eine ferne Zukunft verschieben würde, wäre bereits Verweigerung gegenüber dem Wort des Wächters. So nötigt der prophetische Wächter seine Zeitgenossen zum wachsamen Leben und Gestalten ihrer jeweiligen Gegenwart. Er sensibilisiert die Menschen seiner Zeit dafür, den gegenwärtigen Augenblick ernst zu nehmen und in der jeweiligen Gegenwart dessen gewahr zu werden, der sein Volk begleitet und erwartet: JHWH.

ZWEITER TEIL

Kommentar

I. Die Berufungsvision 1,1 – 3,15

1. Hinführung

»Ezechiel sah eine Vision und beschrieb die Gestalten am Thronwagen.« Mit diesem Wort nimmt der schriftgelehrte Jesus Sirach (Sir 49,8) im zweiten Jahrhundert v.Chr. auf Ezechiel und das nach ihm benannte Buch Bezug. Der erste umfassende Teil des Ezechielbuches, die Gerichtsbotschaft der Kap. 1 – 24, wird mit einem großen visionären Erleben eröffnet, das nach der Bucheinleitung (1,1-3a) aus einer Vision (1,3b-28a) und einer Audition (1,28b – 3,15) besteht, wobei visionäres und auditives Erleben einander durchdringen.

Diese einleitende Vision hat die Gemüter oft erhitzt und zu vielen – teilweise wilden – Spekulationen geführt. Dabei können zeitgenössische Versuche, hinter dem Thronwagen so etwas wie das Gefährt von Außerirdischen zu sehen, wegen fehlender Seriosität getrost außer Acht bleiben. In der jüdischen Überlieferung regten die visionären Aussagen dazu an, über die Gottheit und über die unmittelbare Umgebung seines Thrones, etwa über Engelwesen, nachzusinnen. Die christliche Seite sah in diesem Text einen Ansatzpunkt für Spekulationen über die Trinität, über die Präexistenz des göttlichen Sohnes (V. 26: »eine Gestalt, die wie ein Mensch aussah«) gegeben. Ausführlicher zur Wirkungsgeschichte der Thronwagenvision in NSK-AT 21/2.

Gerade diese besondere Wirkungsgeschichte der Thronwagenvision fordert dazu heraus, den schwierigen Text 1,1 – 3,15 aus sei-

1,1 – 3,15

nem literarischen und zeitlichen Kontext heraus zu lesen und zu deuten. Je mehr es gelingt, die Gültigkeit der biblischen Botschaft vor dem Hintergrund ihrer Zeit zu erschließen, um so mehr wird dieses biblische Wort auch transparent und relevant für heutige Leserinnen und Leser.

Visionsberichte sind ein besonderes Charakteristikum des Ezechielbuches: 1 – 3; 8 – 11; 37,1-14; 40 – 48. Sie sind durch ein signifikantes Vokabular, etwa durch den Hinweis auf die Schau »göttlicher Gesichte« (1,1; 8,3 und 11,24; 40,2), durch das Wirken der »Hand JHWHs« und seines »Geistes« und zudem durch ein auffälliges System von Rückverweisen miteinander verbunden (3,23 auf Kap. 1; 8,2-4 auf 3,23 und 1,26-27; 37,1 auf 3,22 und 1,1; 43,3 auf 8 – 11 und 1) und schaffen so ein buchübergreifendes Referenzsystem. Abgesehen von 37,1-14 sind die visionären Erlebnisse zudem allesamt datiert und auch auf diese Weise in ihrer Bedeutung noch einmal besonders hervorgehoben.

Die große aus Vision und Audition bestehende Berufungsvision 1,1 – 3,15 dürfte ihre Vorläufer in der Berufung Jeremias (Jer 1,4-10), in der das Wortereignis im Vordergrund steht, und in der Berufung Jesajas (Jes 6,1-10), die vom visionären Erleben geprägt ist (vgl. dazu auch die Schau des göttlichen Thronrates durch Micha Ben Jimla in 1 Kön 22,19-23), gehabt haben. Man hat versucht, Wort- und Visionsgeschehen rigoros voneinander zu trennen, als handle es sich um zwei verschiedene Formen von Berufung bzw. Beauftragung, die nichts miteinander zu tun hätten. Die Frage, wie sich das Wortgeschehen in Ez 1,28b – 3,15 zur vorausgehenden visionären Schau 1,3b-28a verhält, wurde und wird demnach auch kontrovers diskutiert. Für das Verständnis von Ez 1 – 3 ist die Frage der Beziehung zwischen visionärem Erleben 1,3b-28a und Wortempfang 1,28b – 3,15 wichtig. Handelte es sich um zwei ursprünglich selbstständige und voneinander unabhängige Texte Ez 1 und 2 – 3, die lediglich redaktionell aneinandergereiht wurden? Selbst wenn man annimmt, dass Vision und Audition nur sekundär zusammengefügt worden sein sollten, so war es zumindest das Anliegen der Redaktoren, die sachliche Zusammengehörigkeit von beiden zu unterstreichen und Vision und Audition in den Dienst der prophetischen Sendung Ezechiels zu stellen.

Nun fällt aber auf, dass Visionsgeschehen und Wortereignis mehrfach aufeinander bezogen sind und einander durchdringen, und dass beide – Vision wie Audition – einem gemeinsamen Aussageziel dienen. Beide stehen im Dienste der prophetischen Legitimation Ezechiels. Zimmerli vertritt mit guten Gründen die Auffassung, dass beide Vorgaben der ezechielischen Berufungsvision, das Visionsgeschehen aus Jes 6 (und 1 Kön 22,19-23) wie das Wortgeschehen aus Jer 1, Ezechiel bekannt gewesen sein dürften. Man wird deshalb mit Zimmerli davon ausgehen können, dass Ezechiel selbst die ihm bekannten Vorgaben auf originelle Weise in Ez 1,1 – 3,15 miteinander kombiniert hat. Dies schließt nicht aus, dass die große, das Ezechielbuch eröffnende Vision, auch noch spätere Bearbeitungen erfahren hat.

2. Überschrift und Einleitung 1,1-3a

Prophetenbücher beginnen gerne mit einer Datierung, die Ort und Zeit des prophetischen Wirkens angibt (Hos 1,1; Am 1,1; Jes 1,1; Jer 1,1f. usw.) und gleichsam dokumentarisch festhält, dass die göttliche Botschaft zu einem bestimmten Zeitpunkt empfangen wurde und in eine bestimmte geschichtliche Stunde hinein ergeht. Auch Berufungsberichte werden aus diesem Grunde mit Datierungen versehen (Jer 1,2), selbst wenn sie nicht am Anfang des jeweiligen Prophetenbuches stehen (Jes 6,1).

Ez 1,1-3a bildet den eröffnenden Rahmen des Ezechielbuches, gibt also die Ausgangssituation vor, auf die spätere Situationsangaben im Buch Bezug nehmen: Ezechiel, Sohn des Priesters Busi, im Juli des Jahres 597 v.Chr. mit König Jojachin nach Babel in die Verbannung verschleppt, lebt inmitten der Verbanntenschaft und wird in eine außergewöhnliche Erfahrung hineingezogen.

Ein aufmerksamer Blick auf die eröffnenden Verse zeigt einige Auffälligkeiten. Das Buch beginnt in V. 1 als Selbstbericht in der ersten Person (»als ich unter den Verschleppten ... war«), wechselt aber in V. 3 in einen Er-Bericht über Ezechiel (dritte Person). Zweimal wird der »Fluss Kebar« erwähnt (V. 1 und V. 3). Schließlich bereitet die umständlich formulierte Datierung Schwierigkeiten. Nach V. 1 ist von einem 30. Jahr die Rede, V. 2 versucht diese Angabe mit der Regierungszeit des Königs Jojachin zu verknüpfen und spricht von dessen fünftem Jahr. Alle diese Beobachtungen machen es wahrscheinlich, dass VV. 1-3a in sich uneinheitlich sind, eine Auffassung, über die weitgehend Konsens besteht. In der Frage, wie der Text zusammengewachsen sein könnte und wie seine einzelnen Aussagen zu deuten sind, gehen die Meinungen weit auseinander.

Vermutlich sind in VV. 1-3a zwei unterschiedliche Datierungen miteinander verbunden. Die als Selbstbericht gestaltete Einführung (V. 1) führt zur Thronwagenvision VV. 3b-28a hin und präsentiert sich wie diese als Niederschlag persönlicher Erfahrung. VV. 2-3a wurden, wohl in deutlicher zeitlicher Distanz, von einem späteren Redaktor in der Absicht eingefügt, die einleitende Zeitangabe mit der Regierungszeit des Königs Jojachin zu verknüpfen. Damit fügt sich die einleitende Zeitangabe in die übrigen Zeitangaben des Ezechielbuches ein, die weitgehend auf die Ära Jojachin bezogen sind. Zugleich kann einer Leserschaft, die zu Ezechiel keinen unmittelbaren Bezug mehr besitzt, die Gestalt des Propheten vorgestellt werden.

Ungeklärt ist die Frage, was das 30. Jahr (V. 1) präzise meint. Von den vielen Vorschlägen, die diesbezüglich unterbreitet werden, hat sich bislang keiner durchsetzen können. Wollen die 30 Jahre auf den Beginn der joschijanischen Reform und die Auffindung des Gesetzbuches unter Hilkija (623 v.Chr.) verweisen (vgl. 2 Kön 22,3-20)? Oder dienen sie dazu, die verschiedenen, einander widersprechenden Angaben über die Dauer des Exils (70 Jahre nach Jer 25,11f. und 29,10; 40 Jahre nach Ez 4,6) in ein kohärentes System zu bringen? Sind die 30 Jahre, wie die anderen Datumsangaben des Ezechielbuches auch, mit der Ära Jojachin zu verbinden (so etwa Kutsch)? Dann läge in 1,1 das späteste Datum des Ezechielbuches vor (569/68 v.Chr.). Der auf die Thronwagenvision VV. 3b-28a bezogene Einleitungsvers 1 würde dann das Ende der prophetischen Tätigkeit Ezechiels markieren. Bei dieser Annahme kann aber nicht einsichtig gemacht werden, warum die Datierungen von V. 1 und V. 2 miteinander verknüpft wurden, und dies zudem auf recht unglückliche Weise.

Eine seit Origenes vertretene Auffassung, die neuerdings wieder stärker favorisiert wird (z.B. Eichrodt, Mosis, Allen, Hossfeld), sieht in den 30 Jahren das Lebensalter des Propheten angegeben. Diese Aussage ist nicht nur biographisch, sondern auch theologisch bedeutsam. Nach Num 4,3.23.30.47; 2 Chr 23,3 hatte ein Priester seinen Dienst am Tempel mit 30 Jahren anzutreten. Ezechiel als Sohn eines Priesters wird somit zu dem Zeitpunkt, an dem er seine »Karriere« im Tempel von Jerusalem begonnen hätte, im Exil zum Propheten berufen, um das Ende des Tempels anzusagen, in dem er seinen Dienst hätte ausüben sollen.

Die redaktionelle Formulierung von V. 2 integriert die Aussage von V. 1 nicht nur in das Datierungssystem des Ezechielbuches. Sie zeigt zugleich an, dass nicht der in Jerusalem herrschende Regent Zidkija, sondern der nach Babylon deportierte Jojachin legitimer König ist. Daraus resultiert ein Selbstverständnis, dass die Zukunft des Gottesvolkes nicht in der judäischen Heimat, sondern unter den Verbannten in Babylon zu suchen ist. Mit denen im Land der Gottferne führt JHWH seine Geschichte fort.

Als Ort der Verbannten wird die Gegend um den Fluss »Kebar« (1,1.3; 3,23; 10,15.22; 43,3) angegeben, ein Nebenarm des Eufrat in der Nähe der Stadt Nippur. Vermutlich waren die Verbannten dort angesiedelt worden, um das Gebiet, das während der kriegerischen Auseinandersetzungen mit den Assyrern im 7. Jh. weitgehend verwüstet worden war, neu zu kultivieren und zu bebauen. Das visionäre Erleben Ezechiels fand wohl etwas abseits von der Siedlung der Verbannten (3,15) am Ufer des Kanals statt. Dort dürfte sich auch eine Gebetsstätte befunden haben (vgl. Ps 137,1-2; Apg 16,13; ferner Dan 10,4), da dort die für den Vollzug der kultischen Reinigung nötigen Wasser zur Verfügung standen.

Im fremden Lande der Chaldäer, im Land der Unreinheit und der Gottferne also, »öffnete sich der Himmel«, so dass Ezechiel »göttliche Gesichte«, d.h. von Gott gegebene Gesichte (anders die EÜ: »ich sah eine Erscheinung Gottes«) schaut. Die seltene Aussage es »öffnete sich der Himmel« beggnet hier erstmals. Sie ist wirkungsgeschichtlich bedeutsam, insofern spätere Visionsschilderungen und apokalyptisch inspirierte Texte (vgl. 3 Makk 6,18; 2 Bar 22,1; ntl.: Mt 3,16; Mk 1,10; Lk 3,21; Joh 1,51; Apg 7,56; 10,11; Offb 4,1; 19,11) diese Vorstellung vermehrt aufgreifen.

3. Die Thronwagenvision 1,3b-28a

Die Thronwagenvision macht es heutigen Leserinnen und Lesern nicht leicht, einen Zugang zu ihr zu finden. Die bildhafte Sprache, die ein feierlich erhabenes Geschehen inszeniert, fasziniert nicht nur, sie wirkt in ihrer Erhabenheit zugleich befremdend und abweisend. Nur widerstrebend enthüllen die hier verwendeten Bilder ihre Botschaft. Ein zweites kommt hinzu: Der uns vorliegende Text der Thronwagenvision stellt das Ergebnis einer mehrfachen Bearbeitung dar. Die mit der Bearbeitung verbundenen spezifischen Neuakzentuierungen haben manche Konturen des ursprünglichen Visionsberichtes verwischt, den Text überfrachtet und ihm etwas von seiner Transparenz genommen.

a. Der Aufbau des Visionsberichtes

Wenngleich es kaum möglich sein wird, die einzelnen Bearbeitungsschichten von einem Grundbestand abzuheben und diesen präzise zu profilieren, so lassen sich doch wenigstens die Akzente der späteren Ergänzungen benennen. Als besonders auffällig gilt es festzuhalten, dass sich diese Bearbeitungen auf die Erscheinung unterhalb des Thrones konzentrieren (VV. 3b-25), sich aber nicht (oder kaum) an die Erscheinung des göttlichen Thrones oder gar des Thronenden selbst wagen (VV. 26-28a). Diese respektvolle Zurückhaltung vor dem Geheimnis Gottes wird bereits im Talmudtraktat zur Stelle b Chag 13a kommentiert: »R. Aḥa b. Jakob sagte: Es gibt noch einen Himmel, der sich über den Häuptern der Tiere befindet, denn es heißt: Und über den Häuptern der Tiere war ein Gebilde wie eine Feste, wie furchtbarer Kristall. Soweit ist es dir zu sprechen gestattet, weiter zu sprechen ist dir nicht gestattet, denn so heißt es im Buche des Ben Sira: Forsche nicht nach dem, was dir verborgen ist, grüble nicht nach dem, was vor dir verhüllt ist. Stelle Betrachtungen an, die dir erlaubt sind, und befasse dich nicht mit Geheimnissen« (Goldschmidt, zit. nach Zimmerli 59).

Im Bereich unterhalb des Thrones zeigt die spätere Bearbeitung ein besonderes Interesse an technischen Fragen, wie der Fortbewegung durch Räder, an deren Funktionieren und der Art ihrer Bewegung (VV. 15-21). Aus den ursprünglichen throntragenden Wesen, die von oben her auf Ezechiel zukommen, wird dadurch ein Gefährt mit Rädern auf der Erde. Auch in der Beschreibung der vier menschenähnlichen Wesen mit ihren Flügeln und Gesichtern

(VV. 5-14) hat eine ausmalende Nachexegese ihre Spuren hinterlassen und durch wiederholende und erläuternde Nachträge mitunter mehr zur Verwirrung als zur Klarheit beigetragen.

Dennoch wurde die Grundstruktur und die Grundordnung des Textes bewahrt. Darin wird zielstrebig folgender Vorgang geschildert: Der Seher sieht einen Gewittersturm von Norden her auf sich zukommen. Aus diesem Sturm löst sich eine eigenartige Erscheinung heraus: Vier Wesen, die altorientalischen Mischwesen ähneln, tragen eine Platte. Über ihr befinden sich ein Thron und ein darauf Thronender. Dieses Erscheinen Gottes baut sich literarisch so auf, dass zwei Motivbündel einander alternieren. Theophanie im »Gewittersturm« und Theophanie durch den »göttlichen Thron« wechseln einander ab, wie das folgende Schema zeigt:

Gewittersturm	3b-4		13-14			26-28a
Göttlicher Thron		5-12		15-21	22-25	

Erst im letzten Abschnitt VV. 26-28a finden beide Ausdrucksweisen der göttlichen Erscheinung zusammen. Hier liegt somit der Ziel- und Höhepunkt der gesamten Thronwagenvision. Lediglich die Beschreibung der Räder VV. 15-21 »stört« die alternierende Bewegung, ein weiteres Indiz für den Ergänzungscharakter dieser Verse.

b. Das Erscheinen des thronenden Gottes im Gewittersturm VV. 3b-28a

Ein Gewittersturm von Norden her (VV. 3b-4)
Nach dem singulären Hinweis in V. 1b »da öffneten sich die Himmel«, setzt das visionäre Geschehen in V. 3b ein mit den Worten: »und es kam über mich die Hand JHWHs« (anders EÜ mit dem hebräischen Text: »dort kam die Hand JHWHs über ihn«). Die »Hand JHWHs« ist in alttestamentlichen Texten auf das machtvolle göttliche Wirken bezogen, vor allem im Zusammenhang des Exodus. In Verbindung mit prophetischer Berufung und Sendung betont der Ausdruck die Indienstnahme des Propheten, seine Zurüstung und Ermächtigung zur Verkündigung in Wort und Tat, d.h. in seiner ganzen Existenz (vgl. 1 Kön 18,46; 2 Kön 3,15f.; Jes 8,11; Jer 15,17; ferner Ps 32,4). Das

Ezechielbuch spricht immerhin an sieben Stellen vom Kommen der »Hand JHWHs« über den Propheten: 1,3; 3,14.22; 8,1; 33,22; 37,1; 40,1. Diese Belege sind insofern auffällig verteilt, als alle den Visionsberichten zugeordnet sind, die sie entweder eröffnen (1,3; 3,22; 8,1; 37,1; 40,1) oder abschließen (3,14f.). In 3,14f. bewirkt die schwer auf dem Propheten lastende »Hand JHWHs« zugleich ein sieben Tage währendes Stummsein Ezechiels, in 33,22 beendet sie nach dem Untergang Jerusalems eine längere Phase der Verstummung des Propheten. Das Kommen der »Hand JHWHs« über den Propheten eröffnet somit den Visionsbericht und weist bereits hin auf die kommende Indienstnahme des Propheten durch JHWH.

Inhalt des visionären Erlebens ist zunächst »ein Gewittersturm, der von Norden her kam«. Damit wollen keine Naturerlebnisse beschrieben werden. Die Aussagen über »Sturm«, »Wolke« und »Feuer« sind fest verankert in der mythologischen Sprache von Israels Nachbarn, vor allem aber gehören sie in die Israel eigenen Glaubenstraditionen. Diese dürften in erster Linie die inspirierende Quelle für Ezechiel gewesen sein. Lange bevor das JHWH-Volk einen Tempel besaß und bevor von einem Wohnen Gottes in eben diesem Tempel die Rede war (2 Sam 7; 1 Kön 8), war man in Israel mit der Erfahrung vertraut, dass JHWH sein Volk schützend begleitete (vgl. die Feuer- und Wolkensäule in Ex 13,21f.) und dass er im Sturm helfend für sein Volk eingriff (Dtn 33,2; Ri 5,4f.; Ps 68,8f.). Die Vorstellung einer Gotteserscheinung im Gewittersturm mit den begleitenden Elementen der Wolke und des Feuers ist somit im Glauben Israels beheimatet. Sie ruft den Beistand Gottes für sein Volk in Zeiten äußerster Gefährdung in Erinnerung. In der prophetischen Verkündigung kann sich das Kommen Gottes zum Gericht allerdings auch gegen sein eigenes Volk wenden (vgl. Mi 1,3-6; Ps 50,3f.).

Auch die Richtungsangabe »aus dem Norden« weist wohl auf ein kommendes göttliches Gerichtshandeln hin. Nach Jer 1,13-16; 4,5f.; 6,1-8; 13,20 und nach Ez 38,6.15; 39,2 bringt der Feind »aus dem Norden« Unheil über das Gottesvolk. Die so beschriebene Sturmtheophanie lässt ein kommendes Gericht bereits erahnen. Die Ortsangabe »aus dem Norden« ist allerdings noch mit weiteren wichtigen Konnotationen verknüpft. Nach der Sicht der Alten bildete der Norden mit dem Nordstern als unverrückbarem Fixpunkt die Achse der Welt. Der »Berg im Norden« galt für sie als Wohnsitz der Götter, als jener Ort – so die Vorstellung –, von dem aus das Weltgeschehen überblickt werden konnte. Wenn JHWH im Gewittersturm »aus dem Norden« zu dem im Exil lebenden Ezechiel kommt, dann erweist sich JHWH auch im Lande Babylon, dem unreinen Land und dem Land der Gottferne, als die wirkmächtige Gottheit. Damit wird von allem Anfang an eine Theologie im Sinne der altorientalischen Landgott-Vorstellung als irrelevant und nicht der Rede wert charakterisiert. JHWHs Schicksal und das seines besiegten Volkes fallen gerade nicht ineins. Sein machtvolles Kommen aus dem Norden, im Gewittersturm, mitten im Feindesland, führt JHWH ein als den universalen Weltenherrn.

Eine Gestalt, »gleich vier lebenden Wesen« (VV. 5-12)
Aus dem Gewittersturm, der von Norden her auf Ezechiel zukommt, bildet sich eine Gestalt »gleich vier lebenden Wesen« heraus. Diese rätselhaften Wesen erscheinen menschengestaltig. Sie haben je vier Flügel und je vier voneinander verschiedene Gesichter: ein Menschen-, ein Löwen-, ein Stier- und ein Adlergesicht (zur Wirkungsgeschichte vgl. NSK-AT 21/2). Sie besitzen einerseits Menschenhände, andererseits aber Stierfüße.

Ikonographische Darstellungen aus der ersten Hälfte des 1. Jahrtausends v.Chr. kennen für den Raum Nordsyriens und Mesopotamiens mischgestaltige Wesen, die mit den seltsamen Erscheinungen Ezechiels verwandt sind. Ezechiel scheint dabei zwei verschiedene Traditionen miteinander kombiniert zu haben, die Darstellung von (1) throntragenden Wesen mit (2) der Darstellung von Himmelsträgern.

(1) Darstellungen von throntragenden Wesen
Wie in der ezechielischen Vision tragen diese aus der altorientalischen Ikonographie bekannten Wesen einen Thron. Doch unterscheiden sie sich in der Zahl und im Aussehen deutlich von der Gestalt, die Ezechiel erscheint.

1,3b-28a

Abb. 4: Ca. 2,50 m hohe Basaltskulptur aus Karkemisch (Nordsyrien) aus der ersten Hälfte des 1. Jahrtausends v.Chr. Zwei parallel stehende Löwen tragen, geführt von einem vogelköpfigen Genius oder einer Gottheit minderen Ranges, ein Platte, auf der eine bärtige Gottheit steht.

Abb. 5: Elfenbeindarstellung eines Kerubenthrones aus Megiddo (ca. 1350-1150 v.Chr.). Die Darstellung zeigt den Fürsten, der im Rahmen einer Siegesfeier auf einem Kerubenthron Sitz genommen hat.

(2) Darstellungen von Himmelsträgern
Die Himmelsträger tragen keine Platte mit Thron wie bei Ezechiel, sondern die geflügelte Sonne. Zu ihnen gehören häufig vier Flügel, die auf die vier kosmischen Winde verweisen dürften und die Beherrschung des Luftraumes anzeigen. Ihre zwei oder mehreren Gesichter symbolisieren Allgegenwart und Beherrschung des Raumes. Der untere, stiergestaltige Teil der Himmelsträger steht unter neuassyrischem und neubabylonischem Einfluss.

Abb. 6: Siegel aus persischer Zeit mit zwei vierflügeligen Himmelsträgern

Ezechiel kombiniert die beiden erwähnten ikonographischen Traditionen (1) und (2) miteinander, setzt dabei aber eigene Akzente. Die Einzelzüge, die bei den verschiedenen Himmelsträgern begegnen, werden in der ezechielischen Darstellung gehäuft eingesetzt. Diese Konzentration durch Häufung verfolgt das Ziel, JHWH als den Herrn der Herren und als den Gott der Götter vorzustellen. Die verschiedenen Gesichter, die so in der Umwelt ebenfalls nicht bekannt sind, unterstreichen die Mächtigkeit und Bedeutung der Erscheinung, wie der Midrasch Rabba zu Ex 15,1 feststellt: »Das stolzeste von allen lebenden Geschöpfen ist der Mensch; von den Vögeln – der Adler; von den Haustieren – der Ochse; von den wilden Tieren – der Löwe. Sie alle haben Königliches empfangen und Größe wurde ihnen gewährt. Und sie alle stehen unter dem Thronwagen des Heiligen ...« (Shemot 23,13, zit. nach Allen 31 [Übers.: F.S.]).

Da jedes der vier Gesichter der Wesen seinerseits aus vier Gesichtern besteht, soll eine Potenzierung von Macht zum Ausdruck kommen. Diese Macht ist ihrerseits nur ein schwacher Reflex der alles überbietenden Macht des Thronenden.

Abb. 7: Bronzestatuette aus dem 18. Jh. v.Chr. (aus der Nähe von Bagdad). Darstellung eines schreitenden Gottes mit vier identischen menschlichen Gesichtern.

Ein besonderes Gewicht kommt in der ezechielischen Darstellung der Vierzahl zu. In den vier Flügeln, den viermal vier Gesichtern, den vier Rädern und den vier Enden bzw. Säumen der Erde wird die Vierzahl zu einem dominierenden Motiv im gesamten Abschnitt. Wenn ein altorientalischer Herrscher für sich in Anspruch nahm, *šar kibrāt erbetti* »König über die vier Säume der Erde« zu sein, dann beanspruchte er universale und unüberbietbare Machtfülle für sich. Die Vierzahl unterstreicht somit: Die Gottheit, die hier erscheint, ist universaler Weltenherr. Sie erhebt Anspruch auf die Fülle der Herrschaft, auch im Land der Verbannung – in Babylon.

Die gewaltige, im Wettersturm einherfahrende Erscheinung kommt auf den Propheten zu. Ihre innere, sie antreibende Kraft ist »der Geist« (V. 12). Die determinierte Aussage »*der* Geist« verweist auf eine schon bekannte Größe. Vermutlich wird damit auf V. 4 »Gewitter*sturm*« (das hebräische Wort *rûăḥ* kann »Geist« und »Sturm« bedeuten) Bezug genommen. So wird zum Schluss des Abschnittes der Throntheophanie (VV. 5-12) diese in die Sturmtheophanie, von der sie ausgegangen war, zurückgeführt. Auch die Bewegung der vier Wesen (V. 12 »gehen«) am Ende des Abschnittes knüpft an die Bewegung von V. 4 »kommen« an, verbindet also beide Formen der Theophanie – des »Gewittersturmes« und des »Gottesthrones« – miteinander. Die von Haus aus statischen Himmelsträger erhalten durch ihre Einbettung in die Gewittersturmtheophanie nicht nur Bewegung und Dynamik. Sie sollen aufgrund ihrer Einbettung auch im Rahmen dieser in der Glaubenstradition Israels beheimateten Aussage des im Gewittersturm erscheinenden Gottes verstanden werden.

Eine Erscheinung wie von Feuer (VV. 13-14)

Waren zuvor aus der Mitte des Gewittersturmes (VV. 3b-4) die vier lebenden Wesen sichtbar geworden (VV. 5-12), so öffnet sich nun der Raum zwischen den vier Lebewesen umgekehrt für die Gewittertheophanie (VV. 13-14). Die hierfür charakteristischen Elemente »Feuer« und »Blitze« verweisen vor allem auf die Gottesbegegnung am Sinai, wo Israel die Nähe seines Gottes im »Feuer« (Ex 19,18) und in »Blitzen« (Ex 19,16) erfuhr. Auch die »brennenden Kohlen« gehören zur Gotteserscheinung im Sturm (vgl. Ps 18,9 = 2 Sam 22,9).

Gegenüber VV. 3b-4 ist die Wahrnehmung der Gotteserscheinung in VV. 13-14 präziser und detaillierter. Daraus zu schließen, VV. 13-14 seien sekundär eingefügt, ist nicht nötig. Eher soll durch die Art der Wiedergabe der Eindruck vermittelt werden, dass die Erscheinung dem Seher unentwegt näher kommt und dessen Wahrnehmung immer intensiver wird. Die dreifache Erwähnung des Feuers innerhalb des kurzen Abschnittes ist auffällig. Da Feuer häufig das die Widersacher verzehrende Gerichtsfeuer (vgl. Ps 18,9; 97,3-4; Ez 10,6f.; 15,6f.; 19,14; 21,1-5 u.ö.) bezeichnet, und die »glühenden Kohlen« später in Ez 10,2.6-7 die Zerstörung Jerusalems im Feuer auslösen, dürfte mit der Beschreibung der Gotteserscheinung schon auf das kommende Gericht verwiesen sein. Selbst wenn die »glühenden Kohlen« nachträglich von Ez 10,2 her eingefügt worden sein sollten, in der Dramaturgie des vorliegenden Ezechielbuches dienen sie als ein Element aus dem Bereich der Nähe Gottes und bezeichnen die unwiderstehliche, ja die zerstörerische Energie der göttlichen Nähe.

Ein Thronwagen mit Rädern (VV. 15-21)
Dieser wahrscheinlich später hinzugefügte Abschnitt konzentriert sich auf die Räder des göttlichen Thrones. Aus dem Thron wird ein Thronwagen, der nun auf der Erde steht (VV. 15.19.21). Seine nach allen Seiten hin beweglichen Räder unterstreichen die unbegrenzte Beweglichkeit Gottes. Die Nägel, mit denen die Räder rundum beschlagen sind, werden vom Seher als Augen wahrgenommen, ein Hinweis auf die Allgegenwart der göttlichen Macht. Wie zuvor schon die vier Lebewesen (V. 12) führt und leitet der Geist nun auch das göttliche Gefährt. Er ist die bewegende und koordinierende Kraft der ganzen Erscheinung.

Eine Feste, »furchtbar, wie ein strahlender Kristall« (VV. 22-25)
Von den Rädern auf der Erde geht der Blick nach oben zur »Feste« über den Häuptern der Lebewesen. Das entsprechende hebräische Wort für »Feste« bezeichnet eine festgestampfte oder festgehämmerte Platte, wird dann aber auch übertragen auf das Himmelsfirmament (Gen 1,6-8; Ps 19,2). In diesem letztgenannten Sinne ist der Ausdruck hier gemeint. Dafür spricht die Verwandtschaft der vier Wesen mit den aus der altorientalischen Ikonographie bekannten

Himmelsträgern. Der feste Boden, auf dem der göttliche Thron steht, ist somit das Firmament des Himmels. Der Thronende ist kein anderer als der universale Herr der Welt. Doch bevor der Blick sich dem Thron über der festen Platte nähern kann, die »furchtbar, wie ein strahlender Kristall« (V. 22) anzusehen ist, wird er vom kristallklaren Glanz gleichsam nochmals nach unten geworfen. Über die vier Lebewesen und ihre nach oben hin ausgebreiteten Flügel, die die Platte von unten her berühren, tastet sich der Blick erneut nach oben.

Der doppelte Anlauf von unten unterstreicht einmal mehr die Transzendenz Gottes, der sich in kein Bild fassen lässt und jegliche Vorstellung übersteigt. Vor dem Hintergrund des Bilderverbots (vgl. Ex 20,4; Lev 19,4; 26,1; Dtn 4,6; 5,8) gewinnt die Gottesschau, die nur erwählten Personen vorbehalten ist (vgl. Ex 24,10; Num 12,8; Dtn 34,10), eine außergewöhnliche Bedeutung. Ezechiel ist demnach einer der wenigen Erwählten, denen es gewährt ist, die Umgebung des Gottes Israels zu schauen. Allein diese Schau weist ihn als besonderen Propheten JHWHs aus, ein Grund mehr, Vision und Audition nicht literarkritisch voneinander zu scheiden.

Ein Geräusch gleich dem Rauschen vieler Wassermassen, das die Flügel der Lebewesen verbreiten, verstärkt durch auditive Elemente den geheimnisvollen Charakter des visionären Erlebens. Zugleich wird damit noch einmal deutlich, dass sich Audition und Vision nicht voneinander trennen lassen. Beide erschließen und deuten sich vielmehr gegenseitig.

»Die Erscheinung der Gestalt der Herrlichkeit Gottes«
(VV. 26-28a)
Die abschließenden Verse des Visionsberichtes bilden zugleich dessen Höhepunkt. Gewittertheophanie und Erscheinung des göttlichen Thrones verbinden sich miteinander in einem großen Finale. Der Blick des Sehers wird nach oben geführt, über die feste Platte, über das Firmament. Er schaut etwas »wie eine Erscheinung von Saphirstein, etwas wie ein Thron« (V. 26). Saphir oder Lapis Lazuli zur Umschreibung der göttlichen Gegenwart lässt eine außergewöhnliche Erfahrung Israels am Sinai lebendig werden. Nach Ex 24,10 waren Mose, Aaron, Nadab, Abihu und die siebzig Ältesten Israels als Repräsentanten des Gottesvolkes auf den Sinai gestiegen.

»Und sie sahen den Gott Israels. Der Boden unter seinen Füßen war wie mit Saphir ausgelegt und glänzte hell wie der Himmel selbst.« Vgl. auch Offb 4,6.

Nach Ezechiel gleicht der Thron selber einem Saphir. Und über dem Thron schaut er den Thronenden: »etwas wie die Gestalt eines Menschen«. Ezechiel bietet kein Porträt. Das Bilderverbot würde ein solches auch nicht zulassen (vgl. Dohmen, Gottesbeschreibung). Mit seinen verhaltenen Formulierungen zeichnet der Prophet nur Umrisse und Konturen und umkreist so das Geheimnis Gottes, ohne es einfassen zu wollen. Die Gestalt Gottes ist umgeben von lichtvollem Glanz: von der Hüfte nach oben als »etwas wie Weißgold«, von der Hüfte nach unten »wie eine Erscheinung von Feuer«. Dass Ezechiel in seiner Beschreibung auf altorientalische Vorbilder zurückgreift, etwa auf die Darstellung des kriegerischen Gottes Assur, der von einer flammenden Sonnenscheibe umgeben ist und einen Kriegsbogen in Händen hält, ist so sicher nicht, wie es mitunter angenommen wird. Die eigene israelitische Tradition bietet genügend Vorbilder für das Verständnis der Aussage.

Abb. 8: Emailarbeit auf Ziegel aus Assur (9. Jh. v.Chr.). Darstellung des Gottes Assur, von einem Strahlenkranz umgeben und mit einem Kriegsbogen in der Hand.

1,3b-28a

Die ganze Erscheinung wird schließlich verglichen mit dem »Bogen, der im Wolkendunkel erscheint am Regentag« (V. 28). Wie die »Himmelsfeste« (V. 22) an den priesterlichen Schöpfungsbericht Gen 1,6-8 erinnert, so der »Bogen« an den Bund Gottes mit allem Fleisch nach der Sintfluterzählung (Gen 9,1-17). Während der Bogen in Gen 9 für das Ende des göttlichen Gerichtes nach der Flut steht, ist dies für Ez 1 gerade nicht anzunehmen. Die vielen Anspielungen auf das göttliche Gericht weisen in eine andere Richtung. Gemeinsam mit der Aussage von Gen 9,1-17 dürfte Ez 1,28 jedoch ihr universaler Horizont sein. So verweist auch der »Bogen« noch einmal darauf, dass Ezechiel seinen Gott als Schöpfer und Herrn der Welt schaut.

Dies alles, so der Seher in seiner verhaltenen Sprache, war »die Erscheinung der Gestalt der Herrlichkeit JHWHs«. Der *kābôd* Gottes, seine »Herrlichkeit« als lichtvolle göttliche Gegenwart, ist dem Gottesvolk vor allem am Sinai erschienen (Ex 24,15b-18). Er ließ sich nieder im Zelt der Begegnung in der Wüste (Ex 40,34-35) und nahm schließlich Wohnung im Tempel, den Salomo hatte erbauen lassen (1 Kön 8,10f.; 2 Chr 7,1-3). Dieser *kābôd* JHWHs erscheint Ezechiel im Exil. Er, der Transzendente, offenbart sich als der Lebendige, in der Geschichte wirkende, ihr zugleich immanente Gott. Im Land der Verbannung und der Gottferne wird Ezechiel konfrontiert mit dem machtvollen Glanz des universalen Weltenherrn.

»Und ich sah und ich fiel auf mein Angesicht« (V. 28ba), mit dieser Reaktion des Propheten findet die Visionsschilderung ihren Abschluss. Die hebräische Verbform für »und ich sah« entspricht exakt der Form aus V. 1, signalisiert also das Ende der eigentlichen Vision. Während der Prophet Jesaja angesichts der Herrlichkeit JHWHs, mit der er bei seiner Berufung konfrontiert wird (Jes 6), sich seiner eigenen Unreinheit und der des Volkes bewusst wird, geht Ezechiel seine Geschöpflichkeit auf. Das Verhältnis Ezechiels zu seinem Gott, der ihn ruft, ist das zwischen Kreatur und Schöpfer, zwischen Knecht und Herrn. Entsprechend wird Ezechiel durchgehend als *bæn 'ādām* »Sohn eines Menschen«, Gott hingegen als *'ādôn* »Gebieter« bezeichnet.

Gottes »Herrlichkeit« – Gottes *kābôd*
Auffällig häufig spricht der Priesterprophet Ezechiel in seinen Visionsschilderungen von Gottes *kābôd*, von der göttlichen »Herrlichkeit«. Das Nomen *kābôd* ist von der Wurzel *kbd* »schwer sein« abgeleitet, bezeichnet also die Schwere, das ins Gewicht Fallende, die Gewichtigkeit einer Person oder Sache. Dieser *kābôd* kann sich z.B. auf Reichtum und Besitz beziehen, etwa auf den Reichtum Jakobs, den dieser bei Laban erworben hat (Gen 31,1: »Von dem, was unseres Vaters war, hat er sich diesen Reichtum geschaffen«). Vgl. zu dieser Bedeutung von *kābôd* »Reichtum« noch Jes 10,3; 66,12; Nah 2,10; Ps 49,17f. (EÜ: »Pracht«). In diesem ursprünglichen Sinn umschreibt Ezechiel mit dem Verb *kbd* das mit wertvoller Fracht beladene Handelsschiff Tyrus (Ez 27,25).

In Gen 45,13 meint *kābôd* in einem übertragenen Sinn das Ansehen und die Ehrenstellung Josefs, die er in Ägypten genießt. Diese Sonderstellung gilt nach Ez 31,18 um vieles mehr dem Pharao. Im Bild eines prachtvollen Weltenbaumes wird dessen Ehrenstellung *(kābôd)* gegenüber den übrigen Völkern (den anderen Bäumen) zum Ausdruck gebracht.

Besondere Bedeutung kommt dem Ausdruck *kābôd* in der theologischen Reflexion zu. Er wird zu einem Terminus technicus, mit dem die in der Geschichte wirksame, lichtvolle Gegenwart des unsichtbaren Gottes reflektierend bedacht wird. Ähnlich wie *šem* »Name« bezeichnet *kābôd* die den Menschen zugewandte Seite Gottes, betont aber mehr dessen machtvolles Wirken. So kann mit der Verwendung des Theologumenons *kābôd* vom geschichtlichen Handeln Gottes gesprochen werden, also von seiner Immanenz, ohne seine Transzendenz zu verletzen oder gar in Frage zu stellen.

Die biblische Überlieferung greift dabei vermutlich schon auf ihr vorgegebene, wohl kanaanäische Traditionen zurück, formt diese allerdings in ihrem Sinne interpretierend um (vgl. Pss 19,2; 24,7-10; 29). In vorexilischer Zeit dürfte das Theologumenon von der Herrlichkeit Gottes mit der Jerusalemer Tempeltheologie verknüpft gewesen sein, wie insbesondere der Berufungsbericht Jesajas bezeugt (Jes 6,3). Für die Entwicklung dieser Vorstellung von der Verbindung des *kābôd* mit dem Zelt der Begegnung bzw. dem Tempel zeichnet wohl vor allem die Jerusalemer Priesterschaft verantwortlich.

Dem im Tempel wohnenden *kābôd* (Ps 26,8) gilt auch die Sehnsucht der Pilger: »Darum halte ich Ausschau nach dir im Heiligtum, um deine Macht und Herrlichkeit zu sehen« (Ps 63,3). Der im Kult dargebrachte Lobpreis besingt die Herrlichkeit Gottes (Ps 66,2). Die in ihrem *kābôd* gegenwärtige und wirksame Gottheit ist jedoch nicht auf den Tempelbereich beschränkt. Sie wirkt in der ganzen Schöpfung (Ps 19,2; 29; 113,4), durchstrahlt mit ihrem lichtvollen Glanz das ganze Land, ja die ganze Erde (Ps 57,6.12; 85,10; Ez 43,2; Hab 2,14) und durchdringt alle Zeiten (Ps 72,19; 104,31; 108,6).

Der imponierende, mit dem Jerusalemer Heiligtum verbundene theologische Entwurf des göttlichen *kābôd* musste mit den Zusammenbrüchen im Exil gleichfalls in die Krise geraten. Es wird kaum ein Zufall sein, dass sich der Priesterprophet Ezechiel und die Priesterschrift (P^g) mit dieser in der Tempeltheologie und im priesterlichen Denken beheimateten Konzeption auseinander setzen. Bei beiden – bei Ezechiel wie der Priesterschrift – erscheint der *kābôd* als loderndes, von einer Wolke umgebenes Feuer, in dem die Ambivalenz von Gottesnähe, Heil und Rettung einerseits und Gericht und Vernichtung andererseits zum Ausdruck kommt.

Ezechiel betont in der theologischen Verwendung des Ausdrucks *kābôd* nicht primär das göttliche Handeln in Schöpfung und Geschichte – so etwa in 28,22 (JHWHs Gericht an Sidon als Erweis göttlicher Herrlichkeit), 39,21 (JHWHs richtendes und rettendes Handeln an seinem Volk) und 43,2 (JHWHs Erscheinen vor der ganzen Erde) –, sondern konzentriert sich, wie auch P^g nach ihm, ganz auf die göttliche Gegenwart in ihrem Lichtglanz. Diese göttliche Präsenz in seinem *kābôd* überfordert die Menschen in einer Weise, dass schon der Reflex des göttlichen

Lichtes auf dem Antlitz des Mose (Ex 34,29-34) unerträglich ist. Selbst die vor dem göttlichen Feuer schützende Wolke bedeutet als Teil des *kābôd* (Ex 24,16f.; Ez 1,4; 10,4) noch einmal eine Überforderung für menschliche Erfahrung.

Ezechiel benennt den göttlichen *kābôd* mit verschiedenen Ausdrücken: »Herrlichkeit JHWHs« (1,28; 3,12.23; 10,4 [2mal].18; 11,23; 43,4-5; 44,4), »Herrlichkeit des Gottes Israels« (8,4; 9,3; 10,19; 11,22; 43,2) und – absolut gebraucht – »die Herrlichkeit« (3,23). Die Belegstellen verteilen sich ausschließlich auf die Visionsschilderungen in Ez 1 – 3; 8 – 11 und 40 – 48 (hier besonders 43,1-12). Dabei lässt sich nicht eindeutig klären, ob mit *kābôd* die gesamte Erscheinung einschließlich der Lebewesen und des Thrones ins Auge gefasst ist (so in 3,12; 8,4; 11,23) oder nur die über den Wesen thronende Gottheit (so in 9,3; 10,4.19; 11,22) gemeint sein soll. Möglicherweise bezog sich der Ausdruck ursprünglich auf die Gesamterscheinung und wurde in einer späteren reflektierenden Nacharbeit weiter ausdifferenziert.

Im Rahmen der ezechielischen Verkündigung ist entscheidend, dass der im Tempel von Jerusalem beheimatete göttliche *kābôd* diesen seinen Ort verlässt. Sein Auszug aus dem Tempel (8 – 11) geht Hand in Hand mit dem Feuer des göttlichen Gerichtes, das über die Stadt hereinbricht. Der Untergang der Stadt Jerusalem und der Verlust des Tempels gründen letztlich im Auszug der göttlichen Herrlichkeit aus diesem durch Götzendienst und Missachtung der göttlichen Weisung bereits zuvor entweihten Ort. Dieser göttliche *kābôd* ist es, der Ezechiel im unreinen Land des Exils aus der Mitte der Verbannten herausreißt und ihn in seinen Dienst nimmt.

Nach der das Ezechielbuch abschließenden Tempelvision 40 – 48 wird der göttliche *kābôd* erneut in den zukünftig geschauten Tempel einziehen (43,4). Der *kābôd*, der einst Gericht und Vernichtung mit sich brachte, führt nun zur bleibenden Heilsgegenwart Gottes inmitten seines Volkes: »Sohn eines Menschen, das ist der Ort, wo mein Thron steht, und der Ort, wo meine Füße ruhen; hier will ich für immer mitten unter den Israeliten wohnen« (V. 7).

Die ezechielische Vision einer zukünftigen, nicht mehr verlierbaren göttlichen Gegenwart in seinem *kābôd* hat auch in der Priesterschrift ihren Niederschlag gefunden, freilich in Form einer Rückprojektion in die Vergangenheit. Demnach ist der göttliche *kābôd* der verlässliche Wegbegleiter des JHWH-Volkes und das Ziel aller Wege Gottes mit seinem Volk. Dieses Ziel besteht nach Ex 29,45-46 darin: »Ich werde mitten unter den Israeliten wohnen und ihnen Gott sein. Sie sollen erkennen, dass ich, der Herr, ihr Gott bin, der sie aus Ägypten herausgeführt hat, um in ihrer Mitte zu wohnen, ich, der Herr, ihr Gott.« Der göttliche *kābôd*, der sich am Sinai herniederlässt (Ex 24,15-18), erscheint über dem Heiligtum (Ex 40,34) und bestimmt den Rhythmus des Weges, den Israel geht (Ex 40,35-38), bis das JHWH-Volk zur bleibenden Gegenwart vor Gottes Angesicht gefunden hat.

Besonders in exilisch-nachexilischen Texten wird das Erscheinen des göttlichen *kābôd* mit der Erwartung einer (eschatologischen) Heilswende verknüpft. Inwieweit diese eschatologische Sicht bereits bei Ezechiel gegeben ist, ist umstritten. Dabei kommt Jerusalem und dem Zion als Ort der Erscheinung des *kābôd* wiederum eine herausragende Bedeutung zu (Ps 102,17; Jes 4,2.5; 60,1ff.). Dieser sich offenbarende *kābôd* wird zugleich zum Licht für die Völkerwelt (Jes 66,18-19; Ps 97,6). Diese nimmt das Aufgehen der göttlichen Herrlichkeit staunend wahr und erlebt nicht nur die Transformation des Gottesvolkes, sondern auch die Verwandlung von Natur und Schöpfung (Jes 40,5). Der in seinem *kābôd* anwesende und wirkende Gott (vgl. Jes 42,8; 43,7; 48,11) gibt demnach auch das Ziel der Völker und ihrer Wege an, vor allem aber der Wege des Gottesvolkes wie des einzelnen Gläubigen (Ps 73,24).

Mit U. Struppe wird man sagen können: »Das Gott-sein Jahwes für Israel, das im Erscheinen seiner Herrlichkeit je neu wirklich wird und von Jahwe her wieder Zukunft eröffnet, ist das Ziel Gottes in der Geschichte mit seinem Volk. So verwundert es nicht, wenn das Neue Testament dann Jesus als Inkarnation dieses Zieles Gottes mit Israel sieht: ‚Er hat unter uns gewohnt und wir haben seine Herrlichkeit geschaut« (Joh 1,14)« (Struppe, Herrlichkeit 239).

Literatur
U. Struppe, Die Herrlichkeit Jahwes in der Priesterschrift. Eine semantische Studie zu *kābôd* YHWH (ÖBS 9), Klosterneuburg 1988; P. Weimar, Art. »Herrlichkeit Gottes«, in: LThK 5, Freiburg 1966, Sp. 21-23; M. Weinfeld, Art. *kābôd*, in: ThWAT IV, Stuttgart u.a. 1984, Sp. 23-40.

4. Zurüstung und Sendung des Propheten 1,28b – 3,15

a. Aufbau und Gliederung der Audition

Der Textabschnitt ist mit vielen Wiederholungen durchzogen: »Sohn eines Menschen« (2,1.3.6.8; 3,1.3.4.10), »senden« (2,3.4; 3,5.6), »fürchte dich nicht« (2,6; 3,9), »erschrick nicht« (2,6; 3,9), »hören« (1,28b; 2,1.2.5.7.8; 3,6.7.11.12) usw. Diese vielen Wiederholungen, verbunden mit den verschiedenartigen Bezeichnungen für das Gottesvolk »Haus (der) Widerspenstigkeit« (2,5.6.8; 3,9), »Söhne Israels« (2,3; 3,1), »Haus Israel« (3,1.4.5.7), »Gola« (3,11), »Söhne deines Volkes« (3,11), haben nicht selten dazu geführt, den gesamten Textabschnitt verschiedenen Verfassern zuzuschreiben. Eine genauere Analyse des Textes und seiner Gestalt macht jedoch wahrscheinlich, dass die vielfältigen Wiederholungen vor allem als stilistische Mittel dienen, die den Textabschnitt strukturieren. So hat der Ausdruck *bæn 'ādām* »Sohn eines Menschen« eindeutig gliedernde Funktion. Auch die verschiedenen Bezeichnungen für das Gottesvolk markieren keine Spannungen oder Widersprüche, sondern nehmen diese eine Größe »Gottesvolk« aus verschiedenen Blickwinkeln wahr.

Ez 1,28b – 3,15 zeigt eine konzentrische Struktur. Die einzelnen Textabschnitte legen sich in drei Ringen um die zentrale Handlung 2,8 – 3,3, die eine Art Ordination oder Beauftragung darstellt. Die Wiederholungen und Variationen im Ausdruck stehen fast alle im Dienste dieser Textstruktur, sind also in der Regel nicht literarkritisch auszuwerten. Im Einzelnen hat der Abschnitt folgenden Aufbau:

A: 1,28b – 2,2: Einführung (Bereitung zum Hören)
  B: 2,3-5: Sendung zum Haus der Widerspenstigkeit
    C: 2,6-7: Ermunterung
      D: 2,8 – 3,3: Ordinationsgeschehen
    C': 3,4-9: Ausrüstung zum Dienst
  B': 3,10-11: Sendung zu den Verbannten
A': 3,12-15: Abschluss (Befolgung der Sendung)

Das Ordinationsgeschehen (D: 2,8 – 3,3) wird nicht nur durch die zentrale Mittelstellung besonders betont. Dieser Abschnitt ist zudem durch ein dreifaches »Wort-Tat-Schema« gegliedert, dessen Beginn jeweils durch die Anrede *bæn 'ādām* »Sohn eines Menschen« markiert wird:

Wort		Tat
(1) 2,8	⟶	2,9-10
(2) 3,1	⟶	3,2
(3) 3,3a	⟶	3,3b

b. Die Audition: Zurüstung und Sendung 1,28b – 3,15

Bereitung zum Hören (1,28b – 2,2)
Das Stichwort *šāmaʿ* »*hören*« eröffnet und beschließt den ersten Abschnitt (1,28b: »und ich hörte, wie jemand redete«; 2,2b: »und ich hörte den, der mit mir redete«). War die vorausgehende Vision vom Stichwort »sehen« gerahmt (1,1.28bα) und gegliedert worden (1,4.15.27), so wird die nun beginnende Audition durch das Stichwort »hören« eingeführt. Für die Zusammengehörigkeit von Vision und Audition spricht, dass schon in der vorausgehenden Vision von »hören« die Rede war (1,24). Umgekehrt wird auch in der Audition das »Sehen« thematisiert (2,9).

Der erste, vom Thema »hören« geprägte Abschnitt zeigt, dass am Propheten eine Veränderung geschieht. Im Unterschied zum Volk wird aus dem Hörenden ein Verstehender. Diesen Prozess will der erste Abschnitt veranschaulichen.

Ezechiel wird in der für das Ezechielbuch üblichen Weise als *bæn 'ādām* »Sohn eines Menschen« angeredet (2,1). In der vorausgehenden Vision hatte der Prophet die vier Lebewesen gesehen, die »aussahen *wie* Menschen« (1,5), ebenso den Thronenden, »eine Gestalt, die *wie* ein Mensch aussah« (1,26). Gerade dieses »wie« machte deutlich, dass es sich nicht um eine menschliche Identität, sondern lediglich um eine Ähnlichkeit handelte, die im Bereich der Transzendenz angesiedelt war. Ezechiel hingegen wird als »Sohn eines Menschen« bezeichnet. Er ist ganz und gar Mensch, Geschöpf. Die göttliche Gegenwart wirft ihn, die Kreatur, zu Boden (1,28b). Diese Erfahrung der Nichtigkeit der Kreatur als Gegenüber Gottes durchzieht das gesamte Ezechielbuch (vgl. auch Ijob 25,6; Ps 8,5). Sie ist in der Anrede *bæn 'ādām* »Sohn eines Menschen« eingefangen. Aus eigener Kraft ist der »Sohn eines Menschen« nicht fähig zur Begegnung mit Gott. Hierfür ist eine Zurüstung von Gott her erforderlich. Zwei wichtige Ausdrücke spielen für diese Zurüstung des Propheten eine entscheidende Rolle: *rûaḥ* »Geist« und *'āmad* »stehen«.

»Steh auf deinen Füßen, damit ich mit dir reden kann!« Diesem göttlichen Befehl kann Ezechiel nicht aus eigener Kraft nachkommen. Es ist die *rûaḥ*, der »Geist«, der ihn dazu befähigt. Das hebräische Wort *rûaḥ* »Geist« kennt eine große Bedeutungsbreite: Wind, Sturm, Brausen, Hauch, Atem, Luft, Geist. Da man die *rûaḥ* nicht festhalten kann, steht sie auch für das Unverfügbare (vgl. Koh 1,6; Joh 3,8). Wirkt der Geist auf Befehl Gottes, so weist er auf die göttliche Schöpfermacht hin. Ohne diese *rûaḥ* Gottes ist kein Leben möglich (vgl. Ps 104,29f.). Sie ist es auch, die das tote Israel wieder lebendig macht (vgl. Ez 37,9-10.14). Die *rûaḥ* bewirkt, dass ein Mensch sich verändert, dass aus ihm ein »anderer Mensch« (1 Sam 10,6) wird. Auch wenn dieser Geist in das Innere des Menschen gelegt wird (Sach 12,1) und er den Menschen von innen heraus prägt und sein Handeln inspiriert, er bleibt dennoch immer Eigentum Gottes. Dieser göttliche Geist bewirkt, dass Ezechiel »steht«.

Mit der Aussage »und er ließ mich stehen« soll nicht die banale Mitteilung gegeben werden, der zuvor darniederliegende

Prophet würde lediglich seine Haltung ändern und sich nun hinstellen. Das Wort ʿāmad »stehen« bezeichnet den Diener, der vor seinem Herrn steht, wie etwa David vor Saul (1 Sam 16,21f.), Nebusaradan vor Nebukadnezzar (Jer 52,12) und Abraham vor JHWH (Gen 18,22). Wer vor dem König »steht«, gehört zugleich in seine Nähe. Er steht im Rat des Königs und hat Teil an seinen Entscheidungen und Plänen. Die Propheten Israels sagen von sich, dass sie – im Unterschied zu den falschen Propheten – »im Rate JHWHs stehen«. So etwa Elija (1 Kön 17,1; 18,15), Elischa (2 Kön 3,14; 5,16) und Jesaja (vgl. Jes 6); vgl. auch Micha Ben Jimla (1 Kön 22,19) und Jeremia (Jer 23,18-22). Ezechiel wird also durch den Geist befähigt, vor JHWH zu stehen, d.h. teilzuhaben an seinen Plänen über Israel. So vermag er die Wirklichkeit des Gottesvolkes aus seiner – nämlich Gottes – Sicht wahrzunehmen und kundzutun.

Sendung zum Haus der Widerspenstigkeit (2,3-5)
Die Grundstruktur des Abschnittes lässt sich im folgenden dreigliedrigen Aufbau wiedergeben: »ich sende dich« – »du sollst sagen« – »sie werden / sollen erkennen«. Stand im vorausgehenden Abschnitt das Wort »hören« im Vordergrund, so nun der für das prophetische Selbstverständnis charakteristische Ausdruck šālaḥ »senden«. Der Ausdruck »senden« gehört ursprünglich in den politisch-diplomatischen, also öffentlichen Bereich. Der König beauftragt einen Boten mit einer Botschaft, er »sendet« ihn. Der Inhalt der Botschaft wird mit einer geprägten Formulierung eingeleitet, der sog. Botenformel: »So spricht N.N. zu« bzw. »so hat N.N. gesprochen zu«. Der Gesandte übermittelt die Worte des Sendenden. Die Propheten Israels verstehen sich als Gesandte JHWHs (Jes 6,8f.; Jer 1,7). Von JHWH gesendet zu sein ist gleichsam der Ausweis prophetischer Legitimation (vgl. Jer 26,12.15). In der Auseinandersetzung mit den falschen Propheten wird immer wieder betont, dass diese gerade nicht gesandt sind (Jer 14,15; 23,21f.32; 27,15; 29,9).

Adressat der Sendung Ezechiels sind die »abtrünnigen Söhne Israels«, die sich gegen JHWH »aufgelehnt haben«. Beide Wörter *mārad* »abtrünnig sein« und *pāšaʿ* »abfallen, sich empören« entstammen wieder dem politischen Bereich und beziehen sich auf das Verhältnis des Vasallen zum Großkönig. Der König setzt die Vasallen ein, er verleiht ihnen Rechte, gewährt ihnen Schutz, verlangt aber auch, dass diese die auferlegten Verpflichtungen einhalten. Ein mit Eid geschlossener Bund besiegelt das Vasallenverhältnis. Wird ein Vasall »abtrünnig«, dann bricht er den Bund und kündigt das Vasallenverhältnis auf. Vgl. Gen 14,4; 2 Kön 18,7 (Hiskija); Ez 17,15 (Zidkija). Es waren vor allem die deuteronomischen Theologen, die das Verhältnis Israels zu seinem Gott als Vasallenverhältnis konzipierten. JHWH war der wahre König, dem Israel Dienst und Gehorsam schuldete, der seinem Volk aber auch seine Fürsorge und seinen Schutz angedeihen ließ. Ein Bund besiegelte dieses Verhältnis: JHWH ist Israels Gott, Israel ist JHWHs Volk. Wenn das JHWH-Volk nun abtrünnig ist und in der Auflehnung verharrt, dann bricht es den Bund mit seinem Gott. Es hat sein Gottesverhältnis aufgekündigt und den Bereich verlassen, in dem ihm Gottes Schutz und Fürsorge zugesagt war.

Doch es ist nicht nur das gegenwärtige JHWH-Volk, das Ezechiel in den Blick nimmt und als bundesbrüchig anklagt. Israel wird präsent mit seiner ganzen Geschichte, von den Anfängen an: »sie und ihre Väter«. Mit dieser Zusammenschau der gesamten Volksgeschichte steht Ezechiel in Kontinuität mit seinen prophetischen Vorgängern Hosea (11,1-11), Jesaja (1,21-31) und Jeremia (2,4ff.).

Die Verweigerung des Gottesvolkes von seinen Anfängen an findet bei Ezechiel seinen Ausdruck in der Anrede »Haus (der) Widerspenstigkeit«. Die normale Bezeichnung, der Ehrenname »Haus Israel«, gilt dem JHWH-Volk, das mit seinem Gott im Bunde steht. Dieser Ehrenname, in dem die Besonderheit Israels, eben die Beziehung zu seinem Gott, zur Sprache kommt, wird hier in das Gegenteil verkehrt. »Haus Widerspenstigkeit« besagt, dass der Ungehorsam gegenüber JHWH und der Unwille, auf ihn zu hören und ihm zu gehorchen, Israel gleichsam zur Identität geworden ist, wie das häufige Vorkommen des Ausdrucks im Berufungsbericht (2,5.6.8; 3,9.26.27) und im übrigen Ezechielbuch (12,2.3.9.25; 17,12; 20,8.13.21; 24,3) belegt. Aus dem Ehrennamen ist ein Name der Anklage geworden. Israel – so scheint es – ist nicht fähig und nicht willens, das Leben aufzunehmen, das ihm von seinem Gott angeboten ist (sie sind »starren Antlitzes« und »harten

Herzens«) und die Identität zu leben, die ihm aufgrund seiner Berufung von JHWH her zukommt.

Die sog. Botenformel »so spricht mein Gebieter JHWH« (EÜ: »so spricht Gott, der Herr«) führt die prophetische Verkündigung, meist das göttliche Gerichtswort, ein. In Ez 2,4 hingegen folgt auf die Botenformel kein weiterer Inhalt. Nicht dieser oder jener präzise Inhalt ist für die Sendung Ezechiels grundlegend, sondern die Tatsache, dass er im Auftrag JHWHs steht und spricht. Noch vor jeder konkreten Ausgestaltung der Botschaft kommt es darauf an, dass im Wort des Propheten das göttliche Wort in die Welt derer einbricht, die den Sinn und die Sensibilität für das Göttliche verloren haben. Für Ezechiel selbst ist nicht der Erfolg entscheidend, ja angesichts der hartnäckigen Verweigerung des Gottesvolkes ist dieser nahezu ausgeschlossen. Er soll dennoch verkündigen, »ob sie hören oder es lassen«. Nicht Erfolg oder Applaus oder ein messbares Ergebnis sind Kriterien der Fruchtbarkeit seines prophetischen Wirkens. Ezechiel ist vor allem dazu beauftragt, als von JHWH Gesendeter zu wirken. In dieser Lauterkeit des Gesandten, der ohne Nebenabsichten seinen Dienst tut, handelt Gott – allem Widerstand zum Trotz.

»Sie werden erkennen müssen, dass mitten unter ihnen ein Prophet war.« Diese Aussage von V. 5b gibt das Ziel des Abschnittes VV. 3-5 an. In der Regel ist die hier verwendete Erkenntnisformel (»und sie werden erkennen«) auf Gotteserkenntnis bezogen (»dass ich JHWH bin«). Nur hier, zu Beginn des Ezechielbuches, und in 33,33, zu Beginn der Heilsverkündigung, zielt die Erkenntnis, zu der das Gottesvolk geführt werden soll, darauf, »dass ein Prophet in ihrer Mitte gewesen ist«.

Wenn es im Gottesvolk keine Propheten mehr gibt, ist es um die Gläubigen schlimm bestellt. »Zeichen für uns sehen wir nicht, es ist kein Prophet mehr da, niemand von uns weiß, wie lange noch«, so klagt der Beter in Ps 74,9 (vgl. auch 1 Makk 4,46). Zu den Krisenphänomenen im Gottesvolk gehört u.a. auch das Fehlen von Propheten. Wenn hingegen Propheten da sind, so unbequem diese auch sein mögen, wird durch ihr Wort der göttliche Wille kundgetan. Sie eröffnen durch ihr Wort die Möglichkeit zu Neuorientierung und Umkehr. Vor allem aber ist der Prophet als Gesandter JHWHs ein sichtbares Zeichen dafür, dass JHWH selbst am Werk ist. Gerade diese Erkenntnis soll das in der Verbannung lebende Gottesvolk durch Ezechiel realisieren. Durch die Präsenz des Propheten im Exil erweist sich der Gott Israels als der Lebendige und Wirkende – mitten in der Welt der babylonischen Gola.

Ermunterung (2,6-7)
Mit der erneuten Anrede an den Propheten »Sohn eines Menschen« setzt der nächste Abschnitt ein. JHWH selbst spricht dem Propheten seinen Beistand zu und fordert ihn wiederholt auf, sich nicht zu fürchten und vor denen nicht zu erschrecken, die seine Botschaft hören werden. Die Aufforderung »fürchte dich nicht« findet in verschiedenen Zusammenhängen Verwendung. So löst die Begegnung mit dem Heiligen als »Mysterium tremendum« Angst und Schrecken aus, weiß der Mensch der Antike doch, dass die unmittelbare Konfrontation mit dem Göttlichen tödlich ist (vgl. Ri 6,22 [Gideon]; Tob 12,15-17; Dan 10,7-14; im NT: Mt 28,2f.; Mk 16,5; Lk 1,12; 2,9). In allen diesen Fällen sind jedoch das Objekt der Furcht und das Subjekt der Ermunterung identisch.

Anders hingegen verhält es sich in Ez 2,6. Furcht ist hier nicht auf ein göttliches Gegenüber oder einen gottgesandten Boten, sondern auf das »Haus Widerspenstigkeit« bezogen. Die Aufforderung »fürchte dich nicht« verweist dabei in den Kontext des Heiligen Krieges (vgl. Ex 14,13; Num 21,34; Dtn 20,1-3; 31,6-8): JHWH kämpft als Kriegsherr gegen seine Feinde, um seine Pläne durchzusetzen. Für Ezechiel und seinen Auftrag bedeutet dies: JHWH kämpft gegen sein eigenes Volk. Der Prophet Ezechiel wird für diesen Kampf in Anspruch genommen. Die Aufforderung »fürchte dich nicht vor ihnen« gehört also in den Kontext des Heiligen Krieges und besagt: Israel ist zum Widersacher JHWHs geworden und verhindert die Pläne Gottes, statt dafür zur Verfügung zu stehen.

Der anstehende Kampf mit dem Volk und um das Volk Gottes bringt Ezechiel selbst in Feindschaft zu seinen Adressaten. »Dornen umgeben dich« und »auf Skorpionen sitzt du« – in diesen Worten kommen die Gefährdungen, die den Propheten umgeben, und der Widerstand des Gottesvolkes anschaulich zum Ausdruck. Seine prophetische Existenz und Sendung ist mit Leid und Peinigung, mit Ablehnung und Feindschaft verbunden. Dies unterstreicht auch die abschließende Formulierung: »ob sie hören oder es lassen«. Wiederum wird darin betont: Nicht der Erfolg ist entscheidend. Das Ziel der prophetischen Wirksamkeit ist auch nicht zunächst die Bekehrung. Vielmehr soll durch seine Gegenwart inmitten des Volkes die Wirklichkeit des lebendigen Gottes als solche zur Sprache gebracht werden. Dass Gott lebt und dass Gott in der Geschichte seines Volkes wirksam handelt, dies zu bezeugen ist Sinn und Ziel der prophetischen Existenz Ezechiels und seiner in menschlicher Hinsicht aussichtslosen Sendung. Nicht menschlicher Erfolg oder Misserfolg sind also entscheidend. Entscheidend ist vielmehr, dass die Worte Gottes als solche im »Haus Widerspenstigkeit« ankommen und dieses mit der Wahrheit und Wirklichkeit seines Gottes konfrontieren.

Das Ordinationsgeschehen (2,8 – 3,3)
Diese symbolische Zeichenhandlung, die ihre Vorgabe in Jer 1,9 haben dürfte, entfaltet sich in einem dreifachen Wort-Tat-Geschehen: in 2,8-10; 3,1-2 und 3,3.

Der erste Teilabschnitt *2,8-10* setzt in V. 8 ein mit der Aufforderung: »Du aber, Sohn eines Menschen, höre ...«. Mit dieser Aufforderung zum »Hören« wird das die gesamte Audition einführende Stichwort aus 1,28b aufgegriffen. Während »hören« dort auf »den Redenden« bezogen war, ist es hier, zu Beginn des zentralen Abschnittes, auf »das, was ich zu dir sage«, also auf die zu verkündigende Botschaft ausgerichtet. Noch bevor ihm der Inhalt der Botschaft mitgeteilt wird, ergeht die Aufforderung an den Propheten, die Botschaft zu hören und aufzunehmen. Auf diese Weise wird der Gehorsam gegenüber dem göttlichen Wort besonders hervorgehoben. Ezechiel tritt mit dieser von ihm geforderten Haltung des Gehorsams in Gegensatz zu denen vom »Haus der Widerspenstigkeit«. Denn diese hören nicht, sie nehmen die göttliche Botschaft nicht an. »In seinem Gehorsam gegen das Gebotene« – so Zimmerli 78 – »wird der Prophet dem widerspenstigen Israel zum Gegenbild des Gehorsams (2,8)«. Die sich anschließende Aufforderung »öffne deinen Mund und iss, was ich dir gebe« leitet über vom Wort- zum Tatbericht.

Ezechiel sieht – so *VV. 9-10* – eine Buchrolle, die »innen und außen beschrieben« ist, ein Hinweis auf die Überfülle der

Botschaft. »Und auf ihr waren Klagen, Seufzer und Weherufe geschrieben«. Damit soll nicht – wie manche Ausleger annehmen – auf bestimmte Klagen des Ezechielbuches wie Ez 19; 27; 31 verwiesen werden, also – so die sehr hypothetische Vermutung – auf ein ursprüngliches Klagebuch als Urbestand des Ezechielbuches. Vielmehr verweisen die Ausdrücke »Klagen, Seufzer und Weherufe« auf die Wirkung, zu der die Botschaft vom kommenden Gericht führt. Der Inhalt der Botschaft, die Ezechiel übergeben wird, kündigt somit schon bei der Berufung des Propheten das kommende Gerichtshandeln Gottes an, den damit verbundenen Zusammenbruch des Volkes und die bitteren Auswirkungen auf die Menschen.

Das zweite Wort-Tat-Ereignis in *3,1-2* beginnt in *V. 1* mit dem Wort: »Sohn eines Menschen, iss, was du vor dir hast. Iss diese Rolle!« Der Auftrag zum Essen der Schriftrolle ist Teil des visionären Geschehens, der sich anschließende Auftrag »geh und rede« zielt auf die Realisierung des visionär Erlebten in der Alltagswirklichkeit mittels der Verkündigung. Die Ausführung geschieht nach *V. 2* nur auf der Ebene der Vision. Das Essen der Buchrolle – im Hintergrund steht Jer 1,9 (»Hiermit lege ich meine Worte in deinen Mund«) – zeigt an: Der Prophet empfängt die Botschaft von Außen. Sie ist nicht sein Eigenprodukt. Im Unterschied zu den falschen Propheten, die ihre eigenen Einfälle zum Gegenstand ihrer Verkündigung erheben (vgl. Ez 13), ist Ezechiel ein von außen, ein von Gott mit dem Wort Konfrontierter (vgl. Gal 1,1).

Ein drittes Mal läuft die Geschehensfolge Auftrag-Ausführung in *3,3* ab. Ezechiel soll – so der Befehl in *V. 3a* – seinem »Leib« (EÜ: »Bauch«) zu essen geben und »sein Inneres« mit der Rolle füllen. Das hebräische Wort *bæṭæn* für »Leib« kann auch den Mutterschoß, besonders den einer schwangeren Frau, bezeichnen. Der Prophet geht gleichsam »schwanger« mit der JHWH-Botschaft. Diese betrifft nicht nur Teilbereiche oder Teilzeiten seiner Existenz. Sie umfasst und betrifft seine gesamte Existenz, sein ganzes Leben (vgl. Jer 15,16-17; Joh 4,32-34). »Und ich aß sie,« – so die Ausführung in *3b* – »und sie wurde in meinem Mund süß wie Honig.« Vgl. die Aussage in Jer 15,16. Die »Süße« der Botschaft zeigt an: Zwischen Prophet und dem ihm anvertrauten Wort

Gottes besteht eine rückhaltlose, innige Einheit. Der Prophet stimmt ganz und gar mit seiner Botschaft überein.

Ausrüstung zum Dienst (3,4-9)
Nach manchen Auslegern wurde dieser Abschnitt später eingefügt. Doch sind die vielen Wiederholungen im Text eher damit zu erklären, dass VV. 4-9 in der Gesamtkomposition des Textabschnittes 1,28b – 3,15 auf 2,3-5 und 2,6-7 Bezug nehmen (2,3.4: »senden«; 2,4: Botenformel; besonders 2,7). Nach der vorausgehenden Weihehandlung ist der Prophet nun mit den Worten JHWHs ausgestattet (V. 4: »sprich mit *meinen* Worten zu ihnen«). Doch er wird kein Gehör finden. Der Grund für die Ablehnung der Botschaft liegt nicht darin, dass die Verkündigung des Propheten unverständlich, zu kompliziert oder zu abstrakt wäre (V. 5f.). Dem ließe sich durch einen geübten Dolmetscher oder durch eine anschaulichere Sprache abhelfen. Nicht die Untauglichkeit des Propheten ist das Problem. Der wirkliche Grund für die Weigerung gegenüber Ezechiel ist darin zu suchen, dass das JHWH-Volk sich seinem Gott verweigert (V. 7). Diese Verweigerung gegenüber Gott ist so eingefleischt, dass sie gleichsam zum Eigennamen des Gottesvolkes geworden ist. Statt des Ehrennamens »Haus Israel« trägt dieses wieder den Namen »Haus Widerspenstigkeit« (EÜ: »ein widerspenstiges Volk«) (V. 9). Ähnlich wie Jeremia (vgl. Jer 1,17-19) wird auch Ezechiel für die mit seinem Auftrag verbundenen Konflikte und Auseinandersetzungen von JHWH selbst zugerüstet. Gott macht sein Gesicht hart wie das Gesicht des widerspenstigen Volkes, »wie Diamant und härter als Kieselgestein« (V. 9).

Sendung zu den Verbannten (3,10-11)
Auch dieser Abschnitt wird von Auslegern gerne als spätere Einfügung angesehen. Statt des zuvor genannten Adressaten »ein widerspenstiges Volk« (V. 9) sei nun plötzlich von einer Sendung zu den »Verbannten« die Rede. Doch braucht auch in der verschiedenartigen Benennung der Adressaten keinesfalls ein Widerspruch gesehen zu werden. Im Aufbau der Berufungserzählung korrespondiert 3,10-11 mit 2,3-5. Dort und auch an anderer Stelle ist mehrfach von »Haus Israel« und »Haus Widerspenstigkeit« die Rede. Doch Israel als Zwölfstämmevolk existiert nicht mehr. 722

v.Chr. wurde das Nordreich von den Assyrern zerschlagen und die Bevölkerung zum großen Teil zerstreut. 598/97 v.Chr. kommt es zur Eroberung Jerusalems durch die Neubabylonier. Teile der Bevölkerung werden nach Babylon verschleppt. Die Existenz Israels realisiert sich weitgehend in der Zerstreuung, als Diaspora. Doch ist auch in den versprengten Teilen des Gottesvolkes die Größe »Israel« präsent. Die Verbanntenschaft, welche die unmittelbare Adressatin Ezechiels ist, ist nicht nur als ein Interessensverband neben anderen konkurrierenden Gruppierungen zu begreifen. Dies ist sie zweifellos auch. Die Verbannten sind vor allem eine Konkretion der Größe des Gottesvolkes. Mit der Sendung zu ihnen gilt die Verkündigung Ezechiels eben dieser Größe des Gottesvolkes.

Abschluss: Befolgung der Sendung (3,12-15)
Der »Geist«, die *rûāḥ*, hatte Ezechiel befähigt zu hören und zu verstehen, was Gottes Botschaft für sein Volk war. Der gleiche Geist reißt den Propheten aus diesem Raum der Gottesbegegnung heraus. Nur noch hinter sich hört Ezechiel »ein Geräusch, ein gewaltiges Dröhnen« (3,12). Die Wirkung der *rûāḥ* wird mit zwei Verben umschrieben: *nāsā'* »emporheben«, »wegheben« und *lāqaḥ* »hinwegnehmen«, »hinwegraffen«.

Das Verb *nāsā'* (vgl. 3,12.14; 8,3; 11,1.24; 43,5) als Wirkung des göttlichen Geistes findet sich schon in den alten Prophetenerzählungen, z.B. bei Elija in 1 Kön 18,12. Das zweite Verbum *lāqaḥ* verweist nicht nur auf eine besondere Art von Berufung (Am 7,15: »der Herr hat mich von hinter der Herde *weggeholt*«), sondern dient als Entrückungsvokabel unter anderem auch dazu, die Entrückung eines Menschen in die Nähe Gottes zu beschreiben (Henoch: Gen 5,24; Elija: 2 Kön 2,3.5). Der Beter in Pss 18,17; 49,16; 73,24 bittet unter Verwendung dieser Vokabel, Gott möge ihn doch aus den Wassern, aus der Unterwelt und den Bedrängnissen befreien und in seine Nähe holen, d.h. ihm Rettung gewähren.

Ezechiel beschreibt mit beiden Verben eine umgekehrte Bewegung. Der Prophet wird herausgeholt und hinweggenommen aus der unmittelbaren Begegnung mit Gott, um zu den Verbannten zurückzukehren. Ezechiel geht, wie er autobiographisch formuliert, »in der Zornglut meines Geistes« (EÜ: »mit ... grollendem

Herzen«). Dieser Zustand des Propheten ruft noch einmal den Inhalt der Schriftrolle in Erinnerung (2,9f.: »Klagen, Seufzer und Weherufe«). Er zeigt an, dass Ezechiel zum »Haus der Widerspenstigkeit« gesandt und zum Konflikt, zur Auseinandersetzung gerüstet ist.

Eine ganze Reihe von Signalwörtern weist darauf hin, dass mit 3,12-15 ein großer Erzählbogen zu seinem Abschluss kommt. Das »Hören« des Propheten (3,12) greift zurück auf die Eröffnung der Audition in 1,28b und 2,2. Von der »Herrlichkeit des Herrn« (3,12) war am Ende (1,28a) und zu Beginn (1,4) der Visionsschilderung die Rede. Die »Hand JHWHs« (3,14), die auf dem Propheten lastet, greift 1,3b auf. Inhaltlich entspricht das Verschwinden der Herrlichkeit Gottes dem »Sich Öffnen der Himmel« (1,1).

Zugleich ist dieser mit 3,12-15 klar gegebene Abschluss der Eingangsvision auch recht eigentümlich. Ezechiel sitzt – so in 3,15 – »verstört« inmitten der Verbannten. Warum? Ist es die Last des Erlebten? Sind es die kommenden Konflikte, die ihn lähmen? Oder wartet er darauf, dass JHWHs Wort sich ihm mitteilt und ihn in die anstehende Konfrontation ruft? Der Schluss der Eingangsvision weist somit zugleich über sich hinaus auf das hin, was kommen wird.

*II. Prophetische Existenz und prophetische
Zeichenhandlungen: Jerusalems Belagerung
und Israels Exil 3,16 – 5,17*

1. Hinführung

Nach der großen Berufungsvision Ez 1,1 – 3,15 eröffnet eine neue Wortereignisformel (»es erging das Wort des Herrn an mich«) den Erzählblock 3,16 – 5,17. In mehreren symbolischen Zeichenhandlungen hat Ezechiel die Belagerung Jerusalems, die damit verbundenen Nöte, die Eroberung der Stadt und die sich anschließende Deportation der Bevölkerung darzustellen.

Vermutlich schlossen sich an die mit einer Datierung (»am Ende von sieben Tagen«) verbundene Wortereignisformel von 3,16 ursprünglich direkt die symbolischen Handlungen von 4,1ff. an. Späte Bearbeiter haben, wohl im Rahmen der Endredaktion des Ezechielbuches, die beiden Abschnitte 3,17-21 und 3,22-27 an dieser Stelle eingefügt. Die Bestellung Ezechiels zum Wächter (3,17-21) gehört eigentlich in die Zeit nach dem Fall Jerusalems (33,7-9; vgl. ferner 33,10-20 und Ez 18). Auch das Verstummen des Propheten ist ursprünglich mit dem Untergang Jerusalems verbunden (24,25-27 und 33,21-22). Da sowohl die Tätigkeit Ezechiels als Wächter wie auch sein Verstummen für sein prophetisches Wirken wesentlich sind, haben jene späteren Bearbeiter beide Aspekte an den Anfang des Ezechielbuches gestellt, um so ein umfassendes Bild der prophetischen Persönlichkeit und ihres Wirkens zu präsentieren.

2. Ezechiels Bestellung zum Wächter Israels 3,16-21

Die kontextuelle Einbindung dieses Abschnittes bringt ein Doppeltes zum Ausdruck. (a) Die Berufung des Propheten, die nach der großen Berufungsvision ausschließlich auf Gerichtsbotschaft ausgerichtet war, ist durch einen weiteren wesentlichen Aspekt zu ergänzen: den der Warnung vor der Abkehr von Gott und den der Mahnung zur Umkehr zu Gott. Der unmittelbare Anschluss an die vorausgehende Berufungsvision unterstreicht diesen besonderen Aspekt der prophetischen Berufung zum Mahner und Wächter des Gottesvolkes und schafft so ein vollständigeres Bild prophetischer Tätigkeit. (b) Da die datierte Wortereignisformel einen neuen Textabschnitt eröffnet, wollten die Redaktoren 3,16-21 jedoch nicht zunächst auf den vorausgehenden, sondern vielmehr auf den folgenden Kontext bezogen wissen. Sie laden den Leser somit zu einer Relecture der folgenden Zeichenhandlungen ein, intonieren diese Gerichtsbotschaft jedoch mit dem Hinweis auf das warnende und mahnende Wort des Propheten. Das in der Vergangenheit geschehene Gericht wird erinnert und gedeutet als Verweigerung, auf die Mahnung des Propheten zu hören. Zugleich wird die von den Redaktoren angesprochene Erzählgegenwart, welche die Gerichtserfahrung bereits hinter sich hat, durch die Relecture auf den Ernst der göttlichen Botschaft verwiesen. Das Leben, das Gott auch nach dem Gericht anbietet, will ergriffen werden. Dies schließt die Bereitschaft mit ein, sich in die Umkehr rufen zu lassen.

Ez 3,16-21 zeigt einen klar durchdachten Aufbau. Auf den eröffnenden V. 16 folgt ein parallel gestaltetes zweiteiliges Wort. Dieses wendet sich an den Propheten und weist ihm die Funktion zu, als Wächter Israels (V. 17) zur Umkehr aufzurufen. Beide Abschnitte – VV. 17-19 und 20-21 – sind jeweils so aufgebaut, dass zunächst das Versagen des Propheten in dieser Funktion und die daraus sich ergebenden negativen Folgen (VV. 18 und 20), sodann die Erfüllung seines Auftrages als Wächter und das damit ermöglichte Leben (VV. 19 und 21) zur Sprache kommen. Im ersten Abschnitt, VV. 17-19, gilt die Aufmerksamkeit des Propheten dem Gottlosen, der durch das warnende prophetische Wort zur Umkehr bewegt werden soll, um zu leben. Nach VV. 20-21 ist das Wirken des Propheten auf den Gerechten bezogen, der Gefahr läuft, im Vertrauen auf seine früheren Verdienste die rechten Wege zu verlassen. Wieder ist es das mahnende Wort des Propheten, das den Gerechten vor dem Verderben bewahrt.

Anders als in den verwandten Texten Ez 18 und 33,1-20, die bei der Formulierung von 3,16-21 Pate standen und einen Aufruf zur Umkehr und zum Neubeginn nach dem Zusammenbruch des Volkes darstellen, ist Ez 3,16-21 auf den Propheten selbst und auf sein Wirken als Prophet bezogen. Dieses prophetische Wirken ist ganz dem göttlichen Heilswillen untergeordnet. Gottes Wille zeigt sich darin, dass er des Menschen Leben will: die Umkehr des Gottlosen und die Bewahrung des Gerechten. Im Dienste dieses göttlichen Willens steht die Neubestimmung der prophetischen Aufgabe als Wächter und Mahner. Dass der Prophet wie der ihn sendende Gott nicht nur den Einzelnen und sein Los, sondern die Erneuerung des gesamten Gottesvolkes im Blick hat, ist offensichtlich, wird doch ausdrücklich der Ehrenname »Haus Israel« verwendet: »Sohn eines Menschen, hiermit gebe ich dich dem Haus Israel als Späher«.

3. Das Verstummen des Propheten 3,(16a.)22-27

Der Textabschnitt bietet auf den ersten Blick einen klaren Aufbau. Auf ein einleitendes Gotteswort in VV. (16a.)22-24a folgt eine umfangreiche Gottesrede, die mit VV. 24b-27 beginnt und sich bis 5,17 fortsetzt. Bei näherem Hinsehen zeigt sich jedoch, dass der kurze Abschnitt VV. 22-27 eine Vielzahl von Problemen beinhaltet und sich nur widerstrebend in den Erzählzusammenhang einfügt.

So erhält der Prophet den Auftrag, in die Ebene hinauszugehen (V. 22), damit JHWH dort mit ihm rede. In der Ebene angekommen sieht sich der Prophet erneut mit der Herrlichkeit Gottes konfrontiert (V. 23) und erhält nun, ohne weitere Erklärung, den Auftrag, sich daheim in sein Haus einzuschließen. Was bedeuten diese verschiedenen Ortsangaben? Weiterhin: Die Isolation, die der Prophet erleidet, hat dieser einerseits selbst zu betreiben (V. 24b), zugleich ist die Isolation aber auch verursacht durch das Handeln seiner Umgebung (V. 25) und zudem durch das Eingreifen JHWHs (V. 26). Wie verhalten sich diese verschiedenen Handlungsträger zueinander? Die vorausgehende Berufung und Sendung des Propheten (1,3 – 3,15) zielte auf den Auftrag zu verkündigen, sei es gelegen oder ungelegen und unabhängig vom Erfolg der Verkündigung (vgl. 2,4f.7; 3,1.4.10f.). Nach V. 26 soll Ezechiel hingegen bereits sieben Tage nach seiner Berufung aufgrund der Widerspenstigkeit des Volkes verstummen und dem Volk nicht länger ein Mahner sein. V. 27 scheint einen Kompromiss anzubieten, wonach Ezechiel lediglich und ausschließlich bei einem göttlichen Auftrag seine Stummheit zu durchbrechen habe. War Ezechiel von Anfang an ein überwiegend »stummer Prophet«? Mit dem Fortgang des Buches lässt sich diese Sicht nur schwer vermitteln.

Die divergierenden Aussagen lassen sich sinnvoll erklären, wenn die buchinternen Bezüge berücksichtigt werden, in die 3,22-27 eingebunden ist. So findet sich das zentrale Thema vom Verstummen des Propheten neben V. 26 vor allem in 24,25-27 und in 33,21f. und ist dort auf den Fall Jerusalems bezogen. Wie für 3,16-21 wird man auch für 3,22-27 annehmen dürfen, dass dieser Aspekt prophetischer Existenz nachträglich an den Anfang der Gerichtsverkündigung des Propheten gestellt wurde. Der dadurch entstehende Erzählbogen verwendet das Motiv vom Verstummen des Propheten somit im Anschluss an die Berufungsvision zu Beginn der Gerichtsverkündigung (3,22-27), an deren Ende (24,25-27) und für den Neubeginn nach dem Gericht (33,21f.). Die recht allgemein gehaltene Ortsangabe »die Ebene« (V. 22) schlägt einen Bogen zu Ez 37,1, wo die gleiche Formulierung gebraucht ist. »Die Ebene« wird somit zum Ort, an dem das Gericht seinen Ausgang nimmt (3,22), wie zum Ort, von dem aus ein Weg in eine neue und heilvolle Zukunft führt (37,1). Auch die Begegnung mit der göttlichen Herrlichkeit, verbunden mit einem Rückverweis auf die große Eröffnungsvision am Fluss Kebar, taucht neben V. 23 später wieder in 8,4; 10,15.20.22 und 43,3 auf, dient also wiederum der Verklammerung und Verfugung der ezechielischen Überlieferung im Buchganzen. Als Konsequenz aus der Vielfalt dieser literarischen Bezüge ergibt sich für die Auslegung des Abschnittes 3,22-27: Nicht auf die Rekonstruktion konkreter historischer Vorgänge im Leben Ezechiels, sondern auf die theologische Deutung seiner prophetischen Existenz ist der auszulegende Textabschnitt zu befragen.

Die *Einführung 3,(16a.)22-24a* bringt folgenden eigentümlichen Sachverhalt: Der Prophet erhält den Auftrag, sich in »die Ebene« zu begeben, um dort eine göttliche Botschaft in Empfang zu nehmen. Er erfüllt diesen Auftrag getreu der an ihn ergangenen Weisung. Das Geschehen in der Ebene steht zur vorhergehenden Ankündigung jedoch in einer deutlichen Diskrepanz. Es ereignet sich keine göttliche Botschaft, abgesehen vom Auftrag, sich wieder nach Hause zu begeben, um sich dort einzuschließen. In der Ebene freilich geschieht etwas anderes, und darauf liegt alles Gewicht. Der Prophet erfährt erneut die Herrlichkeit JHWHs. Deutlich wird dabei auf die große Berufungsvision Bezug genommen, nicht nur hinsichtlich der Erscheinung der göttlichen Herrlichkeit, sondern auch in der Reaktion des Propheten: Er fällt auf sein Gesicht (vgl. 1,28b) und wird vom Geist zu einem »Stehenden« gemacht (vgl. 2,2). Das Geschehen in der Ebene dient somit dazu, Ezechiel als Propheten zu qualifizieren, der von Gott in seine Nähe geholt ist und die Lage des Gottesvolkes aus der Sicht Gottes zu beurteilen vermag. Dabei ist in diesem Zusammenhang unerheblich, ob diese Art der Einführung von Ezechiel selbst (wohl eher nicht), von seinen Schülern oder von späteren Redaktoren gestaltet wurde. Entscheidend ist vielmehr, dass das folgende prophetische Sprechen und Tun bzw. Erleiden ganz aus dieser Nähe Gottes kommt.

Die Gottesrede 3,24b-27: Der Auftrag, sich zu Hause einzuschließen (V. 24b), bringt eine erste symbolische Handlung des Propheten. Diese unterstreicht, dass zwischen Ezechiel und seinem Volk keine Kommunikation besteht, weil die Verbindung zwischen JHWH und seinem Volk zerrissen ist. Ist zunächst noch Ezechiel selbst handelndes Subjekt, wenngleich auch ganz im Sinne des göttlichen Auftraggebers, so bringt V. 25 die Anfeindung und den Widerstand durch die Umgebung des Propheten (vgl. 2,6; 3,7), V. 26 schließlich das gewaltsame Handeln Gottes an ihm. Wenn Gott den Propheten, der sein Mund ist, zum Verstummen bringt, dann entzieht er seinem Volk das wegweisende Wort, das in die Umkehr ruft, und mit diesem die Möglichkeit auf Rettung. Lediglich und ausschließlich auf göttliche Initiative hin vermag Ezechiel, so V. 27, vor dem widerspenstigen Volk als göttlicher Botschafter auftreten, damit dessen Verweigerung als solche offenbar werde.

4. JHWH wider Jerusalem 4,1 – 5,17

Sieht man von den Einschüben 3,17-21 und 3,22-27 ab, so folgten die mit Kap. 4 einsetzenden Zeichenhandlungen unmittelbar auf die Zeitangabe und die Wortereignisformel in Ez 3,16. Ezechiel beginnt sein öffentliches Wirken somit nicht mit der für einen Propheten typischen Verkündigung des Wortes, sondern mit symbolischen Handlungen. Diese freilich wollen mehr sein als der bloße Einsatz didaktischer Mittel zur Veranschaulichung der sich anschließenden Verkündigung. Prophetische Zeichenhandlungen sind nicht nur und nicht zunächst begleitende Anschauung des Wortes. Sie drücken vielmehr unmissverständlich aus, dass die Botschaft Gottes bereits zur Wirkung kommt. Von Gott her geschieht schon, was die Zeichenhandlung wie das Wort der Verkündigung ausdrücken, wenngleich dieses göttliche Wirken dem menschlichen Auge noch verborgen ist. Das mitunter Befremdende, ja Abstoßende solcher Symbolhandlungen mag zugleich deutlich machen, wie sehr Israel seinem Gott fremd geworden ist und wie sehr dieser sich seinem Volk ins Unbegreifliche, ja Bedrohliche hinein entzieht.

a. Zeichenhandlungen über die Belagerung und Eroberung einer Stadt 4,1 – 5,4

Die Belagerung einer Stadt (4,1-3)
In einer ersten Zeichenhandlung hat Ezechiel die Belagerung einer Stadt darzustellen. Die betreffende Stadt wird andeutungsweise auf einen Lehmziegel geritzt, um sie werden ein Belagerungswall angelegt, Befestigungen erbaut, ein senkrecht zur Stadtmauer hin verlaufender Damm aufgeschüttet und die Belagerungswerkzeuge herbeigeschafft. Die Stadt ist vom Feind umzingelt. Was nötig ist, um die Stadt zu erobern, ist vorbereitet. Das hier verwendete Vokabular wird später bei der realen Belagerung Nebukadnezzars in Ez 21,27 wieder aufgegriffen. Was Ezechiel in der Zeichenhandlung darstellt, wird durch das babylonische Heer auch tatsächlich geschehen. Die Platte aus Eisen, die der Prophet zwischen sich und die Stadt zu stellen hat und sein unverwandter Blick darauf machen deutlich: Der Entschluss des Feindes, die Stadt zu erobern und sie dem Untergang zu weihen, steht unverrückbar fest.

Die Bindung Ezechiels (4,4-8)
Spätere Bearbeiter, vermutlich die Schüler des Propheten, haben den nur schwer verständlichen Abschnitt über die Bindung Ezechiels eingefügt. Ezechiel hat nicht nur die göttliche Feindschaft gegen die Stadt darzustellen und sich dadurch in Opposition zu seinem Volk zu begeben. Er steht zugleich auch auf der Seite des schuldbeladenen Volkes und soll dessen Schuld tragen: 390 Tage für

die Schuldjahre des Nordreiches Israel, 40 Tage für die Schuldjahre des Südreiches Juda.

Für das Verständnis der hier verwendeten Zahlen gibt es nur Vermutungen. Die 390 Tage könnten auf die Sündengeschichte Israels, die nach 1 Kön 11,1-9 schon mit Salomo ihren Anfang nahm, Bezug nehmen. Die 40 Tage für Juda erinnern vielleicht an die Wüstenzeit (vgl. Num 14,22f.34), steht doch auch dem exilierten Gottesvolk noch ein schwerer Wüstenweg bevor (Ez 20,32ff.). Beide Zahlen zusammen lassen in ihrer Summe an die Zeit des Ägyptenaufenthaltes denken, der nach Ex 12,40 insgesamt 430 Jahre gedauert haben soll. Damit würde in dieser Zeichenhandlung Ezechiels das Exil als neue Knechtschaft des Gottesvolkes gedeutet, die allerdings durch dessen Schuldgeschichte verursacht ist. Ein Exodus als Heilsgeschehen ist damit freilich noch nicht im Blick.

Hunger in der Stadt (4,9-11.12-15.16-17)
Wohl im Anschluss an die Belagerung der Stadt (4,1-3) folgte ursprünglich eine zweite Zeichenhandlung: die Rationierung der Grundnahrungsmittel Brot und Wasser. Die Reste verschiedener Getreidesorten und Hülsenfrüchte, die zusammengescharrt werden müssen, belegen die Knappheit an Nahrung (VV. 9-11). Die Rationierung der Lebensmittel veranschaulicht die Notlage der Stadtbewohner (VV. 16-17), an der auch der Prophet partizipiert, hat er diese Not doch bereits im Voraus zu durchleben.

Die vermutlich spätere Einfügung VV. 12-15 betont einen weiteren und neuen Aspekt. Die Zubereitung der Nahrung auf Menschenkot bedeutet Verunreinigung und mit der Unreinheit den Verlust der heilvollen Nähe JHWHs. Die Sorge um die eigene Reinheit (V. 14) und das Leiden an der Unreinheit des Volkes (vgl. z.B. Ez 22,1-16; 24,13f.) zeigt Ezechiel als priesterlichen Theologen, der ein besonderes Gespür für die Heiligkeit Gottes wie für alles, was diese beeinträchtigen könnte, besitzt. Ezechiel, der diese Unreinheit bislang gemieden hat und deshalb in der heilvollen Nähe seines Gottes lebte, kann durch seinen schmerzlichen Aufschrei die göttliche Strafe zwar abmildern. Dennoch hat er sich – solidarisch mit dem sündigen Volk – auf die Welt der Unreinheit einzulassen und somit den Raum der Gottferne zu betreten und zu ertragen.

Eroberung und Verwüstung der Stadt (5,1-4)
Die ursprünglich dritte Zeichenhandlung steht unter dem Stichwort »Schwert« und stellt nach der Belagerung der Stadt (1) und der Notlage ihrer Bewohner (2) nun die Eroberung und Zerstörung dieser Stadt dar. Wieder hat der Prophet eine Doppelrolle wahrzunehmen. Er hat das Schwert als Schermesser zu gebrauchen und damit das göttliche Gericht darzustellen. Zugleich aber hat er sich selbst damit kahl zu scheren, hat das Gericht also an seiner eigenen Person zu vollziehen. Das Bild des Schermessers hatte bereits Jesaja gebraucht (Jes 7,20) und damit auf das feindliche Assur Bezug genommen, das Schmach über Israel brachte. Für Ezechiel ist dieses Schermesser zum Kriegsschwert geworden, das für die Bewohner Tod und Untergang bedeutet. Den Bewohnern der Stadt wird ein dreifaches Schicksal vor Augen geführt: die Vernichtung in der Stadt für ein Drittel der Bevölkerung, der Tod durch das Schwert für ein weiteres Drittel und die Zerstreuung in alle Himmelsrichtungen für den Rest.

Die Frage, was es mit diesem Rest auf sich hat, der die Zerstörung übersteht, wird in ein weiteres Bild gekleidet: das Bild der in den Gewandsaum gebundenen Haare. Diese Davongekommenen sind nicht schon Gerettete. Auch sie stehen, obwohl sie dem Untergang entronnen sind, noch einmal unter dem göttlichen Gericht. Nur für einen geläuterten Rest gibt es nach Ezechiel Rettung und Heil jenseits des Gerichtes.

Die Zeichenhandlungen stellen also die Eroberung einer Stadt in drei Phasen dar: die Belagerung (4,1-3), die Notzustände in der Stadt (4,9-11.16-17) und die Einnahme und Zerstörung der Stadt (5,1-4). Nicht gesagt wird zunächst, um welche Stadt es sich handelt (der Name der Stadt ist in der EÜ aus diesem Grunde zu Recht in Klammer gesetzt: [Jerusalem]). Wenn die Zeichenhandlung Babylon meint, dann hieße dies, dass die Zeit des Exils sich dem Ende zuneigt. Oder ist die Rede von Jerusalem? Welche Stadt also ist es, die hier dem Gericht übergeben wird? Unklar bleibt ferner, auf welcher Seite JHWH kämpft. Auf Seiten der Angreifer oder auf Seiten der Bedrängten? Und der Prophet als JHWHs Gesandter? Er hat einerseits die Rolle der Aggressoren und andererseits die der Belagerten darzustellen (so schon in 4,9-11 und 5,1-4, vor allem aber in den späteren Reflexionen 4,4-8 und 4,12-15).

In diesen Zeichenhandlungen wird deutlich: Das göttliche Wort ist nicht bloß intellektuelle Mitteilung. Es ist eine wirksame Macht. Es greift hinein in menschliche Geschichte und verändert diese. Die erwähnten Zeichenhandlungen zeigen somit an, was von Gott her bereits geschieht: die Belagerung und Eroberung einer Stadt. An diesem Punkt setzt die Wortverkündigung des Ezechiel ein. Sein erstes Wort gilt seiner Stadt Jerusalem.

b. Jerusalem, die belagerte Stadt 5,5-17

Dass Jerusalem dem Untergang geweiht würde, war für Ezechiel und seine Zeit eine ungeheuerliche Aussage. Gerade diesen Untergang anzukündigen, ist Ezechiel aufgetragen. Es überrascht nicht, dass dieser Text mehrfach überarbeitet wurde. Wollte und musste man doch das, was man für unmöglich gehalten hatte, immer wieder neu bedenken, um es deuten und verstehen zu können.

Der Textabschnitt zeigt den typischen Aufbau eines *Gerichtswortes*. Dieses besteht aus einer *Schelte*, in welcher der Schuldtatbestand genannt wird, und aus einer *Drohung*, welche die Strafe für das begangene Vergehen ankündigt. Schuld und Vergehen werden dabei als ursächlich für das kommende Gericht verstanden. Diesen kausalen Konnex markiert meist das kleine Wort *lāken* »deshalb«, »darum« zu Beginn der Gerichtsansage. Man kann davon ausgehen, dass unserem Text ein (kaum mehr rekonstruierbares) ursprüngliches Gerichtswort zugrunde liegt (z.B. VV. 5-6a.8-9.14-15), das mehrfach überarbeitet wurde (z.B. VV. 6b.7.10-13.16-17). Die folgende Ausdeutung orientiert sich vorrangig am Endtext.

Die vorausgehenden Zeichenhandlungen hatten offengelassen, wem die Vernichtung, von der sie sprachen, gelten würde. Wie ein Paukenschlag setzt die Verkündigung Ezechiels ein – es ist das erste Wort, das er spricht: »Dies ist Jerusalem!« Das nun anhebende Gerichtswort gegen Jerusalem beginnt gemäß dem Aufbau eines Gerichtwortes mit der Schelte, in welcher der Schuldtatbestand benannt wird.

Es ist auffällig, dass die Schelte nicht mit den Vergehen Jerusalems, sondern in V. 5 mit einem vorgängigen *Heilshandeln Gottes* beginnt. JHWH hat Jerusalem als seine Stadt mitten unter die

Völker und die Länder gesetzt. »Der Doppelausdruck ‚die Völker – die Länder' durchzieht die ganze Verkündigung Ezechiels ... und ist immer durch den Artikel determiniert: Nicht irgendwelche Völker oder Länder oder nur einige wenige sind gemeint, sondern alle ‚die' Völker und alle ‚die' Länder außerhalb Israels, d.h., der Doppelausdruck meint die Heidenwelt als solche« (Mosis 255, Anm. 45).

Diese göttliche Setzung verbindet das Schicksal Jerusalems von Anfang an mit dem der gesamten Völkerwelt. Die Aussage, Mitte der Völkerwelt zu sein, bedeutet keine Relativierung, sondern vielmehr eine Betonung der Sonderstellung des Gottesvolkes. Ein solches Selbstverständnis, »Mitte der Völker« zu sein, ist in der Geschichte der Menschheit mehrfach belegt. Es kann Zeichen nationaler Eitelkeit und Arroganz sein. Ezechiel betont jedoch, dass Israel diese Sonderstellung nicht aus sich heraus, aus Eigenem zukommt. Das Gottesvolk empfängt diese vielmehr von seinem Gott für seinen Dienst an der Völkerwelt.

Die Funktion Israels als »Mitte« hat nach V. 6 mit den Rechtsvorschriften und Gesetzen JHWHs zu tun. Durch ein Leben nach den Weisungen JHWHs soll Israel dem göttlichen Willen Raum geben und so die Lebensordnung seines Gottes vor der Völkerwelt sichtbar machen. Hierfür wurde Jerusalem mitten unter die Völker gesetzt: dass Gottes Lebensordnung und mit ihr die Wirklichkeit Gottes selbst den Völkern aufgehe (vgl. dazu Jes 2,2-4; Mi 4,1-5; Mt 5,14-16).

Die göttliche Heilssetzung lässt die *Schuld Jerusalems* nur um so deutlicher hervortreten. Jerusalem verweigert sich – so *VV. 6-7* – dem göttlichen Vorhaben und gibt dem göttlichen Willen keinen Raum. Ja mehr noch: Es unterbietet durch sein Leben das Niveau der Völker ringsum. Damit ist die Mitte der Völkerwelt, von der Heil und Segen ausgehen sollte, korrumpiert. Aus diesem Grunde ergeht das Gericht über die verderbte Mitte, über die Stadt Jerusalem, die nicht länger eine Stadt des Rechtes und der Gerechtigkeit (Jes 1,21), sondern eine zur »Blutstadt« degenerierte Lebewelt geworden ist (vgl. Ez 22).

Das *Gerichtswort* ist in seinem ersten Teil *VV. 8-9* recht allgemein gehalten. War zuvor die Erwählung Jerusalems auf die Völkerwelt ausgerichtet, so geschieht auch das Gericht »vor den Augen der

Völker«. Wie die Sonderstellung des Gottesvolkes kein privates Glück, sondern Dienst an der Völkerwelt bedeutet, so ist auch sein Versagen keine reine Privatsache. Weil Gottes Weltenplan dadurch in Misskredit gerät, geschieht das Gericht vor dem Forum der Völkerwelt. JHWH selbst ist es, der zum Angreifer und Feind seines Volkes wird. Das Unerhörte seines Gerichtshandelns (»was ich noch nie getan habe und auch nie wieder tun werde«) besteht genau darin, dass er Jerusalem dem Untergang anheim gibt und das Gottesvolk der Schmach der Völker überlässt.

Die sich anschließenden *VV. 10-13* – sie gelten in der Regel als spätere Bearbeitung – versuchen das Ungeheuerliche dieses Gerichtes zu präzisieren. Der Hinweis auf Kannibalismus mit stereotypen Aussagen (vgl. Lev 26,29; Dtn 28,53ff.; 2 Kön 6,28f.; Jer 19,9; Klgl 2,20; 4,10) wurde vermutlich im Rückblick auf den Untergang der Stadt nachträglich ergänzt. Dabei geschieht in der Formulierung Ezechiels insofern eine schaurige Steigerung, als von gegenseitigem Kannibalismus gesprochen wird: auch die Kinder vergreifen sich an ihren Vätern. Theologisch bringt die nur schwer verdauliche Aussage zum Ausdruck: Wo die Lebensordnung Gottes außer Kraft gesetzt wird, tritt ein anderes Gesetz an ihre Stelle: homo homini lupus. Auch VV. 10-13 malen die allgemein gehaltene Gerichtsansage aus unter Rückgriff auf die vorausgehenden Zeichenhandlungen (z.B. 5,1-4) bzw. unter Vorwegnahme der späteren Entweihung des Heiligtums von Ez 8. Mit der Erkenntnisformel (»dann erkennen sie ...«), in die noch einmal eine Gerichtsansage eingefügt ist, schließt der spätere Einschub VV. 10-13.

Das ursprüngliche allgemein gehaltene Gerichtswort VV. 8-9 fand seine Fortführung vermutlich in *VV. 14-15*. Das Unerhörte und Unvergleichliche an Unheil besteht gerade hierin: in der Zerstörung der Stadt und in der Schmach des Gottesvolkes vor den Augen der Völker. Eigens wird noch einmal betont, dass das Gericht Gottes sich vor den Augen der Völkerwelt ereignet. Jerusalem, die Stadt, die einst eine Ehrenstellung innehatte, wird nun zum Gespött der Welt. In all dem Unheil ist es JHWH selbst, der an seinem Volk handelt. Von ihm her ist bereits im Gange, was der Prophet in vorausschauender Rede kündet.

Die beiden abschließenden *Verse 16-17* – wohl ein weiterer Nachtrag – zählen zusätzliche Plagen auf, vermutlich unter Rück-

5,5-17

griff auf Texte wie Ez 14,12ff. Auch hier zeigt sich das Bemühen, das Gericht auszumalen und die Botschaft vom Untergang Jerusalems zugleich mit anderen Gerichtsworten des Ezechielbuches zu verknüpfen.

Die Botschaft dieses Textes von der besonderen Stellung Jerusalems, der damit verbundenen Verantwortung und dem besonderen Gericht angesichts der Verweigerung hat eine intensive Bearbeitung erfahren. Gerade die Fortschreibung zeigt anschaulich, wie sehr Ezechiel, seine Schüler und spätere Generationen mit diesem schicksalhaften Ereignis gerungen haben, mit dem Untergang ihrer Stadt Jerusalem, auf der aller Hoffnungen ruhten. Sowohl die Frage der Schuld als auch das Rätsel des Gerichtes hat die Menschen umgetrieben, die Erfahrung eines Gottes, der als Feind seines Volkes erlebt wurde, immer wieder neu durchzubuchstabieren. Dies fand seinen Niederschlag in der ausmalenden Nachexegese von Ez 4,1 – 5,17.

Gottes Zorn
»So tobt sich mein Zorn aus, und ich stille meinen Grimm an ihnen und verschaffe mir Genugtuung. Wenn ich meinen Zorn an ihnen auslasse, dann erkennen sie, dass ich, der Herr, mit leidenschaftlichem Eifer gesprochen habe.« Diese schwer verdauliche Aussage aus dem Gerichtswort über Jerusalem Ez 5,13 wird insistierend fortgeführt in V. 15: »Zum Gespött und zum Hohn, zur Warnung und zum Schreckbild wirst du für die Völker ringsum, wenn ich an dir voll Zorn, Grimm und Groll mein Strafgericht vollziehe. Ich, der Herr, habe gesprochen.«

Häufig und mit verschiedenen Formulierungen unterstreicht das Ezechielbuch, dass JHWH seinen Zorn oder seinen Grimm ausgießt bzw. ihn sich austoben lässt und ihn dadurch stillt: vgl. Ez 5,13.15; 6,12; 7,3.8; 9,8; 13,15; 14,19; 20,8.13.21.33.34; 22,22.31; 30,15; 36,18; 43,8. Diese Aussagen verbinden den Priesterpropheten Ezechiel mit seinen prophetischen Vorgängern, die das Theologumenon vom göttlichen Zorn ebenfalls häufig und gezielt einsetzen. Die prophetische Rede vom Zorn Gottes ist ein entscheidender

Movens für die biblische Botschaft vom Gotteszorn. Wie ist diese metaphorische Rede vom Zorne Gottes zu verstehen?

Abzulehnen ist die Entgegensetzung eines alttestamentlichen Gottes des Zornes und der Rache einerseits und eines neutestamentlichen Gottes der Liebe und der Güte andererseits. Dieses weit verbreitete Klischee wird weder dem Reichtum alttestamentlicher Gottesrede gerecht, in der die Metapher des Zornes nur eine von vielen ist, es missversteht zudem die Bedeutung und Leistung der Aussage vom Zorn Gottes und übersieht schließlich, dass auch die neutestamentliche Gottesrede um den Zorn Gottes weiß. »Eine heilsgeschichtliche Deutung, die die Zeit vor Christus als die Zeit des Zornes deuten würde, die Zeit nach Christus aber als die Zeit der Versöhnung von Gott und Mensch, entbehrt jeder neutestamentlichen Grundlage. Vielmehr wissen die neutestamentlichen Autoren ... um die heilsgeschichtliche Aktualität und Zukunft des Zornes Gottes. Das mit Jesus ergangene Versöhnungsangebot an alle Menschen will angenommen sein in einem Akt der Hingabe, die der Glaube bedeutet. Ohne eine solche Hingabe an den vergebenden Gott wird die Rettung vor dem Zorn nicht wirksam« (Miggelbrink, Zorn Gottes 49).

Diese Botschaft vom Gotteszorn bleibt auch, ja gerade angesichts der neutestamentlichen Heilsbotschaft bestehen, wenn diese nicht zu einem billigen Sonderangebot verkommen will. »Gott will nach dem Grundtenor der neutestamentlichen Schriften entschieden das Heil jedes einzelnen Menschen. Dieses Heilsangebot ergeht jedoch in einem Kontext bleibend notwendiger Entschiedenheit gegen Struktur gewordene Unheilswirklichkeit, der von Gott her die Ansage ihres Unterganges gilt. Der Mensch in der Nachfolge muss den göttlichen Widerspruch gegen die Welt, der der Zorn Gottes angesagt ist, in akthaft vollzogener Negation mitvollziehen« (Miggelbrink, Zorn Gottes 49).

Zu kurz greift auch eine Deutung des göttlichen Zornes im Sinne einer Projektionshypothese, wonach eine gewaltbesetzte Gesellschaft mit gewalttätigen Menschen notwendig ein den eigenen Perversionen gemäßes gewaltbesetztes Gottesbild eines zornigen Gottes auspräge. Die Botschaft vom Zorn Gottes sei folglich Ausdruck einer solchen pervertierten Gesellschaft, die sich in ihren Projektionen zugleich selbst legitimiere. Natürlich ist unbestritten, dass Reden über Gott als menschliches Reden immer unter den konkreten Voraussetzungen und Bedingtheiten menschlicher Existenz in und mit ihrer Gebrochenheit geschieht. Deshalb ist die Rede über Gott wesentlich mitgeprägt von Vorstellungs- und Wertemustern der jeweiligen Gesellschaft mit all ihren Defizienzen. Dennoch bleibt festzuhalten: Die biblischen Aussagen über den göttlichen Zorn dürfen nicht als Wesenaussagen über Gott missverstanden werden. Es handelt sich vielmehr um effiziente Aussagen, um Aussagen also, die das göttliche Handeln gegenüber der Welt und der Geschichte seines Volkes unter bestimmten zeitgeschichtlichen Gegebenheiten betreffen. Zudem übersieht die Projektionshypothese, dass sich die Rede vom Zorn Gottes, wie sie sich etwa bei den Propheten zeigt, gerade nicht in der projizierenden Verlängerung gesellschaftlicher Zustände und Machtverhältnisse und in deren Legitimierung einnistet. Im Gegenteil! Mit der Rede vom Zorn Gottes verbindet sich der prophetische Protest gegen gesellschaftliche und religiöse Missstände, gegen Missbrauch von Macht und gegen die Ausgrenzung und Ausbeutung der schwächeren Glieder einer Gemeinschaft. Die Rede vom göttlichen Zorn bedeutet den göttlichen Einspruch gegen bestimmte gesellschaftliche Zustände und Standards, und gerade nicht deren Bestätigung.

Um die Rede vom Zorn Gottes innerhalb der prophetischen Verkündigung zu verstehen, gilt es den »Ort« dieses Redens zu berücksichtigen: das Ringen Gottes mit seinem Volk und um sein Volk und darin zugleich um die Menschheit, damit seine Heilspläne sich verwirklichen. Diese Heilspläne schließen ein Leben nach der Weisung JHWHs ein, ein Leben in Recht und Gerechtigkeit, da durch ein solches Leben die Wirklichkeit Gottes vor der Welt bezeugt wird. Wo hingegen die göttliche Weisung missachtet wird, wo Unrecht regiert und

Gewalttat das Zusammenleben bestimmt, das gesellschaftliche Leben also korrumpiert ist, reagiert Gott – so die prophetische Verkündigung – auf diese konkret vorgegebene Situation des Unrechts mit seinem Zorn. Dieser Zorn ist die emotionale Antwort Gottes auf die Verweigerung des Menschen gegenüber Gott und auf die Etablierung von Unrechtsstrukturen. Er »bezeichnet den Willen Gottes, den Menschen in der Situation der Verweigerung nicht alleine zu lassen, sondern ihm in der Verweigerung als der die Verweigerung Negierende zu begegnen« (Miggelbrink, Zorn Gottes 37). Und weiter: »Prophetische Zornespredigt wird als Ausdruck des prophetischen Interesses an sozialer Gerechtigkeit unter den Bedingungen strukturell sich verfestigenden gesellschaftlichen Unrechts dargestellt« (Miggelbrink, Zorn Gottes 40).

Prophetische Verkündigung zielt zunächst auf die jeweilige Gegenwart, in der die Propheten wirken. Sie will keine immergültigen Aussagen machen, sondern die Gegenwart angesichts der Wirklichkeit des lebendigen Gottes kritisch hinterfragen. Dabei ist die Beobachtung der Weisung JHWHs, die für die Gesamtheit des JHWH-Volkes identitätsbildend ist und den Zusammenhalt des sozialen Leibes des Gottesvolkes schützt, von entscheidender Bedeutung. Deshalb fordern die Propheten das Lebensrecht und ein Minimum an Lebensqualität für alle, besonders für die schwächeren Glieder der Gemeinschaft ein, zeigt sich doch die Gesundheit des sozialen Leibes besonders an deren Lage. Die Rede vom Gotteszorn dient gerade diesem Anliegen – dem Schutz des Zusammenhaltes und der sozialen Ordnung als Grundlage für das Leben aller. »Das Wohlergehen aller hängt ab von der Gerechtigkeit aller. Wo die Gerechtigkeit verletzt wird, geht die alles tragende Ordnung verloren« (Miggelbrink, Zorn Gottes 42).

Aus menschlicher Perspektive gesehen ist der Zorn Gottes die Konsequenz aus der menschlichen Verweigerung, zur Weisung JHWHs zu stehen. Aus der Perspektive Gottes ist sein Zorn die Konsequenz seines Lebensangebotes und Ausdruck seines Ringens darum, dass dieses sein Angebot sich durchsetze. »Der Zorn Gottes ist mithin ein Aspekt des von Gott angebotenen Heils, das wesentlich nichts anders ist als Gott selber in seiner Selbstmitteilung. Der Zorn bezeichnet den Willen Gottes, die Menschheit in ihrer Ablehnung der Selbstmitteilung nicht zu verlassen, sondern das Angebot unter den Bedingungen der Verweigerung aufrechtzuerhalten« (Miggelbrink, Zorn Gottes 57).

Wenn die Propheten den göttlichen Zorn ankündigen, dann kritisieren sie im Auftrag JHWHs die von Menschen herbeigeführte heillose Lage. Sie nennen die Ursachen beim Namen: die Gottvergessenheit des Volkes, die Missachtung der göttlichen Weisung, Gewalt und Unterdrückung, die sich wie eine Krankheit ausbreiten, das Versagen der politisch und religiös Verantwortlichen usw. Verzichtet Gott aufgrund der permanenten Verweigerung seines Volkes darauf, Erbarmen zu üben, und lässt er das von Menschen verursachte Unheil sich austoben, bringt er die Tat der Täter also auf deren Haupt zurück, dann führt der Zorn Gottes zur Vernichtung. Dabei sehen die Propheten den göttlichen Zorn in den innergeschichtlichen Vorgängen wirksam, etwa im Emporkommen der Feinde, in Verwüstung und Deportation usw.

In diesem Sinne deuten bereits die Propheten des 8. Jahrhunderts Amos, Hosea, Micha und Jesaja das Ende des staatlich verfassten Gottesvolkes als Ausdruck des göttlichen Zornes. Nach ihrem Urteil sind die Verfälschung der göttlichen Weisung und die Unrechtsstrukturen im Gottesvolk mit der Folge, dass die Gesellschaft des JHWH-Volkes in sich zerrissen ist, so weit gediehen, dass eine Heilung nicht mehr möglich, der Untergang also unausweichlich ist. Dabei gilt zunächst Assur, später Babylon als die »Rute« des Zornes, mit der Gott sein Volk schlägt. »Der Zorn Gottes bezeichnet in der prophetischen Kündung das Nein Gottes zu den bestehenden Zuständen, seinen Willen, das Bestehende eher in der Eigendynamik geschichtlicher Prozesse zugrunde gehen zu lassen, als es in seiner korrumpierten Gestalt zu ertragen. Gott erscheint in der prophetischen Kündung als derjenige, der eher das Unglück auch der Gerechten billigend in Kauf nimmt, als zu akzeptieren, daß sich die Menschheit von ihm als dem Gesetz ihres Lebens abwendet« (Miggelbrink, Zorn Gottes 42).

Während bei den Propheten der assyrischen Zeit Gottes Vernichtungswille alle betrifft, geschieht unter den in der babylonischen Epoche wirkenden Propheten Jeremia und Ezechiel eine differenziertere Wahrnehmung. Dabei rückt das Schicksal des Einzelnen im Vollzug des göttlichen Zorngerichtes mehr in den Vordergrund. Das Schicksal des Einzelnen lässt sich dabei an Jeremia selbst ablesen. Er ist nicht nur Künder des Gotteszornes. Er ist zugleich, gerade aufgrund seiner Verkündigung, der erste, der von diesem Gotteszorn getroffen wird, führt ihn seine prophetische Existenz doch in eine abgründige Einsamkeit: in die Entfremdung von seiner Mitwelt (Jer 15,17) und in die Nacht der Gottferne (Jer 15,10.18; 20,7.14-18). Die Frage nach dem Schicksal des Einzelnen trägt in der exilisch-nachexilischen Zeit entscheidend dazu bei, das Theologumenon vom Gotteszorn zu überwinden. Dieses findet eine Fortführung in der Rede von der Heiligkeit Gottes.

Bei dieser Transformation der Rede vom Gotteszorn kommt Ezechiel eine besondere Bedeutung zu. Mehr noch als seine prophetischen Vorgänger nimmt er die Verderbtheit aller Stände des Gottesvolkes und des JHWH-Volkes als Ganzes wahr, sodass er diesem den Namen »Haus Widerspenstigkeit« gibt. Die Verderbtheit reicht nach der prophetischen Deutung Ezechiels zurück bis in die Anfänge in Ägypten (Ez 20), reicht hinein in die Abstammung (Ez 16; 23) und prägt Israel von seiner Wurzel her (Ez 15). Dabei geht es nicht mehr nur um die Frage der staatlichen Verfasstheit Israels – der Name »Israel« dient im Ezechielbuch dazu, die damit bezeichnete Größe theologisch-heilsgeschichtlich zu qualifizieren –, sondern um Israel als Gottesvolk. Die Aussagen über die permanente Verweigerung des hörunwilligen Gottesvolkes finden eine besondere Verdichtung in Jerusalem als der Hauptstadt und dem religiösen Mittelpunkt des JHWH-Volkes. In prophetischer Zuspitzung bringt Ezechiel zum Ausdruck, dass das Gottesvolk in einer Weise degeneriert und korrumpiert ist, dass der Zorn Gottes den Untergang bedeuten muss. Ist doch Jerusalem, das die Wirklichkeit Gottes vor der Völkerwelt bezeugen sollte, so sehr entstellt, dass es die Völker in ihrer Perversion noch übertrifft (Ez 5,5-7). Jerusalem ist zur Stadt des Unrechts, zur Blutstadt entartet (Ez 22). Nur nach einer Auflösung und Vernichtung dieses Unheilszusammenhanges (vgl. 6,8-10) kann wieder neues Leben entstehen. Die Metapher vom göttlichen Zorn veranschaulicht diesen göttlichen Protest gegen ein JHWH-Volk, dessen Stand vor Gott zu einem einzigen Wider-Stand gegen ihn geworden ist. Sie bringt zugleich das entschiedene göttliche Engagement zum Ausdruck, gegen den bestehenden Unheilszusammenhang vorzugehen, und unterstreicht das machtvolle Wirken Gottes in der Geschichte. Dass der Gott Israels in der Durchsetzung von Recht und Gerechtigkeit der machtvoll Handelnde ist, wird im Gericht über sein Volk nicht zum Zeichen seiner Ohnmacht, sondern zum Aufweis seiner Macht vor der Völkerwelt.

Ezechiel verschärft also – wohl aufgrund der geschichtlichen Stunde seines Auftretens – gegenüber seinen prophetischen Vorgängern die Botschaft vom Gotteszorn. Das kommende Gericht, das die Babylonier als JHWHs Werkzeuge vollstrecken werden, kennt keine Schonung (vgl. 9,6; 14,12-23; 21,8), eine sehr nüchterne und realistische Einschätzung der Auswirkungen des tatsächlichen Kriegsgeschehens. Nachdem mit der zweiten Eroberung Jerusalems, mit der Zerstörung des Tempels und einer weiteren Deportation die trügerischen Hoffnungen auf ein schnelles Ende des Exils hinfällig waren, wird Ezechiel zum Wächter und Mahner berufen (Ez 3,16-21; 33,1-9). Hier nun rückt der Einzelne und sein Schicksal immer mehr in der Vordergrund. Die jeweilige Gegenwartsgeneration ist nicht Gefangene ihrer Vorfahren. Sie kann und sie muss ihren je eigenen Weg mit Gott gehen (Ez 18,1-20; 20,1-38), indem sie sich am göttlichen Willen orientiert, wie er in der Weisung JHWHs niedergelegt ist. Jeder Einzelne hat die Möglichkeit umzukehren, um so das Leben zu ergreifen, das Gott anbietet (Ez 18,21-32). Diejenigen, die auf die Stimme des Wächters Ezechiel hören und sich auf das Lebensangebot Gottes einlassen, bleiben im Gericht verschont. Mit ihnen baut Gott sein Volk neu auf. Die Umkehr des JHWH-Gläubigen (Ez 14,1-11; 18; 33,10-20) wird zum Weg der Erneuerung des Gottesvolkes. So rückt die Weisung JHWHs neu in die Mitte. Grundlage für diesen Neubeginn ist Gott als der, der auf der Seite des Lebens und nicht des Todes steht und alle – Gerechte wie Frevler – zum Leben einlädt.

Neben dieser Betonung der neuen Verantwortung des Einzelnen für die Erneuerung des JHWH-Volkes geschieht im Ezechielbuch noch ein weiterer wichtiger Schritt. Die ansetzende Heilsverkündigung kennt zwar noch das Theologumenon des Gotteszornes im Rückblick auf die vergangene, verfehlte Geschichte (Ez 36,18; 43,8), ersetzt dieses aber zusehends durch das der »Heiligkeit JHWHs« und der Heiligkeit seines »Namens«. Das Ausgießen des göttlichen Zornes im Gericht hatten die Völker nicht als machtvolles Handeln JHWHs erkennen können, sondern es als Schwäche und Ohnmacht missdeutet. Damit aber wurde den Völkern der Weg zu Gott völlig verbaut. So führte das Ausgießen des göttlichen Zornes und die damit verbundene Zerstreuung des Gottesvolkes unter die Völker zur Entweihung des göttlichen Namens. Gott selbst jedoch wird seinen großen, bei den Völkern entweihten Namen »heiligen« (Ez 36,23) und sich dadurch in seiner Heiligkeit erweisen, dass er das zerstreute JHWH-Volk sammelt, es aus der Fremde herausholt und heimführt in das Wohnland Israel. Allerdings ist auch der neue Exodus in seiner vermutlich ältesten Fassung in Ez 20,32-38 nicht schon mit dem Motiv der Heiligkeit, sondern noch mit dem des Zornes verknüpft, ein Indiz dafür, dass Ez 20,32ff. in seinem Grundbestand deutlich älter ist als Ez 36,17ff.

Mit seinem mehrfachen Hinweis auf die Heiligkeit JHWHs und seines Namens und mit seinem Gespür für das, was die Heiligkeit verletzt und entweiht – vgl. die Unterscheidung von rein und unrein – weist sich Ezechiel als priesterlicher Theologe aus. Die Priesterschrift (P^g), auf welche die Botschaft Ezechiels sicherlich einen beträchtlichen Einfluss ausgeübt hat, wird das Theologumenon des Gotteszornes durch das seiner Heiligkeit ersetzen und die Andersartigkeit Gottes auf diese neue Weise betonen. »Unter den veränderten Bedingungen mutiert der Zorn Gottes zu seiner *Heiligkeit und Reinheit*. Gott ist als kritisch-korrektive Wirklichkeit anwesend, indem seine schöpfungstheologisch evident gemachte Herrlichkeit unter der Perspektive der Distanz zum Menschen wahrgenommen wird. Unter dieser Perspektive erscheint der Mensch als der ungenügende, der durch die Wahrnehmung der Herrlichkeit zur positiven Selbsttranszendenz angestachelt wird« (Miggelgrink, Zorn Gottes 208).

Literatur
R. Miggelbrink, Der Zorn Gottes. Geschichte und Aktualität einer ungeliebten biblischen Tradition, Freiburg u.a. 2000; E. Zenger, Ein Gott der Rache? Feindpsalmen verstehen, Freiburg 1998.

III. Wider die Berge Israels und das ganze Land 6,1-14

1. Hinführung

Mensch und Lebenswelt gehören zusammen und sind aufeinander verwiesen. Wo des Menschen Handeln böse und verderbt ist (Gen 3,17; 6,12), wirkt sich dies negativ, ja zerstörerisch auf seinen Lebens- und Beziehungsraum aus. Diese Schicksalsgemeinschaft gilt im Guten wie im Bösen. Deshalb »seufzt« die Schöpfung »in Geburtswehen« und wartet »auf das Offenbarwerden der Söhne Gottes« (Röm 8,19-22). Von einer bis zur Verderbnis entarteten Schicksalsgemeinschaft des Menschen mit seinem Lebensraum handelt Ez 6.

Das Kapitel setzt mit der Wortereignisformel in V. 1 und der üblichen Anrede »Sohn eines Menschen« (V. 2) ein und findet in der Erkenntnisformel in V. 14 seinen Abschluss. Es zerfällt in drei Abschnitte: VV. 1-7, VV. 8-10 und VV. 11-14. Diese bilden sicherlich keine ursprüngliche Einheit, sondern wurden mehrfach überarbeitet und – vielleicht erst im Rahmen der Buchredigierung – zu einem einzigen Textgewebe zusammengefügt. Dabei nehmen VV. 11-14 deutlich auf VV. 1-7 Bezug. Der mittlere Abschnitt VV. 8-10 durchbricht diese Bezüge und gibt sich dadurch klar als Einschub zu erkennen. Ez 6 bezieht sich mehrfach auf Lev 26. Welches der beiden Kapitel als Spendertext, welches als Empfängertext zu verstehen ist, ist umstritten. Vermutlich wird man ein wechselseitiges Abhängigkeitsverhältnis annehmen müssen.

2. Wider die Berge Israels 6,1-7

In einer Zeichenhandlung wird Ezechiel beauftragt, sein Gesicht wider die Berge Israels zu richten und diesen als Prophet das (Gerichts-)Wort JHWHs zu Gehör zu bringen. Mit dem Ausdruck »Berge Israels« wird der so benannte Lebensraum theologisch qualifiziert. Es ist jener von Gott gewährte Raum, in dem Israel in der Gefolgschaft seines Gottes Heil erfahren und sichtbar machen sollte – vor den Augen der Völker. Dass geographisch damit nicht nur die Berge als solche gemeint sind, sondern das ganze Land mit im Blick ist, macht die sich anschließende Beschreibung des Landes (V. 3) deutlich.

Der Hauptgrund für das Gericht über die Berge Israels liegt in ihrer Zweckentfremdung. Sie degenerierten zum Ort des Götzendienstes und beheimateten heidnische Kulte, die zum Abfall von JHWH führten und das Gottesvolk in der Verweigerung seinem Gott gegenüber verfestigten. Das Gericht über die Berge wird die Ohnmacht der Götzen offenbar machen, die Israel hier verehrte und denen es vertraute. »Ein Schwert« (V. 3) – Zeichen des Krieges – wird JHWH über alle Orte des Götzendienstes bringen und die Kultgegenstände zerstören lassen. Dieses Schwert wird auch die Götzendiener treffen, die, als Erschlagene vor den Altären ihrer Götzen liegend, deren Ohnmacht auf makabre Weise bezeugen.

Hier nun wechselt der Adressat: weg von den Bergen Israels und hin zu denen, die nach der ersten Deportation im Lande verblieben sind (VV. 5b-6). Als erschlagene Götzendiener bezeugen sie die Ohnmacht derer, denen sie vertrauten. Mit der Erkenntnisformel (V. 7) schließt der erste Abschnitt. Im Gericht über die durch Götzendienst verderbte Lebenswelt und über die Götzendiener zeigt sich nicht nur die Wert- und Nutzlosigkeit der Götzen. Hierin offenbart sich vor allem JHWH als der lebendige und geschichtsmächtig wirkende Gott.

3. Abscheu vor sich selbst 6,8-10

Mit der ersten Verschleppung nach Babylon, von der auch Ezechiel und seine Frau betroffen waren, hatte das göttliche Gericht seinen Anfang genommen. Immer wieder hatte der Prophet neues Unheil über die Stadt und das Land, über verschiedene Gruppierungen im Volk und über das Volk selbst anzukündigen. Damit stellte sich auch die Frage: Wird es Überlebende geben? Was ist mit diesen Davongekommenen, die dem Unheil gerade noch einmal entronnen sind (vgl. etwa 5,3; 12,16; 14,22ff.)? Diese – so Ez 6,8-10 – sind nicht schon der Rest, mit dem Gott neues Heil wirkt. Sie sind vielmehr ein Zeichen und ein Beweis dafür, dass Gott gehandelt hat. Sein im Voraus ergangenes Gerichtswort war nicht wirkungslos, wie bisweilen unterstellt wurde (vgl. 12,21-28). JHWH hatte »nicht umsonst geredet« (V. 10). Die Entronnenen bezeugen somit die Gültigkeit des göttlichen Wortes und bestätigen JHWH als den in der Geschichte handelnden Gott.

In diesem Zusammenbruch aller Hoffnungen geschieht jedoch mehr. Es zerbricht auch der Widerstand, das harte Herz und die trotzige Stirn derer, die mit in die Zusammenbrüche hineingerissen wurden. JHWH zerbricht das Herz derer, die beständig von ihm wegirrten und dadurch für das göttliche Handeln hart und unempfänglich geworden waren (V. 9; vgl. auch 36,26). Er zerbricht die Augen, die gefangen sind im Götzendienst, und macht die so Gerichteten unempfindlich und unempfänglich für die bisherige Welt ihrer Götzen. Dieses göttliche Gerichtshandeln, das den Einfluss der Götzen auf den Menschen zunichte gemacht hat, eröffnet im Gericht neu die Möglichkeit, des lebendigen Gottes zu gedenken (V. 9) und in Wahrheit die eigene Verlorenheit und Verlogenheit wahrzunehmen. Die Abscheu vor sich selbst und vor den eigenen verkehrten Wegen (V. 9) kommt zu ihrem Ziel in der Erkenntnis JHWHs als des lebendigen und wirksamen, in Treue zu seinem Wort handelnden Gottes. Die Abscheu vor sich selbst dient in späteren Texten des Ezechielbuches als Ausgangspunkt für neues, zukünftiges Heil (vgl. 20,43; 36,31). Dabei wird die verfehlte Geschichte als solche erinnert, um sich für immer davon zu distanzieren.

4. Verwüstung des ganzes Landes 6,11-14

Dieser letzte Abschnitt setzt VV. 1-7 voraus und entfaltet deren Aussage reflektierend weiter. Adressaten des Wortes sind die Exilierten, die in der Erkenntnisformel von V. 13a direkt angeredet sind. In der dritten Person wird zugleich von den in Juda Gebliebenen gesprochen. Dass die Bezeichnung »Haus Israel« (V. 11) in einem ausschließlichen Sinn auf die Bewohner Judas zu beziehen ist, wie manche annehmen, die theologische Qualifikation also soziologisch eindeutig und ausschließlich fixiert werden muss, ist kritisch zu hinterfragen.

Auf die eröffnende Botenformel folgen mehrere Ausdruckshandlungen (»schlage mit deiner Hand«, »stampfe mit deinem

Fuß«, »sage hah!«), welche die Botschaft verschärfen und ihr eine größere Entschiedenheit und Leidenschaft verleihen. Ob der Gräuel des »Hauses Israel« schickt JHWH seine drei Gerichtswerkzeuge, »das Schwert« – »den Hunger« – »die Pest« (V. 11), und vollzieht mit deren Hilfe ein umfassendes Gericht, das alle betrifft, die Fernen wie die Nahen, auch die bislang Verschonten, die sich in Sicherheit wähnen. Diese Werkzeuge des göttlichen Gerichts verwüsten das ganze Land, vom Süden (»von der Steppe«) bis in den Norden (nach Ribla, einer in Syrien gelegenen Stadt). So wird das ganze Land, das einst unter dem Zeichen des Heils und des Lebens stand, zu einer schaurigen Wüste des Todes (VV. 12.14). Und dies, weil Israel Leben nicht von seinem Gott, sondern von baalischen Naturgöttern erwartete, diesen opferte und darin eben nicht das Leben, sondern den Tod fand (V. 13). Im Gericht über diese Verirrung vollendet sich der Zorn Gottes (V. 12), sein leidenschaftliches Engagement dafür, dass sein Volk in Wahrheit lebt. Durch dieses Gericht und den darin wirkenden Zorn Gottes kann Israel, die Exilierten wie die in Juda ansässige Bevölkerung, zur Erkenntnis Gottes als der einzigen Wirklichkeit, die Bestand hat und Bestand verleiht, geführt werden.

IV. Der große Tag JHWHs und das Ende für das ganze Land 7,1-27

1. Hinführung

Wie schon das vorausgehende Kapitel, so widmet sich auch Ez 7 dem Lebensraum des Gottesvolkes, freilich mit einem ganz neuen Akzent. Dieser Lebensraum, nun als »Land Israel« bezeichnet, ist verbunden mit einem außergewöhnlichen Ereignis, dem Tag JHWHs.

Das Kapitel wird in einem für das Ezechielbuch typischen Stil mit der Wortereignisformel und der Anrede »Sohn eines Menschen« eröffnet. Daran schließt sich die Botenformel an, welche die erste Gottesrede einleitet. Den Abschluss des Kapitels markiert wie üblich die Erkenntnisformel, die das Ziel der gesamten Ausführungen angibt.

Diese klare Abgrenzung kann aber nicht über die vielen Unklarheiten hinwegtäuschen, die zu Ez 7 bestehen. Der hebräische Text ist teilweise unverständlich und durch spätere Glossierungen mitunter noch verkompliziert worden (z.B. VV. 5-7 und 10-13). Die bislang nicht erklärbare Wachstumsgeschichte dieses Textes zeigt sich u.a. auch darin, dass die LXX eine vom hebräischen Text abweichende Textfolge bringt. Etwas vereinfacht wird man sagen dürfen, dass ein Grundtext mit seinen eher konkreten Ausführungen später mehrfach kommentierend überarbeitet wurde.

Auch Gestalt und Aufbau des Textes lassen sich nur schwer genauer bestimmen. Aufgrund der Textsignale legt sich folgender Aufbau nahe: Nach der Wortereignisformel (V. 1) und der Anrede »Sohn eines Menschen« (V. 2) eröffnet die Botenformel (V. 2) eine erste Gottesrede, die mit der Erkenntnisformel (V. 4) zu ihrem Abschluss kommt. V. 5 setzt mit einer zweiten Botenformel neu ein. Diese zweite Gottesrede mündet in V. 9 erneut in eine Erkenntnisformel. Ohne eröffnendes Textsignal schließt sich V. 10 an. Erst die Erkenntnisformel in V. 27 markiert das Ende nicht nur von VV. 10-27, sondern des gesamten Kapitels. Somit legt sich –

ausgehend vom Endtext mit seinen Textsignalen – nach dem Eröffnungsvers 1 folgende Dreiteilung des Kapitels nahe: VV. 2-4, VV. 5-9 und VV. 10-27.

2. Erste Gottesrede: Das »Land Israel« und das kommende Ende
7,1-4

Adressat des neu ergehenden Gotteswortes ist das »Land Israel«, ein für Ezechiel charakteristischer Ausdruck, der sich außerhalb des Ezechielbuches nie findet. Wie zuvor in Ez 6 die »Berge Israels« so ist auch die Bezeichnung »Land Israel« emotional positiv konnotiert. Wieder wird durch die Verwendung des Ehrennamens Israel dieser Wohnraum theologisch qualifiziert. »Wohnland Israels ist jener von JHWH liebevoll ausgesuchte und bereitete, von ihm verheißene und gewährte Lebensraum, in dem Israel in der Nähe Gottes und von seiner gütigen Fürsorge leben darf« (Mosis 78). An diesen Heilsraum ergeht die Botschaft vom nahenden Ende. Dabei kommt diesem angekündigten Ende zunächst universale Dimension zu. Es bricht herein über die »vier Säume (EÜ: »Ecken«) der Erde«, betrifft also die ganze Welt (V. 2).

Diese Katastrophe von der Qualität eines Weltunterganges ereignet sich »über dich«, über das direkt angeredete »Land Israel«, jedoch nicht im Sinne eines nur schicksalhaften Geschehens, sondern als Folge des göttlichen Zornes. Gottes Gerichtszorn besteht gerade darin, dass er das Fehlverhalten derer, die das Land durch ihre Gräueltaten verdarben, zur Auswirkung kommen lässt und die Wirkungen der Schlechtigkeit nicht länger schonend und erbarmend abmildert.

Weil das Land, statt seiner Bestimmung gemäß ein Raum des Heiles zu sein, zu einem Behälter der Bosheit geworden ist, eben deshalb kommt das »Ende«. Das Leitwort »Ende« charakterisiert diesen Text. Es wird in hämmerndem Rhythmus immer wieder neu ausgestoßen und prägt sich ein. Der Prophet Amos hatte einst in der Vision vom Erntekorb (Am 8,1-2) die Möglichkeit des Endes für Israel als das staatliche verfasste Nordreich erstmals formuliert. Vermutlich nimmt Ezechiel auf diesen Text des Amos Bezug. Auch die priesterliche Theologie greift – wohl in Abhängigkeit von Amos und Ezechiel – dieses Stichwort vom »Ende« auf, wenn sie das Chaos der Flut über die von Gott geordnete Schöpfung hereinbrechen sieht: »Das Ende aller Wesen aus Fleisch ist da« (Gen 6,13).

Dass das Chaos über das »Land Israel« hereinbricht, dies ist nicht Zeichen der Ohnmacht seines Gottes, sondern vielmehr Zeichen seines machtvollen Handelns. Im Gericht über die wegen der Bosheit des Gottesvolkes degenerierte Lebenswelt erweist er sich als Herr seines Volkes und als Herr der Schöpfung.

3. Zweite Gottesrede: Die »Bewohner der Erde« und der nahe »Tag JHWHs« 7,5-9

Der zweite Abschnitt, erneut mit Botenformel eingeführt (V. 7) und mit einer Erkenntnisformel abgeschlossen (V. 9), greift weitgehend die Aussagen des ersten Abschnittes auf, macht die Botschaft aber durch Wiederholung eindringlicher und bedrohlicher. Zugleich werden neue Akzente eingefügt. Der Bewohner des Landes (oder der Erde) rückt in den Vordergrund. Sein Freudenjubel und sein Festlärm weichen der Bestürzung und dem Tumult (V. 7). Erstmals taucht das Motiv vom »Tag (JHWHs)« (V. 7) auf, dessen unmittelbare Nähe beschworen wird (VV. 7.8). Der »Tag JHWHs«, ein Tag des Eingreifens Gottes, um seinem Recht zum Durchbruch zu verhelfen, ist für Israel kein beglückendes, sondern ein lebensgefährliches Ereignis. Steht doch Israel nicht auf der Seite seines Gottes, sondern auf der seiner Gegner (vgl. Am 5,18-20; Jes 2,6-22; 13,1-22; Joel 2,1-11; Zef 1,14-18). Deshalb fällt das Kommen dieses Tages auch mit dem Einbrechen des göttlichen Zornes zusammen (V. 8), der ohne Erbarmen und ohne Schonung das Fehlverhalten ahndet. Darin gibt sich Gott selbst als der Herr des Lebens zu erkennen (V. 9).

4. Der Tag JHWHs und seine Auswirkungen auf das ganze Land 7,10-27

Nach den mehr allgemein gehaltenen Aussagen in VV. 1-9 falten VV. 10-27 aus, welche Auswirkungen der Tag JHWHs auf die verschiedenen Bereiche des gesellschaftlichen Lebens haben wird. Dies geschieht in einem doppelten Durchgang in VV. 10-18 und in VV. 19-27.

a. Erster Durchgang VV. 10-18

In *VV. 10-11* wird zunächst noch einmal die Schuld der Bewohner des Landes beim Namen genannt. Rechtsbeugung, Überheblichkeit und Gewalttat haben das Zusammenleben korrumpiert. Das Thema »Gewalttat« spielt in der priesterlichen Theologie, in der Ezechiel beheimatet ist, eine besondere Rolle. Nach der priesterlichen Urgeschichte (Gen 1 - 11*), die vermutlich auf Ezechiel zurückgreift, gilt »Gewalt« als Ursache für die Verderbnis der Erde und somit für »das Ende allen Fleisches«, ist also Auslöser für das Kommen der Flut. Diese »Gewalttat« hat nach Ezechiel auch das Wohnland Israel infiziert, den Lebensraum verderbt und sein Ende herbeigeführt. Dieses Ende wird in den folgenden Versen wie ein expressionistisches Kunstwerk mit ausdrucksstarken Farben dargestellt.

VV. 12-13 sprechen von der Nutzlosigkeit des Handels angesichts des hereinbrechenden Chaos: Ob Kauf oder Verkauf, Verlust oder Gewinn – beides ist unwesentlich geworden. Krieg, Unheil und Tod – so *VV. 14-16* – brechen über das Land Israel herein. Angesichts der dreifachen Gerichtswerkzeuge Schwert, Pest und Hunger, mit denen JHWH kämpft, ist jegliche Verteidigung nutzlos. Ob draußen auf dem Felde oder drinnen in der Stadt, ob auf den öffentlichen Plätzen der Stadt oder daheim in den vier Wänden des eigenen Hauses, überall wird JHWHs Gericht gegenwärtig und wirksam werden. Und wer meint, in die einsamen und unwegsamen Berge fliehen zu können, um dem kommenden Unheil zu entrinnen, den wird dort das gleiche Schicksal ereilen – der Tod (zur Auswegslosigkeit des Tages JHWHs vgl. auch Am 5,18-20, ferner Am 9,1-4). Angesichts dieser Ereignisse wird nach *VV. 17-18* eine alle erfassende Entmutigung und Resignation um sich greifen. Der Wille zum Widerstand, ja die Kraft zum Leben entschwindet. Eine Trauer erfüllt das Land und umhüllt alles Leben mit Bitternis.

b. Zweiter Durchgang VV. 19-27

VV. 19-20 machen deutlich – vielleicht in Entsprechung zu VV. 12-13, die auf die Nutzlosigkeit des Handels hinwiesen: Jeglicher Reichtum ist wertlos geworden. Gold und Silber, auch wenn daraus

Götzen gemacht wurden, nützen nichts. Sie gelten als Unrat, den man auf die Straße wirft, kann man doch davon nicht leben (vgl. dazu Zef 1,18; Jes 2,20, ebenfalls im Zusammenhang des JHWH-Tages).

Mit dem Hinweis auf Götzenbilder aus Silber und Gold ist bereits der nächste Abschnitt *VV. 21-24* intoniert. Er handelt von der Invasion der Feinde, die durch ihr rohes und grausames Verhalten nur offenbar machen, was zuvor im Verborgenen bereits geschehen war: die Entweihung von Tempel und Land. Weil das Land voll »Blutschuld« (EÜ: »Todesurteilen«) und voll Gewalttat war, war es bereits zuvor entweiht. JHWH musste deshalb sein Angesicht, das Israel gnädig zugewendet ist, von seinem Volk abwenden. So überlässt er sein Erbe den Feinden, welche die Entweihung von Tempel und Land auf grausamste Weise vollziehen. Mit der Entweihung des Tempels hat das »Land Israel« seine Mitte verloren, von der alles Leben ausgeht und die alles Leben zusammenhält.

So bricht denn auch nach *VV. 25-27* – wohl in Entsprechung zu VV. 17-18 – eine allgemeine Verwirrung, das Chaos aus. Schlag folgt auf Schlag. Eine Unheilsbotschaft jagt die andere. Da ist kein Heil zu finden, auch für den nicht, der es sucht. Die tragenden Institutionen im Gottesvolk funktionieren nicht mehr. Prophet, Priester und Älteste sind ratlos. Die Verantwortlichen – König und Fürst – und mit ihnen alles Volk des Landes geraten in Panik. Ihr Entsetzen muss um so größer sein, als Gott in seinem richtenden Handeln keinen fremden Maßstab anlegt, sondern über die Übeltäter nach ihrem eigenen Verhalten urteilt. Gerade darin kann er als der erkannt werden, der er ist: als der lebendige und in der Geschichte handelnde Gott – als JHWH.

V. Die Vision von der verdorbenen Mitte des Gottesvolkes und vom Auszug der göttlichen Herrlichkeit 8 – 11

1. Hinführung, Einheit und Aufbau

Im Erzählduktus des Ezechielbuches bilden die Kapitel 8 – 11 den zweiten großen Visionsbericht des Propheten nach der Eingangsvision von Ez 1 – 3. Auf diese das Ezechielbuch eröffnende Berufungsvision wird auch mehrfach und ausdrücklich Bezug genommen, so in 8,2b.4; 9,3; 10,1.3.5.8-17.20-22. War in Ez 1 – 3 die Herrlichkeit JHWHs im Land der Gottferne mitten in die Welt der Exilierten eingebrochen, so beschreiben Kap. 8 – 11 den Auszug der göttlichen Herrlichkeit aus der Stadt Jerusalem und dem Tempel. Der göttliche Exodus aus dem Tempel markiert ein von Gott herbeigeführtes Ende, da Tempel und Stadt ohne Gott ihren Sinn verloren haben. Gottes Einbruch in die Welt der Exilierten, wenngleich er in Gestalt des Gerichtes geschieht, bedeutet demgegenüber einen Neubeginn von Gott her. Diese gegenläufige Bewegung zwischen Ez 1 – 3 und 8 – 11 findet sich auch innerhalb von 8 – 11: Ende und Abbruch einerseits und Rettung eines Restes und Neubeginn andererseits stehen sich gegenüber. Diese Gegenbewegung in der Botschaft von Ez 8 – 11 ist wohl als Werk der Redaktoren anzusehen, die auch die großen Erzählblöcke innerhalb des Ezechielbuches miteinander verknüpften.

a. Das Problem der Einheit von Kap. 8 – 11

Die Kap. 8 – 11 stellen ein in sich komplexes literarisches Gebilde dar. Der Text wurde wohl mehrfach überarbeitet. Besonders *Ez 11,1-21* gibt sich als späterer Einschub zu erkennen. Formal unterbricht die Erzählung von 11,1ff. die Struktur der Tempelvision mit ihren vier Etappen der Tempelführung vom Norden nach Süden bis in den inneren Tempelbereich (Kap. 8) und mit den entsprechenden vier Phasen des Auszugs der göttlichen Herrlichkeit aus dem Tempel von Westen nach Osten (Ez 9 – 11*). Gerade diese systematische Gestaltung wird durch die Einfügung von

Ez 11,1-21 gestört. Die formalen Beobachtungen lassen sich durch inhaltliche Aussagen bestätigen. Während Ez 9f. ein Totalgericht an der Stadt ankündigt (9,5ff.; 10,2.7), vor dem lediglich ein kleiner JHWH-treuer Rest verschont bleibt, weiß 11,1-12 von einer Zusammenkunft führender Männer, die immer noch ihre üblen Pläne schmieden. Offensichtlich ist dabei vorausgesetzt, dass diese das Totalgericht überlebt haben. 11,2-6 prangern vor allem die Arroganz der Führenden und deren soziale Vergehen an, zuvor in Ez 8 sind hingegen kultische Gräuel für das Gericht ausschlaggebend. Der klagende Bittruf des Propheten (11,13) über das göttliche Gericht, das sich nach Ez 11,1-12 – anders als in Kap. 9 – 10 – nicht als Totalgericht ereignet, sondern das im Tod eines Einzelnen zeichenhaft vorweggenommen wird, leitet zum zweiten Teil von Kapitel 11 über. Eingeführt durch eine neue Wortereignisformel (V. 14), was innerhalb einer Vision völlig ungewöhnlich ist, künden Ez 11,14-21 von einem neuen Heil für die Exilierten. Diese Heilsansage ist zugleich Antwort auf die flehende Frage Ezechiels nach dem Schicksal des Restes (V. 13).

Inwieweit sich innerhalb von Ez 11,1-21 noch weitere Bearbeitungsschichten finden, mag dahingestellt bleiben. Doch darf mit großer Wahrscheinlichkeit davon ausgegangen werden, dass 11,1-21 später in eine vorgegebene Visionserzählung vom Auszug der göttlichen Herrlichkeit aus dem Tempel von Jerusalem eingefügt wurde, um so den sich ereignenden Abbruch der Heilsgeschichte mit dem gottgewirkten Neubeginn zu kontrastieren und zu komplettieren.

Auch in den vorausgehenden Kapiteln *Ez 8 – 10* finden sich deutliche Spuren einer textlichen Bearbeitung, besonders in Ez 10. Die etwas sprunghafte, mitunter diffus wirkende Darstellung der göttlichen Herrlichkeit erklärt sich aus solchen späteren Glossierungen und Ergänzungen, die im Sinne einer ausmalenden Nachexegese Details der Vision präzisierend beschreiben. Insgesamt fallen die vielen Anspielungen auf Ez 1 mit deutlichen Berührungen im Wortlaut auf. Dabei greift Ez 10 in der Regel auf die Vorlage von Ez 1 zurück. So etwa: 10,1 → 1,26; 10,5 → 1,24; 10,8 → 1,8; 10,9-12 → 1,15-18; 10,14 → 1,6.10; 10,16-17 → 1,19-21; 10,21 → 1,6.8; 10,22b → 1,9b. Durch eine nachträgliche Gleichsetzung ursprünglich voneinander unabhängiger Elemente der Thronwagenvision aus beiden Kapiteln, etwa der »Kerubim« aus Ez 10 mit den »Wesen« aus Ez 1 (vgl. 10,20) oder der Räder aus Ez 1 mit *galgal* (vgl. 10,13; EÜ: »Wirbel«), wird das Anliegen der Bearbeiter, sei es Ezechiels, sei es seiner Schüler oder späterer Redaktoren, deutlich: Die Aussagen von Ez 10 sollen, trotz mancher deutlicher Unterschiede, gezielt auf Ez 1 bezogen werden, sodass beide Texte sich gegenseitig auslegen.

b. Zu Aufbau und Gattung von Kap. 8 – 11

Trotz der deutlichen Spuren von literarischer Bearbeitung will Ez 8 – 11 als Bericht über ein zusammenhängendes Visionserlebnis verstanden werden. Dies zeigen Aufbau und Form des Textabschnittes eindeutig. Der gesamte Visionsbericht ist durch die Verse 8,1-3bα und 11,24-25 gerahmt. Dabei entsprechen sich die Elemente der Rahmung in chiastischer, d.h. in spiegelbildlicher Abfolge. Die äußeren Rahmenglieder 8,1a und 11,25 sehen den Propheten in der alltäglichen Exilumgebung. 8,1b erwähnt das Kommen der Hand Gottes zu Beginn der Vision, dem korrespondiert die Aussage von 11,24b am Ende der Vision. Nach 8,3b wird der Prophet durch den Geist entrückt, in 11,24a ist es der Geist, der den Propheten aus der visionär erlebten Wirklichkeit in die Realität des Alltags zurückführt.

In diesen Rahmen ist der Visionsbericht 8,3bβ – 11,23 eingefügt. Er ist als begründetes Gerichtswort, bestehend aus Schuld und Strafe, gestaltet. Ez 8,5-18 beschreibt die Schuld des Hauses Israel, die beiden sich anschließenden Kapitel 9 und 10 die daraus resultierende Strafe.

Durch eine Stadt- und Tempelführung erhält der Prophet Einblick in die Verschuldung des Gottesvolkes. Die Führung geschieht in vier Phasen, wobei die Zahl »vier« für die Totalität steht, die Verschuldung Israels also in ihrer Fülle aufgezeigt werden soll. Diese Führung in vier Etappen bewegt sich von Norden nach Süden und geschieht zugleich als Bewegung von außen nach innen. Sie setzt am Eingang zum Nordtor der Stadtmauer (V. 3) an, führt von dort über den Eingang des Tempelvorhofes (V. 7) an den Eingang des Nordtores zum Innenhof (V. 14) bis hin zum Innenhof des Tempels (V. 16). Die vier Szenen der Verschuldung Israels gliedern das Kapitel in die Abschnitte 3bβ-6.7-13.14-15 und 16-18.

Die Verschuldung des Hauses Israel dient der Begründung für das sich anschließende Gericht in 9,1 - 10,22 und 11,22f. Das göttliche Gericht über Jerusalem und seine Bewohner ist verbunden mit dem Auszug der göttlichen Herrlichkeit, die sich dem Tempel und der Stadt entzieht. Göttliches Gericht und Auszug der Herrlichkeit JHWHs ereignen sich wiederum in einer zweifachen Bewegung. Das Gericht beginnt am Heiligtum und erstreckt sich von innen nach außen über die Stadt. Der Auszug der göttlichen Herrlichkeit, des *kābôd*, geschieht von Westen nach Osten und vollzieht sich wie zuvor die Darstellung der Verschuldung in vier Etappen: Nach 10,4 befindet sich der *kābôd* am Kerubenthron (1) und bewegt sich zur Tempelschwelle (2). Von dort aus zieht er sich zum Osttor des Tempelhauses (3) zurück, so 10,18a.19b, und lässt sich schließlich (11,23) östlich der Stadt auf dem Ölberg nieder (4).

Das göttliche Gericht und der Auszug der göttlichen Herrlichkeit aus Tempel und Stadt sind im Aufbau des Textes so miteinander verwoben, dass die Textgestalt die sachliche Zusammengehörigkeit beider Aussagen unterstreicht. Ausgehend vom Tempelbereich erstreckt sich das Gericht über die ganze Stadt, wobei dem Gericht die Schonung eines Restes vorausgeht: 9,1-7. Auch die Fürbitte Ezechiels in 9,8-10 kann dieses Gericht über Jerusalem nicht verhindern: 9,11 - 10,7. Dieses Gericht ist verbunden mit einer ersten Etappe des Auszugs Gottes aus dem Tempel: 10,4-5.

Der folgende Abschnitt 10,8-22 konzentriert sich auf die Beschreibung der göttlichen Herrlichkeit: auf die Keruben und die Räder, VV. 8-17 und 20-22. Dazwischen ist wieder ein Hinweis auf den Auszug der Herrlichkeit Gottes eingefügt: 10,18-19.

Der wohl später ergänzte Abschnitt Ez 11,1-21, der den Aufbau der Visionserzählung durchbricht, fügt sich thematisch dennoch in den Kontext ein. Er handelt von Schuld und Strafe der Verantwortlichen Israels in VV. 1-12, erwähnt wiederum die Fürbitte Ezechiels, in V. 13, die hier jedoch nicht ergebnislos bleibt, sondern zu einer Ankündigung kommenden Heiles führt: VV. 14-21.

Dem letzten Hinweis auf den Auszug der Herrlichkeit Gottes in 11,22-23 folgt der abschließende Rahmen von 11,24-25, der zugleich das Ende des gesamten Visionsberichtes markiert.

2. Die Entrückung des Propheten 8,1-3bα

Mit einer genauen Datierung, der zweiten ausführlichen nach Ez 1,1, wird der große Erzählblock 8 – 11 eingeführt. Die Datumsangabe verweist in den September des Jahres 592 v.Chr., etwa ein Jahr und zwei Monate nach dem Widerfahrnis der Berufungsvision (1,1-3). Eine für das Ezechielbuch typische Situation wird vorgestellt: Älteste erscheinen vor Ezechiel und nehmen vor ihm Sitz (vgl. Ez 14,1; 20,1; 33,31; ferner, bezogen auf Elischa: 2 Kön 4,36; 6,1.32). Im Unterschied zu Ez 14,1 und 20,1 sind die Besucher nicht als »Älteste *Israels*« (s.u. Kommentar VII.4. und XIV.3.), sondern als »Älteste *Judas*« bezeichnet (vgl. Jer 29,1: »Älteste der Gemeinde der Verbannten«). Damit wird angedeutet, dass ihr Anliegen und die folgende Verkündigung des Propheten die judäische Heimat betrifft. Mit der Haltung, die sie vor dem Propheten einnehmen, ist der offizielle Charakter des Geschehens und die öffentliche Relevanz der Botschaft betont.

Die Vision, in die Ezechiel hineingezogen wird, erinnert in ihrer Beschreibung an Ez 1. Die »Hand JHWHs« (V. 1; vgl. 1,3f.; 3,22; 37,1; 40,1f.) kommt über den Propheten und eröffnet ihm das visionäre Erleben. Welche Rolle die himmlische Gestalt spielt (V. 2), deren Beschreibung auf 1,26b-27 (und auf 40,3f.?) Bezug nimmt, ist unklar. Handelt es sich um eine zusätzliche Mittlergestalt, die neben dem »Geist« (V. 3) und neben JHWH als Haupthandelndem wirkt? Die Antwort darauf ist umstritten. Vermutlich soll durch die Art der Beschreibung das göttliche Handeln von verschiedenen Seiten her beleuchtet werden. Zugleich aber dienen die literarischen Bezüge auf Ez 1 (und 40ff.?) dazu, die Einheit und Kontinuität des göttlichen Handelns zum Unheil wie zum Heil zu affirmieren. Dass dies auch Anliegen der späteren Bearbeiter des Ezechielbuches war, liegt auf der Hand. Deshalb wird 8,2 auch gerne redaktionellen Händen zugewiesen.

Es ist der aus dem Bereich Gottes heraus wirkende Geist, der sich Ezechiels bemächtigt und ihn in einer visionären Schau nach Jerusalem entrückt, näherhin an das Nordtor des Stadtbereiches. Der Zielpunkt der Entrückung ist zugleich der Ausgangspunkt der sich anschließenden Stadt- und Tempelführung, bei der Ezechiel der Gräuel im Herzen des Gottesvolkes inne werden soll. Insofern kommt V. 3 eine Scharnierfunktion zu: V. 3 beschließt den die Vision eröffnenden Rahmen und eröffnet zugleich den ersten Teil des sich anschließenden Textkorpus.

Was Ezechiel widerfährt und im Folgenden beschrieben wird, geschieht »in göttlichen Gesichten« (EÜ: »in einer göttlichen Vision«). Ez 8 – 11 will somit kein Reisebericht von einem realen Aufenthalt Ezechiels in Jerusalem sein, sondern eine geistgewirkte Schau mitteilen, die dem im Exil lebenden Propheten zuteil geworden ist. Mutmaßungen über einen realen Aufenthalt des Propheten in Jerusalem und eine prophetische Wirksamkeit in der judäischen Heimat verfehlen die Intention des Textes und erübrigen sich somit. Durch das Einbrechen der göttlichen Macht wird Ezechiel der augenscheinlichen Realität entrissen und in eine neue Dimension der Wahrnehmung von Wirklichkeit hineingenommen. So kann er den wahren und inneren Zustand des Gottesvolkes vom Lichte Gottes her beleuchten und deuten. Dass in diese Schau des Propheten auch Kenntnisse und Wahrnehmungen einfließen mögen, die er aus der Zeit vor der Deportation noch in sich trägt, ferner Nachrichten und Informationen, die ihm aus der judäischen Heimat zugetragen wurden (vgl. 24,25-27; 33,21-22), widerspricht der Grundaussage und dem Grundanliegen des Textes nicht. Dieser will betonen, dass sich dem Propheten der Zustand des Gottesvolkes von Gott her in Wahrheit erschließt.

3. Die Verschuldung des Gottesvolkes 8,3bβ-18

In vier Etappen wird Ezechiel die Verschuldung des Gottesvolkes vor Augen geführt. Die einzelnen Phasen sind sorgfältig gestaltet und zeigen einen durchdachten Aufbau. An einigen Stellen sind die Spuren einer redaktionellen Nacharbeit deutlich zu erkennen.

Jede der vier Etappen beginnt (a) mit einer einleitenden Ortsangabe: VV. 3bα.7a.14a.16aα. Es folgt, jedoch nur in Etappe eins und zwei, (b) eine Aufforderung zur Schau: VV. 5a.9. Sodann wird (c) die Wahrnehmung der vielfältigen Formen des Götzendienstes konstatiert (eingeführt mit »und siehe«): VV. 5b.10-11.14b.16aα.β.b. Die (d) rhetorische Frage »Hast du gesehen?« (VV. 6a.12.15a.17) dient der Vergewisserung des Zustandes, in dem sich das Gottesvolk befindet. (e) Ein Hinweis auf noch schlimmere

Übel beendet die einzelnen Abschnitte (VV. 6bβ.13.15b) und führt zur jeweils nächsten Etappe über. Diese Überleitung wird im letzten Abschnitt VV. 16-18 durch eine Zusammenfassung der Schuld Israels (V. 17) und einen Hinweis auf die göttliche Reaktion (V. 18) ersetzt. Letztere, die vom gnadenlosen Handeln Gottes spricht, schlägt zugleich die Brücke zum folgenden Gerichtshandeln in Ez 9 – 10.

a. Ein heidnischer Altar VV. 3bβ-6

Die Führung beginnt mit der ersten Station am äußeren Nordtor. Es ist nicht mit Sicherheit zu sagen, ob dieses Nordtor bereits zum Tempelkomplex gehört oder, was wahrscheinlicher ist, mit dem zur Stadtmauer gehörigen Nordtor der Stadt gleichzusetzen ist. Für das Verständnis des Textes ist eine präzise Identifizierung der Lokalitäten jedoch nicht entscheidend.

Ein solches Tor war kein einfacher Durchgang durch die Mauer, sondern bildete ein eigenes Gebäude mit einem inneren und äußeren Eingang, mit seitlichen Kammern und einem gegliederten Durchgang. Ezechiel steht offensichtlich am inneren Eingang dieses Nordtores und wird aufgefordert, durch das nach Norden weisende Tor nach draußen zu schauen. Im Torduchgang sieht er ein Standbild, das JHWHs Eifersucht erregt (VV. 3.5), außerhalb des Tores nach Norden hin einen Altar (V. 5).

Das Standbild wird man sich wohl als figürliche Darstellung vorstellen müssen. Wächterfiguren in Stier- oder Löwengestalt als Beschützer einer Stadt oder eines Ortes sind im Alten Orient häufig belegt. Eine solche figürliche Darstellung verstößt nach Dtn 4,16 gegen das Bilderverbot. Es erregt die Eifersucht JHWHs, der allein Herr und Bezugspunkt seines Volkes ist. Das Sichereifern JHWHs (vgl. Ex 20,5; 34,14; Dtn 4,24; 5,9; 6,15 usw.), um seine Herrschaft gegen Widerstände durchzusetzen, taucht im Ezechielbuch mehrfach auf, so in 5,13; 16,38.42; 23,25; 36,5-6; 38,19. Mit der erwähnten figürlichen Darstellung wird dieser Herrschaftsanspruch JHWHs über sein Volk zurückgewiesen. Deshalb erregt dieses Bild den Zorneseifer Gottes (V. 18).

Das eigentliche Skandalon stellt allerdings der Altar dar, bedeutet dieser doch, »dass sie meinem Heiligtum fernbleiben« (V. 6). Ein solcher Altarbau mag für die Zeitgenossen Ezechiels durchaus Ausdruck und Zeichen ihrer Frömmigkeit gewesen sein. Sie mögen an diesem Altar und an der Statue im Tor ihre Bitten um Schutz und Bewahrung mit der Anrufung des Namens JHWH verbunden haben. In der prophetischen Wahrnehmung Ezechiels jedoch erscheint diese »Volksfrömmigkeit« als Abbruch der Beziehung mit JHWH. Zahlreiche Altäre und Statuen (vgl. Hos 8,11; 10,1) und die Vermehrung der Anbetungsplätze sind nicht schon Indikatoren eines lebendigen Glaubens an den einen Gott. »So zahlreich wie deine Städte sind auch deine Götter, Juda, und so zahlreich wie die Straßen Jerusalems sind deine schändlichen Altäre, die ihr errichtet habt ...«, klagt der Prophet Jeremia (Jer 11,13). Mit der Verehrung Gottes am Eifersuchtsbild und am Altar außerhalb der Stadt kritisiert der Prophet nicht lediglich die Übertretung einer äußerlichen liturgischen Vorschrift. Er öffnet vielmehr die Augen dafür, dass Israel den Bereich einer stimmigen Gottesbeziehung verlässt und sich mit all seiner Frömmigkeit in eine Richtung bewegt, die das JHWH-Volk zunehmend von seinem Gott entfernt. Es ist die Beheimatung im Heidentum und das Vertrauen auf den Schutz anderer Götter, was Ezechiel als den großen Gräuel, d.h. als mit dem Gott Israels unverträglich, brandmarkt.

Wie ein Kontrast nimmt sich dem gegenüber der Hinweis auf »die Herrlichkeit des Gottes Israels« an dieser Stelle aus (V. 4). In der Regel wird V. 4 als späterer Einschub aus Ez 10 angesehen. V. 4 dürfte an seiner jetzigen Stelle eine doppelte Funktion ausüben. Er dient zunächst der Verknüpfung des Kapitels mit dem gesamten visionären Geschehen von 8 – 11 (9,3a; 10,19b; 11,22b) wie mit der ersten Vision (3,22). Innerhalb von Ez 8 zielt die Erscheinung des *kābôd* auf Kontrastierung. Die unmittelbare Gegenüberstellung von göttlicher Herrlichkeit einerseits (V. 4) und Eifersuchtsbild und Altar andererseits (VV. 3.5) macht das Skandalon des Abfalls, den das Gottesvolk hier vollzieht, nur noch deutlicher. Diese Konfrontation begegnet noch einmal in Ez 11,1-21. Am Osttor, wo sich der *kābôd* JHWHs niedergelassen hat, gerade dort planen jene üblen Volksvertreter (11,1-12) über Wohl und Wehe der Stadt.

b. Geheimer Götzendienst VV. 7-13

Die zweite Station, vermutlich das nördliche Tor zum äußeren Tempelvorhof, das nach 1 Kön 7,12 dem Tor zum Palastvorhof entsprechen dürfte, bringt Ezechiel in das Innere des nächsten Torgebäudes. Etwas umständlich wird von einer dreifachen Beobachtung des Propheten gesprochen: ein einzelnes Loch in der Wand (V. 7b), an dem Ezechiel zu graben hat, eine einzelne Türöffnung (V. 8b) und die Schau des Götzendienstes (VV. 10-12). Diese umständliche Formulierung, ferner die Tatsache, dass V. 7b in LXX fehlt, und der Auftrag in V. 8, ein Loch in die Wand zu graben, eine Aussage, die von Ez 12,5.7 beeinflusst sein könnte, hat vielfach zur Vermutung geführt, VV. 7b-8 seien spätere Ergänzungen. Jedenfalls lässt diese – wenn auch etwas umständliche – Beschreibung das Geheimnisvolle der Szenerie lebendig werden. Die Geschehnisse, die Ezechiel hier vor Augen geführt bekommt, sind nur Eingeweihten bekannt und geschehen im Verborgenen.

Die »bösen Gräuel« (V. 9), die Ezechiel in jenem verborgenen Raum schaut, sind die »Götzen des Hauses Israel«. Die Bezeichnung »Haus Israel« dient im Ezechielbuch als Ehrenname des Gottesvolkes, insofern Israel das JHWH-Volk ist, das von JHWH erwählt wurde und ihm gehört. An die Stelle JHWHs sind jedoch die Götzen getreten. Israel hat seinen Gott eingetauscht gegen nichtige Götzen, und diese haben in unmittelbarer Nähe des Tempels ihr Heimatrecht erhalten. Die Wände des Raumes, den Ezechiel sieht, sind rundum mit Reliefdarstellungen geschmückt, mit mischwesenartigen Tiergottheiten, wie sie vor allem in Ägypten, aber auch im nordsyrischen und mesopotamischen Raum üblich sind. Für Ezechiel freilich sind sie eine »Abscheulichkeit«, ein Wort, das mehrmals in Lev 11 auftaucht und unreine Tiere bezeichnet, die als Nahrung verboten sind. Dieses »Gewürm und Vieh« (EÜ: »kleine und große Tiere«) wird hier Gegenstand der frommen Verehrung und des Gottesdienstes. Wieder wird das Gebot der Bildlosigkeit, wie es Dtn 4,16-18 vorschreibt, verletzt. Doch dies ist nicht alles.

Ezechiel sieht außerdem siebzig Männer, die betont zweimal als »Älteste Israels« (VV. 11.12) bezeichnet werden. Es waren siebzig Älteste, denen einst in der Wüste vom Geist des Mose mitgeteilt wurde (Num 11,14.16-17.24b-25). Es waren ferner siebzig Älteste, die auf dem Sinai am Bundesmahl mit dem Gott des Exodus teilnehmen und Gott schauen durften, in Vertretung des ganzen Volkes (Ex 24,1.9-11). Auch in Ez 8 sind diese Männer als Repräsentanten des Gottesvolkes zu verstehen. An ihnen wird veranschaulicht, wie es um das Gottesvolk als Ganzes steht. In unmittelbarer Nähe des Tempels und des Allerheiligsten vergötzen sie Weltliches und räuchern ihm Weihrauch. Eigens genannt wird ein gewisser »Jaasanja, Sohn des Schafan« (V. 11). Er ist nicht zu verwechseln mit jenem Jaasanja, der in 11,1 erwähnt wird. Der Name des Vaters Schafan erinnert an den Kanzler, der bei der Reform des Joschija eine besondere Bedeutung gespielt hat (vgl. 2 Kön 22,3ff.; 25,22; Jer 26,24; 36,10ff.; 39,14; 40,5ff.; 41,1ff.). Sollte Jaasanja tatsächlich ein Sohn jenes Schafan gewesen sein, was jedoch nicht sicher aufzuweisen ist, dann wäre die Dekadenz durch die Anspielung auf die joschijanische Reform noch drastischer ausgedrückt. Da der Name Jaasanja soviel wie »JHWH hört« bedeutet, wird der Götzendienst in seiner ganzen Widersprüchlichkeit karikiert.

Die Ältesten begründen ihr Tun damit, dass JHWH sich zurückgezogen habe. Die erste Eroberung Jerusalems durch die Neubabylonier im Jahre 597 v.Chr. hatte offensichtlich erhebliche Zweifel an JHWH, an seiner Macht und an seiner Zuständigkeit für das Land entstehen lassen. In der Sicht der Ältesten drückt sich die altorientalische Landgott-Vorstellung aus. Das Schicksal eines Gottes und das seines Volkes bzw. Landes fallen demnach in eins. Mit der Deportation von Teilen der Bevölkerung sei auch JHWH deportiert, zumindest aber depotenziert worden. Jedenfalls sei er für das Land nicht mehr zuständig oder der Herrschaft über das Land nicht mehr mächtig. Weil JHWH das Land verlassen habe, seien sie als Älteste berechtigt, die Erfahrung der Gottferne auf ihre Weise kreativ auszufüllen, indem sie das Heidentum inmitten des Gottesvolkes installierten. Diese heidnischen Sinnangebote, die in der Glaubensgemeinschaft betrieben und vertrieben werden, verschleiern die Erfahrung der Gottferne und verhindern so, dass im Durchmessen und Aushalten dieser Gottferne die Sehnsucht nach Gott neu aufbrechen kann.

8,14-15

c. Verehrerinnen des Tammuz VV. 14-15

Die dritte Station der Führung ist recht knapp geschildert. Sie erhält ihre Brisanz vor allem wegen des Ortes, wird doch mit dem Nordtor zum inneren Vorhof das eigentliche Tempelareal betreten. Hier sieht Ezechiel Frauen, die den Tammuz beweinen. Tammuz als sagenhafter sumerischer König, der Geliebte der Inanna bzw. der Ischtar, wird im Alten Testament nur an dieser Stelle erwähnt. In der ursprünglich im südbabylonischen Raum beheimateten Erzählung von Tammuz und Inanna / Ischtar wird das Schicksal der Natur, ihr Vergehen und ihr Wiedererstehen dargestellt. Der sterbende Tammuz steht – ähnlich wie Adonis bei den Phöniziern, Baal in Kanaan oder Osiris in Ägypten – für die sterbende Sommervegetation. Tammuz ist deshalb auch die Bezeichnung des vierten Monats im Jahr (Juni / Juli), die Zeit der beginnenden Sommerhitze. Vermutlich ist die Verehrung des Tammuz während der neuassyrischen und neubabylonischen Oberhoheit in Palästina eingedrungen und hat dort ihren festen Platz gefunden. Dabei mag man diesen besonderen Kult durchaus als mit dem JHWH-Glauben verträglich, ja als Bereicherung und Ergänzung dazu angesehen haben.

In der Wahrnehmung des Ezechiel freilich gibt es diese Verträglichkeit zwischen JHWH-Glauben und Verehrung des Tammuz nicht. Denn die klagenden Frauen, die Tammuz beweinen, fügen sich und ihr Leben ein in den Kreislauf der sterbenden und wiedererstehenden Natur. Horizont ihres Lebens ist nicht mehr JHWH, der alles Leben trägt und erhält, die Geschicke des Volkes wie die des Einzelnen, ebenso aber auch die Lebensvorgänge in der Natur (vgl. Gen 8,20-22; Ps 65). Der Kreislauf der Natur ist somit an die Stelle JHWHs getreten, und dies in unmittelbarer Nähe des Tempels, dem Ort der göttlichen Gegenwart.

d. Sonnenanbeter im Tempelbereich VV. 16-18

Vor dem Haupteingang zum Tempelhaus, dem Bereich also, der dem Allerheiligsten am nächsten ist und den nur die Priester für ihre priesterlichen Aufgaben betreten dürfen, liegt die vierte und letzte Station der Führung. Diesem Ort kommt eine besondere

Bedeutung und Dignität zu. In Notzeiten klagen die Priester zwischen Vorhalle und Altar (vgl. Joel 2,17), um fürbittend für das Volk zu beten. Bei ihrer Fürbitte für die Gemeinde wenden sich die Priester dem Allerheiligsten zu, also nach Westen. An diesem Ort Blut zu vergießen, ist ein besonders schlimmes Vergehen (vgl. Mt 23,35).

Ezechiel sieht nun an diesem so bedeutsamen Ort etwa zwanzig Männer (EÜ: fünfundzwanzig), die dem Allerheiligsten nicht das Gesicht, sondern den Rücken zukehren (vgl. Jer 2,27; 32,33; 2 Chr 29,6). Zugleich nehmen sie eine Gebetshaltung der Anbetung ein, indem sie sich nach Osten hin vor der Sonnengottheit niederwerfen. Dass der Tempelkult in vorexilischer Zeit auch solare Elemente kannte, geht aus 2 Kön 23,11 hervor. Die im Rahmen der joschijanischen Reform durchgeführte Kultreinigung schloss auch eine Beseitigung solarer Kultgegenstände mit ein. Es mag also durchaus sein, dass die Sonnenverehrung der Männer nach deren Selbstverständnis nicht als Verrat an JHWH, sondern lediglich als legitime solare Interpretation JHWHs gemeint war.

Für Ezechiel jedoch ist die Gebetsrichtung und die Prostratio vor der Sonne äußeres Zeichen einer grundlegenden Fehlhaltung, ja eine Perversion dessen, was die Verehrung JHWHs meint. In diesem Zusammenhang ist auch die seltsame, bislang nicht befriedigend erklärte Aussage von V. 17b zu sehen. Spielt die Aussage vom »Zweig«, der unter die Nase – es ist umstritten, ob es »ihre« oder »meine« Nase heißt – gehalten wird, auf einen bestimmten heidnischen Kult an, der uns nicht bekannt ist? Oder handelt es sich um ein phallisches Symbol? Vermutlich wird hier eine uns nicht mehr verständliche, unflätige Aussage gemacht, die mit der Haltung der Männer zusammenhängt.

Darüber hinaus ist der Götzendienst mit sozialer Untat verknüpft (V. 17bα). Fromme Beter erfüllen das ganze Land mit Unrecht und betreten dann, beladen mit ihren Untaten, das Heiligtum. Dadurch reizen sie Gott zum Zorn. Die letztgenannte Aussage wird gerne als sekundärer Zusatz gewertet, da der Halbvers syntaktisch auffällig gestaltet sei und inhaltlich neben die kultischen Vergehen nun die soziale Untat stelle. Die Aussage von V. 17bα lässt sich syntaktisch jedoch als Parenthese verstehen. Sie dient wieder der Vernetzung des Textes mit dem größeren Kontext des Ezechielbuches, nämlich mit 7,11.23; 9,9 und 12,19. Zugleich wird die Aussage von 11,6-7 vorbereitet, die vom Unrecht der führenden Männer Jerusalems spricht. V. 17bα verknüpft, durchaus im Sinne Ezechiels, kultische und soziale Vergehen miteinander. Beide zusammen bilden jene Gräuel (VV. 6a.b.9.13.15.17), derer Ezechiel ansichtig geworden ist und die den Untergang Jerusalems besiegeln.

V. 18a kündigt folgerichtig das schonungslose Gericht an, das über das verderbte Gottesvolk hereinbrechen wird. Dem Tun Israels (VV. 6.9.12.17) entspricht das Tun Gottes (V. 18): ein Handeln im Grimm, das keine Schonung kennt (vgl. 5,11; 7,4.9; 9,5.10; 16,5; 24,14 u.ö.). Die Zeit des göttlichen Erbarmens ist somit vorüber. Auch der Bittruf des Volkes – da der Halbvers in der LXX nicht bezeugt ist, wird er gerne als spätere Ergänzung angesehen – bleibt unerhört (V. 18b). Statt dessen erschallt ein anderer, schauriger Ruf: Gottes Ruf nach den Gerichtsvollstreckern, damit diese ihr schreckliches Werk vollbringen.

4. Göttliches Gericht und Beginn des Auszugs der Herrlichkeit JHWHs 9,1 – 10,22

Das Gericht, mit dem Gott auf die Verschuldungen Israels reagiert, ist mit dem Auszug der Herrlichkeit Gottes aus Tempel und Stadt verbunden. Die textliche Verknüpfung beider Themen bringt auch deren sachliche Zusammengehörigkeit zum Ausdruck.

War Ezechiel in der Wahrnehmung der Versündigung Israels einen Weg von außen nach innen geführt worden, einen Weg zunehmender Heiligkeit hinsichtlich des Ortes, der mit der zunehmenden Versündigung und Schuld des Gottesvolkes kontrastierte, so nimmt das göttliche Strafhandeln einen umgekehrten Weg: von innen nach außen.

a. JHWHs Gerichtswerkzeuge: Schonung und Gericht 9,1-7

Die Gerichtsvollstrecker (VV. 1-2)
Auf den Ruf Gottes hin sieht Ezechiel sieben Männer – der Linnenbekleidete ist offenbar als siebter zu zählen – durch das Nordtor kommen. Ihr Weg entspricht also dem, den zuvor auch Ezechiel

geführt wurde und auf dem ihm die bis ins Innerste reichende Verschuldung des Gottesvolkes eröffnet worden war. Durch das »obere Tor«, den schon in 8,14 erwähnten Durchgang, der etwas erhöht liegt und zum inneren Tempelbereich gehört, gelangen sie zum »ehernen Altar«, dem alten Altar Salomos (1 Kön 8,64), den König Ahas an die Nordseite des Tempels hatte bringen lassen (2 Kön 16,14).

Ihr Kommen von Norden her ist insofern besonders aussagekräftig, als im Norden die Wohnung Gottes angenommen wird und aus dem Norden Unheil und Gericht nahen. Auch die zum Gericht erscheinende Herrlichkeit Gottes, die sich Ezechiel im Exil offenbart hatte (1,4), war aus dem Norden gekommen. Die Invasion durch die Babylonier, die mit der ersten Eroberung Jerusalems 597 v.Chr. noch einmal glimpflich endete, war vom Norden her geschehen. Und auch das kommende Unheil der zweiten Eroberung und Zerstörung Jerusalems, das sich bereits ankündigte, würde aus dem Norden nach Juda und Jerusalem einbrechen. Diese innergeschichtlichen Geschehnisse, die verifizierbar durch die Weltmacht Babylon verursacht sind, transzendiert Ezechiel mit dem Verweis auf die göttlichen Gerichtsvollstrecker. In diesen sieht er, hinter den realpolitischen Vorgängen, den der Geschichte mächtigen Gott Israels wirken.

Die zur Vollstreckung des Gerichtes herbeigerufenen Männer werden näher charakterisiert. Sechs von ihnen halten ihr Vernichtungswerkzeug in Händen, ein siebter, in Linnen Gekleideter, trägt ein Schreibgerät. Die Vorstellung von Verderbergestalten ist außerbiblisch gut bezeugt, etwa die sieben Dämonen des Pestgottes Erra oder die sieben Planetengottheiten. Doch wird man einen direkten Einfluss auf Ezechiel nur schwer nachweisen können. Näherliegend dürfte hier die innerbiblische Überlieferung sein: Die Boten, die Sodom »verderben« (Gen 19,13), der durch Ägypten ziehende Verderberengel, der die Erstgeburt der Ägypter schlägt (Ex 23,12f.23.29f.; Ps 78,49-51) oder der Pestengel, der das Heer des arroganten Assyrerkönigs Sanherib (2 Kön 18,13-38; 19,6.10.12.16) heimsucht, dieses schlägt und so die bedrängte und bedrohte Stadt Jerusalem vor Verderben und Untergang errettet (19,34.35-37).

Nicht nur die Feinde Israels, auch Israel selbst kann auf diese Weise heimgesucht werden. Als David mit seiner Volkszählung das

Vertrauen auf JHWH aufkündigt, kommt der Pestengel über das Volk, um das Vergehen zu ahnden (2 Sam 24,16f.; 1 Chr 21,15). Und der Prophet Jeremia, von dem Ezechiel z.T. abhängig ist, kündigt in einem JHWH-Wort an, JHWH werde »Verderber« aufbieten, einen jeden mit seinem Gerät (Jer 22,7).

Von den Gerichtsvollstreckern ist einer besonders hervorgehoben. Er trägt ein Leinenkleid und wird damit als besonderer Diener Gottes qualifiziert, ist doch das leinene Kleid Kennzeichen der Priester bei ihrem priesterlichen Dienst, wie der himmlischen Diener, derer Gott sich in besonderer Weise bedient, um seine Pläne zu verwirklichen. Dieser Linnenbekleidete, der somit in besonderer Weise in die Nähe Gottes gehört, trägt kein Vernichtungswerkzeug, sondern ein Schreibgerät.

Schonung im Gericht (VV. 3-4)
Der göttliche Auftrag zum Handeln richtet sich zuerst an den Linnenbekleideten. Er soll die Stirn all der Männer, »die über die in der Stadt begangenen Gräueltaten seufzen und stöhnen« (V. 4), mit einem *tāw* bezeichnen, dem letzten Buchstaben des hebräischen Alphabets. Trotz der allgemeinen Verderbnis des Gottesvolkes gibt es demnach einen Rest, der festhält am Wandel mit Gott.

Die Vorstellung eines Restes ist biblisch gut bezeugt. So wird der Prophet Elija beauftragt, dem Königtum das bevorstehende Unheil anzukündigen (1 Kön 19,15-17). Zugleich aber soll ein Rest verschont bleiben, all diejenigen nämlich, die ihre Knie vor Baal nicht gebeugt haben (1 Kön 19,18). Mit diesem Rest wird Gott eine neue Zukunft gestalten. Der Prophet Jesaja, dessen Verkündigung ganz von der ihm aufgetragenen Gerichtsbotschaft geprägt ist, verwahrt die Botschaft in seinen Jüngern (Jes 8,16f.). Und der Name eines seiner Söhne lautet: »Ein Rest kehrt um!« (7,3), wie auch immer dieser Name zu deuten sein mag.

Auch zur Zeit Ezechiels gibt es inmitten der verderbten Stadt Jerusalem demnach Menschen, die an den Zuständen des Gottesvolkes leiden, die sich – gegen den Strom schwimmend – dem Heidentum nicht öffnen, sondern ihrem Weg mit Gott treu bleiben. Diese erhalten vom Linnenbekleideten im Auftrag JHWHs jenes Zeichen, das sie vor den Gerichtsvollstreckern schützt. Das Zeichen ist ein Ausdruck der Zugehörigkeit, des Eigentums. Wie einst beim ersten Pascha der Verderberengel in Ägypten an den mit Blut bestrichenen Türpfosten der Israeliten schonend vorüberging (Ex 12,22f.) und wie das Zeichen für Kain Schutz bedeutete (Gen 4,15), so verheißt auch dieses Zeichen Schonung und Schutz für die damit Bezeichneten (vgl. auch Offb 7,2f.; 9,4; 14,1).

Schonungsloses Gericht (VV. 5-7)
Erst nach dem Auftrag zur Schonung des Restes werden auch die sechs Männer angewiesen, ihren Auftrag zu erfüllen. In ihrem schonungslosen Tun (V. 5b) wird sichtbar, dass die Zeit der göttlichen Nachsicht vorüber ist (8,18). Ihr grausiges Gerichtswerk beginnt am Heiligtum (vgl. Jer 25,29; 1 Petr 4,17), bei den Sonnenanbetern im Innenhof des Tempels. Da die Berührung mit Toten verunreinigt (Ez 6,4f.; 1 Kön 13,2; 2 Kön 23,15f.), führt die von JHWH selbst geforderte Füllung der Höfe mit Erschlagenen zur Entweihung des Tempels. Gott selbst veranlasst also, dass sein durch Götzendienst bereits geschändetes Heiligtum nun völlig entweiht wird. Damit hat der Tempel aufgehört, ein Ort der göttlichen Gegenwart und des besonderen Schutzes, etwa als Asylstätte, zu sein.

b. Ezechiels Fürbitte 9,8-11

Angesichts des Gerichtes, das hier auf furchtbare und unbarmherzige Weise vollstreckt wird, schreit Ezechiel entsetzt auf. Es ist nicht nur das grausame Treiben der Gerichtsvollstrecker, es ist vor allem auch die Tatsache der Entweihung des Heiligtums (vgl. die Klage in Ez 4,12-17) und des damit verbundenen Entzuges der göttlichen Gegenwart. Dieser Aufschrei Ezechiels ist zugleich Fürbitte für Jerusalem und für den Rest des Gottesvolkes. Schon der Prophet Amos war einst fürbittend für das Gottesvolk des Nordreiches eingetreten, so die beiden ersten Visionen in Am 7,1-3.4-6. Doch ließ sich das göttliche Gerichtshandeln nicht aufhalten, wie die beiden folgenden Visionen in Am 7,7-8 und 8,1-3 zeigen. Dem etwas älteren Zeitgenossen Ezechiels Jeremia wird jegliche Fürbitte für das Volk untersagt (Jer 7,16-20; 11,14; 14,11), da das göttliche Erbarmen verwirkt ist. Dass Ezechiel um das Schicksal des Restes besorgt ist, nachdem zuvor von dessen Rettung die Rede war, erklärt sich wohl am ehesten aus der Tradition der prophetischen Fürbitte, in der Ezechiel steht, vor allem aus seiner Abhängigkeit von Amos und Jeremia.

Die Fürbitte Ezechiels wird nicht erhört. Sie dient vielmehr als Anlass dafür, dass JHWH den Grund für das Gericht noch einmal deutlich machen und die Größe der Verschuldung Israels aufzeigen kann. »Blutschuld« hat das ganze Land erfüllt (vgl. auch 7,10-17), »Rechtsbeugung« die Stadt. »Land« und »Stadt« sind degeneriert, die Leben spendende Weisung Gottes ist mit Füßen getreten. Und – mit Gott wird nicht mehr gerechnet. In umgekehrter Reihung (entgegen der Wiedergabe in der EÜ) wird der Spruch aus 8,12 aufgegriffen: »JHWH hat das Land verlassen. JHWH sieht nicht.« Der Abbruch der Gottesbeziehung und die Zerrüttung des menschlichen Zusammenlebens bedingen sich gegenseitig. Deshalb ist eine Schonung von Gott her nicht mehr möglich (vgl. V. 10 und 8,18). Er hält das Unheil, das Menschen verursacht haben, nicht länger zurück, sondern lässt es sich auswirken – zu ihrem Schaden.

Der sich anschließende *V. 11* übt eine Scharnierfunktion aus. Der Linnenbekleidete kehrt zurück mit der Meldung, dass der Auftrag der Schonung des Restes ausgeführt ist. Damit steht am Ende dieses Abschnittes noch einmal das Thema der Schonung. Ob hier, zumindest indirekt, eine Antwort auf die Fürbitte des Ezechiel intendiert ist, wird man besser offen lassen. Vor allem aber leitet V. 11 über zum folgenden Kontext. Während die übrigen sechs Gerichtsvollstrecker nicht mehr erscheinen, tritt der Linnenbekleidete erneut auf, um nach erfüllter Aufgabe einen neuen Auftrag im Empfang zu nehmen.

c. Jerusalem im Feuer des Gerichtes 10,1-7

Feuer aus dem Heiligtum (VV. 1-2)
Nachdem sein erster Auftrag, die Schonung eines Restes, ausgeführt ist, empfängt der Linnenbekleidete einen zweiten Auftrag – den zum Gericht. Aus dem Bereich des Allerheiligsten hat er Feuerkohlen, die sich zwischen dem Räderwerk unterhalb des göttlichen Thrones befinden, zu holen und über die Stadt zu streuen (V. 2). Das Feuer erscheint hierbei in seiner Ambivalenz (vgl. Dtn 4,21-24; Jes 33,14-16; Hebr 12,29). Es ist einerseits

Zeichen der Nähe und Gegenwart Gottes. Die Feuersglut, die im Zelt der Begegnung das Brandopfer verzehrt (Lev 9,23f.), zeigt die gnädige Annahme des Opfers durch den Gott Israels an. Auch im späteren, von Salomo errichteten Tempel (2 Chr 7,1-3; 2 Makk 2,9-10) ist das göttliche Feuer Zeichen des von Gott kommenden Heiles.

Daneben bedeutet Feuer andererseits aber auch Vernichtung. Bei seiner Berufung erfährt Jesaja (6,1.5) die göttliche Wirklichkeit als verzehrendes Feuer, vor dem kein Mensch bestehen kann. Es ist eine vom Altar genommene glühende Kohle, durch welche der Prophet berührt und seine Schuld getilgt wird (6,6-7). So wird Jesaja durch das göttliche Feuer gereinigt und gerüstet für seinen Dienst. Die Rotte Korachs, die sich einst in der Wüste gegen Mose auflehnte, wird vom göttlichen Feuer verzehrt (Num 16,35).

Von diesen beiden Wirkungen des Feuers wird nun, da der Rest durch das Schutzzeichen vor dem Verderben geschützt ist, die zweite, die zerstörerische Macht des Feuers in Kraft gesetzt. Das Feuer verzehrt die Stadt, die Gott den Rücken gekehrt hat und die aufgrund ihrer Rechtlosigkeit völlig degeneriert ist.

Dieses Tun des Linnenbekleideten ist (teilweise durch spätere Bearbeiter) mit der Beschreibung der göttlichen Herrlichkeit (VV. 1.3) verknüpft. V. 1 greift in der Beschreibung des göttlichen Thronsitzes auf 1,26a zurück. Die Kerubim als Hüter des Feuers (VV. 2.3) treten in die Rolle der Lebewesen aus 1,13. Keruben, etymologisch wohl mit dem akkadischen Wort *karābu* »beten, segnen« verwandt, gehören in der Bibel zu den Mischwesen und werden als geflügelte Löwen mit Menschenkopf dargestellt. Als Hüter des Lebensbaumes (Gen 3,24) oder des Gottesberges (Ez 28,14.16) kommt ihnen eine Wächterfunktion zu. Nach Ps 18,11 par. 2 Sam 22,11 ist der Kerub Reit- oder Zugtier JHWHs und unterstreicht die Beweglichkeit Gottes. In diesem Sinne fungieren die Keruben auch in Ez 10 als Träger des beweglichen göttlichen Thrones, der aufgrund seiner Beweglichkeit den Tempel verlassen kann. Die Beweglichkeit wird zudem durch den schwer deutbaren Ausdruck *galgal*, das Räderwerk, betont. Die göttliche Gegenwart kann sich somit vom Heiligtum in Jerusalem lösen. Dies wird ausgedrückt mit Elementen, die Teil des Jerusalemer Tempels sind.

10,1-7

JHWHs Auszug aus seiner Wohnung (VV. 3-5)
Es ist beschlossene Sache, dass das göttliche Gericht die Stadt Jerusalem im Feuer vernichten wird. V. 4 macht deutlich, worin dieses göttliche Gericht im Grunde besteht: im Entzug JHWHs. V. 4 bringt die erste Phase dieses göttlichen Auszugs aus dem Heiligtum. Die göttliche Herrlichkeit verlässt den Kerubenthron (Kerub im Singular) und bewegt sich zur Schwelle (zum Podium) des Tempels. Die Wolke erfüllt das Tempelgebäude, der göttliche Lichtglanz erhellt den Vorhof.

Eine davon abweichende Sicht bringen V. 3 und V. 5. In Korrektur zur Aussage von V. 4 verlassen auch die Keruben das Heiligtum und postieren sich auf dessen rechter Seite. Die Wolke, die nach V. 4 das Tempelhaus erfüllt, erfüllt nach V. 3 den inneren Vorhof. Das Geräusch der Flügel ist noch im äußeren Vorhof zu hören (V. 5) und wird mit der Stimme El Schaddajs (EÜ: »des allmächtigen Gottes«) verglichen. El Schaddaj, der Name einer Gottheit aus dem vorisraelitischen Kanaan, wurde in der priesterlichen Geschichtsdarstellung mit dem Gott der Väterzeit identifiziert (Ex 6,2-4).

»Er nahm es und ging hinaus.« (VV. 6-7)
V. 6 lenkt die Aufmerksamkeit wieder auf den Linnenbekleideten von V. 2 zurück, lässt diesen aber nicht nur das Feuer aus dem Zwischenraum zwischen den Keruben nehmen – so schon der Zusatz in V. 2 –, sondern bestimmt dessen Standort zudem neben dem Rad. Damit wird bereits der Abschnitt VV. 8-17 vorbereitet, der über das »Geheimnis« der Räder nachsinnt.

V. 7 als Teil des Grundtextes berichtet, wie der Linnenbekleidete den ihm gegebenen Befehl ausführt. Anders als V. 2 vermuten lässt (»nimm zwei Hände voll ...«), nimmt er jedoch nicht aus eigenem Antrieb von dem Feuer, sondern er empfängt dieses aus der Hand des Keruben. Mit dem lapidaren Hinweis »und er nahm (es; EÜ ergänzt »Feuer«) und ging hinaus« endet der Abschnitt. Eine Ausführung des Auftrages wird nicht berichtet. Dadurch entsteht eine Spannung im Leser. Nachdem der Befehl zur Vernichtung der Stadt gegeben ist, gilt seine Aufmerksamkeit der Ausführung. So öffnet sich die Erzählebene des visionären Geschehens für geschichtliche Realität, die es umso wachsamer wahrzunehmen gilt.

d. Beschreibung der göttlichen Herrlichkeit 10,8-22

Kerubim und Räder des Thronwagens (VV. 8-17)
Der gesamte Abschnitt ist in Anlehnung an Ez 1 verfasst und der Beschreibung der Kerubim und der Räder des göttlichen Thronwagens gewidmet. So spielt *V. 8* auf 1,8 an, *VV. 9-12* und *16-17* verarbeiten 1,15-21, Verse, die ihrerseits schon eine Ergänzung des ersten Kapitels darstellen. *V. 13* identifiziert den schwierigen Ausdruck *galgal* »Räderwerk« (EÜ: »Wirbel«) mit den Rädern von Ez 1,15-20. *V. 14* beschreibt das Aussehen der vier Gesichter der Keruben und greift dabei auf 1,10 zurück, ersetzt allerdings das Stiergesicht aus 1,10 durch das Gesicht eines Keruben. Möglicherweise soll damit ein mögliches Missverständnis ausgeschlossen werden, war doch der Stier Symbol heidnischer Vegetationsgottheiten (vgl. Ex 32; 1 Kön 12,28-30; Hos 8,5f.; 10,5; 13,2). *V. 15* setzt die Keruben mit den Lebewesen aus Ez 1 gleich. Diese gezielte Bezugnahme auf Kap. 1 soll wohl deutlich machen: Neben dem Abbruch der Geschichte, die sich in Jerusalem ereignet, gibt es bereits einen Neubeginn – im Exil. Mit dem Ende des Tempels und der Gottesstadt ist die »Herrlichkeit Gottes« keinesfalls am Ende. Im Gegenteil! JHWH ist der eine und einzige Gott, der auch im Gericht machtvoll handelt, und der im Exil bereits dabei ist, durch das Gericht hindurch eine neue Zukunft vorzubereiten.

JHWHs Exodus aus dem Tempel (VV. 18-19)
Nach V. 4 folgt in VV. 18-19 eine zweite Phase des Auszugs der göttlichen Herrlichkeit. Diese verlässt das Tempelgebäude – nach der späteren Bearbeitung (V. 19a.bβ) zieht auch hier der gesamte Thronwagen aus – und lässt sich am östlichen Tor des Tempelareals nieder (vgl. auch 43,1ff.; 44,2). Damit ist der Tempel, der Ort der göttlichen Gegenwart, verwaist.

»JHWH hat das Land verlassen« (8,12; 9,9), so hatten die Männer im Tempel einst behauptet und gemeint, JHWH den Rücken kehren und sich ihre eigenen Götzen schaffen zu können. Gerade ihr Abfall aber bewirkte, dass Wirklichkeit wurde, was sie zu ihrer Legitimierung angeführt hatten. So wird der Ort der göttlichen Gegenwart zu einem wahrhaft gottverlassenen und gottlosen Ort, der der Vernichtung anheim fällt, weil er des Lebens verlustig ging.

JHWHs Herrlichkeit im Tempel und der im Exil erscheinende Weltengott (VV. 20-22)

Noch einmal gilt die Aufmerksamkeit den Keruben, die mit den Lebewesen aus der Erscheinung am Fluss Kebar von Ez 1 – 3 gleichgesetzt werden (V. 20). Die vier Gesichter der Keruben (V. 21a) greifen über 10,14 auf 1,6 zurück, der Hinweis auf die menschenähnlichen Hände über 10,8 auf 1,8. V. 22a erinnert wie schon V. 20a an die Erscheinung am Fluss Kebar in Ez 1 – 3, V. 22b spielt auf 1,9 an. Anliegen auch dieses Abschnittes ist es offensichtlich, Details aus dem Tempel, die man mit dem *kābôd* Gottes verband, mit der Erscheinung des Weltenherrn aus Ez 1 zu verknüpfen.

Bevor jedoch die vierte und letzte Etappe des Auszugs der Herrlichkeit JHWHs in 11,23f. geschildert wird, mit der nicht nur der Tempel, sondern auch die Stadt gott-verlassen wird, fügten Ezechiel bzw. seine Schule ein weiteres verhängnisvolles Ereignis ein. Was im Folgenden geschildert wird, ereignet sich direkt vor der am Osttor des Tempelbereiches gegenwärtigen göttlichen Herrlichkeit.

5. Ende und Neubeginn 11,1-21

a. Hinführung

Die Zerstörung der Stadt Jerusalem und der Auszug der göttlichen Herrlichkeit aus dem Tempel sind nach der Botschaft der Vision eine von Gott her beschlossene Sache und als solche bereits in Gang gesetzt (8,1 – 10,22). Zugleich hatte der Visionsbericht festgehalten, dass es auch in der verderbten Stadt Jerusalem Menschen gibt, »die seufzen und stöhnen« über die in der Stadt begangenen Gräuel (9,4). Dieser Rest wird, wenngleich er nicht präzise identifizierbar ist, von Gott selbst bewahrt für eine Zukunft jenseits des Gerichts. Dieses Anliegen, die Frage nach dem Rest und seinem Schicksal, wird zum zentralen Thema von Ez 11,1-21.

Der Textabschnitt 11,1-21 setzt deutlich andere Akzente als der unmittelbare Kontext Ez 8 – 11. Nicht das Heiligtum (8,6.16) steht im Mittelpunkt, sondern die Stadt und deren verantwortliche Politiker. Zu Recht wird meist angenommen, dass VV. 1-21 eine nachträgliche Erweiterung darstellen. Der Textabschnitt besteht aus den zwei Szenen VV. 1-12 und 14-21, die durch V. 13 als Scharnier miteinander verknüpft sind. Der erste Abschnitt VV. 1-12.13 spielt am Osttor und handelt – angesichts der Gegenwart der göttlichen Herrlichkeit – von den Machenschaften und Intrigen der politisch Verantwortlichen. Dadurch soll deutlich werden, dass dem existierenden Jerusalem, das Ezechiel vor Augen hat, für die zukünftige Geschichte des Gottesvolkes keine Relevanz mehr zukommt. Der sich anschließende Abschnitt VV. 13.14-21 bringt eine gegenüber VV. 1-12 nochmals eigene Thematik und hat mit dem Geschehen am Osttor direkt nichts zu tun. Aus der Verbanntenschaft wird sich JHWH ein neues Volk erwecken und mit ihm einen neuen Anfang machen. Beide Abschnitte sind durch V. 13 als Gelenkstelle miteinander verknüpft.

Die Redaktion hat den Textblock VV. 1-21 gezielt in die Vision eingefügt. Sie hat damit eine Störung des Aufbaus der zugrundeliegenden Vision in Kauf genommen, zugleich aber neue Textbezüge geschaffen. An der Stelle, wo nach 10,19 die Herrlichkeit Gottes ihren Standort eingenommen hatte, lässt sie die Handlung in 11,1 beginnen, am Osttor. Hatte die Fürbitte Ezechiels in 9,8 dazu gedient, das schonungslose Gericht zu begründen und JHWHs Gerichtshandeln zu legitimieren, so ist die Fürbitte Ezechiels in 11,13 Anlass dazu, eine neue, von JHWH herbeigeführte Zukunft in Aussicht zu stellen. Die Opposition in den Aussagen innerhalb des Abschnittes 11,1-21 (VV. 1-12: Gericht; VV. 14-21 Heil) entspricht der Opposition innerhalb des gesamten Abschnittes 8 – 11: Gericht für die in Jerusalem verbliebene Gemeinde, Heil für die Gola.

b. Jerusalem als »Topf« VV. 1-12

Im Geist (vgl. 8,3) wird Ezechiel an das Osttor des Tempelhofes gebracht, wo die Herrlichkeit Gottes nach der vorausgehenden Vision Halt gemacht hat (10,19). Er sieht 25 Männer, unter ihnen zwei ihm namentlich bekannte Persönlichkeiten des öffentlichen Lebens, Jaasanja und Pelatja. Über beide erfahren wir nichts Näheres. Ihr Titel »Oberste des Volkes« (EÜ: »führende Männer im Volk«), der vor allem in der exilischen und nachexilischen Zeit auftaucht (als »Oberste des Volkes« in Neh 11,1; 1 Chr 21,2; 2 Chr

24,23; Est 3,12; als »Oberste Israels« in 1 Chr 22,17; 23,2; 2 Chr 12,6; 21,4; als »Oberste Judas« in Jer 29,2; 34,19; 52,10; Neh 12,31f.) weist sie als bedeutsame Persönlichkeiten aus, denen ein hohes Leitungsamt übertragen ist und die auch unter den Exilierten bekannt sein müssen. Diese 25 Männer mit den beiden Volksoberen bilden eine Art Volksrat mit Entscheidungsbefugnissen über die Stadt Jerusalem und ihr Schicksal.

Die Tatsache, dass sie sich im Tor aufhalten, zeigt an, dass sie als Volksrat beisammen sind, ist doch das Tor der Ort der Rechtsprechung und der Beratung über Angelegenheiten des öffentlichen Lebens (Dtn 21,19; 22,15; 25,7; Rut 4,1-12; Am 5,10). Dass ihre Überlegungen und üblen Planungen (V. 2) das Schicksal der Stadt betreffen, zeigt der Spruch an, der ihnen in den Mund gelegt ist. Die schwer zu verstehende Aussage von V. 3 will wohl aussagen: Die Schäden der ersten Belagerung und Eroberung Jerusalems sind in etwa behoben. Weitere Baumaßnahmen erübrigen sich. Dass die Stadt von den Babyloniern eingenommen wurde, sei zwar ein kleiner Schönheitsfehler. Doch bleibe die Verbundenheit der Jerusalemer Bevölkerung mit ihrer Stadt auch in Zukunft gewahrt. Im Bild vom Fleisch im Topf soll eben diese Zusammengehörigkeit der Jerusalemer Bevölkerung und ihrer Stadt zum Ausdruck gebracht werden.

Gegen diese Gewissheit und die Einschätzung ihrer Lage, dass sie und die Stadt zusammengehörten und nichts sie aus dieser Stadt vertreiben könne, hat Ezechiel zu »prophezeien« (vgl. 13,2.17 [gegen falsche Propheten]; 34,2 [gegen schlechte Hirten, die sich selbst weiden]; 37,1ff. [über die Totengebeine als Bild des Hauses Israel]). Sein prophetisches Wort (V. 4) soll vor den Verbannten die Selbsteinschätzung der Volksvertreter von Jerusalem als Lüge und Trug entlarven. JHWH weiß um die geheimen Planungen (V. 5) der Jerusalemer Führungsschicht, die hier das gesamte, in Jerusalem lebende Gottesvolk meinen dürfte, wie die Anrede »Haus Israel« nahelegt. Worin diese Planungen bestehen, lässt sich aus den folgenden Versen erschließen.

Die Verantwortlichen Jerusalems haben durch ihr politisches Verhalten die »Erschlagenen zahlreich gemacht« (V. 6). Diese Aussage zielt wohl nicht zunächst auf innenpolitischen Terror und Missbrauch ihrer Macht, sondern, da das hebräische Wort für

»Erschlagene« auf im Krieg Getöte bezogen ist, auf ihr außenpolitisches Handeln. Dafür spricht auch die Aussage in V. 8 »das Schwert fürchtet ihr«. Offensichtlich versucht der Volksrat, sich dem Einfluss Babels zu entziehen und sich Ägypten anzuschließen (vgl. Ez 17), in der festen Überzeugung, auf diese Weise dem Schwert Nebukadnezzars zu entkommen und so der Stadt und mit ihr auch deren Bewohnern eine sichere Zukunft garantieren zu können. Doch wie ihre falsche Politik schon bei der ersten Eroberung Jerusalems zum Scheitern verurteilt war und ihren Tribut gefordert hat (V. 6), so werden auch ihre auf die Zukunft gerichteten Planungen nicht dem Frieden dienen, sondern ins Unheil und ins Verderben führen. Unter zynischem Rückgriff auf das von ihnen gebrauchte Sprichwort macht Ezechiel deutlich: Das Opfer ihrer gefährlichen und verfehlten Politik sind die Bewohner Jerusalems. Diese sind das »Fleisch« im Topf – die Erschlagenen inmitten Jerusalems. Die Zusammengehörigkeit von Fleisch und Topf wird sich also auf grausame Weise erfüllen, wenn die Neubabylonier erneut vor den Toren Jerusalems stehen.

Die Führer des Volkes hingegen werden nicht in der Stadt bleiben, sondern gleichsam in einem Anti-Exodus aus der Stadt herausgeführt (VV. 9-11) und durch die Hand von Fremden gerichtet. Durch das Schwert, dem sie im Vertrauen auf ihre eigene Klugheit entkommen wollten, werden sie sterben, weder als Teil der Exilsgemeinde, noch als Teil der Jerusalemer, sondern an der Grenze Israels, im Niemandsland (vgl. Ez 20,37-38).

Das Vertrauen in die eigene Klugheit, die ein Maßnehmen an der göttlichen Weisung ausschließt (V. 12aβ.b; vgl. 20,18.25; 36,27), schützt und bewahrt den Lebensraum des Gottesvolkes gerade nicht, sondern erschüttert und zerstört diesen und gleicht das Leben im Gottesvolk heidnischen Lebensentwürfen an. Im Gericht hierüber wird offenbar, dass Gott als der in der Geschichte wirksame Herr der Lebendige ist und als solcher auch inmitten des Gerichtes erkannt und anerkannt werden will (VV. 10b.12a).

c. Prophetische Fürbitte V. 13

Während Ezechiel prophetisch redet, stirbt plötzlich Pelatja, einer der beiden in V. 1 erwähnten Volksoberen. Dieser überraschende

Tod lässt Ezechiel einen Schrei ausstoßen, eine Fürbitte für den Rest des Gottesvolkes. Was hat es mit diesem seltsamen Geschehen auf sich?

Im vorausgehenden Gerichtswort war von Erschlagenen in der Stadt und vom Tod an der Grenze Israels, also im Niemandsland, die Rede. Pelatja nun, der unerwartet stirbt, während Ezechiel prophetisch redet, gehört keiner der beiden Gruppierungen an. Sein Tod ist somit ein Zeichen dafür, dass das von Ezechiel angekündigte Verderben sich realisieren wird. Pelatja ist ein Zeichen für das kommende Unheil.

Nun wird eigens darauf Wert gelegt, dass Pelatja ausgerechnet zu der Zeit stirbt, in der Ezechiel sein prophetisches Wort verkündet. Ezechiel kündigt das Gericht an, und dieses angekündigte Gericht bricht zeichenhaft bereits in die Gegenwart ein. Auf diese Weise werden die Gültigkeit und die Wirksamkeit des prophetischen Wortes in besonderer Weise unterstrichen.

Damit erklärt sich jedoch noch nicht der Schrei des Ezechiel. Hat er doch das Gericht angekündigt. Wieso sollte er an der Gültigkeit des ihm aufgetragenen Wortes zweifeln? Und wieso löst gerade der Tod eines der politischen Rädelsführer, die das Volk ins Verderben führen, diesen Schrei aus?

Nun lässt sich der Name Pelatja auch als Botschaft im Sinne von »nomen est omen« verstehen. Der Name Pelatja bedeutet »JHWH lässt entrinnen«. Im Gegensatz zu 11,1 interessiert hier in V. 13 nicht eine historische Gestalt, die eben zufällig diesen geläufigen Namen Pelatja trägt, sondern die mit dem Namen mitgegebene Botschaft. Wenn Pelatja, dessen Name bedeutet »JHWH lässt entrinnen«, stirbt, dann wirft eben dieser Tod die Frage nach dem »Rest« des Gottesvolkes auf. Aus diesem Grund erhebt Ezechiel seine Stimme und tritt in prophetischer Fürbitte für einen Rest des Gottesvolkes ein.

Während die prophetische Fürbitte in 9,8 unter Hinweis auf die Größe der Sünde des Gottesvolkes zurückgewiesen wurde (9,9-10), dient die Fürbitte in V. 13 dazu, ein neues Handeln Gottes für die Exilsgemeinde anzukündigen. Insofern ist V. 13 nicht so sehr Abschluss von VV. 1-12, sondern dient der Einführung in das kommende Heilswirken Gottes. Was es mit dem Rest des Gottesvolkes auf sich hat, das wird sichtbar in VV. 14-21.

d. Heil für die »Fernen« VV. 14-21

Eine neue Wortereignisformel (V. 14) leitet den neuen Textabschnitt ein. In der Regel dient diese Formel dazu, eine unabhängige Texteinheit einzuführen. Zu den wenigen Ausnahmen, in denen sie in Kontextposition steht (12,8; 21,6; 24,20), gehört vermutlich auch Ez 11,14. Durch das Wortereignis wird die Wirksamkeit des göttlichen Wortes in besonderer Weise hervorgehoben. Die Antwort JHWHs auf die Fürbitte Ezechiels (V. 13) erhält damit ein besonderes Gewicht. Bedenkt man zudem, dass Ez 11,14-21 das erste Heilswort des Ezechielbuches darstellt, ist es nur verständlich, dass dieses mit einer eigenen Wortereignisformel eingeführt wird, eben um das Gewicht dieser Heilsansage zu betonen. In der vorliegenden Endgestalt des Ezechielbuches ist die gesamte Komposition von 11,1-21 auf die VV. 14ff. ausgerichtet, da hier ihr eigentliches Thema erklingt. V. 13, der die Wirksamkeit des prophetischen Wortes im Kontext des Gerichtes unterstreicht, dient nun auch dazu, die Gültigkeit des prophetischen Wortes in Hinblick auf die folgende Heilsansage glaubhaft zu machen.

Nach dem Urteil der Bewohner Jerusalems sind die Verbannten aufgrund der Tatsache, dass sie deportiert und außer Landes gebracht wurden, »fern von JHWH« (V. 15), d.h. für die Zukunft das Gottesvolkes sind sie als quantité négligeable zu betrachten. In ihrer Deportation sieht man im Sinne des Tun-Ergehen-Zusammenhanges die göttliche Gerechtigkeit wirksam. So liegt die Schlussfolgerung auf der Hand: »Uns« – den Daheimgebliebenen – »ist das Land zum Besitz gegeben« (vgl. 33,24). Die Verschleppten sind nach dieser Sicht der Dinge die großen Verlierer, die Daheimgebliebenen hingegen die großen Gewinner der Geschichte. Erstere sind von JHWH verstoßen, letztere hingegen meinen, in seiner Gunst zu stehen, weil die Fakten und der Erfolg für sie sprechen würden.

Diese im Spruch von V. 15 eingefangene Auffassung wird jedoch schon im Voraus deutlich problematisiert durch die Art und Weise, wie die von den Jerusalemern disqualifizierten Exulanten beschrieben werden. Die auffällige doppelte Anrede »deine Brüder, deine Brüder« (EÜ bringt nur ein einfaches »von deinen Brüdern«), die Fortführung »Männer deiner Sippe« (EÜ: »deine(n) Verwandten«)

und die explizite Fortführung »das ganze Haus Israel insgesamt« zeigen an, dass hier nicht die Familienangehörigen Ezechiels im ursprünglichen Sinne des Wortes gemeint sind, sondern in einem übertragenen Sinne das im Exil lebende Gottesvolk. Die auffällige Anrede »deine Brüder« erinnert an den Sprachgebrauch des Buches Deuteronomium (vgl. Dtn 18,15ff.), wonach Gott seinem Volk je und je einen Propheten im Sinne des Mose »unter deinen Brüdern« erwecken wird. Auffällig ist auch die sich anschließende Formulierung »Männer deiner Sippe«. Das vom Verbum *gā'al* »auslösen« abgeleitete Nomen *g^{e}ullāh* bezieht sich auf das Löserecht bzw. die Lösepflicht von Eigentum innerhalb einer Sippengemeinschaft (vgl. Lev 25,24.26.29 u.ö; Jer 32,7f.; Rut 4,6f.). Als Schicksalsgemeinschaft ist die Sippe zur gegenseitigen Hilfe verpflichtet und hat dafür zu sorgen, dass ihr Eigentum als Lebensgrundlage erhalten bleibt. In diesem Sinne wird die Exilsgemeinde als eine Schicksalsgemeinschaft gesehen, die das gesamte Gottesvolk darstellt und in Solidarität und geistiger Verwandtschaft mit Ezechiel verbunden ist.

Die Auffassung der Jerusalemer, dass die exilierten Judäer, Ezechiels »Brüder«, fern vom verheißenen Land sind, wird durch die Aussage JHWHs zunächst bestätigt, ja durch die Verwendung der ersten Person in der JHWH-Rede sogar noch verschärft. JHWH selbst hat sie demnach »in die Ferne« gebracht und sie unter die Völker und in die Länder zerstreut (V. 16a). Doch ist diese gottgewirkte Entfernung vom Land entgegen dem Urteil der Jerusalemer Theologen kein Fernsein von Gott. Im Gegenteil! V. 16b betont: »Doch ich bin ihnen nahezu zum Heiligtum geworden«. Während die Jerusalemer aufgrund der Ereignisse von 598 v.Chr. nicht mehr so recht an die göttliche Gegenwart glauben und so leben, als wäre Gott abwesend (8,12; 9,9), ihr Vertrauen auf heidnische Praktiken setzen und in der Vermehrung von Kultveranstaltungen Heil und Sicherheit zu finden meinen, zugleich aber selbstbewusst und arrogant den Exilierten den Zugang zur Heilswirklichkeit absprechen, eröffnet sich den »Brüdern« Ezechiels im Exil ein neuer Ort der Gegenwart Gottes. Gott wird der abgeschriebenen Gemeinschaft der Verschleppten gegenwärtig (1,1 – 3,15) und erweist sich ihr als der in der Geschichte mächtige und in dieser Geschichte handelnde Gott, wenngleich dieses sein Handeln zunächst als Gerichtshandeln erfahren wird.

Es ist besonders die Theologie der Priesterschrift (P), die dem Heiligtum eine besondere Stellung zuweist. Nach der Geschichtsdarstellung von P besteht das Ziel der Wege Gottes mit seinem Volk darin, dass Gott selbst inmitten seines Volkes gegenwärtig wird und bleibt (Ex 29,45). Der Gründung des Heiligtums kommt aus diesem Grund eine besondere Bedeutung zu, ist es doch sichtbares Zeichen der geheimnisvoll sich schenkenden Gegenwart Gottes. Die Zusage Gottes an die Exilierten, ihnen dennoch »nahezu zum Heiligtum geworden« zu sein, betont demnach, dass die Verschleppten inmitten ihrer Not und in ihrer erfahrenen Gottverlassenheit dennoch der Gegenwart und Nähe Gottes gewahr und inne werden können. Ob damit recht konkret auf bestimmte Formen von Notgottesdiensten hingewiesen werden soll, wird man besser offen lassen. Entscheidend ist vielmehr die Zusage einer wenn auch verborgenen, so doch realen Gegenwart Gottes mitten im Alltag des Exils.

Mit denen nun, die für abgeschrieben und verloren erklärt werden, weil das Schicksal der Verbannung sie getroffen hat, beginnt Gott eine neue Zukunft herbeizuführen (VV. 17-20; vgl. 36,24-27; Jer 31,31-34). Der auffällige Wechsel in die direkte Anrede (V. 17) und wieder zurück in die dritte Person (V. 18) innerhalb dieses Abschnittes wird gerne dahingehend gedeutet, dass hier verschiedene Hände am Werk waren bzw. heterogenes Material aufgegriffen und kompiliert wurde.

JHWH selbst wird die Versprengten sammeln und sie einen (V. 17; vgl. 14,17; 29,5; 39,17), er wird ihnen das Land Israel neu zu Eigen geben (vgl. 20,34.41; 34,13). Nicht die Macht- und Besitzansprüche der Jerusalemer Gemeinde (V. 6b), sondern die Macht JHWHs entscheidet demnach, was die Zukunft bringt. Dieses neue Volk Gottes wird die Götzen als die Ursache der Verunreinigung des Landes und der daraus folgenden Vertreibung aus dem Land entfernen. Diese Aussage von V. 18 ist vermutlich von der dtn-dtr Vorstellungswelt geprägt (vgl. 2 Kön 18,1-4; 2 Chr 29; 2 Kön 22f.; 2 Chr 34). Die seltsame Verbindung von »Götzen« und »Gräuel« findet sich so noch in 2 Kön 23,13 und Jer 16,18.

Hand in Hand mit der Sammlung des Gottesvolkes und der Bereitung des Lebensraumes geht auch die innere Erneuerung der Glieder dieser neuen Gemeinde (V. 19). Gott wird ihnen ein

»anderes Herz« (hebräisch: »*ein* Herz«, so auch in Jer 32,39; EÜ: »eines im Sinn zu haben«) geben, indem er das Herz von Stein entfernt und dieses durch ein Herz von Fleisch ersetzt (vgl. Ez 36,26-28). Als Sitz des Denkens und der Willensentscheidung und als Mitte der Person bedeutet diese Transformation des Menschen, dass die Verweigerung und Verhärtung gegenüber Gott und seiner Weisung nun endgültig einer neuen Einsicht in den göttlichen Willen und einer neuen Bereitschaft und Befähigung, diesen zu verwirklichen, weicht. Mit der Gabe des Herzens aus Fleisch ist auch das Geschenk des neuen Geistes verbunden, der neben dem Aspekt des Statischen (Herz) den der Dynamik und der von Gott kommenden Vitalität unterstreicht. Durch das Handeln Gottes wird die Gemeinde der Exilierten im wahrsten Sinne des Wortes zu einer neuen Schöpfung (vgl. 2 Kor 5,17; Gal 6,15).

Als von Gott her erneuert sind diese »neuen Menschen« nun auch in der Lage, den göttlichen Willen zu leben und so die Wirklichkeit des lebendigen Gottes in der Welt zu bezeugen (V. 20). Der Abschluss mit der Bundesformel – V. 21 ist vermutlich ein späterer Zusatz, der den Gesichtspunkt einer fälligen Entscheidung einträgt – greift noch einmal auf die Aussage von V. 16b zurück. War Gott den Verschleppten nach der Aussage von V. 16b »nahezu zum Heiligtum geworden«, so betont die Bundesformel die Fülle in der Beziehung zwischen Gott und seinem Volk und mit dieser Fülle auch das damit verbundene Zeugnis vor der Völkerwelt: »Sie werden mein Volk sein, und ich werde ihr Gott sein« (vgl. dazu: Lev 26,12; Ez 14,11; 34,24; 36,28; 37,23.27; Sach 8,8; Jer 7,23; 11,4; 24,7; 30,22; 31,1.33; 32,38).

6. Abschluss der Vision und Rückkehr des Propheten in die Gola 11,22-25

a. Der Auszug der Herrlichkeit Gottes aus der Stadt VV. 22-23

Nach der großen Einfügung 11,1-21, die in ihrem ersten Abschnitt VV. 1-12.13 am Osttor spielt, dem Ort, an dem die Herrlichkeit Gottes Halt gemacht hatte, findet die visionäre Schau Ezechiels ihren Abschluss. Entscheidend ist dabei, dass sich der *kābôd* JHWHs nun ganz aus der Stadt zurückzieht und sich im Osten der

Stadt auf dem Ölberg niederlässt. Dass der Auszug aus der Stadt in vier Etappen geschah, mag wie zuvor schon die Schuldgeschichte in vier Phasen (8,3b-17), die Totalität des Geschehens betonen. Der Hüter Israels (vgl. Ps 121) hat ganz von seinem Tempel und von seiner Stadt Abstand genommen und überlässt sie ihrem Schicksal. Dieses wird sich nun austoben im Feuer des Gerichtes, das die Stadt heimsucht.

b. Rückkehr des Propheten in die Gola VV. 24-25

Wie der Geist Ezechiel entführt und in »göttlichen Gesichten« nach Jerusalem gebracht hatte (8,1-3), so ist es derselbe Geist, der den Propheten wieder heimholt in die Lebenswirklichkeit der Exilierten. Was Ezechiel geschaut hat, den Zustand des Gottesvolkes in Jerusalem und das anstehende göttliche Gericht, dies hat er den Ältesten Judas (8,1) nun mitzuteilen. Der Grund der Hoffnung, aus dem die zu Ezechiel gekommenen Ältesten Judas lebten, der Tempel von Jerusalem als Ort der Gegenwart JHWHs und die scheinbar unbesiegbare Stadt, wird durch die Schau Ezechiels völlig zerstört. Jerusalem mitsamt seinem Tempel ist dem Untergang geweiht. Freilich ist Gott bereits dabei – so die Ergänzer von 11,1-21 – eine neue Zukunft zu bereiten.

VI. Prophetische Zeichenhandlungen über das hereinbrechende Unheil 12,1-20

1. Hinführung

Für die Verschleppten in Babylon, in deren Mitte Ezechiel lebt und wirkt, liegt die Deportation erst einige Jahre zurück. Bestärkt durch die Verkündigung der Heilspropheten (vgl. Jer 27,16; 28,3-4.11; 29,24-32) hatte sich die Meinung breit gemacht, das Exil sei nur ein vorübergehendes Provisorium, es sei eine baldige Heimkehr zu erwarten. Die schrecklichen Ereignisse um die erste Eroberung Jerusalems, die erlebte Deportation mit all den Beschwernissen und Verletzungen war in Vergessenheit geraten oder wurde verdrängt, um den »neuen Hoffnungen« Raum zu geben.

Mit einer Zeichenhandlung wird Ezechiel beauftragt, zu diesen aus dem Boden sprießenden Erwartungen der Exilierten Stellung zu nehmen. Dass diese Zeichenhandlung unmittelbar auf die Visionserzählung vom Auszug der göttlichen Herrlichkeit aus dem Tempel folgt, überrascht nicht. Ein auffälliges Charakteristikum im Aufbau des Ezechielbuches besteht gerade darin, dass sich prophetische Zeichenhandlungen an vorausgehende Visionsschilderungen anschließen. So folgen auf die Vision Ez 1 – 3 die Zeichenhandlungen von 4,1 – 5,17, auf die Vision Ez 37,1-14 die Zeichenhandlung in 37,15-28. Aufgrund dieses redaktionellen Zusammenhanges sollen die Zeichenhandlungen von 12,1-20 offensichtlich auch als Konsequenz dessen verstanden werden, was zuvor mit dem Auszug JHWHs aus Tempel und Stadt (8 – 11) geschehen ist. Ohne »Gott in ihrer Mitte« (vgl. Ps 46,6) lebt die Stadt mit ihren Bewohnern außerhalb jenes Bereiches, der unter dem göttlichen Schutz steht. So kann das Unheil ungehindert über die Stadt und ihre Bewohner hereinbrechen.

2. Das Exulantengepäck 12,1-16

Ezechiel hat am hellen Tag, vor den Augen aller Anwesenden, einen Aufbruch mit Exulantengepäck darzustellen. Die Zeichenhandlung als solche ist doppeldeutig. Sie kann signalisieren, dass die Rückkehr in die alte Heimat ansteht, und somit die Hoffnungen und Erwartungen seiner Hörerinnen und Hörer legitimieren. Oder aber – diese Zeichenhandlung kündigt eine neue, weitere Deportation an und desavouiert die Hoffnung auf Rückkehr als große Illusion.

Die symbolische Handlung von Ez 12,1-16 wird wie die meisten eigenständigen Texteinheiten mit der Wortereignisformel eröffnet (V. 1). Auf ein Scheltwort (V. 2), das die Uneinsichtigkeit und Verblendung des Gottesvolkes beklagt, folgt der Auftrag zur Zeichenhandlung (VV. 3-6) mit anschließendem Bericht über die Ausführung des Auftrages (V. 7). An die Ausführungsnotiz schließt sich eine Deutung der Zeichenhandlung an (VV. 8-11.12-16).

Der Textabschnitt VV. 1-16 zeigt deutliche Spuren von Überarbeitung. Ein Grundtext, der auf die Geschehnisse bei der ersten Verschleppung zurückblickt und in die Zeit vor der zweiten Eroberung Jerusalems zu datieren ist, kündigt eine weitere Deportation von Gruppen aus der Bevölkerung Judas an. Dieser Text wurde nach der zweiten Eroberung Jerusalems 587/86 v.Chr. überarbeitet und aktualisiert (vermutlich VV. 5.6a.7b.10b.12-15.16). Abweichend vom Grundtext konzentriert sich die Überarbeitung nicht mehr auf das Schicksal der Bevölkerung, sondern auf das des Fürsten, also auf König Zidkija, der mit einer kleinen Schar bei Nacht aus der Stadt flieht, jedoch von den babylonischen Eroberern gefangen genommen, geblendet und als Blinder nach Babel verschleppt wird.

Die Schelte (VV. 1-2)
Nach der eröffnenden Wortereignisformel und der Anrede »Sohn eines Menschen« hat Ezechiel in einer Schelte zunächst den Zustand des Gottesvolkes aufzudecken. Vielsagend wird das »Haus Israel« als »Haus (der) Widerspenstigkeit« bezeichnet. Diese im Abschnitt VV. 1-16 insgesamt viermal gebrauchte Bezeichnung (VV. 2a.b.3.9), mit der bereits im Rahmen der Berufung und Sendung Ezechiels (1,3b – 3,15) der Zustand des Gottesvolkes charakterisiert worden war, bringt deutlich die Hörunwilligkeit und die Verhärtung der JHWH-Gläubigen zum Ausdruck. Diese Verweigerung, die Ezechiel am eigenen Leib erfahren muss, richtet

sich letztlich jedoch nicht gegen ihn, sondern gegen den ihn sendenden Gott, wird doch mit der Botschaft des Propheten das Wort dessen zurückgewiesen, in dessen Auftrag der Prophet auftritt.

Die Verweigerung des Gottesvolkes, hier der Exilsgemeinde, wird durch ein Gleichniswort veranschaulicht: im Bild der Augen, die nicht sehen, und der Ohren, die nicht hören. Dieses Bildwort findet sich bereits in der Berufung Jesajas (Jes 6,9f.). Jeremia beklagt damit die Unfähigkeit Israels, Gottes Handeln in der Schöpfung und in der Geschichte wahrzunehmen und in Gottesfurcht auf dieses Wirken Gottes zu antworten (Jer 5,20-29, bes. V. 21). Selbst die wunderbaren Ereignisse beim Auszug aus Ägypten haben das Volk nicht hellhörig gemacht für das Wirken Gottes. Die Sinne der Wahrnehmung Herz, Ohr und Auge blieben vielmehr stumpf und verschlossen (Dtn 29,3). Auch der nach Ezechiel vermutlich im Exil wirkende Prophet, dessen Namen wir nicht kennen, spricht vom »blinden« und »tauben« Volk (Jes 42,18). Dieses erlebt das Handeln Gottes in der Geschichte immer wieder, doch es hat aus diesem Weg mit Gott nichts gelernt und muss nun in den Zusammenbrüchen des Exils neu Orientierung suchen (Jes 43,8-13, bes. V. 8). Dass auch die Jüngerinnen und Jünger in der Nachfolge Jesu mit dieser Frage konfrontiert sind, zeigt das Neue Testament mehrfach (vgl. Mk 4,10-12; 8,14-21 u.ö.).

Worauf aber nimmt Ezechiel Bezug mit seiner Schelte? Hat er, ähnlich wie das Deuteronomium, Jeremia oder Deuterojesaja ein bestimmtes Ereignis im Blick, für das er die Sinne seiner Hörerinnen und Hörer schärfen will? Die Zeichenhandlung, zu welcher der Prophet beauftragt wird, zielt auf dieses Ereignis.

Die Zeichenhandlung und ihre Ausführung (VV. 3-6.7)
Eine erneute Anrede »du aber, Sohn eines Menschen« eröffnet den göttlichen Auftrag zur Zeichenhandlung: ein Bündel zu schnüren, das sog. Exilsgepäck, dieses zu schultern, mit verhülltem Haupt als Zeichen des Schmerzes und der Schande aufzubrechen und sich am Abend, nach der Hitze des Tages, an einen anderen Ort zu bewegen (V. 3 und – weiter ausfaltend – VV. 4.6). Alles dies soll, wie mehrmals festgehalten wird, »vor ihren Augen« (VV. 3a.b.4a.b.5.6.7) und »am (hellen) Tage« (VV. 3.4.7) geschehen,

damit alle wahrnehmen, was Ezechiel darstellt. Dieses Tun des Propheten lässt die Exilierten zurückschauen auf jene Ereignisse, die erst einige Jahre zurückliegen und die sie alle in eigener Person miterlebt haben: auf die erste Deportation. Nicht auf vage Hoffnungen und Träume wird ihr Sinn gerichtet, sondern auf die Wirklichkeit des Exils.

Das Ziel, das der göttliche Auftraggeber mit dieser Zeichenhandlung verfolgt, wird von Anfang an deutlich benannt (V. 3b): »vielleicht sehen sie (EÜ: es)«. Trotz aller Ablehnung – »denn sie sind ein widerspenstiges Volk« – verfolgt Gott unermüdlich dieses Ziel: die Augen zu öffnen für den wahren Zustand des Gottesvolkes und für das göttliche Handeln an seinem Volk. Diese Hoffnung auf eine Wende, die sich im kleinen Wort »vielleicht« ausdrückt, kennt auch der etwas ältere Zeitgenosse Ezechiels, der Prophet Jeremia. In seinem »vielleicht« verbirgt sich die Hoffnung, dass das Volk »vielleicht doch« umkehre und so Rettung und Heil finde (Jer 26,3). Und als der Störenfried Jeremia Redeverbot erhält, lässt er seine Botschaft in der Hoffnung niederschreiben, dass das Volk und die Verantwortlichen »vielleicht« hören und umkehren und so Vergebung der Schuld finden (Jer 36,3).

Auch Ezechiel darf mit diesem göttlichen »vielleicht« trotz allem, was dagegen spricht, der Hoffnung Ausdruck verleihen, dass durch sein Wirken »vielleicht doch« die Augen sehend und die Ohren hörend werden. Vielleicht nimmt die Gemeinde der Exilierten von ihren trügerischen Träumen Abstand, um frei zu werden für das Wirken Gottes an seinem Volk. Durch seine Handlung wird Ezechiel zu einem Gleichnis für die Exulanten. An Ezechiel und seinem Tun sollen sie sehen lernen, was von Gott her geschieht. Durch Ezechiel und sein zeichenhaftes Handeln stoßen ihre Augen auf das, was sie nicht sehen und annehmen wollen, was aber dennoch von Gott her bereits in vollem Gange ist: Gottes neues Gerichtshandeln an der Stadt Jerusalem.

Recht knapp und mit teilweise stereotypen Formulierungen (vgl. 24,18; 37,7) beschreibt V. 7 die Ausführung des göttlichen Auftrages. Dadurch wird noch einmal eindringlich wiederholt und als Faktum festgestellt, was die Stunde geschlagen hat.

12,1-16

Die Deutung der Zeichenhandlung (VV. 8-11)
Eine Wortereignisformel, welche die Bedeutung des folgenden Wortes unterstreicht (vgl. 11,14), und die Anrede »Sohn eines Menschen« eröffnen die Deutung der Zeichenhandlung. Diese Deutung ist verknüpft mit der Nachfrage des »Hauses Israel«, das erneut als »Haus Widerspenstigkeit« disqualifiziert ist, also in seinem Unverständnis und seiner Verweigerung gegenüber dem Wirken Gottes erscheint: Worin, so die Nachfrage, bestehe denn der Sinn dessen, was Ezechiel hier vorführe? Diese hilflose Frage (vgl. dazu auch 21,5.12; 24,19; 37,18) offenbart bereits, dass die *Augen* der Fragenden zwar sehen, dem aber keine Einsicht folgt. Die sich anschließende Ausdeutung der Zeichenhandlung wendet sich nun im Wort an ihre *Ohren*, damit sie hören und verstehen. Unüberhörbar weist Ezechiel darauf hin, dass er ein »Zeichen für euch« (V. 11), nämlich für die Exulanten, ist. Diese sollen an seinem Handeln verstehen, dass jene – nämlich die Bevölkerung Jerusalems – eine neue Deportation wird erleiden müssen. Diese Tatsache, dass über die judäische Heimat erneut das Unglück einer Verschleppung hereinbricht, soll die bereits Verschleppten aus ihren trügerischen Träumen herausholen und sie wachrufen für das Handeln Gottes in der Gegenwart.

Neuinterpretationen (VV. 12-15.16)
Die Geschehnisse um die zweite Eroberung Jerusalems, die Zerstörung von Tempel und Stadt, das Ende des Königtums, eine erneute Deportation, alle diese Ereignisse um das schicksalhafte Jahr 587/86 v.Chr. haben sich vielfach in den Schriften Israels niedergeschlagen (vgl. 2 Kön 25,3-7; Jer 39,1-7; 52,6-11). Nachdem die Babylonier die Stadt ein zweites Mal belagert und eine Bresche in die Stadtmauer geschlagen hatten, hatte König Zidkija vergeblich versucht zu entkommen. Seine geheime, mit einer kleinen Schar versuchte Flucht in das ostjordanische Gebiet scheiterte. In der Nähe von Jericho wurde er gefangen genommen und nach Ribla in Nordsyrien in das Hauptquartier des babylonischen Heeres gebracht. Seine Söhne wurden vor seinen Augen getötet, er selbst geblendet und nach Babel verschleppt, wo er starb. Das letzte, was er ansehen musste, den Tod seiner Söhne, sollte zum Ausdruck bringen: Es gibt keine Zukunft für das Königtum.

Diese schicksalhaften Ereignisse haben auch in Ez 12 (vermutlich in Abhängigkeit von Ez 17, s.u. Kommentar XI.) ihren Niederschlag gefunden. Die Deportation ist nun ganz auf König Zidkija bezogen, der im Ezechielbuch immer als »Fürst« bezeichnet wird. Aus dem Geschehen am Tag, vor aller Augen, von dem der Grundtext gesprochen hatte, wird nun ein Geschehen in der Nacht (VV. 6.7.12-15). »Im Dunkeln« verlässt der Fürst mit verhülltem Gesicht Jerusalem, um unerkannt zu bleiben, wohl in Anspielung auf seine geheime Flucht (V. 12). JHWH selbst wird das Netz über ihn werfen (V. 13, vgl. 17,20). Auch auf die Blendung des Königs, auf seine Verschleppung nach Babel, das er aufgrund seiner Blindheit nicht sehen wird, und auf seinen Tod in Babel (vgl. Jer 39,6-7; 52,10-11) wird hingewiesen, wobei – so V. 13 (vgl. 17,16) – in diesen Geschehnissen JHWH selbst als der Handelnde tätig ist. Die Helfer und Begleiter Zidkijas hingegen (V. 14) lassen ihn im Stich. Sie fliehen und werden in alle Winde zerstreut. Die so Gerichteten müssen einsehen, dass das über sie ergehende Gericht Zeichen der Wirkmächtigkeit Gottes ist, wie die abschließende Erkenntnisformel eigens hervorhebt.

Damit ist die Institution des Königtums, das seit David Bestand hatte und für immer bestehen sollte (2 Sam 7,16), an ihr Ende gekommen. Weder der in Babylon gefangene Jojachin als der rechtmäßige König, noch der judäische Fürst Zidkija sind Träger der Zukunft, die Gott herbeiführen wird. Es wird vielmehr ein neuer König nach dem Herzen Gottes kommen, ein neuer David (34,23f.), der in der zukünftigen Heilszeit auftreten wird.

Im Anschluss an die Erkenntnisformel von V. 15 schließt V. 16 noch eine recht eigentümliche Aussage an. Jene Übriggebliebenen, die vom Schwert verschont wurden, sind nicht zu verwechseln mit dem Rest (vgl. 9,4; 11,14-21), mit dem Gott eine neue Zukunft heraufführen wird. Jener versprengte, unter die Völker zerstreute Rest erhält die eigentümliche Aufgabe, die eigenen Gräuel und die Gräuel des gesamten Gottesvolkes unter den Völkern bekannt zu machen (vgl. 14,21-23). Auf diese Weise soll vor dem Forum der Völkerwelt offenbar werden, dass Frevel und Gesetzlosigkeit des Gottesvolkes nichts mit dem Namen seines Gottes zu tun haben. Gerade das Gericht am Gottesvolk aufgrund des begangenen Unrechts und der verübten Untaten als Werk des Gottes Israels bringt zum Ausdruck: Gott ist ein Gott des Rechts und nicht des Unrechts, der Gerechtigkeit und nicht der Unterdrückung und der Missetat. Damit aber führt auch das Gericht am Gottesvolk aufgrund seiner Verschuldung und die Bezeugung dieses Gerichtes vor den Völkern dazu, dass die Völker zur Erkenntnis des Gottes Israels geführt werden, der als ein Gott des Rechts und der Gerechtigkeit größer ist als sein Volk, das er sich erwählt hat.

3. Kommende Erschütterungen 12,17-20

An die symbolische Handlung von einer zweiten Deportation haben Ezechiel oder seine Schüler bzw. spätere Redaktoren eine weitere, äußerst knapp gehaltene symbolische Handlung angefügt, die sich noch einmal an die Verbannten wendet, wiederum mit Blick auf Jerusalem. Durch diese symbolische Handlung soll Ezechiel den Exulanten das Schicksal der Bewohner Jerusalems und des judäischen Landes vor Augen führen.

Selbstsicher wähnten sich die Bewohner Jerusalems als der gegenüber den Exilierten bessere Teil des Gottesvolkes. Ihnen, so die Überzeugung, stünde nunmehr das Land zur Verfügung (11,15; 33,24), da die Verschleppten doch fern vom Herrn in der Fremde lebten. Freilich waren gerade sie es, die das Land durch Rechtsbeugung (7,10; 9,9) und Gewalttat (7,11.23; 12,19) entweihten, Jerusalem zu einer Stadt des Unrechts (5,5f.), zu einer Blutstadt (22) werden ließen und Tempel, Stadt und Land durch Götzendienst profanierten und verunreinigten (Ez 8). Gegen diese scheinbaren Sieger und ihre falsche Sicherheit, welche sich verunsichernd und verwirrend auf all diejenigen auswirken musste, die den Worten Ezechiels ihr Gehör schenkten, sich unter das göttliche Gericht zu stellen bereit waren und mit dem Propheten auf eine neue Zukunft harrten, wendet sich Ezechiel mit seiner Botschaft.

Das kurze Wort besteht nach der einführenden Wortereignisformel und der Anrede des Propheten aus einem Befehl zur Durchführung der Zeichenhandlung und der sich anschließenden Deutung, die als Erweiswort gestaltet ist, also erwartungsgemäß in die Gotteserkenntnis einmündet.

Die Zeichenhandlung, zu der Ezechiel beauftragt wird, ist recht eigentümlich (V. 18). Er soll sein Brot mit »Beben« essen und sein

Wasser mit »Zittern« und »in Angst« trinken. Dieses Geschehen am Propheten – Rückfragen über seinen Gesundheitszustand führen nicht zum Verständnis des Textes, sondern behindern dieses eher – ist ganz hingeordnet auf seine Verkündigung. Wie Jeremia als Prophet erzittert, wenn das göttliche Wort ihn angeht und ihn in Dienst nimmt (vgl. Jer 4,19-21), so ist auch Ezechiel mit seiner ganzen Existenz in den Dienst des Wortes genommen. Es fällt auf, dass für das »Beben« des Propheten, das seine Nahrungsaufnahme begleitet, ein Wort verwendet wird (ra'aš), das normalerweise auf Erdbeben bezogen ist, nicht aber das Erbeben eines Menschen meint. Dieser Wortgebrauch weist bereits über die bloße Zeichenhandlung hinaus.

Ezechiel hat sich mit seiner Botschaft an die Exulanten zu wenden, die als »Volk des Landes« (EÜ missverständlich: »Volk im Land«) bezeichnet werden. Diese Benennung mag einmal ein Hinweis darauf sein, dass die Verschleppten aus den oberen Schichten der Jerusalemer Bevölkerung stammten und voller banger Erwartung waren, dass sich die Verhältnisse in der Heimat stabilisierten, dass Jerusalem wieder aufgerichtet und erstarken würde und die alten Positionen bald wieder eingenommen werden könnten. Ihnen macht die Botschaft Ezechiels deutlich: Es ist kein Siegesgeschrei, das aus Jerusalem zu erwarten ist, sondern es sind Angst und Schrecken. Die Bewohner Jerusalems werden wie Ezechiel und mehr noch als dieser in Angst und Schrecken vergehen angesichts der Zerstörungen und Verwüstungen, die über sie kommen, und angesichts der Trümmer, welche die Verwüstungen zurücklassen werden. Ihrer selbst nicht mehr mächtig, werden sie die Kontrolle über sich völlig verlieren. Ihre falsche Selbstsicherheit wird mit ihren Illusionen zusammenbrechen. Grund für dieses Unheil sind Unrecht und Gewalttat, mit denen sie ihren eigenen Lebensraum verwüstet und zur Öde haben werden lassen.

Dieses kommende Unheil über Jerusalem und das judäische Land soll den Exulanten ihre falschen Illusionen auf eine schnelle Restitution nehmen. Es soll aber auch jene, die sich auf Ezechiel und seine Verkündigung einlassen und sich im Vertrauen auf den im Gericht handelnden Gott diesem überlassen, bestärken und ermutigen. Es ist die Exilsgemeinde, die angesichts des Unheils, das über Jerusalem kommt, zur Erkenntnis Gottes geführt werden soll.

VII. Prophetie im Zeichen des Widerspruchs
12,21 – 14,11

1. Hinführung

Wenn es keine Propheten gibt, dann ist es nicht gut bestellt um Israel. Biblische Texte formulieren diese Not, die durch das Fehlen prophetischer Gestalten verursacht ist, denn auch sehr deutlich. So klagt etwa Ps 74, entstanden vermutlich während des babylonischen Exils: »Zeichen für uns sehen wir nicht, es ist kein Prophet mehr da, niemand von uns weiß, wie lange noch« (V. 9). Ist kein Prophet mehr da, so ist es, als würde das Wort Gottes verstummen und Gott selbst sich ins Schweigen zurückziehen. Es fehlen die Einsichten in den wahren Zustand des Gottesvolkes und Perspektiven für den Weg in die Zukunft.

Dieses Defizit an Perspektiven und eine vergebliche Suche nach Sinn, welche das Fehlen prophetischer Worte impliziert, drückt Am 8,11f. so aus: »Seht, es kommen Tage – Spruch Gottes, des Herrn –, da schicke ich den Hunger ins Land, nicht den Hunger nach Brot, nicht den Durst nach Wasser, sondern nach einem Wort des Herrn. Dann wanken die Menschen von Meer zu Meer, sie ziehen von Norden nach Osten, um das Wort des Herrn zu suchen; doch sie finden es nicht.« Von der wegweisenden Kraft des prophetischen Wortes weiß auch 1 Makk 4,45f. Da der Brandopferaltar des Jerusalemer Tempels durch Götzendienst entweiht wurde, muss er niedergerissen werden. Dabei stellt sich die Frage, was man mit den entweihten Steinen dieses Altares anfangen solle. »Es kam ihnen der gute Gedanke, ihn niederzureißen; denn er hätte ihnen Schande gebracht, da die fremden Völker ihn entweiht hatten. So rissen sie den Altar nieder und legten die Steine an einen passenden Ort auf dem Tempelberg nieder, bis ein Prophet komme und entscheide, was damit geschehen solle.«

Wenngleich die Existenz prophetischer Gestalten für das Leben im Gottesvolk wesentlich ist, so sind Propheten bei ihrem Auftreten und Erscheinen oft sehr umstritten. Da sie den wahren Zustand des Gottesvolkes aufdecken, konfrontierten sie dieses nicht selten mit unbequemen Wahrheiten. Propheten werden so zu unliebsamen Störenfrieden. Um der Provokation des prophetischen Wortes aus dem Wege zu gehen, haben sich deshalb im Laufe der Zeit Strategien entwickelt, die gegen die prophetische Botschaft immunisieren sollen.

Ein weiteres auffälliges Phänomen ist in diesem Zusammenhang das der »falschen Propheten«. Diese treten auf, ohne legitimiert zu sein, relativieren durch ihre Verkündigung die Botschaft der von JHWH gesandten Propheten und tragen bei zur Verunsicherung und Verwirrung der Hörerinnen und Hörer.

Im Folgenden bringt das Ezechielbuch eine Reihe von Worten, die sich mit dem Phänomen der Prophetie, der Qualität des prophetischen Wortes und dem Umgang mit diesem Wort auseinandersetzen (12,21-25.26-28; 13,1-23; 14,1-11).

2. Immunisierung gegen das prophetische Wort 12,21-25.26-28

Die ersten beiden Abschnitte, die wegen ihrer Verwandtschaft miteinander behandelt werden, sprechen von der Taktik der Immunisierung gegenüber dem Wort, indem die Wirksamkeit und die Relevanz der göttlichen Botschaft bestritten wird und somit außer Kraft gesetzt werden soll.

Solche Abwehrmechanismen gegenüber dem göttlichen Anspruch sind biblisch breit bezeugt. So wird dem Propheten Hosea bereits vorgehalten, er sei von Sinnen (9,7: »Der Prophet ist ein Narr, der Geistesmann ist verrückt.« Vgl. auch Mk 3,20-21). Jesaja hat sich mit dem Einwand auseinander zu setzen, die vielen Worte Gottes blieben trotz ihrer Fülle ohne Wirkung, seien also letztlich bedeutungslos (Jes 5,19). Auch Jeremia wird mehrfach mit der Bestreitung des Gottwortes und seiner Erfüllung (17,15), ja mit dem Vorwurf der Nichtigkeit des Wortes (5,12-14; vgl. auch 2 Petr 3,1-7) konfrontiert. Eine Immunisierung gegenüber dem Wort Gottes innerhalb des Gottesvolkes ist freilich unerträglich, ist doch die Gemeinschaft der Gläubigen ihrem Selbstverständnis nach creatura verbi, verdankt ihre Existenz also dem schöpferischen Wort Gottes. Eine derartige Abwehrhaltung gegenüber dem Wort kommt einer grundsätzlichen Ablehnung dessen gleich, der sich in seinem Wort mitteilt und offenbart.

12,21-28

a. Die Bestreitung der Wirksamkeit des göttlichen Wortes 12,21-25

Mit einer Wortereignisformel und der Anrede »Sohn eines Menschen« setzt dieses Wort wie üblich ein. Entrüstet wendet sich JHWH in einer Frage an Ezechiel und fordert gleichsam Rechenschaft über eine Redensart, die landauf landab in der judäischen Heimat verwendet wird und die wohl auch den Verschleppten zu Ohren gekommen sein wird. Die Bewohner Judäas und Jerusalems haben sich mit dieser Redeweise einen prägnanten und einprägsamen Slogan geschaffen, der von vielen aufgenommen wird und meinungsbildend wirkt. Er dient als Vehikel, um das prophetische Wort zu relativieren, ja außer Kraft zu setzen und sich so dem göttlichen Anspruch zu entziehen.

Im Sinne einer allgemein gültigen Aussage wird in diesem Spruch festgehalten (V. 22): »Längen die Tage sich, so verliert sich (auch) jegliche Schauung« (EÜ: »Die Zeit zieht sich dahin, die Visionen erfüllen sich nie«). Diese Umgangsweise mit dem göttlichen Wort ist angetan, dem Wort seine Wirkung und seine Kraft abzusprechen, lädt sie doch dazu ein, sich der unmittelbaren Konfrontation durch das Wort zu entziehen. Dieser Spruch beruhigt angesichts der prophetischen Gerichtsbotschaft die Gemüter und die Gewissen. Er erweckt den Eindruck, wer nur genügend abwarte, werde erleben, dass das Wort sich totlaufe. Man müsse es nur lange genug aussitzen, dann lebe es sich von selbst aus und sei bald durch eine neue und akzeptablere Botschaft überholt.

Angesichts dieser fundamentalen Verweigerung gegenüber dem göttlichen Anspruch hat Ezechiel im Auftrag Gottes sein klares »quod non!« zu sprechen (V. 23). In einer zunächst allgemein gehaltenen Drohung kündigt er an, dass Gott selbst diesem Spruch ein Ende machen werde. Denn innerhalb Israels, inmitten der Glaubensgemeinschaft, ist kein Platz für eine solche Gesinnung. Dann hat Ezechiel, in scharfer Antithese zur Redensart, die göttliche Antwort mitzuteilen. Das Gegenteil dessen, was die Redensart insinuiert, ist der Fall: Die Tage des Gerichtes sind nahe gekommen (vgl. 7,7; 9,1). Die Zeit, in der die Worte sich erfüllen, ist da. Gott selbst ist Garant dafür, dass eintrifft, was das prophetische Wort gesagt hat.

Die Abstumpfung gegenüber dem göttlichen Wort und die Verweigerung, sich mit ihm zu konfrontieren, wird auch damit zu tun haben, dass Israel sich von einer Prophetie hat verführen lassen, die nicht am göttlichen Willen, sondern am Beifall der Menschen interessiert ist. Eine beifallheischende Verkündigung, die den Ohren schmeichelt und den Hörerinnen und Hörern nach dem Munde redet (vgl. Jes 30,10; Mi 2,11; 3,5f.), mag zwar erfolgreich und publikumswirksam sein, doch sie betrügt das Gottesvolk um das, was ihr Wichtigstes ist: um Gott und sein Leben spendendes Wort. Sie tauscht den Quell des lebendigen Wassers ein gegen Zisternen mit Rissen, die das Wasser nicht halten können (vgl. Jer 2,13). So verliert Israel seinen Gott aus dem Blick und tut alles, um nicht mit ihm konfrontiert zu werden.

Die abschließende Wortbekräftigungsaussage betont, dass das Wort Gottes nicht nur Rede, sondern Tat ist. Das Wort ist ein Faktum, das sich nicht aus dem Leben des Gottesvolkes weginterpretieren lässt. Weil Israel aber zu einem »Haus der Widerspenstigkeit« degeneriert ist, verweigert es sich dem Anspruch dieses Wortes. Doch es ist nicht das Wort, das weicht. Das Wort bleibt vielmehr. Es hat Bestand. Es wirkt in der Gegenwart und ruft die Glaubensgemeinschaft hier und jetzt in die Wahrheit ihres Lebens vor und mit Gott.

b. Die Bestreitung der Aktualität des göttlichen Wortes 12,26-28

Trotz der Ähnlichkeit mit dem vorausgehenden Wort VV. 21-25 stellen die VV. 26-28 ein eigenständiges, vom vorausgehenden Textabschnitt unabhängiges Disputationswort dar. Auf die eröffnende Wortereignisformel und die Anrede »Sohn eines Menschen« folgt wie zuvor ein Zitat. Dieses wird jedoch nicht wieder innerhalb einer aggressiven Frage JHWHs (vgl. V. 22), sondern als einfache Aussage (V. 27) eingeführt. Die etwas verhaltenere Weise der Einführung entspricht auch einem gemäßigten Ton in der Redewendung selbst, wobei deren Sachaussage freilich nicht weniger problematisch und gefährlich als die der vorausgehenden Redensart ist.

Die Redewendung von V. 27, die auch nicht wie VV. 21-25 (vgl. bes. V. 22) mit der judäischen Heimat in Beziehung gesetzt ist, gehört vermutlich in die Welt der Verschleppten. Sie bestreitet nicht grundsätzlich die Wirksamkeit des prophetischen Wortes, sondern sie schränkt dessen Einfluss »nur« ein. Zunächst gilt ihr Urteil lediglich der Verkündigung Ezechiels. Seine harte Gerichtsbotschaft wird zwar nicht grundsätzlich bezweifelt. Doch weicht der Spruch den provozierenden Worten seiner Botschaft dadurch aus, dass die Gültigkeit des verkündigten Wortes in die Zukunft verlagert wird. Ezechiels Botschaft gilt demnach nicht für die Gegenwart der Verschleppten, sondern für ferne, nicht näher bestimmbare Zeiten und damit für andere Menschen und Personengruppen. Doch auch diese Strategie ist nicht akzeptabel. Sie schiebt den unmittelbar gültigen Anspruch des göttlichen Wortes beiseite, um in der Gegenwart frei und unverbindlich weiterleben und in einer unentschiedenen Haltung verharren zu können. Der göttliche Anspruch lässt sich indessen nicht in die Zukunft verschieben, er gilt heute, in der Gegenwart. Die göttliche Antwort kann demnach nur ähnlich lauten wie schon in V. 25a. Das Wort Gottes ist eine gegenwärtig wirksame Kraft. Es tritt in der jeweiligen Gegenwart, im Heute, in den Raum der Freiheit ein und ruft in die Entscheidung. Es lässt nicht zu, dass das ganz konkrete Leben nach dem Wort verallgemeinernd in eine Ideologie transformiert wird, die zwar grundsätzlich am Wort und seiner Bedeutung festhält, dessen Einflussnahme aber in ungreifbare Fernen rückt und so dem Alltag entzieht. Doch das Wort Gottes, das Ezechiel verkündigt, ist von anderer Art. Es trifft in die jeweilige Gegenwart. Es ist aktuell und wirkt, was es sagt (VV. 23-25.28; vgl. Jer 5,14; 23,25-29; Jes 55,8-11).

3. Wider falsche Prophetie 13,1-23

Ohne prophetisch begabte Menschen ist es nicht gut bestellt um Israel. Nun kann es allerdings auch geschehen, dass da viele im Gottesvolk auftreten und sich als Propheten präsentieren, es in Wahrheit jedoch nicht sind. Die Situation, die dadurch entsteht, ist sonderbar und verwirrend: Das Gottesvolk ist konfrontiert mit einem pluralen Angebot von Worten, die um die Gunst und die Aufmerksamkeit ihrer Hörerinnen und Hörer heischen. Doch gerade diese Inflation des Wortes und der frommen Rede wird zum Problem. Stellt sich doch die Frage, wo in den vielen, teilweise miteinander konkurrierenden und einander widersprechenden Worten die Botschaft zu finden ist, die von Gott her je und je neu ergeht. Prophetische Verkündigung schärft dann nicht mehr das Gespür für die Wirklichkeit des lebendigen Gottes, sondern lässt dieses abstumpfen. Die Prophetie selbst wird zum Problem. Mit diesem Problem, dem Phänomen der falschen Prophetie, setzt sich Ezechiel im 13. Kapitel seines Buches auseinander.

> **Falsche Prophetie in Israel**
> Das Problem der falschen Propheten begegnet innerhalb der Überlieferungen Israels erstmals im Michabuch (Mi 2,6-11; 3,5-11), also im späten 8. Jh. v.Chr. Nach Mi 2,6-11 wird der Prophet mit seiner Botschaft abgelehnt, weil diese den Erwartungen der Hörerinnen und Hörer nicht entspricht. Wie das Wunschbild eines »idealen« Propheten aussieht, formuliert V. 11 mit bissiger Ironie: »Würde einer sich nach dem Wind drehen und dir vorlügen: Ich prophezeie dir Wein und Bier!, das wäre eine Prophet für dieses Volk.« Die falschen Propheten, so der Vorwurf Michas (3,5-11), weissagen gegen Bezahlung und machen ihre Verkündigung vom entrichteten Obolus abhängig: »Haben sie etwas zu beißen, dann rufen sie: Friede! Wer ihnen aber nichts in den Mund steckt, dem sagen sie den Heiligen Krieg an« (3,5). Micha hingegen kann und darf sich aufgrund seiner Indienstnahme durch JHWH nicht in falsche Abhängigkeit begeben, sondern hat seinen Auftrag in Wahrheit auszuführen: »Ich aber, ich bin voller Kraft, ich bin erfüllt vom Geist des Herrn, voll Eifer für das Recht und voll Mut, Jakob seine Vergehen vorzuhalten und Israel seine Sünden« (V. 8).
> Zwei Belege einer Auseinandersetzung mit den falschen Propheten finden sich im Amos- und im Jesajabuch (Am 2,10-12 und Jes 30,8-12), doch stellen beide Texte vermutlich spätere, vielleicht dtr Bearbeitungen dar und gehören in die exilische bzw. in die nachexilische Zeit. Von den beiden Belegen aus dem Buch Deuteronomium dürfte der ältere, Dtn 13,2-6, in das frühe 7. Jh. gehören, die davon abhängige Aussage aus Dtn 18,19-22 vermutlich ebenfalls in die exili-

sche Zeit. Dtn 13,2-6 handelt von Propheten und Traumdeutern, welche die Gläubigen zum Abfall von JHWH anstiften. Dabei wird auch die Möglichkeit erwogen, dass der falsche Prophet Zeichen und Wunder wirkt, um zum gewünschten Abfall zu motivieren. Als Kriterium für die Echtheit der Botschaft dienen nicht aufsehenerregende Zeichen, sondern das Festhalten am bewährten Glauben an Gott als dem verlässlichen Grund. Die von Dtn 13,2-6 abhängige Bestimmung über Zauberer und Propheten Dtn 18,19-22 hält in V. 20 fest: »Doch ein Prophet, der sich anmaßt, in meinem Namen ein Wort zu verkünden, dessen Verkündigung ich ihm nicht aufgetragen habe, oder im Namen anderer Götter spricht, ein solcher Prophet soll sterben.« Im Gottesvolk, wie JHWH dieses will, soll demnach kein Platz für Kräfte sein, welche mit der Wirklichkeit Gottes eigenmächtig umgehen oder diese mit der Wirklichkeit anderer Götter tauschen.

Der bislang vorgestellte Textbefund macht somit deutlich, dass die Auseinandersetzung mit den falschen Propheten in der älteren Zeit der Geschichte Israels (im 8. und frühen 7. Jh.) eher selten erwähnt wird. Dies ändert sich auffällig zur Zeit der beiden großen Propheten Jeremia und Ezechiel. Die gesamte Verkündigung Jeremias ist von der Auseinandersetzung mit den falschen Propheten geprägt, was seinen deutlichen Niederschlag im Jeremiabuch gefunden hat. So wirft Jeremia den falschen Propheten vor, sie »weissagen Lüge« (5,31), sie »betrügen« und »sind nur auf Gewinn aus« (6,13-14). Ohne Ermächtigung und Legitimierung präsentieren sie sich als Verkünder der göttlichen Botschaft: »Erlogene Visionen, leere Wahrsagerei und selbsterdachten Betrug verkünden sie euch« (14,14). Jer 23 bringt eine ganze Sammlung von Sprüchen gegen falsche Propheten, die wohl zu verschiedenen Zeiten gesprochen wurden, in diesem Kapitel aber nach thematischen Gesichtspunkten zusammengestellt sind. Auch in Berichten über das prophetische Wirken Jeremias wird dieser Konflikt »Prophet gegen Prophet« in der Auseinandersetzung Jeremias mit dem Heilspropheten Hananja ausführlich beschrieben (Jer 27 – 29, bes. 28).

> Die Zeit des Jeremia, der kurz vor Ezechiel in der judäischen Heimat wirkt und der wie Ezechiel darum ringt, doch die Stunde zu erkennen, die es von Gott her geschlagen hat, ist die Epoche des babylonischen Exils. In diese Zeit der Krise, des Zusammenbruchs des Alten und der Unsicherheit über das, was sein und kommen wird, gehört das Phänomen der falschen Prophetie. Auch das Neue Testament, das sich als Zeit des Übergangs zur Vollendung versteht, spricht wiederholt von den falschen Propheten. In der Zeit zwischen dem Kommen Christi und seiner Wiederkunft sind Kräfte der Verwirrung auch im neutestamentlichen Gottesvolk wirksam. Sowohl die Evangelien (vgl. Mt 7,15-20; 24,4-5.23-25; Mk 13,21-23) als auch die übrigen neutestamentlichen Schriften (vgl. Gal 1,8-9; Eph 4,14; 1 Tim 4,1-2; 2 Tim 3,13; Tit 1,10; 2 Petr 2,1-3; 1 Joh 2,18; 3,7-8; 4,1-6; 2 Joh 7-11; Jud 3-4; Offb 13,11-17; 16,13; 19,20; 20,10) warnen vor falschen Propheten, mahnen zur Unterscheidung der Geister und rufen die Gläubigen in die Entscheidung.
>
> Die Stunde der falschen Propheten schlägt also in Zeiten des Umbruchs und des Überganges, die von Unsicherheit und Orientierungslosigkeit geprägt sind. Hier haben sie ihr Zuhause – nach Ez 13,4 »wie Füchse in den Ruinen«. Ez 13 gehört in diese Tradition der Auseinandersetzung mit den falschen Propheten. Während diese Auseinandersetzung bei Jeremia recht unmittelbar und anschaulich erscheint, gleichsam »Prophet gegen Prophet«, führt Ezechiel diese Auseinandersetzung ins Grundsätzliche. Nicht mit einzelnen falschen Propheten, sondern mit dem Phänomen »falsche Prophetie« geht Ezechiel ins Gericht.

a. Aufbau, Einheit und Gattung von Ez 13

Das umfangreiche Kapitel zeigt einen klar durchdachten Aufbau. Auf die Wortereignisformel (WEF), die meist den Beginn eines neuen Textabschnittes markiert, folgt ein Textkorpus, das in zwei

Abschnitte gegliedert ist. Der erste Teil wendet sich gegen falsche Propheten (VV. 2-16), der sich anschließende zweite Teil gegen falsche Prophetinnen (VV. 17-23).

WEF: V. 1

Teil I: VV. 2-16	Teil II. VV. 17-23
falsche Propheten	falsche Prophetinnen

Beide Teile zeigen nun wiederum klare Entsprechungen im Aufbau. Auf eine Einleitung (VV. 1-3aα und VV. 17-18a) folgen jeweils zwei Gerichtsworte. Die Einleitung besteht aus Anrede, Redeauftrag, Nennung der Adressaten und Botenformel.

VV. 1-3aα	**Einleitung**	VV. 17-18a
	Anrede	
	Redeauftrag	
	Adressaten	
	Botenformel	

Die Botenformel, welche die Einleitung abschließt, leitet zugleich über zum folgenden Gotteswort. Dieses besteht aus jeweils zwei Gerichtsworten, die wiederum parallel aufgebaut sind. Das *erste Gerichtswort* (VV. 3aβ-9 und VV. 18b-21) beginnt mit der üblichen Schelte (VV. 3aβ-7 und VV. 18b-19). Auf diese folgt das Drohwort (VV. 8-9a und VV. 20-21a) und die das erste Gerichtswort jeweils abschließende Erkenntnisformel (V. 9b und V. 21b): »Sie sollen / werden erkennen, dass ich JHWH bin.«

VV. 3aβ-9	**Gerichtswort I**	VV. 18b-21
3aβ-7	Scheltwort (»Wehe ...«)	18b-19
8-9a	Drohwort	20-21a
9b	Erkenntnisformel	21b

Das sich anschließende *zweite Gerichtswort* – VV. 10-14(.16) gegen die falschen Propheten und VV. 22-23 gegen die falschen Prophetinnen – baut jeweils auf dem vorhergehenden ersten Gerichtswort auf. Wiederum wird der Weg von der Schelte (VV. 10[.11-12] und V. 22), über die Drohung (VV. 13-14a und VV.

23a.bα) hin zur Erkenntnisformel (VV. 14b [.15-16] und V. 23bβ) durchschritten.

VV. 10-14(.16)	Gerichtswort II	VV. 22-23
10[.11-12]	Scheltwort	22
13-14a	Drohwort	23a.bα
14b[.15-16]	Erkenntnisformel	23bβ

Die den klaren Aufbau störenden VV. 11-12 und 15-16 stellen vermutlich spätere Bearbeitungen dar. Inwieweit sich in diesem Kapitel noch weitere Spuren von redaktioneller Bearbeitung finden (etwa in VV. 4.6.7b), mag hier offen bleiben. Entscheidend für das Verständnis des gesamten Kapitels und seiner Aussage ist der schematische Aufbau dieses umfangreichen Textes. Mit Sicherheit ist dieses Kapitel kein Niederschlag einer unmittelbaren Auseinandersetzung »Prophet gegen Prophet«. Die Art der Darstellung wie die Tatsache, dass ein Profil der Widersacher Ezechiels nicht sichtbar wird, zeigt an: Es geht um eine Auseinandersetzung mit dem Phänomen der falschen Prophetie als solcher. Im Rahmen dieser Auseinandersetzung will Ezechiel die Wesenszüge falscher Prophetie aufzeigen und Kriterien für die Auseinandersetzung mit ihr liefern.

b. Die Schuld der falschen Propheten und Prophetinnen

Auf die Wortereignisformel (V. 1), die das gesamte Kapitel eröffnet, folgt die Einführung in das Gerichtswort gegen die falschen Propheten (VV. 2-3aα). Entsprechendes gilt vom Wort gegen die Prophetinnen in VV. 17-18a. Auffälligerweise ist für das prophetische Wirken Ezechiels wie für das Tun der falschen Prophet(inn)en derselbe hebräische Wortstamm *nbʾ* verwendet (VV. 2.17). Auf diese Weise wird das hier zu verhandelnde Problem in zugespitzter Weise formuliert. Es ist nicht ohne weiteres erkennbar, wo die Grenze zwischen legitimer und angemaßter Prophetie verläuft. Das Prophet-Sein selbst ist zum Problem geworden. Mit dieser Problematik setzt sich Ezechiel kraft seiner prophetischen Kompetenz in Kap. 13 auseinander. Dies geschieht in Form eines mehrfach durchlaufenden begründeten Gerichtswortes, bestehend aus Schuldaufweis oder Schelte und Drohwort oder Strafankündigung.

Worin besteht das Versagen falscher Prophetie? Aufgrund des vierfachen Gerichtswortes, von denen sich zwei gegen die Propheten und zwei gegen ihre weiblichen Kolleginnen richten, wird auch viermal von Schuld gesprochen. Die beiden Schuldaufweise in VV. 3aβ-7 und 10 kritisieren das Verhalten der falschen Propheten, die in VV. 18b-19 und 22 das der falschen Prophetinnen. Von den verschiedenen Vorwürfen, die Ezechiel bringt, seien die vier wichtigsten genannt.

Eine Verkündigung aus »dem eigenen Herzen«
Der *Hauptvorwurf Ezechiels* gegenüber den falschen Propheten lautet: Was sie als Wort JHWHs ausgeben, ist das Gebilde ihres eigenen Herzens. Ihre Verkündigung gründet nicht in einem Auftrag Gottes, sondern sie nimmt ihren Anfang bei ihnen selbst. Dieser Vorwurf zieht sich durch das gesamte Kapitel. Diese Propheten, »die aus ihrem eigenen Herzen heraus prophetisch reden« (V. 2b), »nur ihrem eigenen Geist folgen und nichts geschaut haben« (V. 3b), »sagen ‚Spruch JHWHs' – obwohl JHWH sie nicht gesandt hat« (V. 6a). Ähnlich lautet der Vorwurf in V. 7b: »Ihr habt nichtige Visionen gehabt, falsche Orakel verkündet und gesagt ‚Spruch JHWHs' – obwohl ich gar nicht gesprochen hatte.« Auch der Prophet Jeremia prangert dieses Fehlverhalten an: »Ich habe diese Propheten nicht ausgesandt, dennoch laufen sie. Ich habe nicht zu ihnen gesprochen, dennoch weissagen sie« (Jer 23,21).

Dieser Vorwurf einer fehlenden Sendung und Beauftragung durch JHWH wird auch gegenüber den falschen Prophetinnen erhoben, »die aus ihrem eigenen Herzen heraus prophetisch reden« (V. 17). Die falschen Propheten geben also vor – so der Hauptvorwurf gegen sie – im Auftrag Gottes und somit in göttlicher Vollmacht zu sprechen. Doch ihre Worte sind nicht gedeckt. Sie tragen nicht. Sie sind zu leicht. Deshalb wird ihre Verkündigung disqualifiziert als »Nichtiges« und als »Lüge«, Bewertungen, die sich wiederum durch das gesamte Kapitel ziehen (VV. 6a.7a.8a.9a.19b und 22). Wer sich auf die Worte der falschen Prophetie verlässt, mag sie noch so eloquent und publikumswirksam auftreten, ist betrogen, weil er nur auf leere Worte stößt, nicht jedoch auf den verlässlichen Grund – auf Gott.

Fehlende Solidarität
Der *zweite Vorwurf*, den Ezechiel erhebt, zieht sich zwar nicht durch das gesamte Kapitel, doch kommt ihm in der Auseinandersetzung mit den falschen Propheten dennoch ein besonderes Gewicht zu: fehlende Solidarität. V. 5 lautet: »Ihr seid nicht in die Bresche gesprungen. Ihr habt keine Mauer für das Haus Israel errichtet, damit es am Tag des Herrn im Kampf standhalten kann.«

Das Bild von der »Bresche« setzt eine ummauerte Stadt voraus, die von einem Feind bedrängt wird. Gelingt es diesem, eine Bresche in die Stadtmauer zu schlagen, dann droht von hier aus Gefahr für die Stadt und ihre Bewohner. Wer in die Bresche springt, setzt zum Schutz der Stadt sein eigenes Leben aufs Spiel, um Schaden von der Stadt und von ihren Bewohnern fernzuhalten. Dieses Bild »in die Bresche steigen« oder »in die Bresche springen« übertragen die Propheten auf sich und ihre prophetische Aufgabe. So springt Mose, der nach der biblischen Überlieferung als Prophet par excellence gilt (vgl. Dtn 18,18) für das Volk in die Bresche. Er ringt mit Gott und setzt für das Volk und dessen Fortbestand sein eigenes Leben aufs Spiel. »Vergib ihnen ihre Sünde! Wenn nicht, so tilge mich aus deinem Buch, das du geschrieben hast« (Ex 32,32). Ähnlich formuliert das Buch Deuteronomium: »Ich lag vor JHWH vierzig Tage und vierzig Nächte, weil JHWH gesagt hatte, er wolle euch vertilgen. Und ich betete zu Gott und sprach: JHWH, unser Gott, verderbe nicht dein Volk und dein Eigentum, das du durch deine große Macht erlöst hast ...« (Dtn 9,18f.25-29; vgl. auch Num 14,13-19). Psalm 106 hält das prophetische Engagement des Mose im Lied fest: »Sie machten am Horeb ein Kalb und warfen sich vor dem Gussbild nieder. Die Herrlichkeit Gottes tauschten sie ein gegen das Bild eines Stieres, der Gras frisst. Sie vergaßen Gott, ihren Retter, der einst in Ägypten Großes vollbracht ... Da fasste Gott einen Plan, und er hätte sie vernichtet, wäre nicht Mose, sein Erwählter, für sie in die Bresche gesprungen, so dass Gott sie im Zorn nicht vertilgte« (Ps 106,19-23). Diese Sicht des Propheten als eines Menschen, der für sein Volk in die Bresche springt, findet sich bei Amos und Jeremia, bei Ezechiel und v.a. bei Deuterojesaja, in den sog. Liedern vom Gottesknecht.

Propheten verstehen sich demnach nicht nur als Anwälte des göttlichen Wortes, damit das Wort Gottes nicht um seine Kraft gebracht wird. Sie sind zugleich Anwälte des Volkes und der Menschen vor Gott. Sie ringen mit Gott und setzen dabei sich und ihr Leben aufs Spiel. Die falschen Propheten hingegen versagen auch in dieser Hinsicht. Sie verharmlosen nicht nur die Wirklichkeit Gottes durch eine Verkündigung ohne Legitimation. Auch ihre Solidarität mit den Menschen, die sie für sich reklamieren – lieben sie es doch, sich als Anwälte der Menschen und ihrer Anliegen auszugeben –, ist eine nur scheinbare Solidarität. Sie halten sich und ihr Leben aus der Verkündigung heraus. Wenn es kritisch wird und hart auf hart geht, sind sie nicht imstande, vor Gott für sein Volk einzutreten.

Beifallheischende Verkündigung
Auch für den *dritten Vorwurf* bedient sich Ezechiel eines Bildes. V. 10 lautet: »Sie führen mein Volk in die Irre und verkünden Heil, wo es kein Heil gibt, und wenn das Volk eine Mauer aufrichtet, dann übertünchen sie sie.« Was tun die falschen Propheten? Sie übertünchen ein vom Volk errichtetes, recht brüchiges Mäuerchen mit Schmiere, damit nicht sichtbar sei, was wenig gefestigt ist. So bleibt der brüchige Zustand der Mauer den Augen verborgen. Dieses Bild will besagen: Durch ihre Verkündigung und ihr Wirken verhindern die falschen Propheten, dass der wahre Zustand des Gottesvolkes sichtbar wird. Mit optimistischen Parolen und der schnellen Rede vom Heil suchen sie den Beifall der Hörerinnen und Hörer. So präsentieren sie sich als die Anwälte der Menschen in ihrer Suche nach Leben, verhindern jedoch einen Einblick in den Ernst der Lage. Das Buch der Klagelieder, das in etwa zeitgleich mit Ez 13 entstanden sein dürfte, klagt die Propheten Israels aufgrund dieser ihrer Fehlhaltung an: »Deine Propheten schauten dir Lug und Trug. Deine Schuld haben sie nicht aufgedeckt, um dein Schicksal zu wenden. Sie schauten dir als Prophetenworte nur Trug und Verführung« (Klgl 2,14).

Verkehrung der Maßstäbe
Der *vierte Vorwurf* richtet sich an die Prophetinnen und ist im Unterschied zu den vorausgehenden Anklagen nicht in bildhafte Rede gekleidet. Aufgrund seltener Ausdrücke, die sich nur hier im Alten Testament finden, gibt der Text einige Rätsel auf. Die

Prophetinnen – so V. 18 – »nähen Zauberbinden für alle Handgelenke und fertigen Zaubermützen für Leute jeglicher Größe an«. Es ist umstritten, ob hinter den hier angeprangerten Praktiken ein legitimes Brauchtum steht oder magische Praktiken anzunehmen sind. Die Wiedergabe der EÜ votiert für letzteres. Entscheidend ist nach der Aussage des Textes freilich etwas anderes. Die Prophetinnen verbinden ihre Praktiken mit Lebenszusage oder mit deren Verweigerung. Sie bestätigen also Menschen in ihrem Lebenswandel, indem sie ihnen Leben verheißen, oder sie verunsichern Menschen darin, indem sie ihnen Leben und Heil absprechen. In Israel ist Zusage von Leben jedoch immer an den göttlichen Willen gebunden, an die Wegweisung, wie sie in der Tora niedergelegt ist.

Anders verhält es sich hier. Die Prophetinnen bestimmen die Maßstäbe neu. Zwar berufen sie sich um der Akzeptanz willen auf JHWH, doch sein Wille ist nicht mehr das Kriterium für Lebenszusage. Diese geschieht nach V. 19 zu verbilligten Tarifen und gestaltet sich recht eigennützig. »Ihr habt mich entweiht in meinem Volk für ein paar Hände voll Gerste und für ein paar Bissen Brot: Ihr habt Menschen Tod zugesprochen (EÜ: getötet), die nicht sterben sollten, und Menschen Leben zugesprochen (EÜ: verschont), die nicht am Leben bleiben sollten«. Zusage von Leben und Verweigerung dieser Zusage richten sich hier nach der Bezahlung. Schon der Prophet Micha hatte im 8. Jh. v.Chr. gegen eine derartige Verdrehung der Maßstäbe mit scharfen Worten Stellung genommen: »Sie verführen mein Volk. Haben sie etwas zu beißen, dann rufen sie: Friede! Wer ihnen aber nichts in den Mund steckt, dem sagen sie den Heiligen Krieg an« (Mi 3,5). Mit der Verdrehung der Maßstäbe, die das Richtige mit dem Nützlichen und Wahrheit mit Vorteil gleichsetzt, greifen Ratlosigkeit und Verwirrung um sich.

Falsche Propheten treten also auf in Zeiten der Krise und des Niedergangs. Hier wirken sie und tragen ihrerseits dazu bei, dass Verwirrung und Desorientierung noch mehr um sich greifen. Ihre fehlende Sendung wird kompensiert durch eine beifallheischende Verkündigung. Der Erfolg, den sie damit verbuchen können, und der Zulauf der Menschen verdecken den fehlenden Einsatz ihres Lebens. Das Bildwort von V. 4 – ein Vers, der möglicherweise eine spätere Reflexion über das Phänomen der falschen Prophetie darstellt – hat dieses Verhalten der falschen Prophetinnen und Propheten verglichen mit »Füchsen« oder »Schakalen in den Ruinen«. »Wie der Fuchs sich in Trümmern einnistet und hier ganz in seinem Element ist, so ist Israels äußerer und innerer Zerfall für die Propheten nicht eine Schreckenserscheinung, vor der sie sich entsetzen und an deren Beseitigung sie mit allen Mitteln arbeiten, sondern sie fühlen sich in diesem Niedergang ganz wohl« (Eichrodt 90).

c. Gottes Gericht über die falsche Prophetie

Nach dem Aufbau eines begründeten Gerichtswortes folgt auf die Schelte jeweils die Drohung oder die Gerichtsansage. Diese findet sich entsprechend dem Aufbau des Kapitels in VV. 8-9.11-14(.16) (gegen die falschen Propheten) und in VV. 20-21.23 (gegen die falschen Prophetinnen). Dabei wird innerhalb der Strafandrohung noch einmal auf den Schuldtatbestand zurückgegriffen, um die Strafe zusätzlich zu begründen.

Noch bevor eine präzise Strafansage kommt, bringt Ezechiel ein wichtiges Urteil, das für Prophetinnen und Propheten gleichermaßen gilt. Mit dem Ausruf *hôj* »wehe« wird zu Beginn der beiden Gerichtsansagen in V. 3 (gegen die Propheten) und in V. 18 (gegen die Prophetinnen) über beide ein vernichtendes Urteil gesprochen. Das Wort *hôj* »wehe« gehört ursprünglich in die Totenklage und wird angesichts eines Leichnams angestimmt. Ezechiel spricht damit ein radikales Urteil über die falsche Prophetie aus. Wie viel Zulauf diese auch haben mag, von JHWH her gilt für sie: Sie ist wie tot. Es ist kein authentisches Leben in ihr. Für sie gibt es keine Zukunft.

Nach diesem grundsätzlichen Verdikt über falsche Prophetie und ihren Wert wird die Gerichtsansage in drei Richtungen entfaltet. Das göttliche Gericht trifft zunächst die *Werke* falscher Prophetie. Die übertünchte Mauer – so in VV. 10-14 gegenüber den falschen Propheten – wird einstürzen. Der große Regen, ein Bild für das kommende Gericht, bringt die Mauer zu Fall. M.a.W.: Die selbstersonnenen Entwürfe und Konzepte fallen in sich zusammen und erweisen sich als haltlose Konstruktionen. Auch dem Treiben der falschen Prophetinnen, ihren Praktiken mit Hüllen und Tüchern, wird ein Ende bereitet. Beider Werke – die der Prophetinnen wie der Propheten – haben keinen Bestand und werden am Tage des Gerichtes als das offenbar, was sie in Wahrheit sind: als Trug.

Das kommende Gericht betrifft neben den Werken auch das *Verhältnis der falschen Prophetinnen und Propheten zu ihren früheren Kunden und Anhängern*. Im Vollzug des Gerichtes wird deutlich, dass die zuvor geknüpften Bande und Bindungen Fesseln waren. Somit steht das Gericht unter dem Zeichen der Befreiung. Dass im Gericht Gott selbst als der rettende und befreiende Exodusgott handelt, macht V. 23 deutlich: »Ich werde mein Volk aus eurer Hand befreien!« Die zuvor zu Anhängern und Fans Entmündigten erhalten ihre Würde zurück und werden vor Gott das, was sie sind: »mein Volk«.

Doch das göttliche Gericht greift noch tiefer. Es trifft nicht nur die Werke der falschen Propheten. Es löst nicht nur die Fesseln falscher Abhängigkeit. Es trifft auch die Propheten selbst. Die zentrale Aussage bringt der innerhalb von Ez 13 wichtige V. 9: »Ich strecke meine Hand gegen die Propheten aus, die nichtige Visionen haben und falsche Orakel verkünden. Sie gehören nicht in die Gemeinschaft meines Volkes und sollen nicht in der Liste des Hauses Israel verzeichnet sein; sie werden nicht in das Land Israel kommen.«

In einer dreifachen Negation wird hiermit den falschen Propheten verweigert, an der heilvollen Zukunft des Gottesvolkes teilzuhaben. Damit kommt jenseits des Gerichtes bereits das Heil in Sicht, das JHWH verwirklichen wird. Dieses zukünftige Heil, das den falschen Propheten jedoch vorenthalten bleibt, wird mit folgenden drei Ausdrücken umschrieben:

»Sie gehören nicht in die Gemeinschaft meines Volkes«: Der hebräische Ausdruck *sôd* »Kreis«, »Gemeinde« charakterisiert das zukünftige Israel als eine Gemeinschaft von Menschen, die ganz auf JHWH und seinen Willen hin (»mein Volk«) ausgerichtet ist. Aus dem Gericht wird somit eine neue, von Gott bereitete und für ihn lebende Gemeinschaft erstehen, »die Gemeinschaft meines Volkes«.

»Sie sollen nicht in der Liste des Hauses Israel verzeichnet sein«: Dieser zweite Ausdruck greift die Vorstellung von Bürgerlisten auf. Wer in eine solche Liste eingetragen ist, gilt als Vollbürger. Er ist nicht länger Fremdling oder Gast. Er gehört voll und ganz zur Gemeinschaft mit allen Rechten und Pflichten, die eine solche Mitgliedschaft mit sich bringt. Vgl. dazu auch Esra 2,62; Eph 2,19-22.

»Sie werden nicht in das Land Israel kommen«: Der hebräische Ausdruck für »Land Israel« findet sich ausschließlich im Ezechielbuch, hier allerdings relativ häufig. Er bezeichnet den Raum des von Gott verheißenen Landes, der durch das Fehlverhalten Israels entweiht wurde und verloren ging, in der heilvollen Zukunft jedoch für immer gewährt wird – für ein Leben in Gottes Gegenwart.

Dieses zukünftige Heil, das sich hier inmitten von Gerichtsansagen zu Wort meldet, wird den falschen Prophetinnen und Propheten freilich verwehrt. Gerade ihnen, die sich als Künder des Heiles präsentierten und dieses Heil zu verbilligten Preisen feilboten, so die zynische Feststellung Ezechiels, ist dieser Raum des Heiles verschlossen. Dies bedeutet umgekehrt: In der heilvollen Zukunft, die jenseits des Gerichtes auf die Gemeinde JHWHs wartet, wird es jene Kräfte nicht mehr geben, welche die Wirklichkeit Gottes mit ihren Parolen verschleiern oder verdunkeln.

Das Ziel der Wege, die Gott sein Volk führt, ist die Erkenntnis Gottes selbst. Jedes der vier Gerichtsworte von Ez 13 ist auf dieses Ziel ausgerichtet: »Und ihr werdet erkennen, dass ich JHWH bin« (VV. 9.14.21.23). Der Weg des Gerichtes, den das Gottesvolk zu gehen gezwungen ist, dient der Scheidung von Leben und Lüge. Nur so kann der Blick frei werden für den lebendigen, in der Geschichte handelnden Gott.

4. Ein Aufruf zur Umkehr 14,1-11

a. Die Problematik

Der Textabschnitt 14,1-11 ließe sich treffend unter die neutestamentliche Aussage stellen: »Niemand kann zwei Herren dienen« (Mt 6,24). Dieses Wort Jesu, das sich gegen eine falsche Kompromissbereitschaft wendet, hat der Sache nach ihre Wurzeln in der alttestamentlichen Botschaft. Israel weiß, dass es einem einzigen gehört: JHWH (vgl. Dtn 6,4-5). Wenngleich die Existenz anderer

Götter für die Völker der Umwelt in der Frühgeschichte Israels bis hinein in die Königszeit nicht geleugnet wird, Israel selbst weiß, dass es von JHWH her und auf ihn hin zu leben hat. Mit ihm steht es im Bund. Dieses wechselseitige Verhältnis zwischen Israel und seinem Gott kommt anschaulich und deutlich in der sog. Bundesformel zum Ausdruck: Ihr seid mein Volk, und ich bin euer Gott.

Freilich ist Israel gerade in dieser Hinsicht – der Entschiedenheit – im Laufe seines Weges hin- und hergerissen. Es gehört zwar dem EINEN, erlebt aber doch immer wieder die Faszination der Götter, der Lebensbereiche und Kräfte dieser Welt, die sich in der Gestalt der Götter verdichten und in ihnen ihren Ausdruck finden. Schon am Sinai, einem der Höhepunkte auf dem Weg des Gottesvolkes, weiß der biblische Autor von der Untreue des Volkes, das im Goldenen Kalb (Ex 32), dem Symbol der Fruchtbarkeit und der Lebenskraft, seinen Halt sucht, und, fasziniert über diesen nahen und handsamen Gott, JHWH vergisst. »Wie lange noch schwankt ihr nach zwei Seiten?«, mit dieser Frage versucht der Prophet Elija dem auf dem Berge Karmel versammelten Gottesvolk deutlich zu machen, dass beides zusammen, Baal und JHWH, zu verehren, nicht möglich ist. »Wenn JHWH der wahre Gott ist, dann folgt ihm! Wenn aber Baal es ist, dann folgt diesem! Doch das Volk gab ihm keine Antwort« (1 Kön 18,21). Der Ruf Elijas in die Entscheidung wird nicht verstanden. Das Volk schweigt, weil es das Problem vermutlich gar nicht realisiert, dass ein »Ja« zu JHWH notwendig und von der Sache her geboten auch ein »Nein« gegenüber anderen, heidnischen Lebensentwürfen einschließt.

b. Aufbau und Form

Das Problem einer ausschließlichen Beziehung des Gottesvolkes zu seinem Gott ist im Ezechielbuch an vielen Stellen zu greifen. In mitunter scharfen und polemischen Tönen hat Ezechiel diese Auseinandersetzung zu führen, die auch in Ez 14,1-11 ihren Niederschlag gefunden hat. Der Textabschnitt, der mit seinem zentralen V. 6 als Umkehrruf zu verstehen ist, veranschaulicht das Problem einer ausschließlichen Verehrung JHWHs im Gottesvolk unter Rückgriff auf die Form einer Rechtsbelehrung. Anhand von Rechtssätzen, die Tatbestände und daraus sich ergebende Rechtsfolgen benennen, soll hier in der objektiven Sprache des Rechts deutlich werden, was sich von der Sache her ausschließt.

Der gesamte Textabschnitt ist sorgfältig gestaltet. Auf die Situationsangabe, dem Kommen von Ältesten zu Ezechiel (V. 1), folgt, mit Wortereignisformel (V. 2) und der Anrede »Sohn eines Menschen« (V. 3a) eingeführt, eine Propheteninstruktion mit Redeauftrag (VV. 3-5), welche die Unverträglichkeit von JHWH-Befragung und Götzendienst feststellt. Der erste Sinnbogen schließt in V. 5 mit einem Finalsatz ab (in der EÜ nicht als Finalsatz wiedergegeben). Die sich anschließende Umkehrforderung (V. 6) bildet die Mitte und formuliert das zentrale Anliegen des Textabschnittes. VV. 7-10 thematisieren erneut, teilweise unter Aufnahme von Formulierungen aus V. 4, dass JHWH-Befragung und Götzendienst sich gegenseitig ausschließen, und benennen die Strafe für den Götzendiener wie für den Propheten, der sich in dessen Dienst stellt. Auch dieser zweite Reflexionsbogen mündet wieder in einen Finalsatz (V. 11a; in der EÜ nicht als Finalsatz wiedergegeben). Den Abschluss des gesamten Textabschnittes – als Ziel des Umkehrweges, den JHWH einfordert (V. 6) – bildet die Bundesformel mit Gottesspruchformel (V. 11b).

c. Die Botschaft

Die Situationsangabe (VV. 1-2)
Mit viel Bedacht ist die Situationsangabe in V. 1 formuliert (vgl. dazu 8,1; 20,1). Hier wird nicht irgendein beliebiges Geschehen, das eben mehr oder weniger zufällig festgehalten wurde, wiedergegeben, sondern hier wird eine ins Typische und Grundsätzliche gehende Aussage gemacht. »Männer aus der Ältestenschaft Israels« (EÜ: »einige von den Ältesten Israels«) kommen zu Ezechiel. Da die Ältesten offizielle Repräsentanten und Sprecher des Gottesvolkes sind, erhält die hier geschilderte Begegnung einen offiziellen, amtlichen Charakter. Obwohl die »Besucher« Judäer sind, werden sie hier als offizielle Vertreter Israels bezeichnet, repräsentieren also Israel als heilsgeschichtlich theologische Größe. Die im Folgenden zu verhandelnden Sachverhalte betreffen demnach Israel, insofern es Gottesvolk ist und mit JHWH in einem Bundesverhältnis steht.

Von diesen Ältesten wird ferner gesagt, dass sie »Sitz nehmen«, also eine offizielle Haltung qua Amtspersonen einnehmen (vgl. Rut 4,2; 2 Kön 6,32; Jer 26,10; 39,3; Pss 102,13; 110,1; 132,12 u.ö.). Diese Art der typischen Darstellung zielt somit auf eine Aussage, die ins Grundsätzliche geht. In diese so gewichtete Situation ergeht nun das JHWH-Wort (V. 2).

Götzendienst oder Glaube an JHWH (VV. 3-5)
Eingeführt mit der Anrede »Sohn eines Menschen« wird Ezechiel in einer Propheteninstruktion über den Zustand der Ältesten belehrt. Sie »lassen ihre Götzen in ihre Herzen emporsteigen« (EÜ: »haben die Götzen in ihr Herz geschlossen«). Da das Herz die Mitte der Person und der Sitz des Denkens und Wollens ist, ist die Existenz dieser Männer, die das Gottesvolk Israel repräsentieren, von Innen heraus von ihren Götzen geprägt. Diese bestimmen ihr Denken und Wollen. Dass die Ältesten sich Amulette umgehängt hätten, wird zwar in der Forschung gerne vertreten, lässt sich aber nicht ohne weiteres aus der Aussage erheben. Entscheidend ist vielmehr, dass diese Vertreter des Gottesvolkes nicht JHWH, sondern die Götzen zu ihrem Gegenüber, zu ihrem Bezugspunkt erkoren haben und ihr Denken, Wollen und Handeln davon bestimmt ist. Damit haben sie gegen das erste Gebot verstoßen und sind JHWH gegenüber schuldig geworden. Sie haben den Bereich des Lebens, den das göttliche Gebot umschreibt, verlassen und mit den Götzen den Tod gewählt.

Doch die Schelte begnügt sich nicht damit, die mit dem Götzendienst gegebene Entscheidung gegen JHWH als Schuld zu rügen. Diese Ältesten sind zugleich mit ihrem Abfall von JHWH zum Propheten gekommen, um durch diesen JHWH zu befragen (V. 3b). Sie erwarten ein Gotteswort, das ihnen als den Vertretern Israels Klärung schenken soll, Hilfe und Heil für ihr Leben. Offensichtlich sehen sie in der gleichzeitigen Zuwendung zu den Göttern und zu JHWH keinen Konflikt. Ihre Selbstwahrnehmung und Selbstbeurteilung einerseits und ihre Wahrnehmung und Beurteilung durch JHWH, die dem Propheten mitgeteilt wird, andererseits kontrastieren also völlig miteinander.

Zu einer JHWH-Befragung gehören ein präziser Anlass und ein bestimmtes Anliegen (persönliche Nöte wie Krankheit, Volksnöte wie Krieg, Hunger usw.), die den Inhalt der Befragung angeben. Von einem solchen Inhalt ist hier jedoch nicht die Rede. Die Befragung als solche wird zum Thema. Nun setzt die JHWH-Befragung voraus, dass der Befragende in Gemeinschaft mit seinem Gott steht und diesen Gott als den Herrn seines Lebens anerkennt. JHWH-Befragung als solche, ohne dass ein präziser weiterer Inhalt angegeben wäre, thematisiert somit die lebendige Gemeinschaft mit Gott, eine stimmige Beziehung zu ihm. Die Frage, die JHWH an den Propheten richtet (V. 3b: »und jetzt soll ich mich von ihnen befragen lassen?«), ist als rhetorische Frage gemeint und impliziert als solche bereits eine Ablehnung der JHWH-Befragung.

Eingeführt mit Redeauftrag und Botenformel hat der Prophet in Form allgemeingültiger Rechtssätze den mit der laufenden Kommunikation vorliegenden Tatbestand und die Rechtsfolge darzulegen (V. 4). Unter Verwendung einer aus der alten Gesetzesunterweisung vertrauten Formel »jedermann vom Haus Israel ...« (vgl. Lev 17,3.8.10; 20,2 u.ö.) gibt Ezechiel eine Rechts-unterweisung, die objektiv Gültiges und Festgelegtes über das Leben im Gottesvolk aussagt. Demnach sind Götzendienst, der eine Absage an JHWH impliziert, und JHWH-Befragung durch einen Propheten, was eine Anerkenntnis und Bejahung JHWHs einschließt, nicht miteinander kompatibel. JHWH und die Götter, Leben und Tod lassen sich nicht gleichzeitig wählen. Beide schließen einander aus. Deshalb lässt sich JHWH für die Götzendiener nicht durch den Propheten befragen. Er selbst gibt vielmehr dem Götzendiener innerhalb des Gottesvolkes die Antwort, indem er diesen mit sich selbst konfrontiert. Der Finalsatz von V. 5 gibt das Ziel an, das JHWH mit seiner Antwort verfolgt: die vom Haus Israel am Herzen zu packen (EÜ gibt den Text mit »hart anfassen« nur ungenau wieder), dort also, wo die Götzen Einkehr gehalten und Israel von seinem Gott entfremdet haben. Damit wird deutlich, dass die nüchterne Rechtsbelehrung keine distanzierte Information vermitteln will, sondern dem göttlichen Engagement gilt. Er will das Haus Israel als ganzes in seiner falschen Sicherheit und in seinem bereits verinnerlichten Abfall verunsichern und erschüttern.

Ein Umkehrruf (V. 6)
Dieses Greifen nach dem von Gott abgeirrten Herzen wird fortgeführt durch einen mit erneutem Redeauftrag und Botenformel eingeleiteten Umkehrruf. Dreimal ist in dem kurzen Abschnitt das Wort *šûb* »umkehren« verwendet, das sowohl die Abkehr von den Götzen als auch die Hinkehr zu JHWH ausdrücken kann. Damit wird deutlich: Die vorausgehende Rechtsbelehrung – wie auch die folgende – dient dem Anliegen, dass Israel seine eigene Wahrheit erkennt, umkehrt von seinen Abwegen und sich dem Gott zukehrt, von dem und bei dem es Leben hat (vgl. 18,30-32). Dass Israel seine falsche Unentschiedenheit aufgibt und sich neu Gott zuwendet, dazu lädt der Umkehrruf mit den Ältesten das ganze Haus Israel ein.

Wider Götzendiener und falsche Propheten (VV. 7-10)
Der Umkehrruf von V. 6 eröffnet mit seinem Redeauftrag und der Botenformel den Redeabschnitt von VV. 7-10. Unter Rückgriff auf Formulierungen aus V. 4 wenden sich VV. 7-8 zunächst dem Mitglied des Gottesvolkes zu, das, ob Israelit oder in Israel weilender Fremdling, dem Götzendienst verhaftet ist und zugleich den Propheten aufsucht, um sich der Gemeinschaft mit JHWH zu vergewissern und daraus die Zusage von Heil und Leben zu erhalten (V. 7). In diesem Falle wird es nicht der Prophet, es wird vielmehr JHWH selbst sein, der eine Antwort gibt. Wie sieht diese Antwort aus? JHWH antwortet auf diesen schuldhaften Rechtstatbestand auf dreifache Weise – so die Tatfolge (V. 8): Er wendet sein Angesicht wider den Götzendiener (1), macht diesen zum Zeichen und zum Sprichwort (2) und tilgt ihn aus der Gemeinschaft seines Volkes aus (3).

Während die Strafhandlungen (1) und (3) aus der Rechtssprache bekannt sind und aus Gesetzeskorpora übernommen sein dürften, ist die Aussage (2), der Götzendiener werde zum Zeichen und Sprichwort, neu. Als »Zeichen« wird der bloßgestellte Götzendiener, aus seiner Verborgenheit herausgeholt, zu einer sinnenfälligen und warnenden Botschaft für die Mitglieder des Gottesvolkes. Als »Sprichwort« kommt sein Verhalten und Versagen in aller Munde. Die dreifache Antwort, mit der JHWH einem Götzendiener gegenüber tätig wird, macht deutlich: Im Gottesvolk ist kein Raum

14,1-11

für Götzendienst. Wie Götzendienst und Tempel sich nicht vertragen (vgl. Ez 8 – 11), so verträgt auch das Israel aus lebendigen Steinen keinen Götzendienst. Die Erkenntnisformel bestätigt dies (V. 8).

Damit eine JHWH-Befragung durchgeführt werden kann, ist neben dem Fragenden auch der Prophet entscheidend. Wenn dieser Prophet sich ungehorsam verhält (vgl. dazu 13,1-16; Dtn 13,2-6; 18,20) und die Unentschiedenheit zulässt – also JHWH-Befragung bei gleichzeitigem Götzendienst – dann lädt auch der Prophet Schuld auf sich. Er hat sich betören lassen und handelt gegen das Gottesrecht. Erneut wird die Reaktion JHWHs dreifach beschrieben. JHWH macht diesen Propheten, der sich hat betören lassen, zum Toren (1). Ihm wird somit die Fähigkeit genommen, teilzuhaben an den Plänen Gottes, Einsicht in das zu nehmen, was von Gott her geschieht. JHWH streckt seine Hand aus wider ihn (2), ein Zeichen des göttlichen Gerichtshandelns. Und – er wird diesen Propheten, wie schon den Götzendiener, aus der Mitte des Gottesvolkes austilgen (3). V. 10 betont, den Reflexionsbogen VV. 6-10 abschließend, dass die Schuld beider, des Götzendieners wie des Propheten, von ihnen selbst zu tragen ist. Für beide ist kein Platz im Gottesvolk, wie JHWH dieses haben will.

Das Haus Israel im Bund mit Gott (V. 11)
Hatte der erste Reflexionsbogen VV. 3-5 zu einer Zielangabe geführt, in der Gottes Intention deutlich wurde, so auch der Bogen von VV. 7-10. Er mündet in die finale Aussage von V. 11. Hatte der Finalsatz von V. 5 unterstrichen, dass Gott nach dem Herzen des Gottesvolkes greift, das jedoch von Götzen in Beschlag genommen ist, so betont die finale Aussage von V. 11a das Ziel des göttlichen Handelns: dass Israel nicht länger – weg von seinem Gott – in die Irre geht. Diesen sehr ernsten Zustand zu heilen, dass das Gottesvolk in seiner Gänze im Abfall verharrt und, ohne sich dessen bewusst zu sein, seines Gottes entbehrt, ist Anliegen des göttlichen Handelns. Zudem will Gott jenen Zustand der Unreinheit des Gottesvolkes überwinden, der zum Auszug Gottes aus dem Tempel und zur Verwüstung des Landes führt und der durch die Frevel (vgl. 18,22.28.30f.; 21,29; 33,10.12; 37,23; 39,24), also durch die beständige Rebellion und Empörung gegenüber Gott, verursacht ist.

Diesen beiden negativen Aussagen von V. 11a folgt die positive Aussage von V. 11b. Das Ziel der geforderten Umkehr (V. 6) ist kein anderes als dieses: »Sie werden mein Volk sein, und ich werde ihr Gott sein« (V. 11b). Die zweiteilige Bundesformel (vgl. auch 11,20) gibt somit das Ziel der Wege Gottes mit Israel an. Israel soll neu Ort der Gegenwart Gottes werden, ein Haus aus lebendigen Steinen, in dem Gott wohnt, damit vor der Völkerwelt die Wirklichkeit des Lebendigen offenbar werden kann.

VIII. JHWHs schonungsloses Gericht über Jerusalem 14,12-23

1. Hinführung und Aufbau

Trotz der Erschütterung, welche die erste Deportation nach Babylon mit sich gebracht hatte, die Exilierten klammerten sich voller Hoffnung an das, was sie hatten zurücklassen müssen: die noch unzerstörte Stadt Jerusalem mit ihrem Tempel. Solange diese Bestand haben, könne und würde JHWH handeln und zu ihren Gunsten eingreifen. Als dann Jerusalem ein zweites Mal erobert und zerstört und mitsamt dem Tempel niedergebrannt wurde, war diese große Hoffnung als Trug in sich zusammengefallen. Lähmende Resignation griff um sich. Gott selbst wurde zur großen Frage, erschien doch sein Handeln nicht mehr verständlich. War er nicht ein unberechenbarer oder ohnmächtiger Gott? Wie mit ihm noch zurechtkommen oder ihm gar vertrauen?

Das Wort Ez 14,12-23 beschäftigt sich mit dem göttlichen Gerichtshandeln an Jerusalem. Ezechiel versucht das göttliche Strafhandeln einsichtig zu machen und es seinen Zeitgenossen zu erschließen. Es ist nicht blindes Schicksal, das sich hier ausgetobt hat, so seine Botschaft. Es war Gottes gerechtes Handeln, das den Untergang Jerusalems herbeiführte.

Das Wort besteht aus den beiden Abschnitten VV. 12-20 und 21-23. Während der erste Abschnitt generell vom unausweichlichen Gericht handelt, konkretisiert der folgende Abschnitt, der durch die Botenformel (V. 21) eingeführt und hervorgehoben ist, dieses göttliche Gericht und appliziert es auf Jerusalem. VV. 12-20 sind somit eine Vorbereitung der eigentlichen Gerichtsansage, die in VV. 21-23 zu ihrem Ziel kommt.

2. Die vier Gerichtswerkzeuge 14,12-23

a. Gottes unerbittliches Gericht VV. 12-20

Das mit Wortereignisformel (V. 12) und Anrede »Sohn eines Menschen«, jedoch ohne Redeauftrag eingeführte Wort erweckt den

Eindruck einer abstrakten theoretischen Erörterung. Dabei wird der generelle Fall angenommen, irgendein nicht näher benanntes Land würde JHWH die Treue brechen. Da es jedoch nur ein Volk gibt, das zu JHWH in einem Treueverhältnis steht, kann nur dieses eine Volk gemeint sein: Israel. Die allgemein gehaltene Darstellung dient als Mittel, um die Botschaft, die Jerusalem und den Exulanten gilt, vorzubereiten. Was hier allgemeingültig formuliert wird, ist somit – wenn auch unausgesprochen – von allem Anfang an auf Jerusalem und das Gottesvolk zu beziehen.

Besonders charakteristisch für den Abschnitt ist die Erwähnung von Noach (vgl. Gen 6,9; 1 Chr 1,4), Daniel (Ez 28,3) und Ijob (Ijob 1,1). Diese drei Personen, deren Gerechtigkeit sprichwörtlich ist, sind allesamt Gerechte, die nicht Teil des Gottesvolkes sind und die auch in außerbiblischen Zeugnissen erwähnt werden. Möglicherweise ist Ezechiel in seiner Darstellung von Jer 15,1-3 beeinflusst. Nach Jeremia sind selbst die großen Fürbitter des Gottesvolkes Mose und Samuel (vgl. Ex 32,31f.; 1 Sam 7,9; Ps 99,6) mit ihrer Fürbitte nicht mehr imstande, das göttliche Strafhandeln von Israel abzuwenden. Wenn Ezechiel die auch in der Umwelt Israels bekannten Gerechten erwähnt, fokussiert er die Aufmerksamkeit auf eben dieses Thema: auf die Gerechtigkeit, die nach dem Ezechielbuch Voraussetzung für Leben ist (vgl. 3,16b-21; 18; 33,1-20).

Die vier Gerichtswerkzeuge Hunger, wildes Getier, Schwert und Pest werden i.d.R. gemeinsam erwähnt (vgl. 5,17). Innerhalb des Abschnittes VV. 12-20 treten sie einzeln auf, zuerst der *Hunger VV. 13-14*. Schon jeder Einzelne dieser Unheilsbringer bedeutet Vernichtung. Selbst die drei sprichwörtlich Gerechten Noach, Daniel und Ijob können mit ihrer Gerechtigkeit das Unheil nicht abwenden. Sie werden nur sich selbst retten. Dabei bleibt das Schicksal des Landes im ersten Abschnitt noch außer Acht.

Dies kommt in den folgenden Abschnitten zur Sprache. Das *wilde Getier VV. 15-16* (vgl. 2 Kön 17,25f.) und das *Schwert VV. 17-18* (vgl. Ez 21) hinterlassen das Land als Öde, die nicht mehr bewohnbar ist. Alles – »Mensch und Tier« – geht zugrunde. Jene drei Gerechten könnten nicht einmal ihre eigenen Söhne und Töchter dem kommenden Gericht entreißen. Denn dieses trifft ausnahmslos jeden, der nicht im Raum seiner eigenen Gerechtigkeit Schutz findet. Im vierten Abschnitt *VV. 19-20* werden die drei exemplarisch Gerechten Noach, Daniel und Ijob noch einmal explizit beim Namen genannt. Sie allein finden Rettung angesichts der *Pest* (vgl. 5,17), die das Land heimsucht. Alles andere, selbst die engsten Verwandten und Vertrauten, fällt der Vernichtung anheim.

Die vier Gerichtswerkzeuge bezeichnen die Totalität des Gerichtes (vgl. die vier Gräuel in 8,3b-18). Diese Ansage eines umfassenden Gerichtes wird dadurch verstärkt, dass diese vier Unheilsbringer nicht gemeinsam auftreten, sondern abgesetzt aufeinander folgen, wobei jeder für sich schon schonungsloses Gericht bedeutet. Die lose Aneinanderreihung mit den vielen Wiederholungen und Formeln (z.B. die Bannformel oder die Formel vom Ausstrecken der Hand) schaffen einen Rhythmus, der das Unheil Schlag auf Schlag folgen lässt und damit auch sprachlich-stilistisch die Unentrinnbarkeit ausdrückt.

b. Jerusalems unabwendbares Gericht VV. 21-23

Nach den allgemein gehaltenen Gerichtsansagen wird nun beim Namen genannt, worum es unausgesprochen bereits zuvor ging – um Jerusalem und seine Bewohner. Die Botenformel zu Beginn (V. 21) verleiht dem Abschnitt ein besonderes Gewicht. Wenn schon eine jede einzelne der vier Plagen ausweglos Gericht bedeutet, um wie viel weniger kann es Rettung geben, wenn alle vier Plagen auf einmal über Jerusalem kommen. Dies umso mehr, als Jerusalem keine Gerechtigkeit vorzuweisen hat. Im Gottesvolk gibt es jene drei Gerechten Noach, Daniel und Ijob eben nicht. Insofern bleibt das Leben im Gottesvolk hinter dem der Heidenvölker zurück (vgl. Ez 5,5-7). Das Gericht, das JHWH über Jerusalem bringt, schließt Rettung somit aus.

Nun hat es aber auch nach der zweiten Eroberung Jerusalems Überlebende gegeben. Ezechiel bezeichnet diese jedoch nicht als »Gerettete«. Sie sind lediglich »Entkommene«, die gerade noch einmal mit dem Leben davongekommen sind. Ihnen weist die JHWH-Rede eine wichtige Funktion zu. In direkter Anrede an die Exilsgemeinde (V. 22f.: »ihr werdet sehen« ... »ihr werden erkennen«) wird betont: Diese dem Unheil Entkommenen sind Zeichen und Zeugen dafür, dass das Gericht JHWHs über Jerusalem gerechtfertigt war. Durch ihre Präsenz bringen sie als Gescheiterte zum Ausdruck, dass der Wille JHWHs und das in Jerusalem beheimatete Unrecht nicht zusammengehen. Vor der Gerechtigkeit Gottes konnte Jerusalem nicht bestehen und fiel im göttlichen Gericht. Die Davongekommen sind deshalb nicht Zeichen von Rettung aus dem Gericht und damit von Heil. Mit ihrer Existenz machen sie vielmehr deutlich: Gottes Gericht über Jerusalem war gerecht. Wie es vor ihm kein Ansehen der Person gibt, so auch kein blindes Ja zu einem Volk ohne Rücksicht auf dessen Verhalten.

Dieses gerechte Handeln Gottes, das zum Gericht über Jerusalem und zum Zusammenbruch vieler Hoffnungen geführt hat, kann den Exilierten neu Zugang zu diesem Gott, der ihre Erwartungen enttäuscht hat, ermöglichen. Die Einsicht in sein gerechtes Wirken, wenngleich dieses Gericht bedeutet, die Einsicht, dass sein Gericht »nicht ohne Grund« (V. 23) geschah, vermag den von der Krise des Exils und vom Untergang der Stadt Geschüttelten neu Orientierung zu geben. Diese Einsicht in das Handeln Gottes und in sein machtvolles Wirken wird so zur Tröstung, mit der bereits der Keim einer neuen Gottesbeziehung gelegt ist. In der Annahme des gerechten Gerichtshandelns bereitet sich diese neue Gottesbeziehung vor, die der größeren Gerechtigkeit Gottes eine neue Zukunft aus dem Chaos des Gerichtes zutraut (vgl. Neh 9,33).

IX. Jerusalem – das unnütze Rebholz 15,1-8

1. Hinführung und Aufbau

Um ihrer Botschaft Gehör zu verschaffen, können die Propheten Israels auf vielfältige Redeweisen zurückgreifen. Besonders Ezechiel gebraucht für seine Verkündigung eine Vielfalt von Bildern und Gleichnissen, die Hörer und Hörerinnen unmittelbar angehen und zur Stellungnahme herausfordern. In seiner Gleichnisrede von Kapitel 15 verwendet er das Bild des Rebholzes (VV. 2-5), das, verglichen mit den übrigen Gewächsen des Waldes, als wertlos und unbrauchbar erscheint. An das Bildwort mit seinen Fragen, welche die Hörer direkt ansprechen, schließt sich als Deutung des Bildes eine Gerichtsaussage an (VV. 6-8). Damit wird das vorausgehende Bild zur Schelte, die das folgende Strafhandeln begründet.

Das Wort Ez 15,1-8 endete ursprünglich vermutlich mit der Erkenntnisformel von V. 7bα (»und ihr werdet erkennen, dass ich JHWH bin«). Die sich anschließenden VV. 7bβ-8 wiederholen noch einmal das zuvor bereits Gesagte und verknüpfen VV. 1-8 mit Ez 14,13.15-16. Damit werden die beiden Gerichtsworte 14,12-23 und 15,1-8, die beide vom Gericht über Jerusalem handeln, durch Stichwortverknüpfungen als thematisch zusammengehörig gekennzeichnet.

2. Für nichts zu gebrauchen 15,1-8

a. Das Bild des unnützen Rebholzes VV. 1-5

Mit einer Wortereignisformel (V. 1) und der Anrede »Sohn eines Menschen«, jedoch zunächst ohne Redeauftrag, wird das Bildwort vom unnützen Rebholz eröffnet. Fragend wendet sich JHWH von Anfang an an den Propheten. Fragen durchziehen auch den gesamten Text und zeigen an, dass die mit dem Bildwort bezeichnete Sache zur Frage geworden ist.

Das Bild des Weinstocks ist in den Traditionen Israels tief verwurzelt. Nach den Kundschaftererzählungen ist die Rebe Zeichen der Lebensfülle im verheißenen Land Kanaan (Num 13,23). Als

Edelgewächs, das Menschen erfreut, gilt der Weinstock nach der bekannten Jotamfabel (Ri 9,7-21), und im Segen Jakobs über seine Söhne ist der Wein ein Bild für die Segensfülle in der messianischen Zeit (Gen 49,10-12).

Das Bild des Weinberges oder Weinstocks erinnert Israel an seine Geschichte mit Gott von den Anfängen bis in die Gegenwart. Israel selbst wird in zentralen biblischen Texten mit einem Weinstock verglichen, der von JHWH in Ägypten ausgehoben und nach der Vertreibung der Heidenvölker im verheißenen Land eingepflanzt wurde. Gottes Sorge ermöglichte dem Weinstock Wachstum und Gedeihen, sodass er sich entfaltete und einem Weltenbaum gleich wurde (Ps 80,9-12.15-16; Hos 10,1ff.). Doch diese positive Verwendung des Bildes wird bereits vor Ezechiel ins Gegenteil verkehrt. Jener Weinstock, für den sein Besitzer alles getan hat, bringt nicht die erwarteten guten Früchte, sondern saure, ungenießbare Trauben (Jes 5,1-3). Die edle Rebe wird zum entarteten Weinstock (Jer 2,21), der keine Früchte bringt (Jer 8,13; Hos 9,10.16f.). Die Folge, die sich daraus ergibt, liegt auf der Hand: Der Weinberg wird verwüstet (Jes 5,4-7; Jer 5,10-14).

Ezechiel kann bereits auf diese Traditionen zurückgreifen, die mit der Erwählung des Gottesvolkes und der Hoffnung auf ein der Erwählung entsprechendes Leben auch die Enttäuschung aufgrund des Versagens des Gottesvolkes deutlich artikulieren. Während er in Ez 17,5-10 und 19,10-14, ganz in Übereinstimmung mit seinen Vorgängern, sein Augenmerk auf die Frucht des Weinstocks richtet, fällt sein Blick in 15,1-5, da von einer Frucht offenbar erst gar nicht auszugehen ist, auf dessen Holz. Dieses aber, so die nüchterne Bestandsaufnahme, ist von Anfang an für nichts zu gebrauchen, weder um ein Werkstück zu erstellen, noch um einen einfachen geraden Pflock zu erhalten. Der Blick auf das Material, auf das Holz macht deutlich: Der Weinstock ist wirklich für nichts zu gebrauchen.

Die einzige Verwendung, die für das Rebholz bleibt, ist die als Brennholz (VV. 4-5). Wenn dieses nun ins Feuer geworfen wird, an beiden Enden verkohlt und auch in der Mitte angesengt ist, dann aus dem Feuer gezogen wird, ist es dann nicht erst recht völlig unnütz? Die Unbrauchbarkeit wird in einer Weise gesteigert, dass die Frage nach der Brauchbarkeit Zynismus ist. Im Bild des teilweise im Feuer verzehrten und dann aus dem Feuer gezogenen Holzes wirkt bereits die reale Geschichte Israels auf das Bild von der Unbrauchbarkeit des Holzes (VV. 1-3) ein. Das Gottesvolk ist in einer Weise beschädigt, dass es für Gottes Wirken unter den Völkern (die übrigen Bäume des Waldes) nicht mehr in Frage kommt.

b. Gottes Gericht über Jerusalem VV. 6-8

Mit einer Botenformel eingeführt beginnt die Deutung des Bildes, die zugleich Gerichtswort ist. JHWH selbst ist es demnach, der das Rebholz ins Feuer geworfen hat. Er hat das Gericht der ersten Eroberung über Jerusalem gebracht. Und auch das kommende Gericht wird seine Tat sein: »Feuer wird sie verzehren« (V. 7). Die Erkenntnisformel wendet sich mit ihrer direkten Anrede an die Exilierten. Sie sollen im göttlichen Gericht über das unbrauchbare Jerusalem zur Erkenntnis kommen, dass JHWH – auch im Gericht – in der Geschichte handelt und wirkt.

X. Jerusalem – die untreue Frau 16,1-63

1. Hinführung und Aufbau

Die Bilder, in denen die Bibel von Gott und von seiner Beziehung zu den Menschen – vor allem zu seinem Volk – spricht, sind äußerst vielfältig. Diese Vielfalt bildhafter Gottesrede ist wichtig. Sie vermag davor zu bewahren, sich von Gott ein einziges und festes Bild zu formen in der irrigen Meinung, seiner habhaft zu werden. Die vielfältigen, teilweise einander widersprechenden und miteinander konkurrierenden biblischen Bilder von Gott lassen eine solche Vereinnahmung indessen nicht zu. So spricht die Bibel von Gott als Vater, der seine Kinder erzieht, als Mutter, welche die ihren nie im Stich lässt. König und Hirt wird Gott genannt, Krieger und Schöpfer, feste Burg und Fels, um nur einige Bilder zu nennen.

Ein Bild, das die Beziehung zwischen Gott und seinem Volk in vielfacher Hinsicht ausdrückt, ist das der Vermählung und Ehe. Zuneigung und Verweigerung, Untreue und Neubeginn, Fruchtbarkeit, Verlust – viele dieser menschlichen Erfahrungen werden transparent, um Aspekte der Beziehung zwischen Gott und seinem Volk auszudrücken. Innerhalb der alttestamentlichen Traditionen war es erstmals Hosea, der die Untreue des Volkes im Bild der Dirne sprachlich verdichtete (vgl. Hos 1 – 3, bes. 1,2; 2,4). Über Hosea und Jesaja (Jes 1,21) findet das Bild vor allem bei Jeremia (Jer 2,2-3; 3,1-25) Verwendung. Auch der uns namentlich unbekannte Exilsprophet Deuterojesaja (Jes 40 – 55) gebraucht das Bild der Ehe für seine Heilsbotschaft (vgl. bes. Jes 54).

In zwei großen Geschichtsdarstellungen greift auch Ezechiel auf, was ihm von der Tradition bereits vorgegeben war. In Kapitel 23 erzählt er in bildhafter Rede die Geschichte der beiden getrennten Reiche, des Nordreiches (Ohola) und des Südreiches (Oholiba) als eine Geschichte des Abfalls von Gott. In Ez 16 hingegen konzentriert er sich auf die Hauptstadt des Südreiches – auf Jerusalem. Die Beziehung zwischen JHWH und Jerusalem wird wieder in bildhafter Rede, unter Rückgriff auf ein verbreitetes Märchenmotiv erzählt: der Geschichte vom Findelkind, das von seinen Eltern abgelehnt und ausgesetzt wird, an dem aber der König, der »zufällig« vorbeikommt, Gefallen findet, es rettet und aufzieht und schließlich als Königin einsetzt. Anhand dieses Märchenmotivs wird die Beziehung zwischen JHWH und seinem Volk, dessen Erwählung und Auszeichnung, aber auch dessen Untreue und Verweigerung entfaltet.

Das umfangreiche Kapitel zeigt einen recht klaren Aufbau. Nach der Einführung und dem Redeauftrag an den Propheten (VV. 1-3aα) beginnt die Bildrede mit einem kurzen Abschnitt über die Abstammung und Aussetzung des Kindes (VV. 3aβ-5), seiner glücklichen Rettung und der Auszeichnung der heranwachsenden Frau (VV. 6-14). Auf diese erfahrene Wohltat folgen Verrat und Untreue der erwählten Herrin. Angesichts der zuvor gewährten Fürsorge wiegt die Schuld umso schwerer. Diese Schuld wird in zwei Bereichen entfaltet, im kultischen (VV. 15-22) und im politischen Bereich (VV. 23-34). Der ganze erste Abschnitt VV. 3-34 liefert als Schelte zugleich die Begründung für das folgende Drohwort (VV. 35-43a), das die Strafe für das Fehlverhalten ankündigt.

Die Abschnitte, die sich anschließen, bringen neue Themen zur Sprache und wurden vermutlich später angefügt, sei es von Ezechiel selbst, sei es von späteren Bearbeitern einer ezechielischen Vorlage. VV. 43b-52 vergleichen Frau Jerusalem mit ihren beiden Schwestern Samaria und Sodom – ein Thema, das sich zwar an die Vorlage anschließt, doch aber deutlich neue Akzente setzt. Mit VV. 53-58 hebt eine Heilswende an. Die drei Schwestern werden umkehren, weil Gott diese Umkehr wirkt. Der letzte Abschnitt schließlich (VV. 59-63) kündigt, eingeführt mit Botenformel und abgeschlossen mit Gottesspruchformel, einen ewigen Bund an, den Gott mit Jerusalem schließen wird, eine kaum mehr überbietbare Heilsansage für Jerusalem.

Das gesamte Kapitel Ez 16 will keine äußeren Ereignisse der Geschichte Israels aneinanderfügen, sondern liefert eine theologische Deutung der Beziehung zwischen JHWH und seinem Volk, sprachlich verdichtet in »Frau Jerusalem«. Durch diese sprachliche Verdichtung erscheint das Fehlverhalten der Frau, das auf verletzende, ja mitunter auf obszöne Weise dargestellt ist, als ungeheuerliche Provokation. Doch will die Provokation der Bilder gerade dazu herausfordern, die zentrale theologische Botschaft nicht aus den Augen zu verlieren. Es ist die Botschaft von der unverdienten göttlichen Gnade, die erwählt und rettet, vom Reichtum des Lebens, das Gott schenkt, von der menschlichen Schwäche und Verführbarkeit, der Versuchung des Abfalls, von der inneren Zerrissenheit des Menschen, von Gottes Gerechtigkeit und Gericht, ja von seinem Zorn, und schließlich vom Sieg seines Erbarmens und seiner Liebe, von der her eine Vollendung einzig möglich ist.

2. Das göttliche Gericht 16,1-43a

a. *Ein Aufruf zur Zurechtweisung VV. 1-3aα*

Mit der Wortereignisformel, der Anrede »Sohn eines Menschen« und dem Redeauftrag an Ezechiel wird das große Kapitel 16 eröffnet. Der Redeauftrag an den Propheten gibt als Adressatin seines Wortes die Stadt Jerusalem an. Schon mehrfach zuvor war Ezechiel beauftragt worden, sich gegen andere Größen wie die »Berge Israels« (6,2), das »Wohnland Israel« (7,2) oder die »Bewohner Jerusalems« (15,6) zu wenden. Hier nun gilt seine Verkündigung der Stadt Jerusalem selbst.

Als angeredete Größe ist Jerusalem personifiziert. Solche Personifikation einer Stadt oder einer Volksgruppe ist in biblischen Texten breit bezeugt, wie die Ausdrücke »Tochter Zion« (Jer 4,31), »Tochter Ägypten« (Jer 46,24), »Tochter Babel« (Jer 50,42) zeigen. Besonders der nach Ezechiel wirkende jüngere Exilsprophet Deuterojesaja wie auch Tritojesaja verwenden dieses stilistische Mittel der Personifikation zur Darstellung ihrer Heilsbotschaft: Jes 49,14.18-23; 50,1; 51,17 - 52,2; 54; 60 (vgl. ferner Sach 9,9f.; Bar 5,1-5 usw.).

Jerusalem versinnbildlicht als Hauptstadt des Südreiches, als Ort des Tempels und Sitz des Königtums das Gottesvolk als Ganzes in seiner Vielfalt, mit seiner Geschichte und mit seinen tragenden Institutionen. Dieser Stadt, so die Aufforderung, hat der Prophet ihre Gräuel kundzutun (vgl. 20,4; 22,2). Dieser Auftrag zur Zurechtweisung (vgl. 23,36ff.) zielt darauf, den wahren Zustand des Gottesvolkes aufzudecken, dieses mit seinem eigenen Fehlverhalten zu konfrontieren und so die Einsicht in die eigene Widersprüchlichkeit zu erwirken.

b. Jerusalems Erwählung und Schuld VV. 3aβ-34

Die erbärmlichen Anfänge (VV. 3aβ-5)

»Nicht weil ihr zahlreicher als die anderen Völker wäret, hat euch der Herr ins Herz geschlossen und ausgewählt; ihr seid das kleinste unter allen Völkern« (Dtn 7,7). Diese Worte aus dem Buch Deuteronomium stellen klar, dass die Erwählung Israels nicht in irgendwelchen besonderen verdienstvollen Eigenschaften oder günstigen Dispositionen gründet. Im Gegenteil! Israel ist aus sich heraus das geringste von allen Völkern und im Vergleich mit diesen klein und unbedeutend. Israel weiß sich als Teil der großen Menschheitsfamilie. So beginnen die Schriften Israels auch nicht mit der Sondergeschichte dieses Volkes, sondern mit der Geschichte der gesamten Menschheit. Dieser ist die Erde als Lebenshaus zur Verantwortung übergeben. Als Ebenbild Gottes geschaffen sind alle Menschen gerufen, die Welt im Sinne des Schöpfergottes zu gestalten. Zugleich aber steht das Leben dieser einen Menschheit unter dem Zeichen des Fluches (Gen 3,14.17; 5,29) und der Gewalttat (Gen 4; 6,12f.). In diese so beschaffene Welt hinein gehört auch Israel. Der Stammbaum Abrahams, des Stammvaters Israels, in dem das Gottesvolk sich selbst wiederfindet, ist in das Erdreich der Menschheitsgeschichte eingepflanzt (Gen 11,27-30). Erst der Ruf Gottes (Gen 12,1-3) führt zum Aufbruch und zum Neubeginn. Trotzdem bleibt gültig: Die Geschichte Israels ist Teil der umfassenderen Geschichte des Adam.

Auch Ezechiel eröffnet seinen Geschichtsrückblick mit einem universalen Horizont. Dabei stellt er, wenn er die Geschichte Israels bis in ihre frühesten Anfänge hinein verfolgt, vor allem zwei Aspekte besonders heraus: die unedle Abstammung und die Ablehnung von Anfang an.

Anders als seine prophetischen Vorgänger Hosea und Jeremia, welche die Anfänge Israels als ideale und helle Zeit der Gnade einer dunklen Gegenwart in Sünde und Verweigerung gegenüberstellen (vgl. Hos 9,10; 13,5f.; Jer 2,1ff.), kennt Ezechiel eine ursprüngliche und wesenhafte Verwurzelung Israels im Heidentum. Israel ist ein Kind Kanaans, der von seinem Vater Noach selbst verflucht wurde (Gen 9,25). Mit Abscheu blickt man in Israel auf die Perversionen Kanaans herab, wie diese beispielhaft in der Erzählung von Sodom zum Ausdruck kommen (Gen 19). Als Eltern Jerusalems sind der Amoriter als Vater und eine Hetiterin als Mutter genannt. Als Amoriter wird in den biblischen Schriften verallgemeinernd die bereits vor Israel ansässige Bevölkerung des Landes (Jos 10,6) bezeichnet. Ähnliches gilt von der Bezeichnung »Hetiter«, die zunächst ein Volk in Kleinasien, später eine hetitische Oberschicht in Nordsyrien meint. In den biblischen Schriften wird auch diese Bezeichnung generalisierend auf die Bewohner Palästinas übertragen. So gehören nach Dtn 7,1; Jos 3,10 und 24,11 die Hetiter zu den sieben Völkern, die Israel bei seinem Einzug ins Land vertrieben hat. Nach der Priesterschrift werden die Hetiter zur Vorbevölkerung des Landes schlechthin gestempelt (Gen 23,3ff., bes. V. 7; 27,46). Die Jerusalemer Wurzeln liegen demnach bei jenen Völkern, die das Land verlassen mussten, weil sie dieses Land durch ihre Gräuel verunreinigt hatten (vgl. Lev 18,24f.). Die so benannten Eltern Jerusalems machen somit deutlich: Von ihren Anfängen her ist die Tochter Jerusalem ganz vom Heidentum geprägt. Denn sie entstammt als Mischling einer Verbindung von heidnischen Erzeugern.

Über diese unrühmliche Abstammung hinaus wird noch ein Weiteres festgestellt: Als die Tochter geboren wurde, löste diese Geburt statt der selbstverständlichen Freude der Eltern nur deren Ablehnung und Abscheu aus. Die übliche Pflege – Abwaschen und Reinigen, Einreiben mit Salz und Hüllen in Windeln – wurde unterlassen, das Kind statt dessen auf das freie Feld geworfen und somit dem sicheren Tode preisgegeben. Schon diese Anfänge machen klar: Von seiner heidnischen Abstammung her kann sich Jerusalem kein Leben erwarten. Hier findet es nur den Tod.

Rettung und Auszeichnung Jerusalems (VV. 6-14)
Dieser Textausschnitt zerfällt in zwei Abschnitte, die jeweils eingeführt werden mit der Formulierung »da kam ich an dir vorüber« (V. 6 und V. 8). Der erste Abschnitt VV. 6-7 spricht von der unerwarteten Rettung des Kindes, die sich anschließenden VV. 8-14 von der Auszeichnung und Erhöhung der Geretteten. Ein göttliches Handeln in zwei Phasen findet sich sowohl bei der Erschaffung des Menschen (Gen 2,7) wie bei der Neuschöpfung

des Gottesvolkes in Ez 37,7-8.9-10, kennzeichnet also das Wirken Gottes als Schöpfer.

Die Rettung des Kindes (VV. 6-7). Durch Gottes rettendes Eingreifen wird das dem Tode preisgegebene Kind dem sicheren Tod entrissen. Es ist der Vorübergang des Herrn, dem Jerusalem seine Existenz verdankt. Dass es Jerusalem gibt, dass es das Gottesvolk gibt, verdankt es Gott als seinem Schöpfer und Erretter. Doch trotz des Wachsens und Reifens, Jerusalem bleibt ein »Spross des freien Feldes«. Das Kind ist »nackt und bloß«, also verletzbar und auf Hilfe und Schutz angewiesen.

Die Auszeichnung und Erhöhung der Geretteten (VV. 8-14). Das zweite Vorübergehen ihres Herrn und Retters führt dazu, dass die von den Eltern Ausgestoßene und Missachtete erhöht wird (vgl. 1 Kor 1,26-29; Jak 2,5) und so eine besondere Stellung erhält. Es kommt »ihre Zeit«, »die Zeit der Liebe« (V. 8). Der Herr der Welt und der König der Könige nimmt das Findelkind an als seine Gattin. Mit Riten, die damals bei einem Eheschluss üblich waren, wird diese Vermählung ausgedrückt. Das Ausbreiten des Gewandes (vgl. Rut 3,9; dazu ausführlicher NSK-AT 6, 85-121, bes. 100-102) ist ein Zeichen der Zuneigung und des Schutzes. Damit wird zugleich die Blöße bedeckt. Der Schwur zeigt die Verlässlichkeit der Bindung, die sich im Bundesschluss verwirklicht (vgl. Spr 2,17; Mal 2,14). Das göttliche Handeln führt zum Ziel: »und du wurdest mein« (V. 8; vgl. 23,4). Die Vermählung von Mann und Frau (Hos 2,21-22) und das damit verbundene Glück (Jes 62,5) wird somit zum Bild für die Verbindung JHWHs mit Jerusalem.

Nach dem Akt der Vermählung, der hier als juristisch vollgültige Bindung dargestellt ist, um die Verbindlichkeit zu dokumentieren (V. 8), werden die Geschenke beschrieben, welche diese Verbindung mit sich bringt (VV. 9-14). Durch die Beheimatung im Bund mit Gott wird die von den Menschen missachtete und verachtete Frau rehabilitiert. Bewusst knüpfen die Formulierungen an den erbärmlichen Zustand des dem Tode preisgegebenen Findelkindes an. Nun empfängt Frau Jerusalem von ihrem göttlichen Herrn das, was ihr von Menschen widerrechtlich vorenthalten wurde. Sie wird gereinigt, mit Öl gesalbt, mit kostbaren Kleidern eingekleidet und mit reichem Schmuck geschmückt. Die Beschreibung der kostbaren Ausstattung verweist dabei nicht nur auf die königliche Würde der Frau (z.B. Ps 45,15), sondern auch auf die Ausstattung des Tempels bzw. des Allerheiligsten. So erinnert etwa das erwähnte Tachas-Leder, aus dem die Sandalen der Frau hergestellt sind, an die Lederart, mit der nach der priesterlichen Theologie das heilige Zelt und die heiligen Geräte bedeckt werden (Ex 26,14). Die Beschreibung von Frau Jerusalem und ihre Würde sind transparent für das biblische Jerusalem und die theologische Botschaft dieser Stadt.

Dies zeigen die folgenden Formulierungen noch deutlicher. Frau Jerusalem wird gekrönt mit einer »herrlichen Krone«. Das königliche Diadem erinnert an den göttlichen Glanz, mit dem die Gottheit die Macht des Chaos bannt. Der irdische König ist als Sachwalter und Stellvertreter des himmlischen Königs damit beauftragt, die Herrschaft im Sinne seines Herrn auszuüben. Das königliche Diadem bringt dies zum Ausdruck. Die Herrin Jerusalem wird in diese königliche Stellung eingesetzt. Sie soll teilhaben am göttlichen Glanz, damit dieses das Chaotische vertreibende Licht durch Königin Jerusalem in die Welt hinein ausstrahle (V. 14).

Königin Jerusalem schmückt sich mit »Gold und Silber« (V. 13). Auch diese Formulierung greift wieder über das bloße Bild hinaus und ruft die Glanzzeit Israels unter König Salomo in Erinnerung, wie sie in den biblischen Schriften dargestellt wird. Denn zu seiner Zeit waren – so 2 Chr 1,15 – »Silber und Gold ... wie Steine«. Der Ruf Jerusalems drang damals in die ganze Welt hinaus, dass Heiden sich aufmachten und mit ihren Schätzen nach Jerusalem zogen: so die Königin von Saba (1 Kön 10,1f.; 2 Chr 9,1) oder König Hiram von Tyrus (1 Kön 9,27f.; 2 Chr 8,18), der mit seinen Schiffen Gold von Ofir herbeibrachte. Die Fülle von Gold (1 Kön 10,14; 2 Chr 9,13) diente dazu, den Tempel von Jerusalem damit auszustatten, nicht nur die »Wohnung« der Bundeslade (1 Kön 6,19-20), sondern den ganzen Tempel (1 Kön 6,22; 2 Chr 3,4-10). Diese Glanzzeit der Geschichte Israels soll wohl erinnert werden im Bild der mit Gold und Silber geschmückten Frau Königin.

Durch die so herrlich geschmückte Königin, einst ein von den eigenen Angehörigen verachtetes und verschmähtes Menschenkind, jedoch durch das göttliche Handeln zur Herrin erhoben, durch diese kann aufgrund ihrer Schönheit, ihres Glanzes und ihrer Vollkommenheit der göttliche Glanz in der Welt aufstrahlen. Gottes Herrschaft und Reich, der Glanz seines Königtums will durch die Königin Jerusalem in der Völkerwelt, die von Finsternis bedeckt ist (Jes 60,1-3), zum Vorschein kommen. Deshalb leuchtet mit dem »Namen« der einst Verschmähten das wunderbare Handeln Gottes an ihr in der Völkerwelt auf. So kann durch die Herrin Jerusalem die alte Verheißung zur Erfüllung kommen, die Abraham einst gegeben ward (Gen 12,1-3), und die sich mit David und seinen Nachfolgern erfüllen sollte (2 Sam 7,9): ein Segen zu sein für alle Völker der Erde. In der Wahrnehmung und im Ansehen der einst verschmähten Verwandten, die nun zur Königin erhöht ist und mitten unter ihnen lebt (Ez 5,5), können die Völker Gott als den Herrn der Welt und als Herrn der Geschichte entdecken und das Heil finden, das Frau Jerusalem bezeugt (vgl. Jes 2,2-4; Mi 4,1-5).

Abfall zu anderen Göttern (VV. 15-22)
Der erste Teil der großen Schelte von VV. 15-34 handelt unter deutlicher Anspielung auf kanaanäische Kultbräuche vom Abfall zu anderen Göttern. Aufgrund der Ehemetaphorik ist dieser Abfall in das Bild des »Hurens« gekleidet. Der diesen Abschnitt eröffnende V. 15 bringt die grundlegende Aussage, die in den anschließenden VV. 16-19 und VV. 20-21 entfaltet und mit dem Resümee von V. 22 abgeschlossen wird.

»Doch dann hast du dich auf deine Schönheit verlassen«, mit dieser wichtigen Aussage markiert *V. 15* einen weiteren, jetzt aber verhängnisvollen Wendepunkt in der Geschichte von Frau Jerusalem. »Vertrauen« gilt, wenn es im Gottesvolk mit rechten Dingen zugeht, Gott allein. Denn *bāṭaḥ* »vertrauen« bedeutet, die ganze Existenz mit allem, was jemand hat und ist, in der Wirklichkeit zu begründen, der das Vertrauen entgegengebracht wird. Gründet sich das Vertrauen auf einen anderen Grund als auf Gott, so wird es zum Trug und zur Torheit. Vertrauen auf Reichtum (Ps 49,7; Spr 11,28), auf militärische Macht (Streitwagen, Rosse, Krieger: Jes 31,1; Hos 10,13; Ps 147,10-11) oder auf Menschen (Jes 30,2; Jer 17,5; Ps 62,10) wird zum Götzendienst, da es Dingen oder Bereichen dieser Welt den Rang eines letzten und verlässlichen Grundes zuspricht. Es ist ein besonderes Kennzeichen der gottfeindlich agierenden Weltmacht, dass sie auf sich und auf die eigene

Stärke vertraut, wie etwa Ninive, eine der Hauptstädte des assyrischen Weltreiches (Zef 2,15; EÜ: »die sich in Sicherheit wiegte«), Babel, die Hauptstadt Babylons (Jes 47,8; vgl. auch Offb 18,7) oder Ägypten (Ez 30,9). Nach dem Buch Judit sind die Krieger, die gegen das im Bergland von Judäa wohnende Gottesvolk vorgehen, »Männer, die auf ihre eigene Kraft vertrauen« (Jdt 2,5). Folge eines derartig fehlgeleiteten Vertrauens ist die Produktion einer Vielfalt von Götterbildern, in denen Teile oder Bereiche menschlichen Lebens oder menschlicher Welterfahrung um den ersten Platz im Leben des Menschen konkurrieren. Mit der Verabsolutierung menschlichen Machwerks bieten sich diese Götzen sodann als Grund und Gegenstand menschlichen Vertrauens an (Ps 115,8; 135,18; Jes 42,17; Jer 48,13).

Von Frau Jerusalem wird nun gesagt, dass sie auf ihre eigene Schönheit vertraut. Sie vergisst über den reichen Gaben Gottes diesen selbst als den Geber der Gaben, löst sich von ihrem Ursprung und investiert ihre empfangenen Begabungen ganz in den Götzendienst. Bildhaft gesprochen: Sie wird zur Dirne. Die Tatsache, dass sie den Bund mit Gott verlässt, der ihr Bergung und Schutz gebracht hatte, führt die Frau jedoch nicht in die Freiheit, sondern in vielfache Abhängigkeit »gegenüber einem jeden, der vorbeikommt«. Hatte es in V. 8 mit Blick auf den einen göttlichen Herrn und Bräutigam geheißen »und du wurdest mein«, so formuliert V. 15 kontrastierend dazu und mit Blick auf einen jeden, der dahergelaufen kommt: »sein wurdest du« (EÜ: »jedem bist du zu Willen gewesen«). Das fehlgeleitete Vertrauen auf sich selbst führt nicht in die Freiheit, sondern in die Abhängigkeit von vielen. Und so verliert Frau Jerusalem mit den empfangenen Gaben sich selbst und ihre eigene Zukunft, da sie den Trug der Götzen der Wahrheit Gottes vorzieht.

Diese grundlegende Aussage wird in VV. 16-19 und 20-21 zweifach entfaltet. Nach manchen gehören diese Verse einer späteren Bearbeitungsschicht an. Auch wenn dies so sein sollte, so halten sich die Aussagen beider Abschnitte gleichwohl eng an die Grundaussage von V. 15.

VV. 16-19 kleiden die Fremdgötterverehrung Jerusalems in das Bild der Dirnentätigkeit. Sie nimmt – viermal wird das Wort »nehmen« verwendet (VV. 16.17.18.20) – die ihr gegebenen und anvertrauten Gaben und stellt sie in den Dienst der Götzen. Aus dem Schmuck verfertigt sie Kultobjekte (vgl. Ex 32,2-4.24; 33,4-6; 35,12; Ri 8,24-27), mit den Kleidern bekleidet sie die selbstgemachten Götzen und errichtet sich zugleich Höhenlager. Letztere sind wohl als Anspielung auf den Baalskult zu verstehen. Die von Gott empfangene Nahrung dient als Material für Götzenopfer, um sich so das Wohlwollen der Götzen zu »verdienen«. Die Metaphern sind so gewählt, dass sie das reale Geschehen ekstatischer Feiern mit sexuellen Praktiken auf den Höhen durchscheinen lassen.

Der ungeheuerliche Preis, den Frau Jerusalem für ihren Götzendienst zu zahlen bereit ist, ist der der Selbstzerstörung, bringt sie doch den Götzen ihre eigenen Kinder im Hinnomtal, einem Tal unterhalb der Mauern Jerusalems, dar, indem sie ihre Söhne und Töchter »durchs Feuer gehen« lässt: *VV. 20-21.* Dieser zu Ehren des Gottes Moloch durchgeführte schaurige Gottesdienst, die Verbrennung der eigenen Kinder, wird in biblischen Texten mit den Königen Ahas (2 Kön 16,3; 2 Chr 28,3) und – vor allem – Manasse (2 Kön 21,6; 2 Chr 33,6) in Verbindung gebracht. Es ist umstritten, wie diese Aussagen zu deuten sind, zumal Kinderopfer in Israel archäologisch nicht nachzuweisen sind. Mit Sicherheit gab es in Israel keine Institution des Kinderopfers. Möglicherweise bestand besonders in Notzeiten die Versuchung, sich durch Übereignung von Kindern an eine Gottheit Zukunft zu sichern, in der Meinung, so die Gunst der Gottheit, deren Zorn man besänftigen wollte, zu gewinnen. Auch der Prophet Jeremia äußert sich mit scharfen und anklagenden Worten (vgl. Jer 7,30 – 8,3; 19,5-6; 32,35) gegen die Praxis der Darbringung von Kindern und nennt dieses Tal »Würgetal« bzw. »Mordtal«.

Ezechiel klagt diesen Gipfel an Götzendienst, mit dem Frau Jerusalem ihre eigenen Kinder dem Tod anheim gibt, an. Zugleich macht er deutlich, dass die Kinder Jerusalems auch die Kinder ihres Bräutigams JHWH sind (»meine Söhne«). Auf diese schaurige Weise opfert die Braut in ihren Kindern ihre eigene Zukunft den Götzen, die sie sich selbst gemacht hat. Indem sie sich auf diese heidnische Weise ihre Zukunft sichern will, verliert sie diese gerade und zerstört sich selbst.

Der den Abschnitt abschließende *V. 22* gibt noch einmal den Grund für diese Selbstzerstörung Jerusalems an. Sie vergisst ihres

Gottes. Sie gedenkt nicht »der Tage ihrer Jugend«, da sie »nackt und bloß« war. Sie verliert, da sie nicht mehr gedenkt, Gottes Handeln an ihr aus dem Blick und wird »gott-los«. Es ist diese mit ihrer Selbstgefälligkeit und Selbstbezogenheit (V. 15) einhergehende Gottvergessenheit, die ein Vakuum an Sinn erzeugt und dem Götzendienst und dem Aberglauben Tür und Tor öffnet.

Politisch-religiöse Verirrung (VV. 23-34)
Der zweite Abschnitt der Schelte zielt auf politisch-religiöse Vergehen. Er verwendet für diese wiederum das Bild der Hurerei und betont so mit dem neuen Thema zugleich die Kontinuität im Versagen Jerusalems. Ezechiel hat dabei nicht nur die aktuelle Gegenwart im Blick, sondern rügt das Hin- und Herschwanken des Gottesvolkes zwischen den Großmächten im Laufe seiner langen Geschichte. Palästina, ein Durchgangsland zwischen den beiden Großmächten im Südwesten und im Nordosten, diente den Großen als Pufferzone, um ihre Vormachtstellung zu behaupten. Israel war ständig in der Versuchung, einer der beiden Großmächte anzuhangen, um seine Existenz durch »kluge« Politik und »richtige« Strategien zu sichern. So konnte die Großmacht als Retter erscheinen (vgl. 2 Kön 16,7-9), der man die eigene Stellung verdankte. Mit der Anerkennung der jeweiligen Großmacht wurden freilich nicht selten auch deren Götter übernommen und akzeptiert. Diese Problematik des Vertrauens auf eine der Weltmächte in der Meinung, so Stabilität und einen verlässlichen Stand in der Welt zu finden, bringt Ezechiel hier in verletzender Einseitigkeit ins Wort.

VV. 23-25 dienen, analog zu V. 15, wieder als eine mehr grundlegende Einführung. Demnach haben die Heidenvölker keine sonderliche Mühe, Jerusalem für sich zu gewinnen. Ja, die einst von JHWH erwählte Herrin drängt sich ihnen gleichsam auf und vergisst in der Suche nach der Gunst der Großen jegliches Anstand und alle Würde. Auf derbe und verletzende Weise drückt Ezechiel dies aus: »Du spreiztest deine Beine für jeden, der vorüberkam« (V. 25; EÜ abmildernd: »du ... hast dich jedem angeboten«).

Zunächst prangert Ezechiel das Buhlen mit der Großmacht Ägypten an, die Jerusalem jedoch immer im Stich gelassen hat, wenn Unterstützung vonnöten war (*VV. 26-27*). Ägypten hat mit

Worten, mit Propaganda und Versprechungen gespielt, durch Fakten jedoch die vertrauensselige Buhlerin immer hintergangen. So etwa um 700 v.Chr., als die Assyrer vor den Toren Jerusalems standen und der assyrische Großkönig das abtrünnige Südreich bestrafte, indem er einen Teil des judäischen Gebietes den Philistern zukommen ließ. Möglicherweise spielt V. 27, eine vielleicht später eingefügte Ausdeutung, auf dieses historische Ereignis an, sieht allerdings JHWH selbst als den, der dieses bewirkt hat. So gerät die Herrin Jerusalem in die Hand ihrer Hasser. Doch sind selbst diese beschämt ob des würdelosen und abstoßenden Verhaltens von Frau Jerusalem: »Sie schämten sich wegen deines schändlichen Treibens« (V. 27).

Die folgenden *VV. 28-30* handeln vom Paktieren Jerusalems mit den Großmächten im Nordosten Palästinas, mit den Assyrern und den Babyloniern, hier als chaldäische Krämer bezeichnet. Der Abschnitt steht unter dem Leitwort der Unersättlichkeit. Frau Jerusalem, von den Ägyptern enttäuscht, sucht nun Befriedigung bei den Assyrern und Babyloniern. Doch sie findet nicht, was sie sucht. Sie wird nicht »satt«. Sie fiebert nach Anerkennung durch die Großen und präsentiert sich, wie Jeremia polemisch formuliert, wie eine brünstige Kamelstute, die voller Gier nach Luft schnappt (vgl. Jer 2,23f.). Aufgrund ihrer Vielmännerei wird die einstige, zur Dirne gewordene Herrin als »mächtiges Hurenweib« bzw. als »Erzdirne« (V. 30; EÜ etwas irreführend: »selbstherrliche Dirne«) disqualifiziert.

Der letzte Teilabschnitt *VV. 31-34* betont die Widersinnigkeit, ja die Perversion im Verhalten der einstigen Herrin, die auch das Verhalten einer »ordentlichen Dirne« noch einmal unterbietet. Diese nämlich wird für ihre Dienste bezahlt. Frau Jerusalem hingegen bezahlt ihrerseits ihre Liebhaber, damit diese das Lager mit ihr teilen. Der Sache nach ist dies wohl zunächst als Anspielung auf Tributleistungen zu verstehen, die Jerusalem zu zahlen bereit war. Doch zugleich wird damit mehr gesagt: Das Gottesvolk bezahlt dafür, dass es von den heidnischen Mächten abhängig wird. Es investiert die von Gott gegebene Ausstattung, damit das Heidentum in ihm heimisch werden kann und Macht über es gewinnt (1 Kön 15,16-22; 2 Kön 16,7-9.10-16; Jes 30,6-7; Hos 7,8-9; 8,9-10; 12,2).

Mit dieser Perversion im Verhalten von Frau Jerusalem ist der Schuldtatbestand in einer so eklatanten Weise gegeben, dass er nach Strafe ruft.

c. Jerusalem unter dem göttlichen Gericht VV. 35-43a

Mit einem Aufmerksamkeitsruf (V. 35) und einer anschließenden Botenformel wird das göttliche Gerichtshandeln eingeleitet, nicht ohne zuvor noch einmal auf die abgründige Schuld Jerusalems als Grund für deren Bestrafung verwiesen zu haben (V. 36). Wie Frau Jerusalem einst die Liebhaber von ringsherum herbeigerufen hatte (V. 33), so werden diese nun kommen »von ringsherum her« (V. 37), doch sie kommen zum Gericht. Sie, von denen Jerusalem mehr Leben erwartete und erhoffte, als aus dem Bündnis mit ihrem Bräutigam, sie bringen ihr nicht Leben, sondern den Untergang. Das Kommen dieser Liebhaber geschieht freilich unter göttlicher Regie. Jene sind lediglich Werkzeuge eines göttlichen Strafhandelns, das Frau Jerusalem zu bestehen hat.

Das göttliche Gericht vollzieht sich nach den damals gültigen rechtlichen Bestimmungen. Wie das einstige Findelkind durch den Ehebund zur rechtmäßigen Gattin ihres göttlichen Bräutigams wurde (V. 8), so wird nun die dem Schuldtatbestand – Ehebruch und Ermordung der Kinder – gemäße Strafe verhängt (V. 38). Zuvor jedoch übergibt man die ehebrecherische Frau den Fremden, bei denen sie Leben suchte. Diese werden sie entblößen und enteignen und ihr damit die Voraussetzungen nehmen, noch weiterhin Götzendienst zu treiben. Die Frau, einst nackt und bloß, dann umkleidet mit kostbarer Kleidung und mit Schmuck durch die Fürsorge Gottes, wird nun wieder das sein, was sie am Anfang war: »nackt und bloß« (V. 39). Was sie ohne Gott ist, den sie meinte entbehren zu können, was sie ist, wenn sie sich in der Heidenwelt beheimatet, wird somit offenbar.

Das Urteil über Ehebrecherinnen ist der Tod durch Steinigung (V. 40; vgl. Ez 23,24.45-47; Lev 20,10; Dtn 22,22-24 u.ö.). Die Ankündigung der Hinrichtung weist allerdings über das Bild hinaus. Das Zerhauen (der schon Gesteinigten) mit dem Schwert und vor allem das Niederbrennen ihrer Häuser lässt das Schicksal von Frau Jerusalem in das der gleichnamigen Stadt übergehen. Dieses

Urteil wird vor dem Forum der Völker vollstreckt. So wird der »Zorn Gottes« (VV. 41b-42) zu Ende gehen, das also, was zwischen Gott und seinem Volk steht, beseitigt sein. Das Gericht vernichtet, was die Beziehung zwischen Frau Jerusalem und ihrem Bräutigam zerstört hatte. Ist damit der Weg schon frei für einen Neubeginn jenseits des Gerichtes?

3. Jerusalem und ihre beiden Schwestern 16,43b-58

Dieser Abschnitt wurde vermutlich unter Bezugnahme auf Ez 23 später ergänzt. Die zweite Eroberung Jerusalems mit der Zerstörung der Stadt dürfte bereits geschehen sein. Die Reflexion über die Schuld Jerusalems sollte helfen, das Gericht über die Stadt besser zu verstehen. Jerusalem wird verglichen mit zwei weiteren »Töchtern« Kanaans, mit ihrer älteren Schwester Samaria und mit der jüngeren – Sodom. Der Abschnitt gliedert sich in zwei Teile: *VV. 43b-52* thematisieren die Schuld Jerusalems, *VV. 53-58* eröffnen mit der gottgewirkten Umkehr die Möglichkeit eines Neubeginns.

a. Jerusalems größere Schuld VV. 43b-52

Nach dem bekannten Spruch »Der Apfel fällt nicht weit vom Baum« wird festgestellt, dass die gesamte Sippe, der Jerusalem angehört, unter dem Einfluss des kanaanäischen Heidentums steht: »Wie die Mutter, so die Tochter« (V. 44). Der erste Teilabschnitt zeigt auf, dass die erwählte Herrin Jerusalem mit ihrem Verhalten tiefer in Schuld gefallen ist als ihre beiden Schwestern Samaria und Sodom.

Samaria wird, da sie geschichtlich bedeutsamer war, als die größere Schwester bezeichnet, die zur Linken, also nördlich von Jerusalem wohnte. Bald nach der Reichstrennung zu Beginn des 9. Jh. wurde Samaria während der Omridendynastie zur Hauptstadt des Nordreiches Israel ausgebaut (1 Kön 16,23-28). Die Stadt steht somit stellvertretend für die Geschichte und den Weg des Nordreiches. In der biblischen Überlieferung wird das Nordreich vor allem angeklagt wegen der Loslösung von Jerusalem, wegen der mit Jerusalem konkurrierenden Kultstätten und wegen der Vermischung des JHWH-Glaubens mit heidnischen Elementen. Von König Ahab etwa ist überliefert, er habe die heidnische Prinzessin Isebel aus Sidon geheiratet, die den Baalskult mit einer Vielzahl von Baalspriestern in Israel installierte (1 Kön 16,29-34; 18,16-19). Mit Ahab und Isebel hat sich besonders der Prophet Elija auseinanderzusetzen (1 Kön 19). Während des 8. Jahrhunderts wirken die beiden Propheten Amos und Hosea im Nordreich. Sie problematisieren die wirtschaftliche Blüte, die zweifellos gegeben ist, und fragen nach dem Preis, der dafür zu bezahlen ist: die Zerrüttung des sozialen Lebens, die Verarmung großer Teile der Bevölkerung, die Unterhöhlung der alten und tragenden Institutionen im Gottesvolk (z.B. der Rechtssprechung) und die Vermischung des JHWH-Glaubens mit fremden Einflüssen aus der Baalsreligion. Als die assyrischen Invasoren dem Nordreich mit der Eroberung Samarias 722 v.Chr. ein Ende bereiteten, wurde der Götzendienst im Nordreich noch mehr heimisch. Gemäß der assyrischen Siedlungspolitik, die darauf zielte, völkische Identitäten zu zerschlagen, wurden neue Bevölkerungsgruppen, vor allem eine neue Oberschicht, angesiedelt, die auch ihre eigenen Gottheiten mitbrachten (vgl. 2 Kön 17,24-28). So kam es mehr als zuvor zu einer Vermischung verschiedener religiöser Ausdrucksformen, die der Verfasser der Königsbücher so beschreibt: »JHWH verehrten sie, und zugleich dienten sie ihren Göttern nach der Weise der Völker, aus denen man sie weggeführt hatte« (2 Kön 17,33).

Als jüngere Schwester Jerusalems wird Sodom angeführt. Dass ihr der Platz zur Rechten Jerusalems – neben der geographischen Lage im Süden also zugleich der Ehrenplatz – zugewiesen ist, ist provozierend. Gilt doch Sodom in der biblischen Überlieferung als Typus der sündigen Stadt, deren Bosheit sprichwörtlich ist und deren Zerstörung als Zeugnis der göttlichen Gerechtigkeit dient (Gen 18,16 – 19,29). Zusammen mit Gomorra und drei weiteren Städten, die mitunter erwähnt sind (vgl. Gen 10,19; 14,2.8; Jes 1,7-10; Jer 23,14 u.ö.), wird Sodom völlig vernichtet aufgrund seiner Bosheit. In VV. 49-50 wird dieser Stadt Stolz und Hochmut vorgeworfen, Sattheit, eine falsche Sicherheit und fehlendes Gespür für die Nöte der Menschen.

Jerusalem jedoch, die mittlere der drei Schwestern, hat es schlimmer getrieben als jede ihrer beiden Schwestern (V. 47). Sie hat ihre

Gräuel zahlreicher gemacht als jene (V. 51f.). Selbst Sodom schneidet gegenüber Jerusalem noch gut ab, so auch die Klagelieder: »Größer ist die Schuld der Tochter, meines Volkes, als die Sünde Sodoms, das plötzlich vernichtet wurde, ohne dass eine Hand sich rührte« (4,6). Jerusalem steht mit ihren beiden Schwestern in einer Schicksalsgemeinschaft der Schuld, jedoch in der Weise, dass sie die Schuld ihrer Schwestern überbietet und diese dadurch – angesichts der eigenen abgründigen Schuld – gleichsam rechtfertigt (V. 52). Mit der Aufforderung an die einst so hoch erhabene und nun so tief gefallene Frau, ihre Schande öffentlich zu tragen und damit ihre Schuld als Verfehlung anzuerkennen, schließt der Abschnitt.

b. Gottgewirkte Umkehr und Neubeginn VV. 53-58

Das Leitwort »kehren« – hebräisch *šûb* – bestimmt den gesamten Abschnitt. Dieses zentrale biblische Wort bezeichnet hier zum einen die »Abkehr« von Gott in die Gottlosigkeit und die damit gegebene Verstrickung in Schuld. Nicht zufällig klingt in dieser hebräischen Wurzel auch das Wort »Gefangenschaft« mit an. Zugleich drückt das Wort *šûb* die »Zukehr« Gottes aus, die ihrerseits die Bewegung der »Umkehr« zu Gott hin auslöst. Hierbei verbindet sich das Leitwort »kehren« mit einem weiteren zentralen Wort dieses Abschnittes: »Anfang« (EÜ: »wie früher«). Das Ziel der Umkehr ist der Anfang. Die Loslösung von der Sünde führt in den Anfang, in die Gemeinschaft mit Gott, und schenkt Beheimatung im Ursprung.

Die Wende, die hier in Aussicht gestellt ist, ist ganz das Werk Gottes (V. 53). Wie zuvor eine Schicksalsgemeinschaft in der Schuld existierte, so entsteht durch das Handeln Gottes eine weitere schicksalhafte Gemeinschaft in der gottgewirkten Umkehr. Eine Besonderheit dieser Umkehr ist ihre Weite, da selbst Sodom in sie einbezogen ist. Es wird eigens betont, dass die Abkehr Jerusalems inmitten ihrer Schwestern gewendet wird. Dabei bleibt das Versagen Jerusalems nicht ausgeblendet. Sie hat ihre Schande wegen ihres Versagens zu tragen (VV. 54.58) und wird gerade dadurch zur Tröstung für ihre beiden Schwestern (vgl. dazu 14,21-23; s.o. Kommentar VIII.2.), wurden diese doch durch Jerusalems

Schuld gerechtfertigt (vgl. V. 51f.). Der frühere Stolz über die Schlechtigkeit Sodoms, das als schlechtes Beispiel gerne im Mund geführt wurde (V. 56), ist zerbrochen durch das Erleben des eigenen abgründigen Versagens. Stolz und Selbstgefälligkeit weichen der Solidarität. Denn die Solidarität in der Schuld lässt keine Überheblichkeit zu. Die Solidarität in der gottgewirkten Umkehr entzieht jedem Selbstruhm den Boden, ist es doch Gott, der hier handelt. Und die Solidarität im gemeinsamen Ziel, dass alle den gottgesetzten Anfang als ihren Ursprung und als ihr Ziel finden (V. 55), macht deutlich: Der einzige legitime Ruhm ist die rühmende Anerkenntnis Gottes, der dieses alles gewirkt hat.

4. Gottes ewiger Bund 16,59-63

Mit der Verheißung eines ewigen Bundes, den Gott aufrichtet, ist wohl der Höhepunkt des gesamten Kapitels erreicht. Das Thema des Bundes, das bei Ezechiel nur gelegentlich anklingt (außer Ez 16 und 17 noch in 34,25; 37,26; 44,7) ist für Ezechiel kein Hauptthema. Der Hauptakzent liegt im vorliegenden Abschnitt auf dem Leitwort *zākar* »gedenken«. Doch bringt die Art und Weise, wie dieses Leitwort eingesetzt wird, gerade das zum Ausdruck, was auch das Thema des ewigen Bundes besagen will. Einst hatte Frau Jerusalem in ihrer Gottvergessenheit der Tage ihrer Jugend und des göttlichen Handelns an ihr »nicht gedacht« (VV. 22.43). Gott handelt anders. Er bleibt seinem Bund treu (V. 60) und bricht die gegebene Zusage nicht. Sein Gedenken wird auch ein neues Gedenken Jerusalems bewirken (VV. 61.63).

Der frühere Bund, den JHWH einst geschlossen hatte (V. 8), war von Jerusalem her gebrochen worden, hatte die Herrin ihren geleisteten Eid doch beiseite geschoben und ihren Herrn vergessen (V. 59). Dieser geschehene Bruch ist und bleibt eingeschrieben in die Lebensgeschichte Jerusalems. Sie wird sich deshalb im Gedenken (VV. 61.63) immer wieder vergegenwärtigen, dass die Untreue Teil ihrer Identität ist. Gott hingegen bleibt – im Gegensatz zu seiner Braut – seines Bundes, den er eingegangen ist (V. 8), immer eingedenk (V. 60). Ja, er errichtet diesen Bund zu einem »ewigen Bund« (V. 60), der menschlichem Zugriff entzogen bleibt und deshalb auch vom menschlichen Partner nicht mehr gebrochen werden kann.

Von der Schicksalsgemeinschaft Jerusalems mit ihren beiden Schwestern – sei es im Schuldigwerden, sei es aufgrund eines gemeinsamen Weges der Umkehr, sei es hinsichtlich des gemeinsamen Zieles der Beheimatung bei Gott als ihrem Ursprung – war bereits die Rede (VV. 53-58). Auch das Heilswort VV. 59-63 erwähnt die beiden Schwestern, ohne sie ausdrücklich beim Namen zu nennen. Die beiden Schwestern – so V. 61 – werden Jerusalem zu Töchtern gegeben. D. h., sie werden einbezogen in das neue göttliche Heilshandeln. Ob damit ganz konkret eine politische Aussage über ein zukünftiges Großisrael gemacht werden soll – auch die genaue Bedeutung der hierfür gerne angeführten Aussagen von Ez 47,8f.13ff. ist umstritten – ist eher zu bezweifeln. Vielmehr wird hier wohl die theologische Aussage gemacht, dass die beiden Schwestern nicht »draußen« bleiben, sondern des kommenden Heiles teilhaftig werden. Diese universale Weitung des Heils für alle verdankt sich nicht dem Zeugnis Israels, das aufgrund des Bundesbruches dieses Zeugnis ja gerade verweigert hat (V. 61). Die Teilhabe am Heil auch für diejenigen, die »draußen« waren, verdanken die Schwestern einzig dem göttlichen Handeln.

Das angekündigte göttliche Handeln wird Frau Jerusalem – so das Ziel des göttlichen Weges mit ihr – zur Erkenntnis und Anerkenntnis JHWHs führen (V. 62), der auch auf den krummen Wegen des Volkes und über Umwege hinweg sein Volk den Weg des Heiles führen und zur Vollendung bringen kann.

XI. Das davidische Königtum – Untergang und neue Hoffnung 17,1–24

1. Hinführung und Aufbau

Die Botschaft Ezechiels bezieht sich vorwiegend auf das JHWH-Volk als Ganzes. Dies gilt für die Heils- wie für die Gerichtsverkündigung. Das ganze Haus Israel ist – so etwa Ez 37,1-14 – wie Totengebein, ist ohne Leben. Durch das Handeln JHWHs wird dieses Israel neu geschaffen und in eine neue Zukunft geführt. Oder: Ezechiel wird zum Haus Israel gesandt. Dieses trägt den Namen »Haus der Widerspenstigkeit«. Israel in seiner Gänze erscheint als degenerierte, als eine seinem eigenen Wesen entfremdete Größe. Selbst wenn nur Teile der Exulantenschaft Hörer seines Wortes und Zuschauer seiner Zeichenhandlungen sind, die Botschaft Ezechiels gilt gleichwohl der Größe Israel als Ganzer. Die Geschichtsrückblicke des Ezechielbuches wie etwa Ez 15; 16; 20 und 23 verstärken diesen Eindruck. Nicht nur die gegenwärtige Generation des Gottesvolkes steht unter dem göttlichen Gerichtswort, sondern das Gottesvolk wird von seinen Ursprüngen her vergegenwärtigt und auf sein Wesen hin kritisch durchleuchtet.

Ezechiel nimmt aber auch gezielt einzelne Gruppen des Gottesvolkes in den Blick. So gilt seine Aufmerksamkeit in Kap. 13 z.B. den Propheten und Prophetinnen. Zwar schildert Ezechiel nicht die unmittelbare Konfrontation, wie Jeremia dies auf anschauliche Weise tut. Ezechiel bietet vielmehr eine ins Grundsätzliche gehende Auseinandersetzung mit dem Phänomen »falsche Prophetie«. Insofern in dieser Auseinandersetzung eine der tragenden Größen des JHWH-Volkes in das Kreuzfeuer der prophetischen Kritik gerät, wird zugleich die Größe »JHWH-Volk« mitverhandelt. Dennoch geschieht primär eine Auseinandersetzung mit bestimmten Gruppen innerhalb des Gottesvolkes – eben mit den Prophetinnen und den Propheten. In 22,23-31 wendet sich Ezechiel gegen die Fürsten, Priester, Beamten, Propheten und gegen das Volk des Landes. Die einzelnen Stände repräsentieren aber auch das JHWH-Volk in seiner Gänze. Eine ähnliche Auseinandersetzung findet in Ez 17 statt.

17,1-24

Eine der tragenden Größen des JHWH-Volkes war seit den Tagen Davids das Königtum. Diesem kam eine heilsmittlerische Funktion für das Gottesvolk zu. Der König sollte Gottes gute Herrschaft vergegenwärtigen, indem der »den Armen rettet, der schreit, und den Elenden, der keinen Helfer hat« (Ps 72,12f.). Was aber, wenn die Könige ihrem Auftrag nicht gerecht wurden? Wenn sie sich nicht als Werkzeuge JHWHs, des wirklichen Königs Israels, erwiesen? Ezechiel hat sich in seiner Verkündigung mit den letzten Königen Judas auseinanderzusetzen. Diese haben nach seinem Urteil wie ihre Vorgänger versagt, das Königtum entgegen der göttlichen Weisung zum Schaden für das Volk ausgeübt und dadurch die Institution als solche ruiniert (34,1-10). So ist das Ende des Königtums gekommen. Von dessen Untergang handeln neben Ez 17 noch Ez 12,1-16 (s.o. Kommentar VI.2.), Ez 19 (s.u. Kommentar XIII.) und Ez 34,1-10 (vgl. NSK-AT 21/2).

In Kap. 17 trägt Ezechiel seine Botschaft in Gestalt einer Fabel vor. Tiere und Pflanzen erscheinen im ersten Teil des Kapitels als die Handelnden. An deren Verhalten oder Fehlverhalten sollen menschliches Verhalten und Fehlverhalten einsichtig gemacht werden. In der Literatur wird Ez 17 teilweise als Bild- bzw. Gleichnisrede, teilweise als Allegorie, teilweise als Mischform, als Bildrede mit allegorischen Zügen bestimmt. Während ein Gleichnis im Gegensatz zur Allegorie die Bildhälfte als Ganze der Sachhälfte zuordnet, wobei der »springende Punkt«, das »tertium comparationis« entscheidend ist, werden in der Allegorie die verschiedenen Einzelzüge des Bildes in der Auslegung ausgewertet. Fasst man den Allegoriebegriff nicht zu eng, so lässt sich Ez 17 in seinem ersten Teil VV. 1-10 ohne weiteres als allegorische Rätselrede verstehen, die im anschließenden zweiten Teil VV. 11-21 gedeutet wird. Ez 17 ist demnach als Allegorie oder als Gleichniswort mit Zügen einer Allegorie zu bestimmen.

Ez 17 ist durch eine Reihe von Textsignalen klar gegliedert. Die Wortereignisformel »und das Wort des Herrn erging an mich« eröffnet das Kapitel (V. 1). Allerdings bringt Ez 17,11 die Wortereignisformel ein zweites Mal. Sie dient in V. 11 jedoch lediglich als Zäsur. Denn VV. 1-10 und VV. 11ff. sind deutlich aufeinander bezogen und verhalten sich zueinander wie Bild und Auslegung. Die Erkenntnisformel markiert jeweils das Ziel einer

Texteinheit. Sie begegnet in Ez 17 erstmals in V. 21. Ihr spätes Vorkommen, gegen Ende des Textabschnittes, ist ein Indiz für die Zusammengehörigkeit von VV. 1–21. Die das Kapitel abschließenden VV. 22-24 heben sich hingegen deutlich vom vorausgehenden Kontext ab. Auch diese Verse laufen auf eine Erkenntnisaussage zu (V. 24).

Fazit: Ez 17 besteht somit aus dem Bildwort VV. 1-10, der Ausdeutung dieses Bildes in VV. 11-21 und dem Zusatz VV. 22-24.

Die Frage der Einheit von Ez 17 ist komplex und wird in der Literatur kontrovers diskutiert. Ein Großteil der Exegeten geht von einem ezechielischen Grundbestand VV. 1-10 aus, der später von Ezechiel selbst oder durch seine Schüler mit VV. 11-21 ergänzt wurde. Dass die Deutung (VV. 11-21) in ihrem Gehalt über die bildhafte Erzählung (VV. 1-10) hinausgeht, muss aber weder gegen die Einheit von Bild und Auslegung noch gegen die ezechielische Verfasserschaft der Auslegung sprechen. Die Aussagen der allegorischen Bildrede und der sich anschließenden Deutung sind gezielt aufeinander bezogen. Da die Bilder von VV. 1-10 aus sich heraus nicht eindeutig sind und Fragen offen lassen, sind sie wohl von Anfang an auf die sich anschließende Deutung angelegt. Deshalb wird man VV. 11-21 besser nicht als bloß nachträgliche Ergänzung, sondern als ursprünglichen Bestandteil des allegorischen Bildwortes zu verstehen haben. Ez 17,1-21 dürfte somit auf nur einen Verfasser zurückgehen, vermutlich auf Ezechiel.

Anders verhält es sich mit VV. 22-24. Diese das Kapitel abschließenden Verse greifen Textmaterial aus VV. 1-10 auf, bringen aber eine völlig andere und neuartige Botschaft. Während VV. 1-21 das Ende der Institution des Königtums thematisieren, wissen die abschließenden VV. 22-24 von einem neuen, messianischen Heil. Dass dieses Heil zusammen mit der Gerichtsansage, also schon vor Eintreffen des Gerichtes, angekündigt wurde, ist eher unwahrscheinlich. Wenn das für das Gericht reife »Haus Israel« (V. 2) als »Haus der Widerspenstigkeit« (V. 12) disqualifiziert wird, ist kaum anzunehmen, dass diesem noch hörunwilligen Israel neues Heil in Aussicht gestellt wird. VV. 22-24 sind deshalb am ehesten als ein zu einem späteren Zeitpunkt an das vorliegende Grundwort VV. 1-21 angefügtes Heilswort zu verstehen.

2. Das Bildwort von Adler, Zeder und Weinstock 17,1-10

Der erste Teil von Kap. 17 ist sorgfältig gegliedert. Er besteht aus einer Eröffnung (VV. 1-3a), aus drei Bildszenen (VV. 3b-8) und einer abschließenden Reflexion (VV. 9-10), die noch ganz im Bildwort bleibt. Die drei Bildszenen VV. 3b-8 formulieren das Vergehen des Weinstocks, die anschließende Reflexion VV. 9-10 die Strafe. Die Fabel ist also zugleich nach dem Aufbau eines begründeten Gerichtswortes aus Schelte (VV. 1-8) und Drohung (VV. 9-10) gestaltet.

a. Die Eröffnung VV. 1-3a

Die Wortereignisformel »das Wort des Herrn erging an mich« mit anschließender Anrede des Propheten »Sohn eines Menschen« eröffnet das Bildwort. JHWH selbst beauftragt den Propheten: »Rätsle ein Rätsel« (EÜ: »Trag ein Rätsel vor«) und »sprich einen (Gleichnis-) Spruch« (EÜ: »Erzähl ein Gleichnis«). Der zweifache Hinweis auf die Verfremdung der Botschaft (»Rätsel«, »Gleichnis«), die Ezechiel zu verkünden hat, macht von Anfang an deutlich: Hinter dem folgenden Bildwort steht eine Aussage, die es zu entschlüsseln gilt. Diese Art von Einführung aktiviert die Hörer in Babylon, wachsam und hellhörig auf das zu lauschen, was nun kommt. Nach dieser Eröffnung beginnt die eigentliche Bildrede.

b. Erste Szene: Der Adler und die Zeder VV. 3b-4

Ezechiel lässt ein imposantes Bild vor seinen Hörern erstehen: Ein großer Adler mit großen Flügeln, langen Schwingen und mit buntem Gefieder kommt zum Libanon.

Das Motiv des Adlers taucht in der Umwelt Israels wie in der Schrift mehrfach im Zusammenhang kriegerischer Ereignisse und der dazu gehörigen Militärpropaganda auf. So vergleicht der Prophet Hosea bereits im 8. Jh. v.Chr. den assyrischen Feind mit einem Adler (Hos 8,1; EÜ: »Geier«). Der Prophet Habakuk überträgt das Adlerbild auf die Babylonier (Hab 1,8 [EÜ:«Geier«]; vgl. ferner: Dtn 28,49; Jer 4,13; 48,40; 49,22; Klgl 4,19). Die assyrischen Eroberer greifen ihrerseits gerne auf die Adlermetaphorik zurück. So rühmt sich z.B. Asarhaddon: »Wie ein fliegender Aar breitete ich meine Schwingen aus zur Niederwerfung meiner Feinde.« Und: »Wie ein wütender Adler, mit ausgebreiteten Schwingen, ging ich sintflutgleich an die Spitze meines Heeres«. Aufgrund seiner Größe und Stärke evoziert der Adler in der altorientalischen Literatur somit die Welt des Krieges.

Doch zugleich ist der Adler auch der königliche Vogel, wie die altorientalische Ikonographie belegt. Während die Pharaonen Ägyptens als Sphinxen mit stattlichen Löwenleibern dargestellt werden, lassen sich die Könige in Vorderasien als Cheruben abbilden, d.h. als Mischwesen aus Tierleibern mit Menschenköpfen und Adlerflügeln. Auch das »bunte Gefieder«, das den Adler bekleidet, fügt sich hier ein. Dass damit auf das bunte Völkergemisch des neubabylonischen Reiches hingewiesen sein soll, ist wohl nicht anzunehmen. Ikonographische Darstellungen zeigen vielmehr, dass Cheruben von alters her mit bunten Flügeln dargestellt wurden. Die bunte Farbe der Fabeltiere erklärt sich einmal aus der Freude des orientalischen Menschen an der Farbenpracht. Doch hängt die Betonung des bunten Gefieders wohl auch mit den bunten Kleidern des Königs zusammen. Zum König gehören bunte Kleider. Wollte ein Großkönig einen seiner Vasallenkönige oder eine andere Person seiner Zuneigung ehren, dann bedachte er sie mit bunten Gewändern. In einem Bericht Assurbanipals heißt es: »Ich bekleidete ihn (einen Vasallen) mit *buntfarbiger Kleidung* und eine goldene Kette, das Abzeichen seines Königtums, machte ich ihm; goldene Spangen befestigte ich an seinen Fingern; auf einem eisernen Gürteldolch, der mit Gold verziert war, schrieb ich meinen Namen und gab ihm diesen« (zit. nach Lang, Kein Aufstand 37). Auch biblische Texte bezeugen diese positive Sicht bunter Kleidung: Ez 16,10.13; 26,16; Ps 45,15. Im Hinweis auf das bunte Gefieder des Adlers ist wohl der Einfluss der vorderasiatischen Ikonographie wirksam. Das Bunte verweist in die Umgebung des Königs. Es ist mit positiven Konnotationen verbunden und weckt positive Erwartungen.

Der Adler kommt zur Zeder auf dem Libanon. Aus der Perspektive der Verbannten in Babylon ist der Weg zum Libanon ein Weg in Richtung Heimat. Die Berge des Libanon, die judäischen Berge, letztlich der Berg Zion mit Jerusalem – all das verbindet sich miteinander und verschmilzt zu einem einheitlichen Bild. Dies gilt umso mehr, als das Regierungsviertel Jerusalems mit seinen reichen Bauten aus Zedernholz wahrscheinlich als »Libanon« oder als »Wald« bezeichnet wurde (vgl. 1 Kön 9,19; 2 Chr 8,6; Jer 21,14). Prophetische Gerichtsworte sehen in der gefällten Zeder ein Bild für die eroberte Stadt Jerusalem. Jes 2,13 vergleicht die »Eichen von Baschan« mit dem Nordreich Israel, die »Zedern des Libanon« mit Juda und Jerusalem. Eine ähnliche Vorstellung findet sich in Jer 22,6-7. Nach Sach 10,10 verheißt Gott, sein versprengtes Volk aus Ägypten und aus Assur zu sammeln und es zurückzubringen »nach Gilead und zum Libanon«. Der Libanon mit seinen Zedern verbindet sich seit alters her mit königlicher, ja mit göttlicher Größe und Herrlichkeit. Diese Vorstellung kennt auch das Alte Testament. So spricht Jes 35,2 von der »Herrlichkeit des Libanon«. Diese Herrlichkeit wird, zusammen mit der »Pracht des Karmel«, zu einem Zeichen für die »Herrlichkeit des Herrn« und für die »Pracht unseres Gottes«. Jes 60,13 besingt die »Pracht des Libanon«, Ez 31,16 »die auserlesene Zier des Libanon«, Nah 1,4 schließlich »die Blüte des Libanon«.

Adler wie Zeder verweisen also in die Welt des Königtums. Beide Bilder können sowohl positiv (die Pracht der Zeder als Zeichen der Erhabenheit; die Buntheit des Adlers, dessen Stärke Schutz bedeuten kann [vgl. Ex 19,4; Dtn 32,11]), wie negativ verwendet werden (der Hochmut der Zeder; der Adler als Symbol des feindlichen Eroberers). Die Offenheit der verwendeten Bilder und die damit gegebene Ambivalenz im Verständnis des Rätsels verlangen nach einer klärenden Deutung.

Die erste Szene schließt mit einem eigentümlichen Verhalten des Adlers: Er bricht einen Spross aus dem Wipfel der Libanonzeder, bringt diesen in ein Krämerland und verpflanzt ihn in eine Händlerstadt. »Krämerland« und »Händlerstadt« spielen sehr wahrscheinlich auf Babylon an. Den Hörern dürfte mit dieser ersten Szene zumindest so viel deutlich geworden sein: Hier wird das Geschick der judäischen Heimat und der Exilswelt Babylon, des Ortes ihrer Verbannung, verhandelt. Ansonsten ist noch vieles offen.

c. Zweite Szene: Der Adler und der Weinstock VV. 5-6

Der Adler handelt erneut. Er betätigt sich als Gärtner. Er nimmt von den einheimischen Setzlingen und pflanzt einen Weinstock.

Die Lage ist gut gewählt, die Voraussetzungen für das Wachstum sind günstig. Fruchtbares Erdreich ist gegeben, Wasser steht reichlich zur Verfügung. Freilich soll der Weinstock »niedrigen Wuchses« sein. Diesem Weinstock sind also Grenzen gesetzt. Gegenüber der Zeder mit ihrer Größe fällt sein niedriger Wuchs besonders auf. Doch innerhalb der ihm gesetzten Grenzen ist dem Weinstock alles gegeben, was für sein Wachstum nötig ist. Es fehlt ihm nichts. Ranken und Wurzeln des Weinstocks stehen unter der Aufsicht des Adlers, der seine Pflanzung somit als wachsamer Gärtner im Auge behält.

d. Dritte Szene: Ein anderer Adler und der Weinstock VV. 7-8

Ein zweiter Adler erscheint. Er ist weitaus weniger imposant als sein Vorgänger, wie die Beschreibung deutlich zu erkennen gibt. Dieser zweite Adler verhält sich völlig passiv. Er tut nichts und bekundet kein Interesse an der Rebe. Die Rebe hingegen ist es, die jetzt initiativ und aktiv wird. Sie wendet sich diesem zweiten Adler zu. Sie erwartet, von ihm als neuem Gärtner noch mehr getränkt zu werden. Obwohl sie alles hat, was sie für ihr Wachstum benötigt, wendet sie Wurzeln und Ranken diesem zweiten, weniger bedeutenden Adler zu, der noch nichts für sie getan hat und sich ihr gegenüber völlig gleichgültig verhält.

Wer oder was auch immer sich hinter diesem Weinstock verbergen mag, eines ist klar: Sein Verhalten ist völlig unsinnig. Diese Bilder wollen die Einsicht vermitteln: Ein Weinstock, der sich so verhält, zerstört sich selbst. Er muss wahrhaft der dümmste Weinstock sein auf Gottes weiter Welt.

e. Eine Reflexion über das Verhalten des Weinstocks VV. 9-10

An sich wäre nach der dritten Bildszene die Auflösung des Bildes fällig. Stattdessen folgt, mit Redeauftrag an den Propheten und erneuter Botenformel eingeleitet, eine kritische Reflexion über das Verhalten des Weinstocks. Die Bildebene wird beibehalten, um das Fehlverhalten des Weinstocks im Bann der Bilder noch deutlicher zu sehen. Die rhetorische, auf das Verhalten des Weinstocks bezogene Frage »wird es gelingen?«, will besagen: Es kann nicht gelingen! Diese und die weiteren sich anschließenden Fragen versuchen den Hörerinnen und Hörern die Unvernunft im Verhalten des Weinstocks deutlich zu machen. Was tut ein sich selbst entwurzelnder Weinstock? Er wählt seinen eigenen Untergang.

Als Rächer, der die Wurzeln des Weinstocks ausreißt, denkt man ganz natürlich an den großen Adler. Er als Gärtner wird kommen und die Pflanze ausreißen. Auffälligerweise wird der Adler aber nicht explizit erwähnt (gegen die EÜ, die den Adler hier ohne Anhalt im hebräischen Text einfügt). Stattdessen wird recht allgemein und unbestimmt formuliert: »Wird nicht jemand / einer seine Wurzeln ausreißen …?« Diese verhaltene, offene Formulierung erhält ihre Bedeutung erst von der Auslegung her, ein weiteres Indiz dafür, dass die beiden Textabschnitte VV. 1-10 und VV. 11-21 ursprünglich zusammengehören.

Nach V. 10 führt der Ostwind mit seiner sengenden Glut das Ende der entwurzelten Rebe herbei. Manche sehen in dieser Aussage einen Widerspruch zu V. 9, wonach der Weinstock ausgerissen wird, und bewerten V. 10 als eine spätere Ergänzung. Doch können verschiedene Bilder der Zerstörung durchaus nebeneinander stehen. Dies zeigt z.B. Jes 37,22-29: V. 24 spricht vom Fällen der Zedern, V. 27 vom ausdörrenden Ostwind. Die mehrfach belegte Formulierung »Flügel des Windes« (Ps 18,11) und ikonographische Darstellungen zeigen: Wind und Sturm verbinden sich gerne mit der Vorstellung eines Vogels. Das Bild des zerstörerischen Ostwinds ist also durchaus in Einklang zu bringen mit dem des Adlers und muss nicht als störend empfunden werden.

Die Fabel macht Hörerinnen und Hörern klar: Es geht um Babylon, die Welt der Verbannten, und um die judäische Heimat. Doch wofür stehen Zeder und Weinstock? Worauf zielt der Wipfel der Zeder? Auf den deportierten König Jojachin oder auf die gesamte deportierte Oberschicht in Babel? Und der Weinstock? Er, der sein Erdreich verlässt und sich selbst zerstört, wen repräsentiert dieser Weinstock? Steht er wie in Ps 80,9-15 für das Gottesvolk Israel in seiner Gänze? Und die beiden Adler? Verweist der große vielleicht auf Jahwe (vgl. Ex 19,4; Dtn 32,11), der kleine auf fremde Götter, die dem Gottesvolk immer wieder zum Stein des Anstoßes wurden? Die Fabel von den beiden Adlern, von der Zeder und dem unvernünftigen Weinstock verlangt aufgrund der Mehrdimensionalität der Bilder nach einer klärenden Ausdeutung. Ohne die folgenden Verse bleibt zu Vieles ungewiss.

3. Auslegung und Vertiefung der Fabel 17,11-21

Der Textblock gliedert sich in die drei Unterabschnitte VV. 11-15, VV. 16-18 und VV. 19-21.

a. Die Auslegung – erster Durchgang VV. 11-15

Mit der Wortereignisformel und einem Redeauftrag wird die Auslegung der Bildrede feierlich eröffnet (VV. 11-12a), ganz in Entsprechung zur Eröffnung der Bildrede in VV. 1-3a. Der Adressat heißt nicht mehr »Haus Israel« (V. 2), sondern »Haus der Widerspenstigkeit«. Die Bezeichnung tritt in der Berufungserzählung gehäuft auf (s.o. Kommentar I.4.). Sie zielt auf die hartnäckige Verweigerung des Gottesvolkes gegenüber dem göttlichen Wirken. Die nun einsetzende Deutung des Rätselspruches soll beitragen, diesen Widerstand aufzudecken, ihn zu brechen und das JHWH-Volk zur Einsicht in das Wirken Gottes zu führen.

Der gewaltige Adler steht für König Nebukadnezzar. Er nimmt den Sohn Jojakims, Jojachin, gefangen – der Wipfel der Zeder ist Chiffre für ihn – und bringt ihn zusammen mit hohen judäischen Beamten nach Babylon. Von einem Versagen oder einem schuldhaften Verhalten Jojachins verlautet nichts. Wie sein Schicksal weiterhin verläuft, bleibt ebenfalls unerwähnt. Vermutlich findet das weitere Schicksal Jojachins deshalb keine Beachtung, weil es für ihn als Vertreter des davidischen Königtums keine Zukunft gibt. Ez 19 wird die Botschaft vom Ende der davidischen Dynastie noch drastischer zum Ausdruck bringen.

Der Weinstock steht nicht für Israel als Ganzes, sondern für Zidkija. Nebukadnezzar setzt ihn als Vasallenkönig ein, schließt einen Bund mit ihm und verpflichtet ihn unter Eid, diesen Bund zu halten. Was zuvor im Bild nicht ausgesagt werden konnte, weil es die Bildwelt gesprengt hätte, kommt nun in der Auslegung deutlich zur Sprache: der Treueeid Zidkijas und der Bundesschluss zwischen ihm und dem babylonischen Großkönig. Inhalt des Bundes ist die Annahme des Vasallenstatus. Der »niedrige Wuchs« bezeichnet die Annahme der vom Großkönig gesetzten Grenzen und die damit gegebene Abhängigkeit. Wenn Zidkija sich an diese Grenzen hält, sich nicht erhebt und den Bund beachtet, hat seine Herrschaft Bestand.

17,11-21

Doch Zidkija hält sich nicht an die Abmachungen (V. 15). Er wird abtrünnig, schickt Boten zum Pharao und bittet um militärische Unterstützung. Die rhetorischen Fragen aus VV. 9-10 tauchen am Ende von V. 15 erneut auf und verbinden Bildwort und Auslegung miteinander.

b. Zidkijas Verfehlung – Auslegung und Vertiefung der Fabel VV. 16-21

In einem zweifachen Durchgang antwortet JHWH auf die offenen Fragen aus VV. 9-10.15. Beide Antworten sind jeweils mit einer Schwurformel eingeleitet. Diese steht einmal in Verbindung mit der Gottesspruchformel (V. 16), einmal mit der Botenformel (V. 19). Da Gott bei sich selbst schwört, kommt hier Unwiderrufliches und Unumkehrbares zur Sprache.

Zidkijas politisches Fehlverhalten (VV. 16-18)
Mit Gottesschwur und Gottesspruchformel eingeführt, wird zunächst Zidkijas politisches Fehlverhalten gebrandmarkt. Er hat den Eid gebrochen, den er Nebukadnezzar geschworen hatte. Damit zieht er den mit dem Bundesbruch verbundenen Fluch auf sich. Dies bedeutet die Todesstrafe, wie V. 16 unter Verwendung einer alten juristischen Formel festhält. Der gleiche Sachverhalt taucht am Ende von V. 18 (»Er kann sich nicht retten«) unter Rückgriff auf V. 15 erneut auf. Dabei wird der Schuldtatbestand noch einmal deutlich herausgestellt: Geringachtung des Eides, Brechen des Bundes, und das alles trotz des gegebenen Handschlages, mit dem die Abmachung zeichenhaft besiegelt und vor der Öffentlichkeit als rechtskräftig bekundet worden war. Zwischen V. 16 und V. 18, die das Todesurteil feststellen, benennt V. 17 das trügerische und verhängnisvolle Vertrauen Zidkijas auf den Pharao, der – gleich dem zweiten Adler – zur entscheidenden Stunde nichts tut, um Jerusalem und seinem König beizustehen.

Zidkijas Schuld vor Gott (VV. 19-21)
Das politische Fehlverhalten Zidkijas ist jedoch nur die Außenseite des ganzen Geschehens. Sein Verhalten kennt eine Tiefendimension, die mit dem Gott Israels zu tun hat. Der Eid, den ein Vasallenkönig schwört, wird unter Berufung auf die letzte und höchste

Autorität abgelegt. Diese ist in der Regel die Gottheit des jeweiligen Volkes. Wird der mit Eid besiegelte Bund gebrochen, ist auch die Gottheit involviert und kompromittiert. Zidkija macht den Gott Israels vor der Welt Babylons und Ägyptens, d.h. vor der gesamten Völkerwelt, lächerlich, da er das im Namen JHWHs gegebene Wort bricht und den unter Berufung auf Israels Gott geleisteten Eid nicht einhält (vgl. 2 Chr 36,13). Mit dem Bundesbruch wird demnach JHWHs Ansehen vor der Welt tangiert. Offensichtlich ist JHWH – so muss es erscheinen – nicht einmal Herr in seinem eigenen Volk, wenn das vor ihm und unter Berufung auf ihn gegebene Wort so wenig bindend ist. Das mit Botenformel und Schwurformel eingeführte JHWH-Wort spricht deshalb von »meinem [Gottes] Eid« und von »meinem [Gottes] Bund«, die verletzt sind. Gemäß der alten Vorstellung vom Tun-Ergehen-Zusammenhang hat Zidkija die Folgen seines Fehlverhaltens selbst zu tragen. Seine Schuld fällt auf sein eigenes Haupt zurück, wie die Formulierung von V. 19 besagt: »Ich lasse sie [den missachteten Eid und den gebrochenen Bund] auf ihn selbst zurückfallen«. Es ist JHWH, der diesen Tun-Ergehen-Zusammenhang wirksam werden lässt.

JHWH selbst ist somit am Werk, wenn das Unheil über Zidkija und seine Gefolgsleute hereinbricht. Die Truppen Nebukadnezzars sind lediglich seine Werkzeuge. Der eigentliche Angreifer ist JHWH, der Gott Israels (V. 20f.). Vermutlich will die seltsam offene Formulierung in V. 9f., wonach nicht der Adler, sondern »jemand« den Weinstock ausreißen wird, bereits vorsichtig auf diese Tatsache hinweisen: Hinter dem Tun des Adlers ist JHWH in eigener Person am Werk.

Das gesamte Wort VV. 1-21 zielt auf die Erkenntnis, dass Gott gesprochen und gehandelt hat. Er selbst ist es, der richtend und strafend gegen die Institution des davidischen Königtums einschreitet, eine Institution, die nicht der Größe Gottes dient, sondern die eigene Größe sucht, die Größe Gottes hingeegen vor der Welt bloßstellt. Wie das Klagelied in Ez 19, das nach Auffassung vieler Exegeten in einem älteren Ezechielbuch vielleicht auf Ez 17 folgte, thematisiert auch Ez 17,1-21 das Ende der Institution des Königtums. Der göttliche König selbst ist es, der dieses Ende herbeiführt – um seinetwillen, um seines Volkes willen und um der

17,22-24

Weltöffentlichkeit willen. Diese menschlich tragische Erfahrung des Endes dieser Institution muss von Gott her freilich nicht das Ende bleiben.

4. Neubeginn von Gott her 17,22-24

Eine Botenformel eröffnet das Heilswort, das spätere Ergänzer an den Grundtext Ez 17,1-21 angefügt haben. Mit dem Scheitern Jojachins und Zidkijas war die davidische Dynastie an ihr Ende gekommen. Gerade hier jedoch, wo der Abbruch Faktum geworden ist, geschieht von Gott her ein neuer und unerwarteter Anfang. Dieses Heil ist angesichts des zuvor breit dargestellten Unterganges nichts Machbares. Es ist von Gott geschenkte Gabe. Die vorausgehende »Nullpunkt-Erfahrung« macht diesen Geschenkcharakter des zukünftigen Heiles eindeutig.

VV. 22-24 greifen gezielt auf das Vokabular von VV. 2-4 und von V. 8 zurück, variieren dieses allerdings im Sinne ihrer eigenen Aussageabsicht.

Gott selbst ist es, der nun handelt, nicht der große Adler. Nicht den Königen von Babylon und Ägypten gehört die Zukunft. Gott selbst und er allein ermöglicht und verwirklicht die heilsame Zukunft. Herr der Geschichte, in bösen wie in guten Zeiten, sind nicht die Großen dieser Welt. Herr der Geschichte ist JHWH. Das betonte zweimalige »Ich« in V. 22 (»ich nehme, ja ich« und »ich pflanze, ja ich«) unterstreicht dies augenfällig: Es ist JHWH, der hier handelt. Er, der das Ende der alten Institution des davidischen Königtums herbeigeführt hat, er bereitet auch die neue Zukunft vor.

Er wird sich einen neuen König nach seinem Herzen formen. JHWH selbst »nimmt aus dem Wipfel der Zeder« und bricht »aus dem Obersten seiner Schösslinge ... einen zarten Zweig«. Der Neubeginn ist demnach klein und bescheiden. Er hat auch seinen Ort: »auf einem hohen und ragenden Berg«, »auf dem Berg der Höhe Israels«. Diese Umschreibung bezieht sich auf den Berg Zion, auf Jerusalem. Hier wird Gott den verheißenen zukünftigen Herrscher bestellen. Dieser von JHWH gepflanzte Spross wird sich in einer Weise entfalten, die alle menschlichen Erwartungen übersteigt. Er wächst zu einem Baum, der voller Leben ist: Alles, was Flügel hat, wohnt in seinem Gezweig. Er wird zur großen Heimat. Vielleicht ist hier wie in Ez 31,5-8 und in Dan 4,9.18 an einen Weltenbaum gedacht, der – ähnlich wie der »hohe Berg Israels« (vgl. 20,40-44; 34,14; 40,2), wie »Jerusalem« (vgl. Ez 5,5) und »Zion« (Ps 46; 48) – Mitte der Welt ist. Dann läge hier die Vision einer Welt vor, die Heimat für alle ist. Den großen Baum, der Heimat bietet, kennt auch das NT (vgl. Mk 4,30-32; Mt 13,31-32; Lk 13,18-19).

Alle Bäume der Flur, d.h. die gesamte Völkerwelt, werden JHWH – wenn das Angekündigte geschieht – als den lebendigen Gott erfahren und anerkennen. Sie werden aber zugleich erleben müssen, dass die Maßstäbe des Gottes Israels andere sind als die Maßstäbe dieser Welt. »Dann werden alle Bäume auf den Feldern erkennen, dass ich der Herr bin. Ich mache den hohen Baum niedrig, den niedrigen mache ich hoch. Ich lasse den grünenden Baum verdorren, den verdorrten erblühen« (V. 24). Ein Gott, der die Geringen erhöht und die Hohen niederwirft, ist JHWH. So verhält er sich seinem eigenen Volk gegenüber, wie das Gerichtswort auf den Fürsten Judas in Ez 21,30-32 besagt (s.u. Kommentar XV.4.). Gleichermaßen verhält sich JHWH auch den Weltvölkern gegenüber. Dieses die Verhältnisse auf den Kopf stellende Handeln JHWHs hat einen breiten Niederschlag in der sog. Armenfrömmigkeit gefunden, die sich in der exilisch-nachexilischen Zeit entwickelt. Sie hat viele Psalmen geprägt und wirkt deutlich spürbar in das NT hinein (Magnifikat, Bergpredigt).

Die Heilsansage schließt mit einer wichtigen Schlussformel, der sog. erweiterten Wortbekräftigungsformel: »Ich, JHWH, habe gesprochen und ich werde es tun«. Wenn es um die Geschichte und um ihre Zukunft geht und damit um die Frage, wer denn Herr der Geschichte sei, dann gilt: Das letzte Wort hat Gott. Sein Wort ist nicht nur ein Diktum. Sein Wort ist ein Faktum.

XII. Umkehr als Weg in die Freiheit Ez 18,1-32

1. Hinführung

Das Kapitel Ez 18 ist ein wichtiger, ja ein zentraler Text nicht nur innerhalb des Ezechielbuches, sondern in der Bibel überhaupt. Mit seinem Aufruf zur Umkehr spielt er im kirchlichen Leben vor allem während der österlichen Bußzeit eine bedeutsame Rolle. Die Literatur zu diesem Text ist immens, die Auffassungen über sein Verständnis gehen weit auseinander.

Eine lange exegetische Tradition sah in Ez 18 eine theoretische Abhandlung über die persönliche Verantwortung des Einzelnen. Dabei wurde die Auffassung vertreten, mit Ez 18 geschehe ein Durchbruch zu einer sittlich höher stehenden Form von Religiosität. Diese bestünde darin, dass das Individuum von der Bevormundung durch das Kollektiv befreit würde. »Die Väter essen saure Trauben, und den Söhnen werden die Zähne stumpf.« Diese Redeweise von V. 2 – so die Auffassung – spiegle die alte Lehre von einer die Generationen übergreifenden Schuldhaftung wider. Ezechiel überwinde diese Überzeugung mit seiner neuen Lehre. In einer theoretischen Abhandlung betone er die persönliche Verantwortung des Einzelnen und trage somit entscheidend zur Überwindung von Kollektivhaftung bei. Aber, so die kritische Rückfrage: Will Ez 18 wirklich als eine theoretische Erörterung, als eine Art Lehrvortrag verstanden sein? Spiegelt sich in der Redeweise von V. 2 tatsächlich eine alte, im Glauben Israels verankerte Sicht von Kollektivhaftung wider, die Ezechiel mit einem theoretischen Diskurs durch eine neue Sicht ersetzen will? Ist nicht auch das Gegenteil möglich, dass im Spruch von V. 2 etwas Neues zum Ausdruck kommt, eine Aussage nämlich, mit der die Glieder des Gottesvolkes ihre reale Situation, die Erfahrung des Exils, interpretieren? In diesem Falle würde Ezechiel die im Zitat wiedergegebene Deutung des Exilsgeschehens zurückweisen.

Die Stellung von Ez 18 im Ezechielbuch

Aufgrund seines Inhaltes würde man Kap. 18 eher hinter Ez 33 erwarten. Dort wird Ezechiel zum Wächter und Späher berufen. Er soll das Gottesvolk für das neue Heil zurüsten, das JHWH wirken wird. Diesem Anliegen, der Bereitung des Gottesvolkes für das neue, von Gott kommende Heil, dient auch Ez 18. Deshalb ist es erstaunlich, dass dieses Kapitel mitten unter die Gerichtsworte Ez 1 - 24 eingefügt wurde.

Warum Ez 18 seinen Platz zwischen 17 und 19 gefunden hat, ist in der exegetischen Forschung nicht geklärt. Ein möglicher Deutungsansatz, der gerne vertreten wird, besagt: Die beiden Kapitel 17 und 19 thematisieren das Gericht, das die Könige des Südreiches, die Vertreter der davidischen Dynastie, trifft. Damit dieses Gericht an den Königen Judas nicht als blindes Schicksal missverstanden, sondern als Folge des Fehlverhaltens der Könige gedeutet wird, habe man Kap. 18 in diesen Zusammenhang eingefügt. Auf diese Weise seien die Kapitel 17 und 19, die beide nicht nur vom davidischen Königtum sprechen, sondern ihre Botschaft zudem formal in eine Bildrede kleiden, auseinander gerissen worden. Tatsächlich bestehen besonders zwischen der Fabel vom Weinstock in 17,5-10 und der Klage über das Geschick des Weinstocks in 19,10-14 deutliche Entsprechungen. Das im Spruch von 18,2 bestimmende Motiv von den »sauren Trauben« passt zum Bild des Weinstocks in 17 und 19 und verknüpft zumindest vordergründig Ez 18 mit seinem neuen Kontext 17 und 19.

Einen weiterführenden Hinweis für die Stellung und Funktion von Kap. 18 innerhalb seines unmittelbaren Kontextes könnte die Formulierung von 18,5 liefern: »Ist jemand gerecht, so handelt er nach Recht und Gerechtigkeit.« Diese Aussage, die in Ez 18 einen Gerechten qualifiziert, begegnet ähnlich im Abschnitt Jer 21,11 – 23,6. Sie ist dort auf das Verhalten und auf das Geschick der Könige von Juda bezogen. Nach Jer 22,3 ist es Aufgabe der Könige, »für Recht und Gerechtigkeit« zu sorgen. Im Wort gegen Jojakim (Jer

22,13-19) wird diesem das beispielhafte Verhalten seines Vaters Joschija vor Augen gestellt: »Hat dein Vater nicht auch gegessen und getrunken, dabei aber für Recht und Gerechtigkeit gesorgt? Und es ging ihm gut« (22,15). Da es zur obersten Aufgabe des Königs gehört, für eine gedeihliche Ordnung zu sorgen und diese zu schützen, indem er Recht und Gerechtigkeit für das ganze Volk verwirklicht, könnte die Aussage von Ez 18,5 Anlass gewesen sein, das Kapitel in diesen Zusammenhang einzufügen. Damit wäre Ez 18 aufgrund der kontextuellen Einbindung zwischen 17 und 19 eine zusätzliche Bedeutung zugewiesen: die der Unheilsbegründung für den Untergang der davidischen Dynastie.

Diese von manchen Kommentaren vertretene Auffassung übersieht jedoch, dass zwischen Kap. 17 und 19, neben den Entsprechungen, die zweifellos bestehen, zugleich deutliche Unterschiede vorherrschen. Während die verschlüsselte Rede in Ez 17,1-10 nach einer Ausdeutung verlangt, die auch gegeben wird (17,11-21), bleibt in Ez 19 das Bild in sich stehen. Es wird nicht erläutert. Ez 17 präsentiert sich als Rätselwort (V. 2), das entschlüsselt werden will. In Kap. 19 hingegen findet sich eine Totenklage, die nicht zunächst entschlüsselt, sondern gesungen, also nachvollzogen werden soll. In Kap. 17 werden die Verfehlungen Zidkijas als Ursache und Begründung für das kommende Unheil ausführlich behandelt. Konsequenterweise ahmt die Fabel wie deren Ausdeutung in ihrem Aufbau ein Gerichtswort nach. Anders verhält es sich mit Ez 19. Hier geht es nicht primär um Verfehlungen, sondern um eine Totenklage. Dadurch soll zum Ausdruck kommen: Über die Institution des Königtums ist das Ende hereingebrochen. Alle Versuche eines Neubeginns sind gescheitert. Das Königtum ist für immer dahin.

Auffällig ist darüber hinaus noch ein Weiteres. Ez 18 zeigt in seinem Aufbau eine auffallende Ähnlichkeit mit Kap. 20. Zwar handelt Ez 20 von der Geschichte des ganzen Volkes, doch wird diese Geschichte, anders als in den großen Bildreden Ez 16 und 23, in nüchterner, kasuistischer Sprache

> dargeboten, die deutlich an Formulierungen aus Ez 18 erinnert. Der schematisch aufgebaute Geschichtsrückblick von Kap. 20 zeigt die nämliche Aussageabsicht wie Ez 18. JHWH wendet sich an jede einzelne Generation und fordert diese auf, sich ihm, JHWH, und seiner Weisung zuzukehren. Anliegen des Geschichtsrückblickes von Ez 20 ist es, die Glieder des Volkes zur Umkehr, zur Entscheidung für JHWH zu bewegen. Diesem Anliegen dient auch Ez 18. In Form und Zielsetzung besteht somit eine besondere Nähe zwischen Ez 18 und 20.
> Die Frage nach Stellung und Funktion von Kap. 18 innerhalb seines unmittelbaren Kontextes bedarf somit noch weiterer Klärung. Dabei wäre auch die große Geschichtsreflexion von Ez 20 in die Überlegungen miteinzubeziehen.

2. Einheit, Aufbau und Textgestalt

a. Einheit

Ez 18 wird häufig als literarisch uneinheitlicher Text diskutiert. Dabei gelten mehrere Textabschnitte als problematisch und werden als spätere Ergänzung angesehen.

VV. 26-29 – eine sekundäre Ergänzung?
Für den sekundären Charakter der VV. 26-29 wird geltend gemacht:
1. Formal greife V. 29 auf V. 25 zurück und nehme diesen wieder auf. Das Prinzip der Wiederaufnahme sei ein beliebtes Mittel, um einen Text zu ergänzen und ihn durch die Wiederaufnahme fortzuführen. Aber: Die Wiederaufnahme ist zwar häufig Signal für eine Ergänzung, doch kann diese Art der Wiederholung auch als Mittel zur besonderen Betonung und Hervorhebung einer Aussage dienen.
2. Inhaltlich brächten die VV. 26-29 nichts Neues. Es werde lediglich verkürzt das wiedergegeben, was zuvor bereits dargelegt wur-

de. So entspreche die Aussage von V. 26 der von V. 24, die von VV. 27ff. der von V. 21. Aber: Mit dieser Erklärung wird das Problem nicht gelöst, sondern lediglich verschoben. Warum sollte ein späterer Ergänzer eine überflüssige und damit unnötige Aussage einfügen? Auf literarkritischem Weg allein ist das Problem dieser Verse wohl nicht zu lösen.

VV. 21-32 – ein späterer Zusatz?
Manche Exegeten sehen den gesamten zweiten Teil des Kapitels, VV. 21-32, als sekundär an. Hier werde das Schema der Generationenfolge von Vater und Sohn, von dem das Zitat in V. 2 spricht, verlassen. Insofern fielen die VV. 21-32 aus dem vorgegebenen Rahmen heraus. Dagegen ist jedoch einzuwenden:
1. Die im Zitat vorgegebene Problematik ist bereits in V. 4 verlassen. Dort geht es nicht mehr nur um die Beziehung zwischen den Generationen, sondern darum, dass alle Menschen unmittelbar auf JHWH bezogen sind. Die Gottesbeziehung wird als der entscheidende Lebensbezug herausgestellt, nicht aber die Generationenfolge.
2. Auch die VV. 4-20 überschreiten mit ihrer Abfolge von drei statt zwei Generationen die Fragestellung des Zitates von V. 2. Konsequenterweise wird deshalb von manchen Exegeten auch die Einheit von VV. 4-20 bestritten.
3. Außerdem verlässt Ezechiel die Ausgangssituation auch bei anderen Gelegenheiten, so etwa in 14,1-11; 17; 20; 33,1-9.

Die Gründe, die angeführt werden, um VV. 21-32 als spätere Ergänzung einzustufen, sind weniger überzeugend, als sie zunächst erscheinen.

Die Fragen von VV. 23.25.29 – Störenfriede?
Es sei nicht einzusehen, so wird mitunter eingewendet, was denn die emotional geladenen Fragen von VV. 23.25.29 in einem Lehrtext über kollektive und individuelle Vergeltung zu suchen hätten. Sei dies nicht ein klares Indiz dafür, dass die erwähnten Fragen und mit ihnen ggf. der gesamte zweite Teil des Kapitels später ergänzend hinzugekommen seien? Aber: Sind nicht gerade die emotional geladenen Fragen ein Hinweis darauf, dass es in diesem Kapitel um etwas anderes geht als um eine Art Lehrvortrag?

V. 2 und V. 19 – ein eklatanter Widerspruch?
Mitunter wird zwischen der Aussage von V. 2 und der von V. 19 ein Widerspruch gesehen. Die Redewendung von V. 2 problematisiere eine die Generationen übergreifende Schuldhaftung. V. 19 hingegen fordere diese Schuldhaftung geradezu ein mit der Frage: »Warum trägt der Sohn nicht an der Schuld seines Vaters?« Ob die Aussagen von V. 2 und V. 19 tatsächlich zueinander in Widerspruch stehen, hängt jedoch vom Verständnis des Spruches in V. 2 ab.

Die offenen Fragen zur Einheit von Ez 18 sind vielfältiger, als sie hier angesprochen werden können. Wahrscheinlich steht hinter Ez 18 eine lebendige Überlieferungsgeschichte, ausgehend von einer vermutlich mündlichen Verkündigung des Propheten, die später, gegebenenfalls in mehreren Etappen, schriftlich fixiert (und bearbeitet) wurde. Jedoch ist der vorliegende Text so durchdacht und sorgfältig aufgebaut und mit einem so feinen System von Textbezügen und Querverweisen durchzogen, dass eine mögliche Vorgeschichte nur schwer rekonstruiert werden kann (anders z.B. Pohlmann). Deshalb legt es sich nahe, in der Auslegung dieses Kapitels dem Endtext und seinem Aufbau zu folgen, um so der Botschaft dieses bedeutsamen Textes nachzuspüren.

b. Aufbau und Textgestalt

Das zwischen Ez 17 und 19 eingefügte Kap. 18 ist ein in sich abgeschlossener Text. Ein erster Blick darauf zeigt, dass Ez 18 aufgrund seines Inhaltes in zwei Teile zerfällt. VV. 1-20 betonen, dass jede Generation für sich selbst verantwortlich ist, und fordern einen Loslösungsprozess zwischen den Generationen. Die sich anschließenden VV. 21-32 unterstreichen, dass dieser Prozess der Loslösung und der Neuorientierung auch für die verschiedenen Phasen im Leben des Einzelnen gültig ist. Im Leben eines jeden Menschen gibt es in seiner jeweiligen Gegenwart die Möglichkeit eines Neubeginns.

Diese Grobgliederung des Kapitels lässt sich jedoch weiter verfeinern. Ez 18 wird mit der Wortereignisformel (V. 1) eröffnet. Daran schließt sich das bereits mehrfach erwähnte Zitat von den »sauren Trauben« und den »stumpfen Zähnen« (V. 2) an. V. 3 bringt eine schroffe Zurückweisung der Aussage des Zitates. Meist wird auch V. 4 zu den einleitenden VV. 1-3 hinzugezogen. Da jedoch V. 4 zusammen mit V. 20 einen Rahmen um die VV. 5-19 bildet, ist er dem folgenden Abschnitt zuzurechnen.

Aufbau von Ez 18

Einleitung: VV. 1-3
Wortereignisformel: V. 1
Zitat und Zurückweisung: VV. 2-3

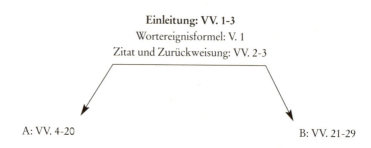

A: VV. 4-20   B: VV. 21-29

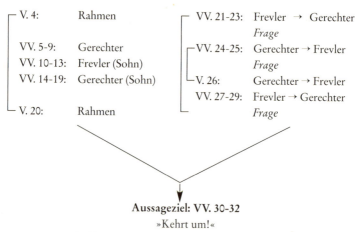

V. 4:	Rahmen		VV. 21-23:	Frevler → Gerechter
				Frage
VV. 5-9:	Gerechter		VV. 24-25:	Gerechter → Frevler
VV. 10-13:	Frevler (Sohn)			*Frage*
VV. 14-19:	Gerechter (Sohn)		V. 26:	Gerechter → Frevler
			VV. 27-29:	Frevler → Gerechter
V. 20:	Rahmen			*Frage*

Aussageziel: VV. 30-32
»Kehrt um!«
»Schafft euch ein neues Herz und einen neuen Geist!«

Auf die eröffnenden VV. 1-3 folgt ein erster großer Textabschnitt, der VV. 4-20 umfasst und durch V. 4 und V. 20 gerahmt ist. Innerhalb dieses Rahmens werden drei Fälle behandelt: Der Fall eines Gerechten (VV. 5-9), der Fall eines Frevlers (VV. 10-13) und erneut der Fall eines Gerechten (VV. 14-19).

Der zweite Teil des Kapitels besteht aus den VV. 21-32. Da aber die abschließenden VV. 30-32 zugleich das Aussageziel des gesamten Kapitels angeben, legt es sich nahe, VV. 21-29 von den Abschlussversen abzuheben. In diesem zweiten großen Textabschnitt wird die Möglichkeit der Umkehr zu Gott (VV. 21-23 und VV. 27-29) bzw. der Abkehr von Gott (VV. 24-25 und V. 26) erörtert. Dabei sind zwischen die jeweiligen Fallbeispiele Fragen eingefügt (VV. 23.25.29). In diesen Fragen kommt unüberhörbar der Wunsch und der Wille Gottes zum Ausdruck: Er will nicht den Tod, sondern das Leben des Sünders und fordert deshalb zur Umkehr auf, die zum Leben führt. Diese Aussage wird in den abschließenden VV. 30-32 noch einmal gebündelt und zum Abschluss gebracht: »Kehrt um, damit ihr am Leben bleibt!« Aus diesem Aussageziel geht klar hervor, dass Ez 18 keinen abstrakten Lehrvortrag darstellt, sondern als engagierter Aufruf zur Umkehr zu verstehen ist, zur Umkehr und zum Leben.

3. »Saure Trauben« – »stumpfe Zähne«: eine gefährliche Redensart 18,1-3

Ez 18 beginnt mit einer Wortereignisformel, auf die auffallenderweise keine Anrede des Propheten folgt. Diese Anrede »Sohn eines Menschen« fehlt neben Ez 18 auch in 17,12 und 19,1. Eine befriedigende Antwort für das Fehlen der Anrede in diesem Textabschnitt konnte bislang nicht gegeben werden.

Im Mittelpunkt der anhebenden Gottesrede steht eine Redensart (V. 2), die auf schroffe Weise, ohne »wenn« und »aber« zurückgewiesen wird: »Die Väter essen saure Trauben, und den Söhnen werden die Zähne stumpf.« Was ist der Inhalt dieser Redensart? Ähnliche Aussagen finden sich in Jer 31,29 und in Klgl 5,7. Alle drei Belegstellen verweisen in die Zeit um 587 v.Chr. Offensichtlich diente der Spruch von 18,2 wie die analogen Aussagen Jer 31,29 und Klgl 5,7 dazu, die Katastrophe von 587 v.Chr. zu verarbeiten.

Es stellt sich die Frage, wie sich der Inhalt dieses Spruches in die Traditionen Israels einfügt. Stützt er sich auf eine alte Überlieferung, wonach Söhne für die Schuld der Väter büßen müssen? In diesem Falle würde Ezechiel dieser Sicht etwas Neues entgegensetzen. Oder bietet dieses Diktum eine Art »zeitgenössischer Theologie«? Dann würde Ezechiel diese neue Theologie für die Bewältigung des babylonischen Exils als unpassend zurückweisen.

Eine mögliche Tradition, auf die der Spruch von 18,2 sich stützen könnte, wird in Ex 34,6f., einem relativ späten Text, greifbar (zu ähnlichen Aussagen und Formulierungen vgl. Ex 20,5-6; Num 14,18; Dtn 5,9-10; Jer 32,18). Nachdem die Exodusgemeinde am Berge Sinai angekommen ist, empfängt sie von JHWH die Weisung (Ex 19 – 20). Doch schon am Sinai bricht sie den Bund mit Gott (Ex 32). Auf die Fürbitte des Mose erneuert Gott diesen gebrochenen Bund mit seinem Volk (Ex 34; vgl. auch Dtn 9,9 – 10,11). Im Zusammenhang dieser Bundeserneuerung findet sich die Aussage von Ex 34,6f.: »Der Herr ging an ihm (Mose) vorüber und rief: JHWH ist ein barmherziger und gnädiger Gott, langmütig, reich an Huld und Treue: Er bewahrt Tausenden Huld, nimmt Schuld, Frevel und Sünde weg, lässt aber (den Sünder) nicht ungestraft; er verfolgt die Schuld der Väter an den Söhnen und Enkeln, an der dritten und vierten Generation.«

Ist es nicht naheliegend anzunehmen, dass der Spruch von Ez 18,2 aufnimmt, was in Formulierungen wie Ex 34,6f. und in damit verwandten Stellen an Tradition vorgegeben ist? Spiegelt sich in den erwähnten Texten nicht eine Vergeltungslehre wider, nach der die Söhne für die Schuld der Väter büßen müssen? Für das Verständnis von Ex 34,6f. und der damit verwandten Bibelstellen gilt es indessen Folgendes zu beachten: 1. Der Schwerpunkt liegt nicht auf der Strafe, sondern auf der Huld und Treue. Diese gehen über tausend Geschlechter, gelten also für immer. 2. Die Aussage über die Väter, Söhne und Enkel, über die dritte und vierte Generation muss vor dem Hintergrund der Großfamilie von damals gesehen und verstanden werden. In einer Großfamilie oder Sippe lebten maximal vier Generationen beisammen. An Vergehen konnten demnach höchstens vier Generationen beteiligt sein. Die Strafe bezieht sich also auf diejenigen, die an einem Vergehen mitwirken konnten, im Höchstfalle also vier Generationen. Mit anderen Worten: Die Schuld trifft die Schuldigen und nur sie. Die Gnade hingegen währt für tausend Generationen. Sie gilt für alle Zeiten.

Damit ist aber genau das Gegenteil dessen ausgesagt, was der Spruch von Ez 18,2 behauptet: Die Väter handeln schlecht und werden schuldig, die unschuldigen Kinder hingegen haben die Schuld zu bezahlen.

Ez 18,2 kann sich somit wohl kaum auf eine alte, generell geltende Glaubensüberzeugung stützen. Die Überzeugung, dass ein jeder für sein eigenes Tun verantwortlich ist, ist keine Erfindung Ezechiels, sondern ist in der biblischen Tradition breit bezeugt, vor Ezechiel und nach ihm.

Im Buch Deuteronomium ist folgender Rechtsgrundsatz festgehalten: »Es sollen nicht Väter wegen ihrer Söhne des Todes sein, und Söhne sollen nicht wegen ihrer Väter des Todes sein. Ein jeder soll des Todes sein nur wegen seiner eigenen Sünden« (Dtn 24,16). Dieser Rechtsgrundsatz, der nach vielen Autoren älter, nach anderen jedoch jünger als Ez 18 ist, wird z.B. in 2 Kön 14,5-6 angewendet. Über Amazija (796-767 v.Chr.), den König von Juda, heißt es: »(Er) erschlug ... seine Diener, die seinen Vater, den König, ermordet hatten. Aber die Söhne der Mörder tötete er nicht, wie es im Gesetzbuch des Mose geschrieben steht, wo JHWH dieses Gebot erlassen hat: Die Väter dürfen nicht getötet werden um der Söhne willen, sondern jeder soll des Todes sein wegen seiner eigenen Sünden.«

Auch das alte Bundesbuch Ex 20,22 – 23,33 weiß nichts von einer Kollektivschuld. Die Aufforderung zur Umkehr, wie sie sich etwa in Am 5,4-6.14-15 findet, setzt eine Kollektivschuld gerade nicht voraus. Ein solcher Aufruf geht vielmehr davon aus, dass jeder Mensch umkehren kann. »Ein entwicklungsgeschichtliches Nacheinander von Kollektivstrafe und individueller Strafverfolgung besteht nicht. Damit ist nicht behauptet, dass das israelitische Rechtsbewusstsein im Verlauf der Geschichte keine Wandlungen erfahren hätte. Die Entwicklung, die wir beobachten, verläuft jedoch genau umgekehrt: Seit der exilischen Zeit nimmt das Bewusstsein der überindividuellen und metaphysischen Dimension der Schuld auffallend zu« (Levin, Verheißung 46).

Aus diesen Darlegungen lässt sich folgern: Die Redensart von Ez 18,2 kann sich auf keine alte Auffassung von einer Kollektivhaftung stützen. Der Spruch ist vielmehr eine Neufindung der Exilierten, die mit dieser Redeweise ihre Situation zu deuten versuchen.

Diese Redensart wird im Auftrag JHWHs in aller Schärfe zurückgewiesen. Eine Deutung der Exilssituation, die den früheren Generationen das Versagen zuschreibt, die Gegenwartsgeneration jedoch lediglich als unschuldige Opfer sieht, ist demnach nicht zulässig. Nach der Aussage dieses Spruches ist die Welt zweigeteilt: Die Väter sind schuldig, die Söhne sind unschuldig. Die Schärfe der Reaktion JHWHs zeigt sich u.a. in der Verwendung der Schwurformel »so wahr ich lebe«. Das Selbstverständnis JHWHs und seine Sicht des Gottesvolkes einerseits und die Verwendung dieser Redensart andererseits stehen zueinander in Widerspruch. Wenn die Glieder des JHWH-Volkes sich auf JHWHs Wort und auf sein Wirken einlassen wollen, müssen sie sich klar von dieser Redensart distanzieren. Warum? Weil dieser Spruch sich dahingehend auswirkt, dass sie ihre Rolle als verantwortlich handelnde Subjekte nicht wahr- und nicht annehmen.

Deshalb muss Ezechiel die »fertige« Weltsicht der Exilsgeneration – Väter = schuldig : Söhne = unschuldig – aufbrechen. Dies geschieht in den beiden Redegängen VV. 4-20 und VV. 21-32.

4. Von der Selbstständigkeit und Verantwortung der einzelnen Generationen 18,4-20

Der erste Redegang VV. 4-20 ist sehr sorgfältig aufgebaut und gestaltet. V. 4 und V. 20 bilden einen Rahmen um eine Erörterung, die sich in drei Redegängen entfaltet. An der Abfolge von drei Generationen, Vater (VV. 5-9), Sohn (VV. 10-13) und Enkel (VV. 14-19) wird aufgezeigt, dass die einzelnen Generationen aufgrund ihres je eigenen Bezuges zu Gott voneinander frei und unabhängig sind. Diese im Gottesbezug gründende Selbstständigkeit erlaubt ihnen, ihre je eigene Verantwortung wahrzunehmen.

a. Die Rahmenverse und ihre Aussage VV. 4.20

Nach der schroffen Zurückweisung der Redensart setzt V. 4 neu ein. Nicht der Konflikt zwischen Vätern und Söhnen bildet den Ausgangspunkt der folgenden Reflexion, sondern die Aussage: »Alle Menschenleben sind mein Eigentum, das Leben des Vaters ebenso wie das Leben des Sohnes; mir gehören sie.« Ausgangspunkt und tragender Grund für die Bewältigung der Krise des Exils und einen Weg aus ihr ist der Bezug eines jeden Menschen zu Gott. Diese grundlegende Aussage wird sofort auf die beiden Generationen appliziert. Väter wie Söhne sind auf Gott hingeordnet. Durch diese Hinordnung beider Generationen auf Gott wird der Konflikt auf eine neue Grundlage gestellt. Er wird von innen heraus geöffnet, da in die vom Spruch vorgegebene Polarität ein »tertium comparationis« eingeführt wird: Gott und die Beziehung zu ihm.

V. 4 schließt mit der Aussage: »Nur wer sündigt, soll sterben.« Diese Formulierung, in der sich eine alte Rechtstradition Israels ausdrückt, wird zu Beginn von V. 20 identisch wieder aufgegriffen. Das Ende von V. 4 und der Beginn von V. 20 entsprechen sich somit wörtlich mit der Aussage: »Nur wer sündigt, soll sterben.«

Ein sorgfältiger Blick auf die beiden Rahmenverse 4 und 20 zeigt, dass zwischen beiden Versen noch weitere Entsprechungen bestehen. Diese werden in der folgenden graphischen Darstellung mit den Buchstaben A – A', B – B', C – C' angegeben.

Die Rahmung 18,4.20

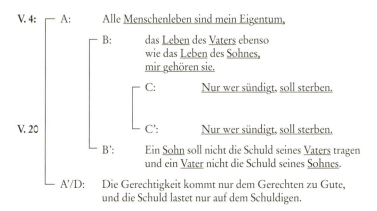

Während die Aussagen von C und C' wörtlich übereinstimmen, bringen B und B' jeweils eine sachliche Entsprechung: die Vater-Sohn-Problematik. Die Aussage B von V. 4 betont den Gottesbezug einer jeden Generation (»mir gehören sie«), die Aussage B' von V. 20 zielt auf deren Selbstständigkeit, die Freiheit und Verantwortung in einem bedeutet. Aufgrund des vorgegebenen, grundlegenden Gottesbezuges muss keine Generation Opfer der anderen bleiben, sondern kann ihren Weg vor Gott eigenverantwortlich gehen. Der letzte Abschnitt A' von V. 20 formuliert die Konsequenz aus A von V. 4. Es ist der persönliche Gottesbezug eines jeden Menschen (A), der jeden Einzelnen in die Verantwortung entlässt (A'). Zugleich leitet der letzte Abschnitt von V. 20 mit den Themen »Gerechtigkeit« und »Schuld« zum zweiten Teil der großen Redekomposition VV. 21-32 über (A' = D).

Zurück zu V. 4. Die Schlussformulierung von V. 4 »nur wer sündigt, soll sterben« steht in einer inneren Opposition zur Aussage des Versanfangs, nach dem eines jeden Menschen Leben auf JHWH hingeordnet ist: »Alle Menschenleben sind mein Eigentum ...«. Der Bezug zu Gott und die Zugehörigkeit zu ihm sind deshalb zugleich als Lebenszusage zu verstehen. Der Verlust dieses Gottesbezuges (»wer sündigt«) bedeutet hingegen Tod, wobei Tod nicht physisch gemeint ist. Aus der inneren Opposition der Aussagen von V. 4 geht somit hervor, dass ein existierender Gottesbezug zugleich Lebenszusage bedeutet. Ein solcher Gottesbezug provoziert ein verantwortliches Handeln in Freiheit. Er lässt keine Entmündigung zu. Eine lebendige Gottesbeziehung holt die Menschen der verschiedenen Generationen vielmehr aus ihrer zum Teil selbstgewählten Isolation und Verweigerung heraus und ruft sie in die Verantwortung.

b. Die Entfaltung der Lebenszusage von V. 4 in VV. 5-19

Die in den Rahmenversen 4 und 20 formulierten Aussagen, besonders die Lebenszusage von V. 4, werden in drei Redegängen entfaltet. Schon die Reihenfolge »Gerechter« (VV. 5-9) – »Frevler« (VV. 10-13) – »Gerechter« (VV. 14-19) und die Tatsache, dass vom Gerechten zweimal die Rede ist, macht deutlich, dass der Schwerpunkt der Aussage auf dem Leben und auf der Lebenszusage liegt.

Der Diskurs beginnt und endet mit einer Lebenszusage für den Gerechten. Das Thema der Schuld und des Todes ist dem der Lebenszusage untergeordnet. Es ist von der Lebenszusage gleichsam umfangen und umgriffen. Die drei Redegänge nehmen deutlich Bezug auf den Inhalt des Zitates von V. 2. Wie jedoch schon zuvor die Aussage von V. 4, so verlässt auch die Reihenfolge der drei Fälle von VV. 5-19 die Vorgaben von V. 2. Es wird nicht, wie der Spruch von V. 2 nahe legen würde, sofort die Problematik »ungerechter Vater« – »gerechter Sohn« aufgeworfen. Der Diskurs setzt vielmehr ein mit einem »Gerechten«, ohne diesen bereits mit der negativ konnotierten Vaterrolle zu belasten. Es geht somit primär um das beispielhafte Verhalten eines Gerechten, noch nicht aber um die Generationenproblematik.

Erst durch den Sohn des Gerechten, der frevlerisch handelt (VV. 10-13), wird vom Sohn her die Problematik Vater - Sohn aufgeworfen. Doch bevor das Vater-Sohn-Verhältnis thematisiert wird, ist die Rolle des Vaters, der nun mit dem Gerechten von VV. 5-9 gleichgesetzt wird, bereits positiv, die des Sohnes negativ belegt.

Das Problem der Redewendung von V. 2 entspricht der Abfolge der beiden Fälle 2 (VV. 10-13) und 3 (VV. 14-19). Gerade hier aber, in VV. 14-19, zeichnet sich der gerechte Sohn eines frevlerischen Vaters dadurch aus, dass er nicht Maß nimmt am negativen Verhalten seines Vaters. Er ist nicht gefangen in der Welt seines Vaters, sondern er orientiert sich am Willen JHWHs. Deshalb wird diesem Sohn Leben zugesprochen. Der gesamte Text der VV. 5-19 will in seinem Aufbau und in seinem Inhalt dazu herausfordern, sich am Willen Gottes zu orientieren, statt über die negativen Startbedingungen zu jammern, so wenig diese bestritten werden müssen und so bedauerlich diese auch sind. Die geforderte Orientierung am Willen Gottes wird veranschaulicht durch Gebotsreihen, die in der Beschreibung des Gerechten bzw. des Frevlers viel Raum einnehmen: VV. 6-8.11b-13.15-17.18.

c. Ein Gerechter, der lebt VV. 5-9

Zunächst beschreibt Ezechiel das Verhalten eines Gerechten. Dieses wird verdeutlicht durch die Gebotsreihe in den VV. 6-8, die später in VV. 11b-13 und 15-17.18 verkürzt und variiert wiedergege-

18,4-20

ben werden. In der Literatur wurde Ezechiel aufgrund der erwähnten Gebotsreihungen häufig diskreditiert. Hier zeige sich der Priester Ezechiel, der auf die kleinliche Beachtung von einzelnen Gesetzesvorschriften bedacht sei (s.o. Einleitung II.1./3). Andere Autoren haben vermutet, Ezechiel trage hier einzelne Vorschriften zusammen, die für die Exilierten und ihr Leben im Exil eine besondere Bedeutung gehabt hätten.

Doch vermutlich sind die Gebotsreihen in einem anderen Sinne zu verstehen. Hier werden verschiedene Lebensbereiche angesprochen, in denen sich menschliches Leben abspielt. So erwähnt V. 6 zunächst den Bereich des Gottesdienstes und des Götzendienstes, ferner den der Sexualität. V. 7 thematisiert die Praxis der Mitmenschlichkeit, die am Nächsten, der in Not geraten ist, entfaltet wird. V. 8 benennt den Bereich der Wirtschaft und der Rechtsprechung. Diese Gebotsreihen entwerfen kein vollständiges kasuistisches System, das im Gerichtswesen angewendet werden könnte oder mit dem sich das Leben im Exil präzise durchorganisieren ließe. Hier werden vielmehr die großen Bereiche genannt, in denen menschliches Leben sich abspielt. Diese Lebenswelten werden hingeordnet auf den göttlichen Willen und dienen zur Charakterisierung des Gerechten. Der Gerechte ist einer, der seine Existenz in allen Bereichen seines Lebens vom göttlichen Willen her zu leben versucht und seine Lebensvollzüge auf den göttlichen Willen hin transparent macht.

Die etwas knapperen Wiedergaben der Gebotsreihen in VV. 11b-13 und VV. 15-17.18 dienen dem gleichen Ziel: Es soll in Umrissen eine gläubige Existenz vor Gott entworfen werden.

Trotz der auffälligen kasuistischen Formulierungen (»wenn ... dann ...«) liegt hier keine kasuistische Fallbeschreibung vor. Die Aufzählungen erinnern vielmehr an Gebotsreihen, wie sie im Dekalog begegnen (Ex 20,1-17; Dtn 5,6-21). Von der gemeinten Sache her handelt es sich also, trotz kasuistischer Formulierung, um apodiktische Aussagen. »Wie die Zehn Gebote will auch die Gebotsreihe, mit der Ezechiel den Gerechten charakterisiert, nicht als Aufforderung verstanden sein, isolierte Werke abzuleisten, sondern das ganze Leben in allen seinen Bereichen als Werkzeuge der Gerechtigkeit (vgl. Röm 6,13) Gott und seinem Willen zu überlassen. Der Mann, der hier beschrieben wird, ist nicht deshalb gerecht, weil er eine bestimmte Anzahl von unzusammenhängenden äußerlichen Leistungen erbringt, sondern weil er sein ganzes Leben Gott anheim gibt. Wie der Dekalog ist die hier aufgeführte Gebotsreihe eine Art Kurzformel der gläubigen Existenz vor Gott« (Mosis 217).

Es stellt sich die Frage, wo solche Gebotsreihen ihr Zuhause haben, wo ihr »Sitz im Leben« zu finden ist. Vermutlich gehören sie in das Umfeld des Tempels und der Tempelliturgie. Der gläubige Israelit kam zu den großen Wallfahrtsfesten mehrmals nach Jerusalem zum Tempel. Diese Wallfahrtsfeste galten als frohe Ereignisse, Höhepunkte im Laufe des Jahres (vgl. Ps 122,1: »Wie freute ich mich, als man mir sagte: Zum Hause des Herrn wollen wir pilgern.«). Hier erfuhr sich der JHWH-Gläubige als Glied der größeren Glaubensgemeinschaft, der er angehörte. Die Dankbarkeit für das göttliche Handeln in der Schöpfung und in der Geschichte prägte das Fest, bei dem die sozialen Schranken keine Rolle spielen sollten. Auch Sklave und Sklavin durften an der Festfreude teilhaben, die ihren besonderen Ausdruck häufig in einem Mahl fand (vgl. Dtn 16,9-12.13-15).

Diese Festlichkeiten dienten zugleich dazu, sich wieder neu und bewusst in die eigene Glaubensgeschichte und Glaubenspraxis hineinzustellen. Am Eingang des Tempelbereichs, beim Eintritt in das Heiligtum also, wurden die Pilger deshalb aufgefordert, sich zu Gott und zu seinem Willen zu bekennen. Man spricht in diesem Zusammenhang von der sog. Torliturgie oder Tempeleinlassliturgie. Zur Nähe Gottes wird zugelassen, wer sich zu ihm und zu seinem Willen bekennt. In diesem Zusammenhang nun werden solche Gebotsreihen laut, wie sie sich auch in Ez 18 finden. Da uns vom vorexilischen Tempelkult nichts Sicheres überliefert ist, bleibt der reale Ablauf einer solchen Torliturgie in ihrer Agenda und in ihrer Legenda weitgehend im Dunkeln. Doch sind mehrere biblische Texte einer solchen Torliturgie nachgebildet. Dazu gehört beispielsweise Ps 15: »Herr, wer darf Gast sein in deinem Zelt, wer darf weilen auf deinem heiligen Berg? Der makellos lebt und das Rechte tut; der von Herzen die Wahrheit sagt und mit seiner Zunge nicht verleumdet; der seinem Freund nichts Böses antut und seinen Nächsten nicht schmäht ...« (vgl. auch Ps 24,3-6; Jes 33,14-16).

Einer solchen Torliturgie dürfte auch Ez 18 nachgebildet sein. Die Gebotsreihe, die auf heutige Leserinnen und Leser eher befremdend wirken mag, erinnert die Hörer Ezechiels an die Pilger, die unterwegs sind zum Heiligtum, um dort die Nähe Gottes zu erfahren. Sie lässt die Festfreude der Pilger lebendig werden, die ein Kennzeichen der Wallfahrer war. Sie erinnert an das Bekenntnis zum göttlichen Willen, um die eigene Existenz wieder neu auf den verlässlichen Grund der göttlichen Weisung zu stellen. Durch die Nachahmung einer Torliturgie werden somit Höhepunkte, sog. »Taborstunden«, im Glauben Israels verlebendigt und vergegenwärtigt, die auch die Lebensgeschichte Ezechiels geprägt haben dürften.

Die erste Gebotsreihe endet deshalb auch entsprechend positiv mit einer sog. deklaratorischen Formel, einer Gerechterklärung: »Er ist gerecht!« Mit einer solchen Formel wurden die Pilger zum Gottesdienst und zum Tempel zugelassen. Sie gewährt gleichsam Zugang zur Nähe Gottes. Sie bedeutet eine Zusage von Leben: »Er wird gewiss am Leben bleiben – Spruch Gottes, des Herrn.«

d. Der Sohn als Frevler VV. 10-13

Erstmals erscheint nun die Vater-Sohn-Problematik. Im Unterschied zur Problemstellung des Spruches von V. 2 stehen sich hier jedoch ein gerechter Vater und ein verbrecherischer Sohn gegenüber. Damit wird die Position, die im Spruch von V. 2 vertreten wird, geschickt problematisiert und in Frage gestellt. Dies gilt umso mehr, als zuvor in VV. 5-9 äußerst positive Erfahrungen erinnert wurden, die nun mit der Rolle des Vaters verknüpft sind. »Sohn« zu sein heißt demnach nicht automatisch, wie V. 2 voraussetzt, unschuldiges Opfer zu sein. Ob der Sohn Teil hat am Leben oder ob er des Todes ist, ist keine Frage des bloßen oder blinden Schicksals, sondern hängt mit seinen ureigensten Entscheidungen zusammen.

e. Der Sohn als Gerechter VV. 14-19

Der dritte Redegang stellt einem schuldigen Vater seinen gerechten Sohn gegenüber. Dass dieses Verhältnis ausführlicher behandelt wird, dürfte seinen Grund darin haben, dass hier das Muster aus V. 2 aufgegriffen ist. Doch selbst in diesem Falle, wonach der Vater – wie das Sprichwort vorgibt – Schuld auf sich geladen hat, kann der Sohn leben. Vorausgesetzt ist freilich, dass er sich von der schuldhaften Handlungsweise seines Vaters löst und sich entschieden an der Weisung JHWHs, die wiederum in Gebotsreihen entfaltet wird, orientiert.

VV. 17b-18b stellen die Rollen des Vaters und des Sohnes einander eigens noch einmal gegenüber, um zu verdeutlichen: Wenn der Sohn nicht Maß nimmt am negativen Verhalten seines Vaters, sondern an der Weisung JHWHs, ist sein Anteil das Leben. Es liegt somit an ihm selbst, sein Leben auf einen neuen und verlässlichen Grund zu stellen, auf den der Weisung JHWHs.

Was Ezechiel seinen Hörern mit diesem engagierten Redegang verdeutlicht, lässt sich vielleicht so paraphrasieren: Die entscheidende Frage ist nicht, ob eure Väter saure Trauben gegessen haben. Die entscheidende Frage lautet vielmehr: Wollt ihr leben? Wenn ja, dann nehmt euer Leben selbst in die Hand, orientiert euch an der Weisung JHWHs, und ihr werdet das Leben finden.

In V. 19 kommen vermutlich diejenigen zu Wort, die bereits im Spruch von V. 2 ihre Position ausgedrückt hatten: »Warum trägt der Sohn nicht mit an der Schuld des Vaters?« Wie oben erwähnt, wird hier mitunter ein Widerspruch zur Aussage von V. 2 angenommen und V. 19 als spätere Ergänzung angesehen. Doch ist ein solcher Widerspruch keinesfalls gegeben. Der Spruch von V. 19 bestätigt noch einmal, was auch in V. 2 schon deutlich zum Ausdruck kam: die Weigerung der Söhne, in die Verantwortung einzutreten und die Verantwortung für sich und für ihre Generation zu übernehmen.

V. 20 übt eine Scharnierfunktion aus. Einerseits greift dieser Vers, der das Ende des ersten Redeganges markiert, wörtlich auf V. 4b zurück und unterstreicht noch einmal die Selbstständigkeit und Verantwortung einer jeden Generation. Andererseits verlässt der abschließende Satz von V. 20 bereits die Generationenproblematik. Mit seiner Aussage, dass Gerechtigkeit und Schuld am jeweiligen Täter haften, leitet er über zum zweiten Teil der Komposition.

5. Umkehr als das Gebot der Stunde 18,21-32

Der zweite Teil der großen Reflexion von Ez 18 spricht in seinem ersten Abschnitt von der Möglichkeit zur Umkehr im Leben des einzelnen Gläubigen (VV. 21-29). Der zweite Abschnitt (VV. 30-32), der zugleich das Aussageziel des gesamten Kapitels angibt, appelliert an die Glieder des Gottesvolkes, die mögliche und gebotene Umkehr im eigenen Leben doch auch tatsächlich zu realisieren.

a. Die Chance des Neubeginns VV. 21-29

Der Text ist wiederum sehr sorgfältig aufgebaut. Er zeigt eine chiastische Struktur.

A:	VV. 21-22:	Sünder	→	Gerechter
	B: V. 24:	Gerechter	→	Sünder
	B': V. 26:	Gerechter	→	Sünder
A':	VV. 27-28:	Sünder	→	Gerechter

Die beiden Aussagen in der Mitte, V. 24 (B) und V. 26 (B'), betrachten die Möglichkeit, dass ein Gerechter sich von seiner Gerechtigkeit abwendet und schuldig wird. Für diesen Fall wird festgestellt: Er kann sich nicht auf seine vermeintlichen Verdienste berufen, sondern er verwirkt sein Leben, weil er sich von der Leben spendenden Weisung JHWHs abgewandt hat. In Gestalt der Treue will die Entschiedenheit des Gerechten für JHWH lebendig bleiben und seine Gegenwart bestimmen.

Die beiden äußeren Glieder VV. 21-22 (A) und VV. 27-28 (A') diskutieren die Alternative, dass ein Schuldiger umkehrt und Gerechtigkeit übt. Für diesen Fall wird festgehalten: Er findet mit seiner Umkehr, die sich im rechten Tun zeigt und bewährt, das Leben. Er findet neu seinen Ort in der Nähe JHWHs und in der Gemeinschaft des Volkes, das neu zu formen JHWH schon unterwegs ist. Es ist auffällig, dass die Umkehr des Schuldigen ausführlicher beschrieben wird als der umgekehrte Fall. Darin kommt neben dem ernsten Zustand des JHWH-Volkes zugleich das Anliegen des gesamten Textausschnittes zum Ausdruck: dass Umkehr zu einer lebendigen Wirklichkeit im Gottesvolk wird.

In diesen soeben beschriebenen chiastisch gestalteten Textabschnitt von VV. 21-28 ist nun eine weitere chiastische Struktur eingefügt, die mit dem ersten, schematisch formulierten Chiasmus verschränkt ist und die dort verhandelten Fälle dynamisch vorantreibt.

A: V. 23: »<u>Habe ich</u> etwa <u>Gefallen</u> am Tod des Schuldigen ... und nicht vielmehr daran, dass er seine bösen Wege verlässt und so am Leben bleibt?«

B: V. 25: »<u>Ihr</u> aber sagt: Das <u>Verhalten des Herrn</u> ist nicht richtig. Hört doch, ihr vom Haus Israel: Mein Verhalten soll nicht richtig sein?«

B': V. 29: »Das <u>Haus Israel</u> aber sagt: Das <u>Verhalten des Herrn</u> ist nicht richtig. Mein Verhalten soll nicht richtig sein, ihr vom Haus Israel?«

A': V. 32: »<u>Ich habe</u> doch <u>kein Gefallen</u> am Tod dessen, der sterben muss – Spruch Gottes der Herrn. Kehrt um, damit ihr lebt.«

Dieser zweite textübergreifende Chiasmus besteht einmal aus drei Fragen (VV. 23.25.29), zum anderen verknüpft er die beiden Textabschnitte VV. 21-29 und VV. 30-32 dadurch miteinander, dass die rhetorische Frage von V. 23 (A) in V. 32 (A') zur festen und verlässlichen Antwort wird.

Die drei Fragen konfrontieren das Verhalten Gottes und das Verhalten Israels miteinander. Dabei kommt die Parteilichkeit Gottes für die Umkehr und das Leben des Frevlers unüberhörbar zum Ausdruck. Zugleich zeigt sich in den Fragen von VV. 25 (B) und 29 (B') eine Bewegung von den einzelnen Gliedern des Gottesvolkes (V. 25: »*Ihr* aber sagt« – »*Ihr* vom Haus Israel ...«) hin zum Gottesvolk in seiner Gänze (V. 29: »Das *Haus Israel* aber sagt ...«). Mit der gebotenen Umkehr der einzelnen Glieder im Gottesvolk zielt Ezechiel somit auf die Erneuerung des gesamten Gottesvolkes. Dieses wird folgerichtig auch nicht mehr als »Haus der Widerspenstigkeit« (17,12), sondern als »Haus Israel« bezeichnet.

Die VV. 21-29 fordern somit dazu auf, das eigene Verhalten kritisch zu hinterfragen und es neu zu bedenken. Ezechiels Hörer sollen realisieren, dass Gott das Leben aller will. Neben der wachsamen Treue der Gerechten zielt JHWHs Wille vor allem auf die Umkehr der Schuldigen. Diese sollen die eigenen Widerstände gegen Gott wahrnehmen und zur Einsicht geführt werden, dass Umkehr vonnöten und möglich ist.

b. Ein Aufruf zur Umkehr VV. 30-32

Die das Kapitel abschließenden VV. 30-32 geben das Ziel der großen Redekomposition an. Diese mündet in eine explizite Aufforderung zur Umkehr. Ezechiel appelliert an die einzelnen Glieder des Gottesvolkes, den Schritt der Umkehr in aller Entschiedenheit zu tun. Denn von Gott her ist die Möglichkeit der Umkehr und des Neubeginns gegeben. Doch will diese Möglichkeit vom Menschen auch bejaht, ergriffen und persönlich angeeignet werden. Tragender Grund für die Mahnung zur Umkehr ist Gottes Lebenszusage. Er will das Leben und nicht den Tod des Menschen.

»Schafft euch ein neues Herz und einen neuen Geist.« In dieser Forderung von Ez 18,31 sehen manche einen Widerspruch zur Aussage von 36,26ff.: »Ich gebe euch ein neues Herz und einen neuen Geist.« In der Tat sind hier verschiedene Theologien wirksam. Ex 36,26ff. gehört in die spät- oder nachexilische Zeit, ist also später als Ez 18,31 anzusetzen. Inhaltlich muss hier jedoch nicht notwendig ein Widerspruch angenommen werden. Während Ez 36,26ff. den Indikativ betont, das Heil, das Gott wirkt und schenkt, zielt die Aussage von Ez 18,31 auf den Imperativ: Das Heil, das Gott schenkt, will vom Menschen auch angenommen werden. Es ist ein Appell an die menschliche Freiheit und an den menschlichen Willen. Auch das Mittun des Menschen ist somit erforderlich.

Wenn Israel, auf die Weisung JHWHs hörend, nach dieser Weisung lebt, dann wird es nicht länger ein »Haus der Widerspenstigkeit« sein, sondern es wird neu zum »Haus Israel«. Mit diesem Ehrennamen endet auch das Kapitel, verbunden mit der eindringlichen Zusage: Gott will nicht den Tod des Sünders, sondern dass dieser sich dem Leben zuwendet und in der Gemeinschaft mit Gott teilhat am Leben. Und dies mitten im Alltag des Exils.

XIII. Totenklage über das davidische Königtum 19,1-14

1. Hinführung, Aufbau und Einheit

Wie zuvor schon Kap. 17 thematisiert auch Ez 19 die Frage nach dem davidischen Königtum. Dies geschieht wiederum in einer bildhaften Rede mit allegorisierenden Zügen. Trotz auffälliger Gemeinsamkeiten sind beide Kapitel dennoch deutlich voneinander unterschieden. Das Rätselwort von Kap. 17 zielt darauf, das Rätsel (V. 2) zu entschlüsseln und so Einblick zu geben in das Fehlverhalten Zidkijas und in das Unheil, das über ihn kommen würde. Ez 19 hingegen ist als Totenklage (VV. 1.14) gestaltet. Diese will nicht wie ein Rätsel entschlüsselt, sondern sie will gesungen werden, und zwar mit Blick auf den Toten, dessen Ende damit festgestellt wird. Im Unterschied zu Ez 17 stehen in Kap. 19 auch nicht das Fehlverhalten und daraus sich ergebende Konsequenzen im Vordergrund, sondern das Faktum des Todes.

V. 3b (= V. 6b) »er lernte, zu reißen und zu rauben, er fraß Menschen« spricht von der Raubgier und Gefährlichkeit des Löwen und hebt seine Kraft und Stärke hervor. Diese Aussage will zunächst innerhalb des Löwenbildes verstanden und gedeutet werden. Sie erlaubt keine direkten Rückschlüsse auf ein bestimmtes innen- oder außenpolitisches Fehlverhalten eines Königs. Auf eine Grenzüberschreitung könnte die Formulierung von V. 11 »sein Wuchs war hoch, er ragte bis in die Wolken« hinweisen. Vermutlich wurde dieser Vers aus Ez 31,3.5.9.10 übernommen. Ähnliches gilt wohl für V. 14a »und Feuer ging aus von den Zweigen am Stamm und fraß seine Früchte«. Auch diese Aussage wurde vermutlich später eingefügt. Sie spielt auf den Treuebruch Zidkijas in Ez 17,7ff. an. Auch wenn manche Formulierungen aus Ez 19 als Fehlverhalten verstanden werden könnten, im Vordergrund steht nicht dieses Fehlverhalten, sondern das Faktum des Todes. Deshalb wird Ezechiel auch nicht aufgefordert, ein Gerichtswort zu verkünden, sondern eine Totenklage anzustimmen.

Ez 19 besteht aufgrund der verwendeten Bilder aus zwei Teilen. Das erste Bild handelt von einer »Löwenmutter«, die zwei ihrer

Löwenjungen aufzieht, sie jedoch beide verliert: nach Ägypten (VV. 2-4) und nach Babel (VV. 5-9). Beide Unterabschnitte dieses Bildes sind jeweils parallel gestaltet. Zunächst wird der Aufstieg des Löwenjungen (VV. 2-3 und VV. 5-7), dann sein Fall beschrieben (V. 4 und VV. 8-9). An das Bild der Löwenmutter schließt sich als zweites das Bild eines »Weinstocks« an, der zunächst in voller Pracht dasteht, dann jedoch verdorrt und seine Lebenskraft verliert (VV. 10-14).

Beiden Bildern ist gemeinsam, dass jeweils die Mutter des Toten erwähnt wird, einmal im Bild der Löwenmutter (V. 2), einmal im Bild des Weinstocks (V. 10). Wer ist mit der Mutter gemeint? Wer mit den beiden Löwenjungen? Die Deutungen gehen weit auseinander. Die meisten Autoren sind sich darin einig, dass der erste Löwe auf König Joahas verweise. Im zweiten Löwen sehen manche König Jojachin, andere seinen Nachfolger Zidkija. Umstritten ist ferner, wer sich hinter der Löwenmutter verbirgt. Ist damit Hamutal, die Frau des Königs Joschija und die Mutter des Joahas und des Zidkija gemeint? Oder steht die Mutter für ein Kollektiv? Für Israel? Für die davidische Dynastie? Oder für Jerusalem? Als Stadt Davids galt Jerusalem gleichsam als Mutter der Könige Judas. Und diese waren ihre Söhne. Es spricht manches dafür, dem letztgenannten Vorschlag den Vorzug zu geben.

Beide Bilder, von der Löwenmutter (VV. 2-9) und vom Weinstock (VV. 10-14), werden umrahmt vom Thema der Klage. Nach V. 1 wird Ezechiel aufgefordert, eine Klage anzustimmen. Der Schlusssatz von V. 14 greift darauf zurück und betont: »Eine Totenklage ist dieses Lied; zur Totenklage ist es geworden« (EÜ).

Kontrovers diskutiert wird auch die Frage der Einheit des Kapitels. Das Thema der Klage (VV. 1.14) hält die in diesem Kapitel verwendeten Bilder zusammen. Ez 19 ist somit zumindest als eine redaktionelle Einheit zu bestimmen. Ob das Kapitel von Anfang an in einem Zug entworfen wurde, ist jedoch umstritten. Wahrscheinlich lag dem Klagelied der Judaspruch von Gen 49,8-12 vor, in dem der Stamm Juda mit einem jungen Löwen verglichen wird. Der erste Teil des Kapitels VV. 2-9 spielt auf königliche Einzelgestalten an und wurde vermutlich schon vor 587 v.Chr. verfasst. Das sich anschließende Bild vom Weinstock VV. 10-14 reflektiert das Schicksal der Mutter selbst, also das der davidischen Dynastie oder

Jerusalems. Möglicherweise wurden diese VV. 10-14 erst später angefügt, nach der Eroberung und Zerstörung Jerusalems.

2. Die Löwin und ihre Jungen 19,1-9

Das Bild der Löwenmutter greift wahrscheinlich auf den Judaspruch von Gen 49,8-12 zurück: »Ein junger Löwe ist Juda. Vom Raub, mein Sohn, wurdest du groß. Er kauert, liegt da wie ein Löwe, wie eine Löwin. Wer wagt, sie zu scheuchen?« (V. 9). Dieser Bezug auf den Judaspruch darf bereits als Hinweis darauf verstanden werden, dass die Löwenmutter für eine kollektive Größe steht: für den Stamm Juda, das Königshaus oder für die Davidstadt Jerusalem.

Die Bildrede von der Löwenmutter zerfällt nach der Aufforderung zur Klage (V. 1) in die beiden Abschnitte VV. 2-4 und VV. 5-9.

a. Die Aufforderung zur Klage V. 1

Eine Klage wird laut angesichts eines Leichnams. Sie setzt voraus, dass jemand gestorben ist. Zu einer solchen Klage gehören die direkte Anrede des Toten, die Erinnerung an seine große, strahlende Vergangenheit und die Darstellung seines gegenwärtigen Zustandes. Durch den Gegensatz von »einst« – »jetzt« kommt der Zustand des Toten noch drastischer zum Ausdruck. Propheten wenden die Gattung des Klageliedes auch auf noch lebende Personen an. Sie machen damit deutlich, dass eine bestimmte Person, selbst wenn sie noch munter handelt, von Gott her bereits in den Bereich des Todes gehört. So kündigt z.B. Amos in einem Klagelied über die »gefallene Jungfrau Israel« (5,1-3) den Untergang des Nordreiches an. Eine solche Totenklage kann kommendes Unheil vorwegnehmen, sie kann aber auch, nach dem Fall der beklagten Größe, deren Untergang ins Bewusstsein der Hörerinnen und Hörer bringen wollen (z.B. Jes 14; Klgl).

In Ezechiel finden sich die Klagen vor allem in den Fremdvölkersprüchen gegen Tyrus (26,17-18; 27,3-11.25-36; 28,12-19) und gegen Ägypten (32,2-15). Diese Klagen sind, ähnlich wie Ez 19, meist allegorisch ausgestaltet. In Ez 19 wird die Klage »über die Fürsten Israels« angestimmt. Die abweichende Formulierung der

EÜ orientiert sich an der Septuaginta, die singularisch formuliert: »über den Fürsten«. Mit der Totenklage wird über diese Fürsten festgestellt, dass sie in den Bereich des Todes gehören, dass sie tot sind. Wen hat man unter diesen »Fürsten« zu verstehen? Handelt es sich um Einzelgestalten, etwa um die letzten Könige Judas wie Joahas, Jojachin oder Zidkija? Oder werden Könige hier nur insofern genannt, als sie Träger oder Repräsentanten des Königtums sind? Was sagen die Bilder dazu?

b. Ein starker, junger Löwe VV. 2-4

Als stolze Löwin, die unter den Löwen einherschreitet und ihre Stellung und ihren Platz selbstbewusst behauptet, wird die Löwenmutter eingeführt. In ihrer Eigenschaft als Mutter »machte sie zahlreich ihre Jungen« (EÜ »und zog ihren Nachwuchs auf«). Das hebräische Wort *ribbāh* kann sowohl »großmachen, großziehen« (so die meisten Übersetzer), als auch »zahlreich machen« bedeuten (vgl. Ri 9,29). Da das Thema des Aufziehens später noch einmal kommt und hier wohl nicht eine einzelne Königin-Mutter gemeint ist, sondern Jerusalem bzw. Israel und deren Könige, ist die Wiedergabe mit »zahlreich machen« treffender. Eines von ihren Jungen, das sie groß zieht, wird zu einem starken Junglöwen (V. 3). Dieser lernt zu reißen, zu rauben und Menschen zu fressen, eine Aussage, die wohl nicht auf eine gewaltsame Herrschaft zielt, sondern die besondere Kraft und Stärke des Löwen hervorheben dürfte (vgl. Gen 49,9).

Diese Aussagen werden häufig auf König Joahas übertragen. Passen sie zu ihm? Was wissen wir über Joahas (s.o. Einleitung I.1.)? Nach dem gewaltsamen Tod des Königs Joschija im Jahre 609 v.Chr. wurde nicht sein ältester Sohn Eljakim, sondern dessen jüngerer Bruder Joahas vom jüdischen Landadel zum König erhoben. Nachdem Pharao Necho in der Schlacht bei Haran in Nordsyrien gesiegt hatte, ließ er den jungen König zu sich nach Ribla am Orontes kommen, wo er sein Feldlager aufgeschlagen hatte. Joahas zog zum Pharao, wohl in der Meinung, vor ihm den Treueid ablegen zu müssen. Doch Necho setzte Joahas nach einer Regierungszeit von nur drei Monaten ab und ließ ihn nach Ägypten bringen (vgl. 2 Kön 23,29-34; ferner Jer 22,10-12, wo Joahas allerdings den

Namen Schallum trägt). Joahas wurde also bereits drei Monate nach Regierungsantritt abgesetzt. Das Bild vom starken Löwen, der seine Herrschaft ausübt und sich behauptet, will nicht so recht zu ihm passen. Von einem anderen judäischen König wissen wir jedoch nicht, dass er nach Ägypten verschleppt wurde. Selbst wenn der Verfasser dieses Klageliedes Joahas und sein Schicksal vor Augen hatte, die Art der Beschreibung zielt nicht auf seine individuelle Person, sondern auf ihn, insofern er Repräsentant des Königtums ist.

Auch die Bilder, die für die Verschleppung verwendet werden (V. 4), geben keine konkreten Hinweise auf einen bestimmten König. Es war eine gängige Methode, Löwen in Gruben und mit Netzen zu fangen. »Grube«, »Haken« und »Netz« sind alte und verbreitete Bilder, mit denen Gefangennahme immer wieder beschrieben und auch ikonographisch dargestellt wird (vgl. Ez 17,20; 29,4; 38,4; 2 Kön 19,28; Jes 37,29; Am 4,2; Spr 22,5). Die Erwähnung Ägyptens (V. 4) lässt zwar an König Joahas denken, doch weist die Beschreibung des Löwenjungen klar über ihn als Einzelperson hinaus.

Abb. 9: 75 cm hohe Darstellung einer sumerischen Gottheit, die ein riesiges Netz in ihrer Linken hält. Die ca. 2500 v.Chr. entstandene, im Louvre aufbewahrte Kalksteinstele gab König Eannatum infolge eines militärischen Erfolges über die Einwohner der Stadt Umma in Auftrag: »Über die Leute von Umma habe ich, Eannatum, das große Netz des Gottes Enlil geworfen.« (Keel, Bildsymbolik 79).

c. Ein anderer starker, junger Löwe VV. 5-9

Nach der großen Enttäuschung, dem Untergang des ersten Löwenjungen – die Formulierung »verloren war ihre Hoffnung« (EÜ: »dass ihre Hoffnung vereitelt«) erscheint wieder in Ez 37,11 –, unternimmt die Löwin einen erneuten Versuch. Ein zweites Tier wird großgezogen, damit es seine Stellung unter den Löwen behaupte. Der Abschnitt VV. 5-9 ist ebenso aufgebaut wie der vorgehende von VV. 2-4. Auf die Einsetzung und Erhöhung des Löwen folgt wieder der Fall. Auch der zweite Löwe wird gefangen und verschleppt, dieses Mal nach Babel (V. 9).

Worauf verweist der zweite Löwe? Auf Jojachin, wie die EÜ in der Anmerkung vorschlägt? Jojachin wurde laut Ez 17 zwar nach Babylon verschleppt. Er spielt auch eine wichtige Rolle im Ezechielbuch. Nach ihm ist das gesamte Buch datiert. Doch stellt sich auch hier die Frage: Passt die Beschreibung des zweiten Löwen zu König Jojachin? Was wissen wir über ihn? Nachdem Pharao Necho Joahas abgesetzt hatte, übertrug er dem ältesten Sohn Joschijas mit Namen Eljakim die Regierung und benannte ihn um in Jojakim. Doch nach einigen Jahren gewannen die Neubabylonier die Oberherrschaft über den syrisch-palästinensischen Raum. Der neue Großkönig Nebukadnezzar ließ Jojakim den Treueeid schwören und verpflichtete ihn als Vasall. Doch Jojakim brach den Eid. Daraufhin schickte Nebukadnezzar seine Truppen und ließ Jerusalem 598/97 v.Chr. ein erstes Mal belagern. Während der Belagerung starb Jojakim. Es war nun die Aufgabe seines Sohnes und Nachfolgers Jojachin, die Stadt den Feinden zu übergeben. Auch Jojachin war nur einige wenige Monate König. Seine Hauptaufgabe bestand darin, die Kapitulation der Stadt vorzubereiten und die Tore der Stadt für die babylonischen Belagerer zu öffnen. Mit einem Teil der Oberschicht des Volkes wurde der junge König nach Babylon ins Exil verschleppt. Jojachin war kein starker König. Er konnte sich als Herrscher nicht groß bewähren. Das Bild des starken Löwen passt nicht zu ihm.

Deshalb lautet ein weiterer Vorschlag: Nicht Jojachin, sondern Zidkija sei mit dem zweiten Löwen gemeint. Was wissen wir über diesen König, der im Ezechielbuch »Fürst« genannt wird? Nachdem Nebukadnezzar Jojachin abgesetzt hatte, übertrug er die Regierung dem jüngsten Sohn Joschijas namens Mattanja, benannte ihn aber um in Zidkija. Zidkija war ein knappes Jahrzehnt Herrscher über Jerusalem. Mit ihm hatte sich vor allem der Prophet Jeremia auseinander zu setzen. Jeremia beklagt das Unrecht und den Frevel, die während seiner Regierungszeit geschehen. Vermutlich hat sich Zidkija aktiv am Aufruhr gegen die babylonische Vorherrschaft beteiligt (vgl. Ez 17,15; Jer 27,1-11). Nebukadnezzar reagierte äußerst hart auf den Abfall seines Vasallen. Jerusalem wurde ein zweites Mal erobert und zerstört (587/86 v.Chr.), König Zidkija gefangen genommen und zusammen mit seinen Söhnen nach Ribla in das Feldlager Nebukadnezzars gebracht. Seine Söhne wurden vor seinen Augen niedergemetzelt, er selbst geblendet und nach Babel verschleppt (vgl. 2 Kön 25,1-21). Auch Zidkija war eine schwache und farblose Persönlichkeit, leicht beeinflussbar, die mit ihrer Unentschiedenheit das Unheil über Jerusalem heraufbeschwor. Weder auf Jojachin, noch auf Zidkija passt die Beschreibung des zweiten Löwen, von dem gesagt wird: Bei seinem lauten Gebrüll »erstarrte die Erde und was sie erfüllt« (EÜ: »das Land, und was in ihm lebte«). Außerdem wurde Zidkija von Nebukadnezzar eingesetzt, nicht aber von der Löwenmutter. Auch dieses Faktum spricht dagegen, die Löwenmutter auf die Frau des Joschija, Hamutal, zu beziehen und das zweite Löwenjunge mit Zidkija zu identifizieren.

Die Bilder, die für die Verfolgung und Gefangennahme des Löwen gebraucht werden, wie »Haken«, »Käfig«, »Netz«, »Grube« lassen auch hier keine präzisen Rückschlüsse auf eine bestimmte historische Person zu. Diese Bilder waren allgemein gebräuchlich. So etwa »Grube« in Ez 28,8; Jes 38,17; 51,14 (EÜ: »Kerker«); Jona 2,7; Ps 7,16; 9,16 usw.; »Netz« in Ez 12,13; 17,20; 32,3; Hos 5,1; 7,12 usw. Die Tatsache, dass vom »Netz« auch in Ez 12,13 und in 17,20 die Rede ist und sich die dortige Aussage jeweils auf Zidkija und sein Schicksal bezieht, lässt vermuten, dass beim zweiten Löwenjungen Zidkija zwar vor Augen stand. Doch weist die Art der Beschreibung des Löwenjungen deutlich über die individuelle Gestalt eines Zidkija hinaus.

Beide Löwenjungen stehen beispielhaft für die Könige von Juda. Sie sind Vertreter und Repräsentanten der davidischen Dynastie. In den judäischen Königen, die zur Zeit Ezechiels Opfer der ägyptischen und babylonischen Weltmacht wurden, wird das Schicksal des davidischen Königtums als Ganzes präsent. Vom großen Namen, den David und seine Nachkommen haben sollten (vgl. Gen 12,1-4a; 2 Sam 7,9; 1 Chr 17,10), war nichts geblieben. Aufgerieben zwischen den beiden Großmächten Ägypten und Babel verlor das davidische Königtum nicht nur seine Bedeutung, es ging völlig unter und fand sein Ende. Dieses Ende formuliert der Schluss von V. 9 noch einmal sehr deutlich. Die Verschleppung des Königs dient dazu, »damit man seine Stimme nicht mehr höre auf Israels Bergen«. Wie ein Toter verstummt ist und ins Schweigen hinabfährt, so verstummt auch das Königtum in Israel. Sein Ende ist gekommen.

3. Der fruchtbare Weinstock 19,10-14

Im Anschluss an das Bild der Löwenmutter (V. 2) wird Jerusalem bzw. das davidische Königtum nun mit einem Weinstock verglichen. Dieser zweite Vergleich macht deutlich, dass es sich nicht um die Mutter eines einzelnen Königs handeln kann. In der vorliegenden Endgestalt des Kapitels ist deshalb auch die Löwin von V. 2 und V. 5 nicht auf die Mutter eines einzelnen Königs zu beziehen, sondern als eine kollektive Größe zu verstehen. Der Abschnitt über den Weinstock greift wieder zurück auf Gen 49,9-12, vor allem aber auf Ez 17,3-10. Zunächst wird, wie auch schon in den beiden vorausgehenden Abschnitten, die gute Vergangenheit erinnert (VV. 10-11). Diese steht nach dem Hereinbrechen des Unheils (V. 12) in Kontrast zur bösen Gegenwart (VV. 13-14).

An reichlichen Wassern gepflanzt konnte sich der Weinstock voll entfalten. Er brachte kräftige Zweige hervor, trieb Ranken und war voller Früchte. Dieser prachtvoll gewachsene und entfaltete Weinstock ist ein Symbol für Lebensfülle. Der Hinweis auf »kräftige Zweige, für Zepter von Herrschern geeignet« spielt sicher auf die Wurzel Isais, auf den Stamm Davids und auf die gesamte davidische Dynastie an. Als spätere Ergänzung aus Ez 31,3.5.9.10 darf wohl der Hinweis auf den hohen Wuchs des Weinstocks, der bis in die Wolken ragte (V. 11b), gelten. Möglicherweise sollte damit eine Grenzüberschreitung zum Ausdruck gebracht werden. Denn nur als niedriger Weinstock, also innerhalb seiner Grenzen (Ez 17,6), konnte der Weinstock gedeihen.

Diese äußerst positive Vergangenheit des Weinstocks wird erneut kontrastiert mit dem gegenwärtigen Unglück. Der Weinstock wurde ausgerissen und ist somit entwurzelt (V. 12). Das handelnde Subjekt, das diesen Weinstock »im Zorn« ausreißt, wird nicht genannt. Die offene Formulierung (vgl. dazu Ez 17,9) lässt an Feinde denken, die als Werkzeuge JHWHs agieren, oder auch an JHWH selbst und an sein Handeln.

Der entwurzelte Weinstock, der ohne jegliche Lebenskraft ist, kann der sengenden Glut des Ostwindes, der er ausgesetzt ist, nicht widerstehen. Es ist denkbar, dass mit dem Ostwind auf die aus dem Osten kommenden Babylonier hingewiesen werden soll. Zum neuen Lebensraum des Weinstockes wird die Wüste. Hier in der Wüste, ohne Verwurzelung, ohne Lebenskraft und der sengenden Glut des Ostwindes ausgesetzt, kann »kein kräftiger Zweig« und »kein Zepter für Herrscher« mehr wachsen. Das Ende der Herrschaft ist damit gekommen.

Die Unterschrift der Klage, die auf die Einführung in V. 1 zurückgreift, wird meist folgendermaßen wiedergegeben: »Eine Totenklage ist dieses Lied; zur Totenklage ist es geworden.« So die EÜ und die meisten Kommentare. Der Sinn der Aussage wäre dann: Was in 17,20 angekündigt wurde, das hat sich nun erfüllt. Das Königtum existiert nicht mehr. Sein Ende ist besiegelt.

Unter Bezugnahme auf den griechischen Text (LXX) ließe sich die Unterschrift auch so wiedergeben: »Eine Totenklage ist dies und sie werde (diene) zur Totenklage« (Mosis). Der abschließende Vers würde dann die Aufforderung beinhalten, dieses Klagelied zu rezitieren und zu singen (vgl. Ez 32,16), um immer wieder neu zu realisieren und sich bewusst zu machen: Die davidische Dynastie ist am Ende. Sie ist bereits ein Leichnam, für den es keine Hoffnung mehr gibt.

Wie auch immer die Unterschrift übersetzt wird, eine der tragenden Institutionen, die für das Gottesvolk Israel seit der Zeit Davids konstitutiv war, ist an ihr Ende gekommen. Von Israel her gibt es keine Fortführung des Stammes David. Inwiefern es von Gott her neues Heil für das Geschlecht Davids gibt, wird sich zeigen, wenn Ezechiel das neue, von Gott kommende Heil anzukündigen hat.

XIV. Israels bisherige Geschichte und der neue Exodus 20,1-44

1. Hinführung

Ezechiel wirkt als Prophet in einer Zeit epochaler Krise. Es sind nicht nur Probleme, die von außen an das Gottesvolk herangetragen werden und es in Bedrängnis bringen, wie etwa die Machtpolitik der Babylonier, der Vasallenstatus des Königs von Juda oder die Eroberung Jerusalems durch die Babylonier. Es sind vor allem innere Probleme, die diese Krise verschärfen. Da gibt es das Phänomen der falschen Propheten. Ihre Präsenz ist Ausdruck einer herrschenden Orientierungslosigkeit, die durch ihr unseliges Tun nur noch größer wird. Da regieren Könige, die ihre Grenzen überschreiten, die auf die eigene Größe bedacht sind, nicht jedoch auf die Ehre JHWHs. Da ist das Gottesvolk als Ganzes, das zu einem »Haus der Widerspenstigkeit« geworden ist. Es folgt seinem verstockten Herzen und seiner harten Stirn. Es fehlt ihm die Sensibilität, das Feingespür für den göttlichen Willen und für Gottes Wirken in der Geschichte.

Ezechiel hat den Untergang der Größen und Institutionen anzusagen, die ihren Dienst für das Gottesvolk nicht mehr erfüllen, ja, die dem Gottesvolk abträglich und schädlich geworden sind. So kündigt er die Zerstörung des Tempels an (8 – 11), den Untergang der Stadt Jerusalem (5; 22) und das Ende des Königtums (17; 19). Er hat das Gericht über die falschen Propheten auszurufen (13), über die Berge von Juda (6) und über das ganze Land, ja die ganze Erde (7).

Über diese eben erwähnten Institutionen und Größen hinaus gehören zum Glauben Israels auch ganz entscheidend Glaubensbekenntnisse, also credoartige Formulierungen, in denen das Selbstverständnis des Gottesvolkes gleichsam geronnen und auf verdichtete Weise zur Sprache gebracht ist. In einem solchen Glaubensbekenntnis sind, wie der späte Text Dtn 26,5-10, das sog. kleine geschichtliche Credo, beispielhaft zeigt, zentrale Ereignisse der Heilsgeschichte zusammengetragen. Die wichtigsten Etappen dieses credoartigen Bekenntnisses Dtn 26,5-10 sind:

- die Erinnerung an die Väter (»Mein Vater war ein heimatloser Aramäer«), wohl eine Anspielung auf den Patriarchen Jakob;
- das Leben in der Fremde, in der Unterdrückung, ein Hinweis auf die Knechtschaft in Ägypten;
- die Befreiung und Rettung durch JHWH, das Heilsereignis des Exodus;
- der Weg durch die Wüste hin zum verheißenen Land, das den Zielpunkt des Exodus angibt;
- der Tempel als von Gott erwählter Ort, an dem der Beter seine Gaben darbringt und sein Bekenntnis zu Gott und zu seinem gnädigen Handeln am Volk ablegt.

Im Geschichtsrückblick von Kap. 20 lässt Ezechiel die vergangene Geschichte des JHWH-Volkes mit den zentralen Inhalten des Glaubensbekenntnisses lebendig werden. Anders als in Ez 15; 16 und 23, wo die Geschichtsdarstellung in bildhafter Verkleidung erscheint, ist das Bildhafte in Ez 20 beiseite gelassen. Im Ganzen bietet das Kapitel eine Persiflage des Exodus. Die Tradition des Exodus wird gleichsam destruiert.

Ez 20 beschreibt in seinem ersten Teil den vergangenen Exodus (VV. 1-31), im zweiten Teil (VV. 32ff.) einen neuen, den zweiten Exodus. Das Thema »neuer Exodus« findet sich vor allem bei Deuterojesaja (Jes 40 – 55). Dort erscheint er als großartiges Heilsgeschehen, das JHWH wirkt (vgl. Jes 41,17-20; 48,20-21). In Ez 20 hingegen ist dieser neue Exodus nicht schon das große göttliche Heilshandeln. Er führt vielmehr hin zum Gericht in der Wüste. Vielleicht stellt Ez 20,32-38 die älteste Tradition vom neuen Exodus dar.

2. Der Text, sein Aufbau und seine Einheit

a. Textprobleme in Ez 20

Ez 20 bietet zwei schwirige Textprobleme, wie auch die EÜ eigens vermerkt: in V. 37b und in V. 39a.

Die Wiedergabe von V. 37b in der EÜ »und (ich) zähle euch ab« greift nicht auf den hebräischen, sondern auf den griechischen Text (LXX) zurück. Der hebräische Text (MT) wäre in etwa so wiederzugeben: »Und ich bringe euch in die Verpflichtung des Bundes«.

Oder – mit Martin Buber: »Ich lasse in das umschränkende Gehege euch kommen«.

Besonders problematisch ist der Zustand des hebräischen Textes von V. 39. Auf die noch verständliche Einführung »ihr aber vom Haus Israel – so spricht Gott, der Herr –« folgt ein Text, der aus verstümmelten Satzfragmenten besteht. Wörtlich wären diese folgendermaßen wiederzugeben: »Jedermann – seine Götzen – geht – dient – und danach – wenn es keine auf mich Hörenden mehr gibt ...«. Die Wiedergabe der EÜ stellt eine Harmonisierung des Textbefundes dar: »Geht doch alle, und dient euren Götzen! Doch später werdet ihr auf mich hören ...«. Vermutlich zielte die Aussage ursprünglich auf die Aufforderung, sich von den Götzen zu lösen (vgl. V. 7). Dafür sprechen die vielen Ähnlichkeiten der Textfragmente von V. 39 mit Formulierungen aus V. 7. Der letzte Teil von V. 39 ist wieder verständlich: »Und meinen heiligen Namen werdet ihr nicht mehr mit euren Opfergaben und mit euren Götzen entweihen.«

Das textkritische Problem von V. 39 erklärt sich wohl daher, dass in Ez 20 zwei verschiedene theologische Perspektiven aufeinandertreffen. Der Geschichtsrückblick (VV. 1-31) und der neue Exodus (VV. 32-38) zielen auf einen Loslösungsprozess und rufen die Adressaten in die Entscheidung. Die das Kapitel abschließenden VV. 40-44 hingegen verheißen JHWHs Heil für das ganze Haus Israel, unabhängig von dessen Verhalten. Diese beiden Perspektiven stießen in V. 39 aufeinander und führten zu einer Überarbeitung der Vorlage. Mit anderen Worten: In Ez 20 begegnen sich zwei verschiedene Theologien. Ein erster theologischer Entwurf fordert die Loslösung Israels von den Götzen der Heiden und von denen der eigenen Vorfahren und ruft die gegenwärtige Generation dazu auf, sich für Gott zu entscheiden. Ähnlich wie in V. 7 die Loslösung von der heidnischen Welt Ägyptens eingefordert wird, so stand vermutlich hinter V. 39a ursprünglich eine Aufforderung zur Umkehr: zur Abkehr von den Götzen und zur Hinkehr zu JHWH (vgl. Zimmerli, Mosis). Sowohl im Aussageziel, als auch im Aufbau und in der sprachlichen Gestaltung zeigt diese theologische Konzeption eine besondere Nähe zu Ez 18.

Ein zweiter theologischer Entwurf, der sich im Ezechielbuch findet (z.B. in Ez 36,16-28) und von dem her der Schlussteil von Ez 20 überarbeitet wurde, betont hingegen: Selbst im Falle des Götzendienstes, also einer nicht vollzogenen Loslösung Israels von der heidnischen Welt, verwirklicht JHWH das Heil. Aufgrund des Heilshandelns JHWHs in der Zukunft wird Israel Abstand nehmen vom eigenen Fehlverhalten (vgl. VV. 40-44). Aus dieser Perspektive wurde V. 39 neu gedeutet. Die Aufforderung »geht doch alle und dient euren Götzen!« betont nun, nicht ohne Ironie, dass JHWHs Heilshandeln auch die Untreue Israels noch einmal umfängt und heilt (vgl. dazu Dtn 4,27-31).

b. Der Aufbau von Kap. 20

Das gesamte Kap. 20 ist sorgfältig und durchdacht gestaltet. Auf eine Situationsangabe (V. 1) folgt ein Rahmen (VV. 2-4.30-31), der den Geschichtsrückblick von VV. 5-29 umgibt. Der Geschichtsrückblick seinerseits zerfällt in vier Abschnitte: die Väter in Ägypten (VV. 5-9) und in der Wüste (VV. 10-16), die Söhne in der Wüste (VV. 17-26) und die Väter im verheißenen Land (VV. 27-29). An die Rahmung von VV. 30-31 schließt sich ein »Zitat« an, in dem Israel sein Selbstverständnis zum Ausdruck bringt (V. 32). Darauf folgt in VV. 33-38 die Ankündigung eines neuen Exodus. Dieser zerfällt in folgende drei Phasen: erneute Herausführung aus der Fremde (VV. 33-34), erneute Führung in die Wüste (VV. 35-36), erneute Entscheidung in der Zukunft (VV. 37-38). Auf die Ankündigung dieses neuen Exodus in der Zukunft folgt in V. 39* eine Aufforderung an die gegenwärtige Generation, sich angesichts der bevorstehenden Zukunft hier und jetzt, in der Exilsgegenwart, von den Götzen zu lösen und sich für JHWH zu entscheiden. Wie bereits erwähnt, wurde dieser Text später überarbeitet. Der Schlussabschnitt VV. 39*.40-44 weiß von einer Zukunft Israels im verheißenen Land, unabhängig von der zuvor eingeforderten Entscheidung.

Aufbau von Ez 20

Gegenwart
- 1 : Situationsangabe
- 2-4 : Rahmen

Vergangenheit
- 5-29: Geschichtsrückblick
  - 5-9 : Die Väter in Ägypten
  - 10-16 : Die Väter in der Wüste
  - 17-26 : Die Söhne in der Wüste
  - 27-29 : Die Väter im Lande

Gegenwart
- 30-31 : Rahmen
- 32 : Israels Selbstverständnis (»Zitat«)

Zukunft
- 33-38: der neue Exodus
  - 33-34 : erneute Herausführung
  - 35-36 : erneute Führung in die Wüste
  - 37-38 : erneute Entscheidung

Gegenwart { 39*: Aufforderung zur Entscheidung

Zukunft { 39*.40-44: Israels Zukunft im verheißenen Land

Im Aufriss des Kapitels gibt es zudem die verschiedenen Zeitstufen Vergangenheit, Gegenwart und Zukunft, welche die vorgelegte Gliederung bestätigen. Der Diskurs beginnt in der Gegenwart Ezechiels (VV. 1.2-4), geht sodann im Geschichtsrückblick zurück in die Vergangenheit (VV. 5-29) und wendet sich im abschließenden Rahmen um den Geschichtsrückblick wieder der gegenwärtigen Generation zu (VV. 30-31). Von der Zeitstufe der Gegenwart (V. 32) ausgehend beschreibt dann der neue Exodus ein göttliches Handeln in der Zukunft (VV. 33-38) und kommt mit der Aufforderung von V. 39*, sich von den Götzen zu lösen, wieder auf die Gegenwart zurück. Die das Kapitel abschließenden VV. 39*.40-44 wissen von einer weiteren Zukunft Israels nach dem zukünftigen neuen Exodus. Auch diese Zukunft jenseits des zukünftigen Exodus erklärt sich am ehesten, wenn hier eine spätere Bearbeitung des Kapitels angenommen wird.

Die verschiedenen Zeitstufen, die Ezechiel hier verwendet, stehen nicht gleichberechtigt nebeneinander. Der Akzent liegt auf der Gegenwart, die es mit ihren Problemen zu bewältigen gilt. Die Retrospektive in die Vergangenheit und die Prospektive in die Zukunft sind jeweils auf die Gegenwart hingeordnet. Anders formuliert: Die »erzählte Welt« der Vergangenheit (VV. 5-29) und der Zukunft (VV. 33-38) ist auf ihren Aussagegehalt für die Gegenwart, die »Erzählwelt« bzw. die »besprochene Welt« zu befragen.

Etappen des Geschichtsrückblickes

SCHEMA	*Phase 1*	*Phase 2*	*Phase 3*
1. JHWHs Heilshandeln	5aα-6	10	17
2. JHWHs Gebote	7	11-12	18-20
3. Israels Verweigerung	8a	13a	21a
4. JHWHs Zorn	8b	13b	21b
5. JHWHs Handeln um seines Namens willen	9	14	22
6. JHWHs Gericht	–	15-16	23-26

Wie sorgfältig Kap. 20 gestaltet ist, zeigt auch der Aufbau des Geschichtsrückblickes. Die ersten drei Phasen dieses Rückblickes bieten einen ganz schematischen Aufbau. Jede Phase beginnt mit einem Heilshandeln JHWHs (VV. 5-6.10.17), auf das JHWHs Gebote folgen (VV. 7.11-12.18-20). In gleichbleibender, monotoner Formulierung schließen sich jeweils an: Israels Verweigerung (VV. 8a.13a.21a), JHWHs Zorn (VV. 8b.13b.21b) und JHWHs Handeln um seines Namens willen (VV. 9.14.22). Das letzte Element im schematischen Aufbau bildet der Hinweis auf JHWHs Gericht, das im ersten Abschnitt noch fehlt, in den Phasen zwei (VV. 15-16) und drei (VV. 23-26) jedoch zunehmend an Gewicht gewinnt. Während die Elemente drei (Israels Verweigerung), vier (JHWHs Zorn) und fünf (JHWHs Handeln um seines Namens willen) jeweils gleichbleibend formuliert sind, variiert die Formulierung in den Elementen eins (JHWHs Heilshandeln), zwei (JHWHs Gebote) und sechs (JHWHs Gericht). Aufgrund der beständigen Verweigerung Israels nimmt das göttliche Heilshandeln immer mehr ab. JHWHs Gebote mit der Aufforderung, die Verweigerung aufzugeben und den göttlichen Willen anzunehmen, nehmen immer mehr Raum ein, ebenso der Hinweis auf das göttliche Gericht.

Phase vier des Geschichtsrückblickes (VV. 27-29) fügt sich in diesen schematischen Aufbau nicht ein, ein Hinweis darauf, dass diese Verse nicht zum ursprünglichen Bestand des Geschichtsrückblickes gehören, sondern später ergänzt wurden.

c. Das Problem der Einheit von Ez 20

Trotz des sorgfältig gestalteten Aufbaus zeigt Kap. 20 Wachstumsspuren. Auf einige spätere Bearbeitungen eines Grundtextes wurde bereits hingewiesen. Vier Problemfelder werden im Folgenden kurz vorgestellt.

(1) Die vierte Etappe des Geschichtsrückblickes VV. 27-29

Die Einleitung von V. 27 mit »darum« ließe erwarten, dass nach dem Schuldaufweis eine Gerichtsansage folgt. Stattdessen wird eine weitere, nämlich die vierte Phase des Geschichtsrückblickes mit der Partikel »darum« eingeführt. In V. 30 dient das gleiche Wörtchen »darum« erwartungsgemäß der Einleitung in die Gerichtsansage. VV. 27-29 stören also den klaren Aufbau eines Gerichtswortes.

VV. 27-29 entsprechen als vierte Etappe des Geschichtsrückblickes zudem nicht dem schematischen Aufbau der drei vorausgehenden Phasen von VV. 5-26. Die Verse wissen weder von JHWHs Gericht, noch von einer Zurücknahme des göttlichen Heiles. Sie führen stattdessen ein neues Thema ein, das in das Wortspiel von V. 29 einmündet. Auch das Vokabular der VV. 27-29 ist deutlich unterschieden von dem der VV. 5-26.

Daraus wird man folgern können, dass die VV. 27-29 sekundär in den Geschichtsrückblick eingefügt wurden. Ursprünglich fehlte in VV. 5-26 die Landnahme, von der diese Verse sprechen. Nun ist die Landnahme aber ganz wesentlich für das Selbstverständnis Israels. Denn ohne Land als seinem Zielpunkt bleibt der Exodus ein Torso. Er endet in der Wüste. Es ist deshalb nur verständlich, dass die provozierende Aussage Ezechiels, der den Exodus als Torso in der

Wüste enden lässt, später korrigiert und das Thema des Landes nachgetragen wurde.

(2) Die Beziehung zwischen VV. 30-31 und VV. 32ff.
Der Geschichtsrückblick wird gerahmt von VV. 2-4 zu Beginn und von VV. 30-31 am Ende, wo auch die Schlussfolgerungen aus dem Geschichtsrückblick für die Gegenwartsgeneration gezogen werden. Strittig ist nun die Frage, wohin V. 32 gehört. Bildet dieser Vers den Abschluss des ersten Teils von Ez 20 (also VV. 1-32) oder beginnt mit V. 32 der zweite Teil des Kapitels (also VV. 32ff.)? V. 32 bringt ein sog. Zitat. Solche Zitate verwendet Ezechiel eher als Ausgangspunkt von Erörterungen, nicht jedoch als deren Endpunkt (vgl. 18,2). Dies spricht dafür, V. 32 eher als Beginn des zweiten Teils von Ez 20 anzusehen. Würde V. 32 zum vorhergehenden ersten Teil des Kapitels gezogen, dann würde der sich anschließende Text mit dem Schwur von V. 33 einsetzen. Dies aber ist nicht üblich (vgl. den Schwur von 18,3 im Anschluss an die Redeweise von V. 2). V. 32 dürfte deshalb einen Neueinsatz bilden. Die Zäsur befindet sich zwischen V. 31 und V. 32.

(3) Das Verhältnis von VV. 1-31 und VV. 32-44
Existierten die beiden Teile des Kapitels VV. 1-31 und VV. 32-44 ursprünglich als zwei getrennte Texte? Oder bilden VV. 32-44 eine für den ersten Teil des Kapitels geschaffene Fortschreibung nach dem Untergang Jerusalems? In diesem Sinne nehmen Autoren wie Zimmerli, Allen u.a. an, ein ursprünglicher Text VV. 1-31 sei mit den VV. 32-44 zusammengefügt bzw. fortgeschrieben worden. Folgende Gründe gibt man hierfür an: Das Ansinnen der Ältesten auf JHWH-Befragung (VV. 2-4) sei mit V. 31 zurückgewiesen. Das Problem sei somit geklärt. Ferner erhalte der Prophet in V. 4 lediglich den Auftrag zu richten. In V. 32 setze hingegen bereits eine Heilsverkündigung ein. Damit aber werde der Auftrag, der Ezechiel in VV. 2-4 gegeben wurde, überschritten. Deshalb, so die Schlussfolgerung, seien VV. 32ff. als Heilsverkündigung aus späterer Zeit zu verstehen und zu deuten.

Gegen diese Deutung erheben sich aber mehrere Einwände:
(a) In VV. 32ff. beginnt nicht schon die Heilsbotschaft. Hier wird vielmehr ein zukünftiges Gericht in der Wüste angekündigt. Der zweite und neue Exodus ist bei Ezechiel – anders als bei Deuteroje-

saja – nicht Heilsankündigung, sondern er steht noch ganz im Zeichen des Gerichtes.
(b) Dass der ursprüngliche Auftrag zu richten (V 4) überschritten wird, muss nicht notwendig eine spätere Bearbeitung implizieren. Auch in anderen Zusammenhängen verlässt Ezechiel die Ausgangssituation (vgl. Ez 14,1-11; 17; 18).
(c) Die VV. 30-31 bilden zwar einen Rahmen mit den VV. 2-4. Doch findet sich in diesem abschließenden Rahmen auffälligerweise kein formales Abschlusssignal (Erkenntnisformel, Gottesspruchformel usw.). Auch der folgende V. 32 bringt keinen formalen Neueinsatz.
Fazit: VV. 32ff. gehören zum Grundbestand des Kapitels. Dies bestätigen auch die vielfältigen Bezüge zwischen den verschiedenen Teilen des Grundtextes. Das Motiv des Richtens von V. 4 begegnet erneut in VV. 35.36. Ist es in V. 4 Ezechiel, der zum Richten aufgefordert wird, so nimmt in VV. 35.36 JHWH selbst das Gericht wahr. Auf den alten Exodus von V. 15 nimmt der neue von V. 36 Bezug. Der Absage an den Götzendienst von V. 7f. dürfte V. 39* in seiner ursprünglichen Fassung entsprechen, die – von VV. 40-44 her – in eine ironische Aussage abgeändert wurde.

(4) VV. 39.40-44 – eine spätere Ergänzung*
In diesen abschließenden Versen ist von einem zukünftigen Heil jenseits des bereits angekündigten zukünftigen Exodus die Rede. Die Theologie dieser Abschlussverse weicht deutlich von der im Grundbestand des Kapitels vertretenen theologischen Konzeption ab. Das Heil gilt demnach ganz Israel. Ein Scheidungsgericht in der Wüste, von dem zuvor in VV. 37-38 die Rede war, ist damit überflüssig geworden. Das Heil wird allen Gliedern des Gottesvolkes, unabhängig vom Verhalten des Einzelnen, zugesprochen. Auch das Vokabular des Schlussabschnittes unterscheidet sich deutlich vom Grundbestand des Kapitels. Es zeigt jedoch eine deutliche Nähe zu den VV. 27-29. D.h., mit der Ergänzung von VV. 39*.40-44 unter dem Thema »zukünftige Landnahme« wurde vermutlich auch im Geschichtsrückblick die vergangene Landnahme nachgetragen, sei es gleichzeitig mit VV. 39*.40-44, sei es zu einem späteren Zeitpunkt. Das »Land« als zukünftige Heilsgabe (VV. 40-44) erinnerte

daran: Dieses Land wurde bereits besessen. Doch es wurde entheiligt und entweiht (VV. 27-29; vgl. 36,17-23). Deshalb ging man des Landes verlustig.

Fazit: Ez 20 besteht aus dem Grundtext VV. 1-26.30-31.32-38.39* und der Ergänzung bzw. den Ergänzungen VV. 27-29.39*.40-44. Möglicherweise wurden auch einzelne Satzteile in V. 26 und in V. 31 und das Thema des »Sabbat« innerhalb des Geschichtsrückblickes nachgetragen.

3. Die Situationsangabe von 20,1

V. 1 eröffnet das komplexe Kommunikationsgeschehen von Ez 20. Diese Eröffnungsszene stellt gleichsam das Bühnenbild dar und führt die »personae dramatis« ein. Vier Aussagen, die eine gewisse Nähe zu den Formulierungen von 8,1 und 14,1 aufweisen, sind kurz zu erläutern.

a. Die Datierung und ihre Funktion

Ez 20 setzt ein mit der Angabe des Datums: dem 7. Jahr, dem 5. Monat, dem 10. Tag des Monats. Nach manchen (z.B. Kutsch) verweist dieses Datum auf den 24. August 592 v.Chr., nach anderen (z.B. Zimmerli) auf den 14. August 591 v.Chr. (zur Chronologie allgemein und den Schwankungen in der Zeitrechnung vgl. NSK-AT 29, 20-27 [Exkurs 1: Chronologie]). Nach der Darstellung des Ezechielbuches spielt das Geschehen von Ez 20 somit zwei oder drei Jahre vor Beginn der Belagerung Jerusalems.

Die Datierung als solche unterstreicht zunächst einmal den Ereignischarakter einer Botschaft. Wenn ein Prophetenwort oder die Berufung eines Propheten datiert ist, dann bedeutet dies: Das Wort Gottes »ergeht«, es wird als etwas Unverfügbares von Gott her empfangen und spricht in eine ganz bestimmte Situation hinein. Das datierte Wort bringt zum Ausdruck, »dass das dem Propheten gesagte und von ihm weiterverkündete Wort Jahwes nicht zeitlose Wahrheit, sondern ereignishafter ‚Zuspruch' Jahwes ist« (Zimmerli 42). Also nicht immer Gültiges oder allgemein Einsichtiges, sondern Konkret-Ereignishaftes wird mit der Datierung verbunden.

Zugleich werden Dinge, die besonders wichtig sind, mit einer Datierung versehen. Dies gilt offensichtlich auch für Ez 20. »Wenn hier nach einer langen Kapitelreihe zum ersten Mal wieder eine solche Datierung auftaucht, so weist das wohl auf die besondere Bedeutung der hier an den Propheten gerichteten Anfrage und des darauf ergangenen Bescheids hin, die denn auch durch das Folgende bestätigt wird« (Eichrodt 169).

Schließlich besteht ein besonderer Zusammenhang zwischen Datierung und Rechtsgültigkeit von Verlautbarungen. Dies gilt vor allem bei Vertragsabschlüssen. Für die Gültigkeit eines Rechtsgeschäftes waren die schriftliche Fixierung und die Beibringung von Zeugen erforderlich. Bei besonders wichtigen Abmachungen kamen zudem der Eid – es ist sicher kein Zufall, dass im Zusammenhang der JHWH-Befragung die Schwurformel im Munde JHWHs mehrmals laut wird – und das genaue Datum des Tages hinzu. Das Datum stellt somit eines der notwendigen Erfordernisse für die Rechtsgültigkeit wichtiger Abmachungen dar.

In Ez 20 ist mit der Datierung das Geschehnis der JHWH-Befragung verbunden.

b. Die JHWH-Befragung

Eine JHWH-Befragung ist ein offizielles Geschehen. Veranlasst durch persönliche Nöte wie Krankheit oder durch politische Notlagen wie Kriegsgefahr, Seuchen oder Hungersnöte, wenden sich Menschen an den Propheten. Durch dessen Vermittlung soll JHWH befragt werden. Anliegen einer solchen Befragung ist es, die konkreten Nöte zu überwinden. Zugleich verbindet sich mit diesem primären Anliegen der Behebung konkreter Nöte die Bitte um Wegweisung durch JHWH und damit die Erfahrung seiner heilvollen Nähe und seines bleibenden Schutzes.

In Ez 20,1 ist von einer Notlage nun gerade nicht die Rede. Ein spezifischer Inhalt der Befragung wird also nicht angegeben. Es geht somit um die JHWH-Befragung als solche. Die JHWH-Befragung als solche und der damit gegebene Sachverhalt des Gottesbezuges – seine heilvolle Nähe und sein bleibender Schutz – werden thematisiert und gegebenenfalls problematisiert.

c. Die »Ältesten Israels«

»Männer aus der Ältestenschaft Israels« (EÜ: »einige von den Ältesten Israels«) kommen zu Ezechiel. Es geht hier nicht um einige ältere Herren, die zufällig Älteste sind. Die Formulierung ist gezielt und präzise gewählt. Ihrer Abstammung nach dürften diese Ältesten Judäer sein, die zusammen mit Ezechiel deportiert wurden. Wenn diese hier nicht als »Älteste Judas« (so in 8,1), sondern als »Älteste Israels« (so auch in 14,1) bezeichnet werden, so hat dies seinen Grund. »Israel« ist für Ezechiel kein politischer Begriff. Israel bezeichnet vielmehr das Gottesvolk als eine theologisch-heilsgeschichtliche Größe. Die präzise Formulierung »Männer aus der Ältestenschaft Israels« macht somit deutlich, dass diese »Ältesten« in ihrer Eigenschaft als Repräsentanten des Gottesvolkes Israel zu Ezechiel kommen. Mit ihrem Ansinnen der JHWH-Befragung wird somit die Frage aufgeworfen, wie es denn um die Kommunikation und den Bezug zwischen Israel als Gottesvolk und JHWH, seinem Gott, bestellt ist.

d. Das »Sitz-Nehmen« vor dem Propheten

Hier wird nicht die banale Auskunft gegeben, die Ältesten würden sich »hinsetzen«, um eine bequemere Haltung einzunehmen. Die Aussage »einen Sitz nehmen« bedeutet vielmehr, eine offizielle, eine feierliche Haltung einnehmen. So »nimmt« man »Sitz« bei der Rechtsprechung im Tor (vgl. 1 Kön 21,12f.; Rut 4,1-3; Jer 26,10; Esra 10,9.16). Wenn der Pharao von Ägypten »Sitz nimmt«, dann handelt er offiziell als König und nimmt die Regierungsgeschäfte wahr. »In solchen Zusammenhängen, insbesondere wenn es sich um Älteste oder um andere Amtspersonen handelt, bekommt dieses ‚Sitzen' nahezu die Bedeutung: eine offizielle Versammlung bzw. eine Sitzung abhalten« (Mosis, Umkehr 191).

Fazit: Die vier wichtigen Aussagen von V. 1 betonen somit: Hier wird die ins Grundsätzliche gehende Frage nach dem Verhältnis Israels als Gottesvolk zu seinem Gott verhandelt. Eine konkrete, einmalige Situation, auf die das Datum zunächst verweist, wird durch die Art der Formulierung deutlich transzendiert. Die Ältesten erscheinen nicht als Privatpersonen, sondern als Repräsentanten des Gottesvolkes. Die JHWH-Befragung sieht von jeglichem

Inhalt ab und zielt damit auf den Gottesbezug als solchen. Auch im »Sitz-Nehmen« der Ältesten als einer offiziellen Haltung kommt das Grundsätzliche der Aussage zum Ausdruck. Die Datierung betont zusätzlich das Gewicht des Geschehens und unterstreicht die juridische Dimension des gesamten Vorganges. Hier wird also nichts Zufälliges oder nur Privates geschildert, sondern Typisches, was für das Gottesvolk im Ganzen und grundsätzlich gültig ist. Die folgenden Verse geben darüber nähere Auskunft.

4. Die Rahmung des Geschichtsrückblickes 20,2-4.30-31

Die Rahmung verdient besondere Beachtung, da hier der Interpretationsschlüssel für die Deutung des Geschichtsrückblickes liegt. In VV. 2-4 wendet sich Ezechiel an die gegenwärtige Generation. Nach dem langen Exkurs in die Geschichte (VV. 5-26.27-29) redet er in VV. 30-31 wieder die gegenwärtige Generation an.

Die Aussagen in den Rahmenteilen sind gezielt aufeinander bezogen. Die jeweilige Hinführung zum Gotteswort in V. 3 und in V. 30 entspricht sich: Die Adressaten werden genannt (V. 3: »Älteste Israels«; V. 30: »Haus Israel«), Redeauftrag und Botenformel folgen jeweils aufeinander.

Die vielfältigen Bezüge innerhalb der JHWH-Rede von VV. 3-4 und VV. 30-31 können hier nicht im Detail dargelegt werden. Deutlich erkennbar ist allerdings eine doppelte Rahmung in der Gottesrede, die den Geschichtsrückblick umgibt. Diese Rahmung zeigt einen chiastischen oder spiegelbildlichen Aufbau. Sie formuliert zunächst in V. 3 das Thema der JHWH-Befragung (A) und spricht dann, in V. 4, von den Gräueln der Väter (B), die Ezechiel im Rahmen seines Gerichtswortes kundzutun hat. Beide Themen werden in den VV. 30-31 in umgekehrter Reihenfolge aufgegriffen: in VV. 30-31a das der Väter (B'), in V. 31b das der JHWH-Befragung (A').

A: »*Mich zu befragen, seid ihr gekommen ...?*« (V. 3)
    B: »*Willst du sie richten ...?*
        Die Gräuel ihrer Väter mach ihnen kund.« (V. 4)

        B': »*Auf dem Weg eurer Väter macht ihr euch unrein ...*«
        (VV. 30-31a)
A': »*Ich, ich soll mich für euch befragen lassen ...?*« (V. 31b).

a. JHWHs Botschaft für die Ältesten Israels VV. 2-3

An die Wortereignisformel, die die JHWH-Rede eröffnet, schließt sich die übliche Anrede an Ezechiel »Sohn eines Menschen« an. Darauf folgt der Redeauftrag an den Propheten mit Nennung der Adressaten »Männer aus der Ältestenschaft Israels«. Die Botenformel »so spricht Gott, der Herr« leitet zur eigentlichen JHWH-Botschaft über.

Die JHWH-Rede ist als direkte Anrede an die Ältesten Israels, die Israel als Gottesvolk repräsentieren, gestaltet. Das Ansinnen der Ältesten auf JHWH-Befragung wird schroff zurückgewiesen. Die Schwurformel »so wahr ich lebe«, die JHWH hier gebraucht, macht deutlich: Von seinem eigenen Selbstverständnis her muss JHWH es ablehnen, mit dem Gottesvolk in Beziehung zu treten. Warum?

Ein Blick auf Ez 14,1-11 kann weiterhelfen (s.o. Kommentar VII.4.). Dort wird die JHWH-Befragung verweigert, weil die Befragenden zugleich im Götzendienst verhaftet sind. JHWH-Befragung und gleichzeitiger Götzendienst vertragen sich nicht. Sie schließen sich gegenseitig aus. Wo aber liegt in Ez 20 das Fehlverhalten, das eine Gottesbeziehung unmöglich macht? Dies wird zunächst nicht gesagt.

b. Die Aufforderung an Ezechiel zu richten V. 4

Die Beauftragung Ezechiels zu richten ist recht eigentümlich gestaltet. In einer rhetorischen Frage wird Ezechiel zweimal gefragt, ob er die anwesenden Ältesten nicht richten wolle. Während das Gericht die anwesenden Ältesten und die Größe, die sie repräsentieren, trifft, ist von einem Fehlverhalten dieser Ältesten nicht die Rede. Diesen soll nicht ihr eigenes Versagen, sondern das ihrer Vorfahren vor Augen geführt werden. Offensichtlich ist das Problem, das hier verhandelt wird, ein Beziehungsproblem zwischen den Generationen. Um die Schuld der Gegenwartsgeneration bewusst zu machen und einen möglichen Neubeginn ins Auge zu fassen, muss Ezechiel notwendig von den Vorfahren und von deren Verhalten sprechen.

Der Ausdruck »richten« hat im Ezelchielbuch meist JHWH selbst zum Subjekt. Nur an wenigen Stellen sind andere Handlungsträger genannt, wie etwa Ezechiel (20,4; 22,2; 23,36), die Liebhaber Oholibas (23,24), gerechte Männer (23,45), levitische Priester (44,24). Wie schon die Formulierungen in der Situationsangabe in V. 1, so verweist auch der Ausdruck »richten« in den Bereich des öffentlich-rechtlichen Lebens. Im Rechtsstreit, den Ezechiel zu führen hat und der von öffentlich-rechtlichem Belang ist, ist Israel als Gottesvolk, repräsentiert von den Ältesten, der Angeklagte.

Ezechiel wird beauftragt, den Ältesten Israels »die Gräueltaten ihrer Väter kundzumachen«. Das hebräische Wort für »Gräuel« – *tô'ebāh* – bedeutet, dass etwas zum Wesen einer Sache im Widerspruch steht. Diebstahl und Mord sind ein Gräuel, d.h. sie sind mit dem Selbstverständnis und dem Leben in einer Gemeinde unverträglich. Wird über jemand ein sog. *tô'ebāh*-Spruch ausgesprochen, so impliziert dieser einen Ausschluss aus der Gemeinschaft, Exkommunikation, Ächtung. Ein solcher Spruch ist juridisch wirksam. Es werden damit neue Fakten mit Rechtsgültigkeit geschaffen.

Für das Verständnis der Aussage von V. 4 ist es hilfreich, einen Blick auf *tô'ebāh*-Sprüche über andere Völker zu werfen. Die Gräuel dieser Völker bestehen im Götzendienst, in der Darbringung von Menschen- und Kinderopfern. Dieses Fehlverhalten zieht als Folge die Vertreibung aus dem Lande nach sich. So formuliert Dtn 18,12: »Wegen dieser Gräuel vertreibt sie der Herr, dein Gott, vor dir.« Im Heiligkeitsgesetz des Buches Levitikus erwähnt Lev 18,27 die Gräuel der Völker. Der sich anschließende V. 28 spricht, mit Blick auf das Gottesvolk Israel, von den Auswirkungen dieser Gräuel auf die Völker, die sie verüben: »Wird es (= das Land) etwa euch, wenn ihr es verunreinigt, nicht ebenso ausspeien, wie es das Volk vor euch ausgespien hat?« Da die Völker, von denen hier die Rede ist, die Aussagen über ihre Gräuel nicht hören, ist von diesen Gräueln der Völker mit Blick auf Israel die Rede. Israel soll sich die »Gräuel der Völker« nicht zu Eigen machen, sonst würde das Land als Gabe JHWHs sein Volk ausspeien.

Was bedeutet das für Ez 20,4? In Ez 20,4 ergeht zwar kein *tô'ebāh*-Spruch im formalen Sinn. Es sollen die Gräuel der Väter lediglich kundgetan werden. Dennoch: Die Väter erscheinen hier als eine Größe, die die Lebensgemeinschaft mit JHWH gebrochen hat und damit aus dieser Lebensgemeinschaft ausgeschlossen ist.

Ezechiel soll diese Gräueltaten der Väter »bekannt machen« oder »kundtun«. Das hebräische Wort für »kundtun« ist ein Offenbarungsbegriff. Er kann bedeuten »sich kundgeben« oder »etwas kundmachen«. Ist JHWH Subjekt dieses Verbums, dann bezieht sich das Kundmachen entweder auf die Kundgabe seiner selbst oder auf das Kundtun seiner Gaben, etwa der Gebote oder der Sabbate. Das Verbum *jāda'* »kundtun« spielt in der Glaubensunterweisung eine wichtige Rolle. So tun die Priester ihr JHWH-Wissen kund, um das Volk zu belehren. Von Mose wird betont, dass er das Volk belehrt (Ex 18,16.20). In der Familie ist es Aufgabe der Väter, ihre Söhne zu belehren (vgl. Dtn 4,9; Jos 4,22; Ps 78,5-6). Diese Belehrung führt ein in das rechte Verständnis JHWHs und bildet somit die Voraussetzung für ein JHWH-gemäßes Verhalten. Insofern ist diese Belehrung von entscheidender Bedeutung dafür, dass das Leben der Söhne in Gemeinschaft mit JHWH gelingen kann.

Was bedeutet dies alles für das Verständnis von V. 4? Wenn es im Gottesvolk mit rechten Dingen zugeht, dann meint »kundtun« die Weitergabe des Glaubenswissens und mit ihm die Weitergabe von Glaubenserfahrung. Auf diesem Wege wird die Lebensgemeinschaft der Väter mit JHWH weitergegeben an die nächste Generation. Auch die Söhne und Töchter treten auf diese Weise ein in die Lebensgemeinschaft mit JHWH und empfangen von seiner Leben stiftenden Kraft.

Diese positive Erfahrung ist nach Ez 20,4 in ihr Gegenteil verkehrt. Die Väter stehen in radikaler Widersprüchlichkeit zu JHWH. Sie sind mit *tô'ebāh* behaftet, haben also keine Lebensgemeinschaft mit ihrem Gott. Das bedeutet: Gemeinschaft mit diesen Vätern zu haben, in Solidarität mit ihnen zu leben, nützt nicht nur nicht, es hindert vielmehr daran, um selbst mit JHWH leben zu können.

Der sich anschließende Geschichtsrückblick VV. 5-29 wird diese Vergehen der Väter weiter entfalten. Warum aber, so die offene Frage, wird dann ob der Gräuel der Väter die Gegenwartsgeneration gerichtet? Die abschließende Rahmung von VV. 30-31 gibt darauf Antwort.

c. Das abschließende Urteil über die Gegenwartsgeneration VV. 30-31

Die Partikel »darum«, die innerhalb eines Gerichtswortes meist die Drohung einleitet, eröffnet auch hier die Ansage des Gerichtes.

Der Redeauftrag an Ezechiel mit der Nennung des Adressaten »Haus Israel« und die sich anschließende Botenformel »so spricht Gott, der Herr« führen hin zur direkten Gottesrede, die in zwei Abschnitte gegliedert ist. Deren erster unterstreicht das Versagen Israels, deren zweiter – die Strafe – weist das Ansinnen auf Befragung endgültig zurück.

In Form von rhetorischen Fragen wird auf das Verhalten Israels hingewiesen, das in einem dreifachen Vergehen besteht. Zwei dieser Vergehen beziehen sich auf die Solidarität mit den Vätern: »Auf dem Weg eurer Väter macht ihr euch unrein« (EÜ: »Wie schon eure Väter, so macht ihr euch unrein«) lautet das erste Vergehen, dem sich das zweite anschließt: »und hinter ihren Scheusalen hurt ihr her« (EÜ: »und lauft in eurer Untreue ihren Götzen nach«). Das dritte Vergehen benennt nicht mehr die problematische Beziehung zu den Vätern, sondern klagt das eigene Verschulden der gegenwärtigen Generation an: »Wenn ihr eure Gaben darbringt, ... wenn ihr euch bis zum heutigen Tag immer wieder unrein macht mit all euren Götzen ...«. Dieses dreifache Versagen – die nicht vollzogene Loslösung von den Wegen der Väter, die Übernahme ihrer Götzen und das eigene Verschulden in Gestalt des selbstgewählten Götzendienstes – bedeutet, dass die gesamte Unheilsgeschichte der Vergangenheit in die Gegenwart transportiert wird und in der Gegenwart bestimmend bleibt »bis zum heutigen Tag«.

Aus diesem Grunde, weil die gegenwärtige Generation sich für die bösen Wege der Väter und damit zugleich gegen JHWH und seinen Willen entscheidet, muss JHWH das Ansinnen auf JHWH-Befragung zurückweisen: »Ich aber, ich soll mich für euch befragen lassen, Haus Israel? So wahr ich lebe, Spruch Gottes, des Herrn, ich lasse mich für euch nicht befragen!«

Der entscheidende Anklagepunkt gegenüber der gegenwärtigen Generation besteht somit darin, dass diese sich das Fehlverhalten der Vorfahren zu eigen macht und mit einer bewussten Entscheidung für die verkehrten Wege der Väter zugleich den Bezug zu JHWH preisgibt und diesen dadurch verliert.

Aus der Rahmung um den Geschichtsrückblick ergeben sich für diesen folgende wichtige Anliegen: Der Geschichtsrückblick hat das Fehlverhalten der Vätergenerationen vor Augen zu führen. Er soll der gegenwärtigen Generation Einsicht geben in die Art dieses

Fehlverhaltens und sie zur Entscheidung befähigen, sich von den Fesseln zu lösen, um frei zu werden für JHWH und sich ihm zuzuwenden. Dieser Aufruf zur Umkehr, zu welcher der Geschichtsrückblick hinführen soll, findet sich innerhalb des Geschichtsrückblickes auffälligerweise in direkter Rede. JHWHs Aufforderung an die vergangenen Generationen umzukehren, geht somit aufgrund der direkten Redeform zugleich auch die gegenwärtige Generation an. Anders gewendet: In der direkten Rede an frühere Generationen öffnet sich die vergangene Welt des Geschichtsrückblickes für die Gegenwart. Darin wird in besonderer Weise das Anliegen des Geschichtsrückblickes deutlich, den es nun näher auszulegen gilt.

5. Der Geschichtsrückblick 20,5-26.27-29

Der Interpretationsschlüssel zum Verständnis des Geschichtsrückblickes liegt wie gesagt in den rahmenden VV. 2-4 und 30-31. Zudem kommt den direkten Reden innerhalb des Rückblickes eine besondere Bedeutung für das Anliegen der Geschichtsdarstellung zu. Der schematische Aufbau in drei Etappen, der bereits dargestellt wurde, und die Dynamik im Aufbau, die sich in einem abnehmenden Heilshandeln JHWHs und in einer Ausweitung der Gebote und des göttlichen Gerichtshandelns zeigt, geben bereits einen ersten und grundlegenden Einblick in die Botschaft dieses umfassenden Textes und in dessen Aussageabsicht.

a. Die Väter in Ägypten VV. 5-9

Die erste Etappe der Geschichte Israels führt an die Anfänge des Volkes in Ägypten. Dazu seien im Folgenden fünf Anmerkungen gemacht.

(1) Die Erwählung
Das hebräische Wort *bāḥar* für »erwählen« meint in seiner Grundbedeutung »ein sorgfältiges, nach den jeweiligen Bedürfnissen sich richtendes und also sehr bewusstes und an Maßstäben überprüfbares Wählen« (Seebass, ThWAT Sp. 593). Jemand oder etwas wird also aufgrund bestimmter Kriterien ausgewählt aus einem größeren Ganzen in Hinordnung auf dieses Ganze. Dazu noch einmal Seebass: »Der Horizont der Volkserwählung ist die Völkerwelt, in

bezug auf die als Gesamtheit das ‚Individuum' Israel erwählt worden ist. *bāḥar* als Terminus der Volkserwählung steht unter dem Zeichen des Universalismus« (Seebass, ThWAT Sp. 603). Das aber bedeutet, dass Gott mit der Erwählung Israels von Anfang an die gesamte Völkerwelt mit im Blick hat (vgl. dazu besonders Ez 5,5; s.o. Kommentar II.4.).

(2) Gottes Offenbarung an Israel
Damit Israel die Wirklichkeit seines Gottes vor der Völkerwelt bezeugen kann, muss ihm JHWH zuerst in besonderer Weise aufgegangen sein. Eine besondere Offenbarung Gottes an Israel ist Voraussetzung für die Bezeugung dieses Gottes vor der Welt. In diesem Zusammenhang betont V. 5 das zweimalige Erheben der Hand Gottes zum Schwur. JHWH, so heißt es weiter, gab sich den Vätern im Lande Ägypten »zu erkennen«. Das hebräische Wort *jāda'* »erkennen« kann u.a. das Grundverhältnis zwischen JHWH und seinem Volk ausdrücken. Dies geschieht hier. Die Uroffenbarung Gottes an sein Volk ereignet sich nach dem Geschichtsrückblick nicht erst am Sinai, der bei Ezechiel übergangen wird, sondern schon »im Lande Ägypten«. Auffällig ist die direkte Anrede der Väter in Ägypten: »Ich, JHWH, bin euer Gott!« JHWH ist somit alleiniger Bezugspunkt für die Väter. Die Tatsache, dass dies in direkter Rede formuliert ist, weist darauf hin, dass die Botschaft JHWHs für die Hörer Ezechiels von unmittelbarer Relevanz ist.

Israel wird durch Gott, der sich ihm offenbart, in ein neues Gottesverhältnis hineingenommen. Es wird »JHWHs Eigentumsvolk« (Ex 19,5-6). JHWH ist sein alleiniger Bezugspunkt: »Ich, JHWH, bin euer Gott!« Alles dies geschieht jedoch im Hinblick auf die Völkerwelt.

(3) Gottes Heilshandeln
Die Erwählung Israels wird wirksam in einem Heilshandeln Gottes. Erneut erhebt Gott seine Hand zum Schwur, um das Volk aus Ägypten, der Heidenwelt par excellence, herauszuführen. Mit dem Exodus wird von Anfang an auf den neuen Lebensraum hingewiesen, auf das verheißene Land (V. 6), das in seiner Lebensfülle als unvergleichlich kostbare Gabe Gottes beschrieben ist.

(4) Die Gabe der Gebote
Nicht erst am Sinai, sondern schon in Ägypten gibt JHWH seinem Volk die Gebote (V. 7). Die direkte Rede, in der dies formuliert ist, will wiederum als Signal dafür verstanden werden, dass der Inhalt der Gebote für die Hörer Ezechiels besonders bedeutsam ist.

Die Gebote werden reduziert und konzentriert auf das erste Gebot. Dieses schließt die Loslösung von den Götzen Ägyptens und die Anerkenntnis JHWHs als Herrn über Israel ein: »Ich, JHWH, bin euer Gott!«. Auffällig ist zudem eine stark individualisierende Tendenz: »Ein jeder Mann« (EÜ: »Ihr alle«).

Sowohl die Verwendung der direkten Rede als auch die Konzentration der göttlichen Weisungen auf das erste Gebot als auch die stark individualisierende Tendenz erinnern an die Botschaft von Ez 14,1-11 und Ez 18. Der Geschichtsrückblick verhandelt offensichtlich die Problematik der Gegenwartsgeneration Ezechiels. Dies ist auch insofern plausibel, als die Welt Ägyptens ein Pendant zur Exilswelt Babylons darstellt. V. 7 spricht also nicht nur die Väter in Ägypten, sondern auch und vor allem die Gegenwartsgeneration an und appelliert an die Freiheit des Einzelnen, seinen Weg mit Gott zu gehen und sein je eigenes »Ich widersage!« und »Ich glaube!« zu sprechen und zu leben.

(5) JHWHs Handeln um seines Namens willen
In den drei Phasen des Geschichtsrückblickes begegnet durchgehend die Formulierung: »Aber ich handelte (schonend) in Hinblick auf meinen Namen« (EÜ: »um meines Namens willen«). Der šem »Name« steht für die Geltung Gottes vor der Weltöffentlichkeit. Mit dem Namen Gottes wird sein Ansehen vor der Völkerwelt verhandelt. Im Hinblick auf Israel, das sich beständig verweigert (V. 8a), müsste Gott sein Volk verstoßen (V. 8b). Doch JHWH nimmt nicht Maß am Fehlverhalten seines Volkes, er nimmt vielmehr Maß an seinem eigenen großen Plan, an seinem Namen (V. 9), und bleibt diesem treu. Dieses Maßnehmen Gottes an seinen eigenen Plänen impliziert die Schonung Israels (vgl. dazu Ex 32,12; Num 14,15-16: »Wenn du dieses Volk tötest wie einen Mann, so werden die Heidenvölker, die deinen Namen gehört haben, sagen: Weil JHWH es nicht vermochte, sie in das Land zu bringen, das er ihnen zugeschworen hatte, darum hat er sie in der Wüste hingeschlachtet«).

Später, in Ez 36,16-28, wird der entweihte Name JHWHs zum Grund und zum Ausgangspunkt für den neuen Exodus. JHWH selbst wird seinen großen, unter den Völkern entweihten Namen heiligen, indem er die Zerstreuten sammelt und sie in ihr Land führt.

b. Die Väter in der Wüste VV. 10-16

In der zweiten Phase des Geschichtsrückblickes wendet sich JHWH erneut an die Auszugsgeneration. Die Adressaten sind die gleichen, der Aufenthaltsort hat sich geändert. In der Wüste, frei vom Einfluss der ägyptischen Heidenwelt, müsste eine Entscheidung für JHWH leichter zu fällen sein, sollte man meinen. Zwei Anmerkungen zu dieser zweiten Phase des Geschichtsrückblickes:

(1) Die Gebote und Sabbate
Besonders betont sind in diesem Abschnitt die Gebote und die Sabbate, die neu eingeführt werden. Die Gebote sind Teil der Offenbarung Gottes. Sie sind seine Leben spendende Gabe. Von ihr gilt: »Wenn der Mensch sie tut, hat er Leben« (V. 11b). Diese Aussage begegnet so oder in ähnlicher Form mehrfach in Ez 18. Sinn und Ziel der Gebote, die eine Gabe JHWHs sind, ist es also, dem Menschen das Geschenk des Lebens mitzuteilen.

Neu eingeführt werden in diesem Abschnitt die Sabbate, die nach den meisten Exegeten als spätere Ergänzung anzusehen sind. Gleichwohl fügt sich die Aussage sehr gut in den Grundbestand von Ez 20 ein. Die Sabbate sind »Zeichen zwischen mir und ihnen«. Ihr Sinn und ihr Ziel liegen darin, Zeichen der Lebensgemeinschaft und der Verbundenheit JHWHs mit seinem Volk zu sein.

(2) JHWHs Gericht
Gegenüber der ersten Phase VV. 5-9 schießen die VV. 15-16, die von JHWHs Gericht sprechen, über das bisherige Schema hinaus. Sie verdienen deshalb besondere Beachtung. Die Gerichtsansage JHWHs wird mit einem betonten »Ich, ja ich« eingeführt, das die Autorität des handelnden Gottes hervorhebt. Wie schon in Ägypten (VV. 5-6) erhebt JHWH seine Hand zum Schwur. In V. 6 waren mit der zum Schwur erhobenen Hand der Exodus aus Ägypten

und die Verheißung des guten Landes verbunden. In V. 15 hingegen geschieht das Erheben der Hand zum Schwur zum Unheil für Israel. Die Gabe des Landes wird wieder zurückgenommen. Dadurch entsteht für Israel eine Situation der Schwebe. Es ist aus der heidnischen Welt Ägypten herausgeführt. Doch das verheißene Land ist ihm entzogen. Als Grund für den Verlust des Landes gibt V. 16 die Missachtung der Gebote an. Es besteht somit ein kausaler Zusammenhang zwischen einem Leben im Lande und einem Leben nach der Weisung JHWHs. Anders formuliert: Würde JHWH sein Land dem »Haus Israel« übergeben, das zu einem »Haus der Widerspenstigkeit« geworden ist, ginge er seines eigenen Landes verlustig, da Israel im Einflussbereich der Götzen lebt: »Denn hinter ihren Götzen ging ihr Herz einher« (V. 16). Die Landverheißung ist somit rückgängig gemacht. Der Entzug des Landes ist getragen vom göttlichen Schwur.

c. Die Söhne in der Wüste VV. 17-26

Die dritte Phase des Geschichtsrückblickes ist am ausführlichsten erzählt. Sie behält die Wüste als Ort des Geschehens bei. Doch wendet sich JHWH nun nicht mehr an die Väter, sondern an deren Söhne. Er überlässt die Väter ihrem Geschick, in das die Verweigerung sie führt, und appelliert an deren Söhne, sich von den Wegen der Väter zu lösen, auf die Weisung JHWHs zu hören und so das Leben zu empfangen.

Zu diesem langen und schwierigen Abschnitt zwei ausführlichere Bemerkungen.

(1) JHWHs Gebote (VV. 18-20)

Relativ ausführlich und in direkter Rede werden JHWHs Gebote eingeführt. Sie fordern dazu auf, sich von den Satzungen der Väter loszusagen. Sie fordern gleichzeitig dazu auf, die Wege JHWHs zu wählen und auf ihnen zu gehen. Die Welt der Väter und ihre Lebensweise stehen in direktem Kontrast zu den Wegen und zur Weisung JHWHs. Ein Leben mit JHWH und die Hinkehr zu ihm macht eine Abkehr von den Vätern unerlässlich.

Die Tatsache, dass die Aufforderung JHWHs innerhalb des Geschichtsrückblickes erneut in direkter Rede ergeht, verleiht ihr wiederum eine besondere Bedeutung für die angesprochene gegenwärtige Generation. »In den direkten Reden von Erzählungen« sind »in ganz besonderer Weise gegenwartsträchtige Botschaften an die Zuhörer- bzw. Leserschaft zu vermuten und zu erwarten.« »Besonders direkte Reden sind in der Regel nicht erinnerungsgestützte Zitate, sondern in bevorzugter Weise aktuelle, primär aus den Bedürfnissen der Erzählsituation gestaltete Elemente einer Erzählung, in denen der Erzähler aktuelle Botschaften an seine Leser und Hörer richten kann. Was zu einzelnen Personen in der Geschichte gesagt und ihnen eingeschärft wird, das richtet sich mittelbar und doch direkt auch an den Leser oder Zuhörer, der sich mit diesen erzählten Personen identifiziert. Und was Personen in der Geschichte mit einer besonders herausgearbeiteten und auch vom Zuhörer akzeptierten Autorität sagen, das nimmt sich dieser Leser oder Zuhörer ganz unwillkürlich auch selbst zu Herzen« (Hardmeier, Prophetie 56-57).

Die Aufforderung an die Generation in der Wüste, sich von den Wegen der Väter zu lösen und sich JHWH und seiner Weisung zuzukehren, richtet sich somit aufgrund der direkten Rede direkt an die Exilsgeneration Ezechiels (vgl. VV. 2-4.30-31.39*; ferner Kap. 18).

(2) JHWHs Gericht (VV. 23-26)
Analog zur Gerichtsankündigung von VV. 15-16 weiten die VV. 23-26 das vorgegebene Schema aus. Diese Verse stellen auch gegenüber V. 15f. noch einmal eine Erweiterung und somit eine Steigerung dar. Die Gerichtsansage in VV. 23-26 besteht aus einer Doppeldrohung: VV. 23-24 und VV. 25-26.

Die Umkehrung des Exodus (VV. 23-24). Unter Rückgriff auf V. 6b war zuvor in VV. 15-16 der Zugang zum Land negiert worden. Nun wird in VV. 23-24 unter Rückgriff auf V. 6a auch das Exodusgeschehen rückgängig gemacht. JHWH kündigt an, Israel unter die Heidenvölker zu zerstreuen und es in die Heidenländer zu vertreiben. Die beiden Ausdrücke »zerstreuen« und »vertreiben« setzen in der Regel den Landbesitz voraus. Hier nun geschieht die Ankündigung der Zerstreuung bereits in der Wüste. Von der Wüste aus führt der Weg Israels direkt in das Exil, in die Heidenwelt. Es ist, als hätte Israel das Land nie wirklich besessen. Als Grund für die Zerstreuung wird angegeben, dass auch die Söhne sich der göttlichen Weisung verweigert und die Götzen der Väter dem Lebensangebot JHWHs vorgezogen haben (V. 24).

Die Verkehrung der Gebote in ihr Gegenteil (VV. 25-26). Da die Aussage der VV. 25-26 anstößig, ja skandalös ist, gilt es, darauf etwas ausführlicher einzugehen. Nach Aussage dieser Verse gibt Gott seinem Volk »nicht gute Gebote«, damit der Mensch durch deren Beachtung nicht lebt (V. 25). Diese schwierige, bislang nicht sinnvoll erschlossene Stelle zeigt das dunkle, das befremdende und gefährliche Gesicht Gottes, das Angst und Schrecken einflößen kann.

Gottes ungute Gebote
Um diese schwierige Textstelle zu deuten, wurden bislang mehrere Lösungen vorgeschlagen. Die wichtigsten Klärungsversuche seien kurz vorgestellt.
1. Die Position von *Ernst Vogt*: Nach Ernst Vogt sei die Aussage von VV. 25-26 nicht als Behauptung, sondern als Frage zu verstehen. Für Fragen gibt es im Hebräischen die Fragepartikel *h* (vgl. VV. 3.4.30). Daneben aber existieren auch Fragen ohne eigene Fragepartikel, z.B. in Ez 11,13b; 15,5b; 17,15b; 18,13a.24a; 20,31a usw. VV. 25-26 seien nun, so die Position von Vogt, als entrüstete Frage JHWHs gegen die Meinung zu verstehen, er selbst habe ungute Gebote (V. 25) und das Gebot zu Kinderopfern gegeben (V. 26). Vogt schlägt folgende Wiedergabe vor: »Soll etwa ich euch ... gegeben haben ...«.
Der Lösungsvorschlag von Vogt hält jedoch einer kritischen Prüfung nicht stand. Zum einen verwechselt Vogt hier »Kinderopfer« mit der »Darbringung der Erstgeburt« (V. 26). Zwischen beiden ist klar zu unterscheiden. Gegen Vogt spricht sodann der Aufbau des Geschichtsrückblickes. Auch in VV. 15 und 23 sind keine rhetorischen Fragen gegeben, ja nicht einmal möglich. Auch für V. 25 ist sein Vorschlag deshalb nicht überzeugend. Außerdem geht es in VV. 25-26 um ein Strafhandeln, nicht jedoch um eine Selbstrechtfertigung

Gottes. Die sympathisch erscheinende Lösung von Ernst Vogt erklärt somit die schwierige Textstelle nicht befriedigend.

2. Der Vorschlag von *Hartmut Gese*: Nach Gese sei der Geschichtsrückblick unter dem Blickwinkel der Offenbarungsgeschichte zu sehen. Die Offenbarung Gottes als »Ich, JHWH, euer Gott« schließe in allen drei Phasen des Geschichtsrückblickes auch die Toraoffenbarung mit ein. Diese bestünde in der ersten Phase in Ägypten in der Mitteilung des ersten Gebotes. In Phase zwei in der Wüste geschehe sie mit der Sinaioffenbarung, exemplifiziert an der Gabe der Sabbate. Phase drei, ebenfalls in der Wüste, spreche vom Gesetz einer Zweitoffenbarung, die nicht zum Leben führe, exemplifiziert am Gebot des Erstgeburtsopfers. VV. 23-26 sind nach Gese im Zusammenhang dieser Zweitoffenbarung zu verstehen und zu deuten. Diese Zweitoffenbarung sei erst nach der Landnahme geschehen. Sie bestehe sachlich in der Vermischung von göttlicher Offenbarung mit Elementen der sog. »natürlichen Religion«. Es seien die natürliche Religion und die natürliche Gotteserkenntnis, die den »nicht guten Geboten« JHWHs entsprächen und deshalb nicht dem Leben dienten.

Doch auch dieser ausgeklügelte Lösungsvorschlag von Gese hält einer kritischen Überprüfung nicht stand. Zunächst spricht Ezechiel in den ersten drei Phasen des Geschichtsrückblickes weder vom Sinai, noch von einer Landnahme. Eine Landnahme wird im ursprünglichen Geschichtsrückblick gerade nicht vollzogen. Von ihr ist erst im Nachtrag VV. 27-29 die Rede. Außerdem ist eine Unterscheidung zwischen »Erstoffenbarung« und »Zweitoffenbarung« dem Geschichtsrückblick fremd. Auch gehören die VV. 23-26 im Aufbau des Geschichtsrückblickes nicht zum Offenbarungs-, sondern zum Gerichtshandeln JHWHs. Schließlich ist der Geschichtsrückblick als Ganzer in seiner Zielsetzung missverstanden, wenn Gese ihn zur »Offenbarungsgeschichte« macht, dabei aber die Rolle der Größe Israels (vgl. die »Ältesten Israels« im Rahmen des Geschichtsrückblicks) völlig ignoriert. Das Haus Israel befindet sich nicht zunächst in einer Krise zwischen Erst- und Zweitoffenbarung, sondern steht in der Entscheidung zwischen Bindung an JHWH oder Bindung an die Väter und deren Götzen. Auch der Lösungsvorschlag Geses hilft somit nicht wesentlich weiter im Verständnis des schwierigen Textabschnittes.

3. Ein Stück alttestamentlicher Ironie? Eine weitere Position, die von mehreren Autoren vertreten wird, sieht in der Aussage Ironie wirksam. Israel habe sich bisher immer verweigert. Nun gebe JHWH ihm »schlechte Gebote«. Wenn Israel sich auch diesmal verweigere, könnte die notorische Verweigerungshaltung noch dazu führen, dass Israel schließlich Gutes tue. Für diese Deutung verweist man gerne auf V. 39, in dem ebenfalls Ironie wirksam sei: »Geht doch alle, und dient euren Götzen!« Doch auch dieser Lösungsvorschlag befriedigt nicht. Letztlich wäre die Ironie JHWHs nichts anderes als ein Euphemismus für sein Scheitern. Angesichts seines Scheiterns würde JHWH in den Zynismus fliehen. Dabei begäbe er sich allerdings in eine sehr seltsame Lage. Er müsste Böses wirken, damit aufgrund der zur Haltung gewordenen Bosheit und Verweigerung des Volkes Gutes entstünde. Dieses Rechttun des Gottesvolkes wäre jedoch eher ein versehentliches Missgeschick denn eine freie Tat – ein Lösung, die wohl kaum befriedigen wird, es sei denn JHWHs Bemühen um sein Volk sollte ad absurdum geführt werden. Auch bei diesem dritten Lösungsvorschlag ist zu wenig ernst genommen, welche Rolle den VV. 25-26 innerhalb des Geschichtsrückblickes zukommt. Außerdem wird der Bezug dieser schwierigen Verse zum Rahmen des Geschichtsrückblickes (VV. 2-4.30-31) zu wenig reflektiert. Statt das Augenmerk im Sinne des Verfassers von Ez 20 auf diese Rahmung zu lenken, wird der schwierige, mit vielen offenen Fragen belastete V. 39 in seiner vorliegenden Endgestalt für die Deutung der ebenfalls schwer verständlichen VV. 25-26 herangezogen.

4. Theologische Sachkritik. Eine Möglichkeit des Umgangs mit VV. 25-26 besteht darin, theologische Sachkritik zu üben und die Art und Weise, wie hier von Gott gesprochen wird, zu problematisieren. Dies bedeutet, dass das Handeln Gottes, wie 20,25f. dieses charakterisiert, kritisch hinterfragt wird. Theologische Sachkritik könnte zudem bedeuten, die Aussage der VV. 25-26 dadurch zu »relativieren«, dass diese mit anderen biblischen Aussagen über Gott konfrontiert und damit in Beziehung gesetzt wird. Die prophetische Zuspitzung und die provozierende Einseitigkeit der Aussagen von VV. 25-26 tritt so in Wettstreit mit anderen biblischen Aussagen über Gott und über sein Gerichts- und Heilshandeln an den Menschen. Es ist gerade die spannungsreiche, mitunter widersprüchlich erscheinende Vielfalt biblischer Gotteszeugnisse, die der Gefahr wehrt, den Gott der Bibel mit dem eigenen Gottesbild zu identifizieren und ihn gerade so zu verfehlen, vor allem aber ihn für menschliche Ziele und Zwecke zu vereinnahmen und zu missbrauchen.

Vorsicht ist allerdings dahingehend geboten, dass es im Gespräch der biblischen Gottesbilder nicht zu einer pauschalen Gegenüberstellung zwischen dem sog. »Alten Testament« und dem »Neuen Testament« kommt, wobei dem dunklen Antlitz alttestamentlicher Rede von Gott das Lichtvolle der neutestamentlichen Gottesoffenbarung gegenübergestellt wird. Dunkle und rätselhafte Züge im Gottesbild gibt es sehr wohl auch im Neuen Testament. So liefert Gott nach Röm 1,18-32 die Menschen, die die Schöpfung an Stelle des Schöpfers zur ihrem Gott machen, »durch die Begehrungen ihres Herzens der Unreinheit aus«. Weil sie »die Wahrheit Gottes mit der Lüge vertauschen und statt des Schöpfers die Schöpfung anbeten und verehren«, übergibt sie Gott »den Perversionen und Lastern, die sie selbst gewählt haben und durch die sie sich selbst zerstören werden.«

Während Paulus in Röm 1 von den heidnischen Menschen spricht, wendet sich die Aussage in Ez 20 an die Glieder des Gottesvolkes, ist also in gewissem Sinne noch radikaler. Diese haben ihre Freiheit immer wieder missbraucht und beharren in ihrer Verweigerung. Diesem selbstgewählten Fehlverhalten und den Konsequenzen, die sich daraus ergeben, wird sie JHWH nun überlassen, ja übergeben.

Die Funktion von VV. 25-26 innerhalb von Ez 20

Um die Aussagen von VV. 25-26 recht zu verstehen, ist es notwendig, sie innerhalb des Kap. 20 zu lesen und zu deuten. Der Geschichtsrückblick als Ganzer dient dazu, die Tradition des Exodus zu hinterfragen und die Exodusbewegung rückgängig zu machen. So wird der Zugang zum Land als Ziel des Exodus (V. 6b) mit dem Schwur von VV. 15-16 negiert. Dem Exodus fehlt dadurch das Ziel, von dem her er seinen eigentlichen Sinn erhält. Die Exodusbewegung bleibt ein Torso. Weiter: Die Herausführung aus Ägypten (V. 6a) wird in VV. 23-24 durch die Zerstreuung Israels unter die Völker rückgängig gemacht. Israel muss, bevor es ins Land gelangt, aus der Wüste zurück in die Heidenwelt. Darin spiegelt sich die Situation der Exilierten, bei denen Ezechiel lebt, wider. In VV. 25-26 wird nun auch noch an den Gaben der guten Gebote, die dem Leben dienen, gerüttelt.

Was bedeutet es nun, und zwar innerhalb der Aussagen von Ez 20, dass JHWH »nicht gute Gebote« gibt? Nach V. 16 führt das Nichteinhalten von JHWHs guten Geboten zum Verlust des von ihm ausgesuchten Landes. Leben im Land und Leben nach der Weisung JHWHs gehören von der Sache her zusammen. Nach Aussage von V. 24 führt das Nichteinhalten der Gebote zur Zerstreuung. D.h., ohne JHWHs gute und Leben spendende Gebote gibt es weder ein Leben im Land, noch einen Exodus. Ohne diese Gebote verliert sich das Volk in die Heidenwelt, da ihm die identitätsbildende und identitätsbewahrende Kraft der göttlichen Weisung abhanden ist. Wenn JHWH seinem Volk in der Wüste nun Gebote gibt, die nicht gut sind, dann bedeutet dies doch: Es wird diesem die Voraussetzung genommen, seine Identität als JHWH-Volk auszuprägen, dem Land der Fremde und der Diaspora zu entkommen und das verheißene Land jemals (wieder) in Besitz zu nehmen, um in einer Lebensgemeinschaft mit JHWH zu stehen (zum Zusammenhang von »Gebot« und »Leben« als Ausdruck der Lebensgemeinschaft mit JHWH, vgl. Ez 18).

V. 26 spitzt die Aussage von V. 25 noch weiter zu. Dabei ist wichtig zu beachten, dass hier nicht von »Kinderopfern« oder »Menschenopfern« die Rede ist, sondern von der »Darbringung der Erstgeburt«. Der Text lautet wörtlich:

»Und ich erklärte sie für unrein bei ihren Gaben,
beim Hindurchgehenlassen eines jeden Durchbruches
des Mutterschoßes,
um sie mit Grauen zu erfüllen ...«.

Der Ausdruck »Durchbruch des Mutterschoßes« steht für die Erstgeburt. Nach Ex 13,2 gehört jede Erstgeburt JHWH, beim Menschen wie beim Vieh. Die Erstgeburt beim Menschen wird JHWH nicht dargebracht, sondern sie ist durch ein Tier auszulösen. Trotz ihrer Auslösung gehört diese Erstgeburt in besonderer Weise zu JHWH. An sich bezeichnet die Darbringung der Erstgeburt bzw. die entsprechende Auslösung die Anerkenntnis JHWHs als Herrn über das Leben im kultischen Vollzug. Was also »quasisakramental« die Schutzherrschaft JHWHs aussagen soll, führt hier nach V. 26 zur Verunreinigung. Unreinheit aber zerstört und verhindert nach der Theologie des Priesterpropheten Ezechiel die Gemeinschaft mit JHWH. Wenn der kultische Vollzug der Darbringung der Erstgeburt aber nicht der Begegnung mit JHWH dient, sondern das Gegenteil, die Verunreinigung bewirkt, dann ist der Bruch mit JHWH offensichtlich und nicht mehr reparabel. Von der Wüstengeneration her ist der Zugang zu JHWH endgültig verbaut.

Die V. 26 abschließende Aussage »um sie mit Grauen zu erfüllen ...« (EÜ: »Ich wollte ihnen Entsetzen einjagen ...«), weist jedoch schon über das Gericht hinaus. Der Bruch mit JHWH soll Entsetzen auslösen. Dadurch wird deutlich: Israel soll und darf nicht »gott-los« leben. Gott »stößt Israel in den Machtbereich heidnischen Tuns und Denkens, damit Entsetzen und Grauen über es kommt. Dieses Entsetzen über die eigene Verlorenheit kann und soll die Sehnsucht wecken, aus diesem Zustand befreit zu werden und aus dieser Gefangenschaft zu entkommen« (Mosis 243). Das aber heißt, dass JHWH immer noch das eine Ziel verfolgt, Israel für sich zu gewinnen.

Noch ein weiterer und letzter Hinweis ist für das Verständnis der schwierigen VV. 25-26 zu beachten. Da diese Verse Teil des Geschichtsrückblickes sind, ist ihre Aussage auf die Gegenwartsgeneration hinzuordnen. Diese ist die eigentliche Adressatin nach der Intention Ezechiels. Was aber heißt das? Wenn die Söhne in der

Wüste nach Geboten leben, »die nicht gut sind«, wenn ihr Bruch mit JHWH so offensichtlich ist, dann ist eine Solidarität mit diesen Vorfahren nur noch schädlich, ja absurd. Die Zuspitzung der Aussagen in VV. 25-26 ist zu hören vor dem Hintergrund der unseligen Solidarität der Gegenwartsgeneration mit den Vorfahren. Ezechiel führt diese Solidarität ad absurdum. Und sie ist absurd, weil ihr Preis der Verlust der Beziehung zu JHWH ist. Deshalb weigert sich JHWH, sich von den Ältesten Israels, die das Gottesvolk repräsentieren, befragen zu lassen (VV. 2-4.30-31). Denn diese verharren immer noch in einer Schicksalsgemeinschaft, die ihnen hier und jetzt, in der Exilsgegenwart, den Zugang zum Gott ihres Lebens und ihrer Geschichte versperrt.

d. Die Väter im Lande VV. 27-29

Die vierte Phase des Geschichtsrückblickes fällt deutlich aus dem vorgegebenen Schema heraus. Die eröffnende Partikel »darum« leitet häufig eine Gerichtsankündigung ein. Anders im vorliegenden Textabschnitt. Auf den Redeauftrag an den Propheten, der wie üblich als »Sohn eines Menschen« angeredet ist, auf die Nennung des Adressaten »Haus Israel« und die Botenformel »so spricht Gott, der Herr« folgt statt der erwarteten Gerichtsansage erneut ein Schuldaufweis.

Thema sind nun »eure Väter«. Der Ort ihres Vergehens ist das verheißene Land, in das sie nun doch, trotz der gegenteiligen Ankündigung von VV. 15-16.23-26, geführt worden sind. Das Versagen der Väter besteht in ihrer Untreue, die ihren besonderen Ausdruck im Götzendienst findet. Der auf den Höhen Israels dargebrachte Opferdienst für die Götzen (vgl. Ez 6) verletzt JHWH, dem allein die Verehrung in Israel zu gelten hat.

Die VV. 27-29 gebrauchen nicht nur ein gegenüber dem übrigen Geschichtsrückblick deutlich abweichendes Vokabular – dieses zeigt eine besondere Nähe zu VV. 40-44 –, die geahndeten Vergehen münden auch nicht in eine Strafankündigung ein, sondern in eine Ätiologie: »Deshalb wird ein solcher Platz bis zum heutigen Tag Kulthöhe genannt« (V. 29b).

Offensichtlich ging es den Ergänzern dieses Abschnittes einmal darum, die im Geschichtsrückblick fehlende Landnahme nachzutragen. Ferner sollte ein negatives Gegenbild – die Kulthöhe mit ihren Götzenopfern – zu jener Höhe gezeichnet werden, auf der in einer heilvollen Zukunft der legitime Gottesdienst mit den dazugehörigen legitimen Opfern stattfindet (VV. 40-44). Schließlich dienen die nachgetragenen VV. 27-29 als Warnung und Mahnung. Erinnern sie doch deutlich daran, dass Landbesitz als solcher noch nicht gleichbedeutend ist mit Heil. So lange nicht eine entschiedene Loslösung von heidnischer Sinngebung geschehen ist, bleibt das Geschenk des Landes wertlos. Im Namen »Kulthöhe« – *bāmāh* – reicht diese Geschichte des Verrates und der Untreue gegenüber JHWH bis in die Gegenwart herein – »bis zum heutigen Tag«.

6. Israel und die Preisgabe seiner Identität nach 20,32

Mit V. 32 setzt der zweite Teil von Ez 20 ein und mit ihm das Thema des neuen Exodus. V. 32 besteht aus zwei Teilen, einem Zitat im zweiten Halbvers, das aber, bevor es ausgesprochen ist, im ersten Halbvers von JHWH bereits zurückgewiesen wird.

Dieses Zitat stellt eine der vielen Redewendungen im Ezechielbuch dar, in denen Einstellungen und Haltungen des Gottesvolkes als Ganzem oder bestimmter Gruppen innerhalb Israels während der Zeit des Exils zum Ausdruck kommen. Es gibt zwei verschiedene Möglichkeiten, das Zitat von V. 32 wiederzugeben. Es kann bedeuten: »Wir *werden* sein wie die Heidenvölker«. Nach dieser Deutung, die z.B. Zimmerli vertritt, käme im Spruch die Resignation des Gottesvolkes zum Ausdruck. So sieht Zimmerli in V. 32 »den Ausdruck der tiefen Niedergeschlagenheit« (453), auf die JHWH mit dem neuen Exodus als Heilsgeschehen reagiert.

Der Vers kann aber auch anders verstanden werden: »Wir *wollen* sein wie die Heidenvölker«. Als Kohortativ wiedergegeben, kommt im Zitat eine Willensentscheidung zum Ausdruck. Dann spricht sich in dieser Redeweise nicht Resignation, sondern vielmehr trotziges Aufbegehren aus. Ein solches Verständnis des Spruches erinnert deutlich an die königskritische Überlieferung in 1 Sam 8. Israel will einen König wie die anderen Völker ringsum (1 Sam 8,5.20). D.h. aber: Israel verwirft JHWH als seinen eigentlichen König, um so zu sein, wie die Heidenvölker, die es umgeben.

Der Doppelausdruck »Heidenvölker« – »Heidenländer« wird im Ezechielbuch häufig gebraucht (ausführlicher s.o. Kommentar

II.4.). Er steht für die Heidenwelt als Ganze, der das Gottesvolk Israel – so die Pläne JHWHs – die Wirklichkeit Gottes bezeugen soll. Nach dem Selbstverständnis, das in V. 32 zum Ausdruck kommt, will Israel jedoch genau das Gegenteil. Es will heraustreten aus seiner Sonderrolle, um den anderen Völkern gleich zu sein. Es ist willens, die Sonderbeziehung preiszugeben, in die es von JHWH berufen wurde, um hinter die einmal geschehene Erwählung zurückzugehen. Israel will fortan Dienst tun »an Holz und Stein«. Der Ausdruck »Holz und Stein verehren« begegnet vor allem im Buch Deuteronomium (4,28; 28,36.64; 29,16; 2 Kön 19,18 par. Jes 37,19; Jer 2,27). Er bezeichnet den Kult an fremden Göttern. Israel hat nach Aussage von V. 32 demnach im Sinne, sich in den Dienst der Götzen zu stellen. Diese Aussage zielt letztlich darauf, die Erwählung, von der V. 5 sprach (»an dem Tag, als ich Israel erwählt habe ...«), rückgängig zu machen.

In V. 32 findet sich der eigentliche Tiefpunkt des Gottesvolkes innerhalb des gesamten Kap. 20. Denn hier kommt der Wille zum Ausdruck, nicht mehr JHWH-Volk zu sein und die Spuren der Geschichte mit JHWH auszuwischen. Israel will sich in die Völkerwelt hinein auflösen.

Dieses Vorhaben wird von JHWH auf das Schärfste zurückgewiesen. Noch bevor das soeben beschriebene Ansinnen im Zitat zur Sprache kommen kann, wird dessen Inhalt bereits abgelehnt mit den Worten: »Was da emporsteigt in eurem Geist – nie wird geschehen, was ihr da sagt.« Doch es geschieht weitaus mehr, wie der Fortgang des Textes zeigt. Das Ansinnen, sich völlig in der Heidenwelt zu beheimaten, wird durch den neuen Exodus, den JHWH durchführt, verunmöglicht.

7. Der neue Exodus 20,33-38

Die Darstellung des neuen Exodus verläuft entsprechend dem alten Exodus, wie dieser innerhalb des Geschichtsrückblickes beschrieben ist. Er zerfällt in drei Szenen.

a. Die erneute Herausführung VV. 33-34

Mit einem markanten Einsatz, einem Schwur, wendet sich JHWH in aller Schärfe gegen das Vorhaben Israels, sich in der Heidenwelt zu beheimaten. Er verwirklicht den neuen Exodus »mit starker Hand und mit ausgestrecktem Arm und mit ausgegossenem Grimm«. Die ersten beiden Elemente dieser zweimal gebrauchten formelhaften Wendung »mit starker Hand und mit erhobenem / ausgestrecktem Arm« sind alt. Sie beziehen sich ursprünglich auf JHWHs Wundertaten beim ersten Exodus zu Gunsten Israels: vgl. Dtn 4,34; 5,15; 7,19; 11,2; 26,8; Jer 32,21; Ps 136,11f. Ezechiel fügt dieser alten Formulierung als jeweils dritte Aussage hinzu: »und mit ausgegossenem Grimm«. Dieser letztgenannte Ausdruck ist typisch ezechielisch: vgl. 7,8; 9,8; 14,19; 20,8.13.21; 22,22; 30,15; 36,18 (s.o. Kommentar III. [Exkurs: Gottes Zorn]). Durch diese Ergänzung wird das Thema des Gerichtes mit dem des neuen Exodus verknüpft. JHWHs Gerichtszorn gilt hier Israel. Er richtet sich gegen sein eigenes Volk.

In diesem Zusammenhang begegnet eine weitere auffällige Aussage: »Ich will ... über euch als König herrschen«. Es ist die einzige Stelle bei Ezechiel, in der vom Königtum Gottes die Rede ist. Wenn JHWH beansprucht, sich als König seines Volkes zu erweisen, dann tritt er die Herrschaft über sein Volk an, lässt also unter keinen Umständen zu, dass Israel sich unter die Götzen der Heiden beugt und ihnen dient (vgl. V. 32).

JHWHs Königtum ist normalerweise mit dem Zion verbunden. Man würde deshalb erwarten, dass der neue Exodus zum Zion führt. Das Thema »König sein« evoziert ja gerade den Zion und das damit verbundene Vertrauen auf Heil. Das gilt auch schon beim ersten Exodus, wie aus Ex 15,18 hervorgeht. Während jedoch in Ex 15 das Exodusgeschehen und die Führung auf den »Berg deines Erbes« und zum »Heiligtum« (V. 17) der Proklamation des göttlichen Königtums vorausgehen (V. 18), das Königtum JHWHs also auf dem Zion seinen eigentlichen Ort hat, handelt der göttliche König nach Ez 20,33 im Exil. Der König JHWH führt sein Volk nun aber gerade nicht zum Zion, sondern in die »Wüste der Nationen«.

b. Die erneute Führung in die Wüste VV. 35-36

Die »Wüste der Nationen«, in die JHWH sein Volk führt, ist nicht im Sinne einer geographischen Ortsangabe zu verstehen, etwa als die Palästina vorgelagerte syrische Wüste. Die »Wüste der Nationen« befindet sich »außerhalb jenes Bereiches, in dem die heidnischen Völker ihren Aufenthalt haben. Die Wüste, von der Ezechiel hier spricht, ist also nicht ein geographischer Ort, den man auf der Landkarte suchen könnte, sondern meint jenen eher geistigen ‚Ort', der sich außerhalb jenes Bereiches befindet, in dem heidnisches Denken und Tun angesiedelt ist« (Mosis 246-247). Indem JHWH sein Volk in »die Wüste der Nationen« führt, verhindert er gerade dessen Vorhaben, sich unter die Heidenvölker einzureihen. Zur Identität Israels gehört somit eine existentielle Einsamkeit außerhalb heidnischer Sinngebung und Lebensbewältigung. Israel lebt in der Welt, ist aber nicht von der Welt.

Die »Wüste der Nationen« ist zugleich der Ort des Rechtsstreites zwischen JHWH und seinem Volk. Die Auseinandersetzung mit JHWH geschieht »von Angesicht zu Angesicht«. Dieser Ausdruck ist ungewöhnlich. Er ist alt und bezieht sich fast immer auf die Beziehung Gottes bzw. eines göttlichen Boten zu einzelnen, herausragenden Personen: etwa zu Jakob (Gen 32,31), zu Mose (Ex 33,11; Dtn 34,10) oder zu Gideon (Ri 6,22). Das Gericht in der »Wüste der Nationen« führt somit in eine unmittelbare Konfrontation Gottes mit den einzelnen Gliedern des Hauses Israel. In dieser unmittelbaren Konfrontation mit ihrem Gott – »von Angesicht zu Angesicht« – werden die Glieder des Gottesvolkes gleichsam in die Entscheidung hineingeworfen. Hier gibt es keinen Ausweg und keine Ausflucht mehr.

c. Die erneute Entscheidung für Gott VV. 37-38

JHWHs Gericht von VV. 35-36 wird in V. 37f. als Vorgang der Scheidung weiter entfaltet. Das Bild stammt aus der Hirtenwelt. Ein Hirte lässt die Schafe unter dem Stab hindurchgehen, um sie zu zählen, zu prüfen und sie voneinander zu scheiden. JHWH bringt das Volk in die »Fessel des Bundes« oder in das »Gehege der Scheidung« (anders die EÜ, die hier LXX folgt: »und zähle euch ab«). Das Bild betont, dass Israel dem Herrschaftsbereich des Hirten und Königs JHWH nicht entkommt. Israel in all seinen Gliedern ist und bleibt gebunden an JHWH als seinen Hirten und Herrn, wie auch immer es sich als Ganzes oder in seinen einzelnen Gliedern zu seinem Gott stellen mag.

Das Ziel der Einzelprüfung ist es nach V. 38, die Empörer und die Abtrünnigen auszusondern. Die auffallende Verwendung von Partizipien im hebräischen Text erinnert an Formulierungen aus dem Rahmen um den Geschichtsrückblick VV. 2-4 und 30-31, in denen besonders die Gegenwartsgeneration angeredet war. Die Aussonderung, die in der Zukunft geschieht, ist somit eine massive Anfrage an die Gegenwartsgeneration, wie sie sich zu JHWH verhält. Beim ersten Exodus war die Scheidung zwischen den verschiedenen Generationen zu vollziehen. In der anstehenden Zukunft, beim neuen Exodus, geschieht diese Scheidung innerhalb einer Generation. Dies aber bedeutet: Die Entscheidung, mit der die einzelnen Glieder des Gottesvolkes zu JHWH Stellung nehmen müssen, führt zu einer Scheidung innerhalb des Gottesvolkes. Es geht ein Riss durch das Gottesvolk. Die Zugehörigkeit zum künftigen Israel ist an eine vorhergehende Entscheidung gebunden.

Das Schicksal der Empörer, die sich wider JHWH auflehnen, wird eigens erwähnt. Auch sie werden durch den neuen Exodus aus der Heidenwelt herausgeholt, können sich also nicht unter die Völker assimilieren und somit auch kein Antizeugnis gegen JHWH ablegen. Doch sie werden nicht in das Wohnland Israels kommen (vgl. Ez 13,9, s.o. Kommentar VII.3.). Sie bleiben im »Niemandsland« zwischen Heidenwelt und der Heimat Israel, die sie nicht erreichen. Im Niemandsland sind sie sich selbst überlassen. Sie gehören nirgendwo hin. Implizit wird damit jedoch denjenigen, die sich nicht empören, sondern sich auf JHWHs Anruf hin, der durch den Propheten ergeht, öffnen, eine heilvolle Zukunft im Lande in Aussicht gestellt. Doch ist nicht schon diese heilvolle Zukunft das Thema, sondern zu allererst das drängende Anliegen sich zu entscheiden, um nicht Teil jener Empörer zu sein, deren Schicksal sich im Niemandsland verliert. Gerade diesem Anliegen diente der ursprüngliche Abschluss des Kapitels.

8. Ein (ursprünglicher) Aufruf zur Umkehr an die gegenwärtige Generation 20,39*

Auf die Problematik dieses Verses wurde bereits hingewiesen (s.o. Kommentar XIV.2.). Die Wiedergabe der EÜ deutet die Textfragmente aus V. 39* von VV. 40-44 her und versteht V. 39 als wohl ironisch gemeinte Aufforderung, doch den Götzen nachzulaufen. Ursprünglich weist der hebräische Textbefund aber in eine andere Richtung. Aufgrund der deutlichen Entsprechungen mit der direkten Rede in V. 7 und der dortigen Aufforderung JHWHs an die Vätergeneration in Ägypten, sich von den Götzen Ägyptens zu lösen, wird man auch hier in V. 39* einen solchen Aufruf zur Loslösung von den Götzen und zur Umkehr zu JHWH voraussetzen dürfen. In diesem Sinne gibt z.B. Zimmerli V. 39* wie folgt wieder: »Werfet ein jeder seine Götzen weg ... und entweiht meinen heiligen Namen nicht mehr mit euren Gaben und mit euren Götzen« (Zimmerli 434; ähnlich Mosis 247).

Diese Deutung fügt sich zudem am besten und am stimmigsten in den Verlauf des bisherigen Textes ein. Nach der Anrede an die Gegenwartsgeneration (VV. 2-4), dem Rückblick in die Geschichte (VV. 5-26.27-29) mit dem Ziel, aus dieser Geschichte Klarheit für die Gegenwartsbewältigung zu gewinnen, kommt Ezechiel in VV. 30-31 wieder auf die Gegenwartsgeneration zurück. Deren Weigerung jedoch ist nicht nur beharrlich, sie findet einen Tiefpunkt in dem Willen, sich vollends in der heidnischen Lebenswelt zu beheimaten (V. 32). Gegen dieses Ansinnen reagiert JHWH mit dem neuen Exodus. Dieser führt hinein in ein Scheidungsgericht in der Wüste der Nationen. In unmittelbarer Konfrontation mit JHWH ist jegliches »Versteckspiel« unmöglich. Das in der Zukunft anstehende Läuterungsgericht will jedoch, ähnlich wie zuvor der Geschichtsrückblick, klärend und erhellend auf das Verhalten in der Gegenwart wirken. Genau dazu, dass Leben sich klärt und läutert, soll die Aufforderung in V. 39* beitragen. Angesichts des neuen Exodus und der persönlichen Konfrontation mit JHWH im Gericht fordert Ezechiel seine Hörer dazu auf, sich hier und jetzt, im Alltag des Exils, für JHWH zu entscheiden. Dies ist die rechte Weise, sich für jene Zukunft zu bereiten und zu rüsten, die JHWH herbeiführen wird.

9. Israel im Lande – neues Heil von Gott 20,39.40-44

Die VV. 40-44, welche die große Geschichtsreflexion über den alten und den neuen Exodus mit der die Geschichte prägenden rätselhaften Verweigerung des Gottesvolkes abschließen, benennen das Ziel des Exodus: das Wohnen im Lande. Was seit jeher das von Gott intendierte Ziel war, wird sich in jener heilvollen Zukunft endlich verwirklichen. Das Leben in Fülle ist aber nun nicht länger von einer positiven Entscheidung des JHWH-Volkes und seiner Glieder abhängig.

Der theologische Entwurf, der diesem abschließenden Textabschnitt zugrunde liegt, geht vielmehr von einer neuen Heilstat JHWHs aus. Sein transformierendes Handeln wird auch Israel neu für jene gottgewollte und gottgewirkte Zukunft bereiten. Auffällige Bezüge zwischen diesen Schlussversen und Ez 36,16-38 legen diese Deutung nahe. Angesichts der erwarteten gottgewirkten Erneuerung des Menschen als Grundlage für eine neue Zukunft des Gottesvolkes ist die vom Grundtext eingeforderte Entscheidung für JHWH nicht mehr als conditio sine qua non für die heilvolle Zukunft notwendig. Im Gegenteil! Der permanente Götzendienst macht die Verlorenheit Israels und die Unabdingbarkeit eines neuen göttlichen Gnadenhandelns nur noch deutlicher. In diesem Sinne wurde auch der schwer verständliche V. 39a neu gedeutet und überarbeitet. Die Aufforderung zum Götzendienst – vielleicht nimmt der spätexilische Text Dtn 4,27-30 auf V. 39a Bezug – unterstreicht dann nur umso mehr sowohl die rätselhafte Verweigerung Israels, wie auch die hartnäckige Treue JHWHs, der auch im Abfall nicht von seinem Volk lässt. Trotz dieses Abfalls wird JHWH seine Pläne durchführen. Und dieses sein Vorhaben schließt auch Israel bleibend in die heilvolle Zukunft mit ein. Weil JHWH an und mit seinem Volk Heil verwirklicht, wird Israel in jener Zukunft auf seinen Gott hören und den heiligen Namen seines Gottes nicht länger mit seiner Untreue entweihen (V. 39b; vgl. auch Ez 36,16-23).

Mit der Zielangabe von V. 40 »auf meinem heiligen Berg« und »auf dem hohen Berg Israels« wird auf den Tempelberg als Ort der Gegenwart JHWHs angespielt. Israel lebt in jener heilvollen Zukunft ganz in der Gegenwart Gottes. Israel wird nicht länger in der Gefolgschaft der Götzen sein, sondern JHWH dienen, und zwar Israel »in seiner Gesamtheit« (V. 40). Weil JHWH Israel als sein Volk neu und ganz angenommen hat (V. 40), kann Israel, anders als in V. 26, »Opfer« darbringen, die Zeichen einer stimmigen Beziehung zu Gott sind (V. 41). Diese Annahme Israels durch Gott wird noch weiter bekräftigt: »Als lieblichen Opferduft« (EÜ:

»beim beruhigenden Duft eurer Opfer«) wird JHWH sein Volk annehmen. In dieser Metapher kommt zum Ausdruck, dass JHWH und sein Volk einander neu und ganz inne werden.

Als Pendant zur Zerstreuung, von der die VV. 23-24 sprachen, betont V. 41 erneut die Herausführung und die Sammlung aus den Heidenvölkern und Heidenländern. Dieser neue Exodus wird gelingen. Er führt hin zur Annahme durch Gott am heiligen Ort. Die Völker selbst werden Zeugen dieses Geschehens sein: »Ich heilige mich an euch vor den Augen der Heidenvölker«. Diese Aussage, die möglicherweise von Ez 36,22-23 beeinflusst ist, macht deutlich: Gott heiligt sich selbst und seinen Namen, indem er Israel sammelt und eint und ihm eine heilvolle Zukunft bereitet.

In V. 42 erklingt das Thema des neuen Exodus erneut und mit vorausgenommener Erkenntnisformel: »Ihr sollt erkennen, dass ich der Herr bin ...«. Der gelingende Exodus führt das Gottesvolk zur Erkenntnis, dass JHWH allein der wirkmächtige Gott ist, der in der Geschichte handelt und sich durchsetzt. Damit werden sich auch die alten Verheißungen endlich und endgültig erfüllen, die einst an die Väter ergangen waren. Anders als im Grundtext des Kapitels sind die Väter hier nicht mehr negativ qualifiziert, sondern ganz positiv gesehen.

Doch die Erinnerung an die verfehlte Geschichte bleibt lebendig, so die abschließenden VV. 43-44. Auch im Zustand des Heiles weiß Israel um die eigene verfehlte Vergangenheit. Die Scham vor diesen Verfehlungen führt dazu, sich von der verfehlten Geschichte und dem eigenen Fehlverhalten abzuwenden und sich je neu JHWH zuzukehren. JHWH selbst nimmt nicht Maß am Verhalten Israels, sondern an seinem Namen (vgl. Ez 36,16-23). Das aber heißt: Das Heilshandeln JHWHs weist über Israel hinaus. Es findet sein Ziel erst, wenn auch die Heidenwelt JHWH als den lebendigen und als den der Geschichte mächtigen und diese zur Vollendung führenden Gott anerkennt.

XV. Unter dem Schwert 21,1-37

1. Hinführung

Unausweichlich und drohend naht das Unheil, das Ezechiel anzukündigen hat: der Untergang Jerusalems, die Zerstörung des Tempels, die Verwüstung des Landes. In Kap. 21 sind verschiedene Worte Ezechiels unter dem Stichwort »Schwert« zusammengefasst. Zur Umschreibung von Kriegsgeschehen wird die Metapher des Schwertes auch außerhalb des Ezechielbuches häufig verwendet. Mitunter erscheint es als selbstständige Größe, als Wesen, das aus sich heraus wirkt (Gen 3,24; Ez 21,13-22). Als Kriegswerkzeug JHWHs dient es zum Kampf gegen JHWHs und Israels Feinde (Dtn 32,40-43; Jos 5,13-15; Jes 27,1; 31,8; 34,5-6; Jer 46,10; 47,6-7; 50,35ff.; Ez 32,10; Zef 2,12).

In Ez 21 wendet sich dieses Schwert jedoch gegen Jerusalem und den Tempel. Das Land und die Stadt JHWHs mitsamt dem Heiligtum sind zu JHWHs Feinden geworden, sodass er gegen sie angehen muss. JHWH selbst ist es somit, der das Gericht vollzieht. Das Schwert (21,13-22) und der König von Babel (21,23-37) sind lediglich seine Werkzeuge. JHWH bedient sich ihrer, um das Gericht an seinem Volk zu vollstrecken.

2. Das Schwert JHWHs 21,1-12

Die erste Redekomposition 21,1-12 besteht aus zwei parallel aufgebauten JHWH-Worten. Das rätselhafte Bildwort vom Waldbrand (VV. 1-5) wird durch das Wort vom Schwert JHWHs (VV. 6-10) ausgelegt. Eine symbolische Handlung des Propheten (VV. 11-12) schließt die Komposition ab.

a. Das Bildwort vom Waldbrand VV. 1-5

Der im babylonischen Exil unter den Verbannten wirkende Prophet erhält den Auftrag, sich nach Süden, d.h. nach seiner judäischen Heimat hin auszurichten. Die dreimalige Richtungs- und Ortsangabe betont in auffälliger Weise die Nord-Süd-Richtung. Diese Richtungsangabe will wohl in Erinnerung bringen, dass der von JHWH selbst herbeigeführte Feind aus dem Norden kommt. Das Motiv des Feindes aus dem Norden begegnet sowohl in der Verkündigung Jeremias (4,6; 6,1.22; 13,20 usw.) als auch in der Ezechiels (38,6.15; 39,2). Zur Zeit Jeremias und Ezechiels war es naheliegend, dabei an die Babylonier als JHWHs Gerichtswerkzeuge zu denken. Dass JHWH Unheil wider Jerusalem heranführt, veranschaulicht das Bild des Waldbrandes (vgl. Jes 9,17; 10,17-19; Jer 21,14). Ezechiel gebraucht die Metapher des Feuers häufig für das göttliche Gericht: 5,4; 10,6-7; 16,41; 21,37; 23,47; 24,10.12 usw. Sowohl Jerusalem, das unnütze Rebholz (15,4-7), als auch die Fürsten Israels, an anderer Stelle als kräftige Zweige des Weinstocks charakterisiert (19,12.14), werden so ein Fraß des Feuers. Das von Ezechiel verwendete Bild des Waldbrandes betont die Totalität des Gerichtes. Das Feuer vernichtet unterschiedslos grüne und dürre Pflanzen, also die Gesamtheit aller Bäume. Es lässt sich nicht löschen, da JHWH selbst es entzündet hat. Dieses unheimlich unheilvolle Geschehen spielt vor den Augen der Weltöffentlichkeit – »alles Fleisch wird sehen« –, der in diesem Geschehen Israels Gott als Richter seines eigenen Volkes aufgeht und bekannt wird.

b. JHWHs Schwert VV. 6-10

In den Augen und Ohren der Hörerschaft Ezechiels, die – vielleicht spöttisch – in Ezechiel nichts weiter als einen »Sprüchemacher« sieht, bleibt diese Bildrede rätselhaft. Und so ergeht auf die Klage des Propheten hin (V. 5) neu das Wort JHWHs. Es enthüllt das kommende Unheil mit schrecklicher Eindringlichkeit. Die dreifache Richtungsangabe aus V. 2 geht nun in eine präzise Ortsangabe über: Jerusalem, der Tempel und das Wohnland Israel werden vom göttlichen Gericht heimgesucht. Das Bild des Waldbrandes weicht einem anderen, einem eindeutigen Bild: dem des Schwertes. JHWH selbst wird dieses sein Schwert ziehen und es loslassen, damit es sich austobe. In Entsprechung zu den grünen und dürren Bäumen (V. 3) sind es nun Gerechte und Frevler, die dem dahinraffenden Schwert ausgeliefert sind. Während Ezechiel an anderer Stelle ausdrücklich zwischen dem Los der Gerechten und dem der Frevler unterscheidet, sieht das vorliegende Wort das göttliche Gericht nicht unter dem Blickwinkel des persönlichen Verhaltens und der Verantwortung des einzelnen Menschen, sondern unter dem Gesichtspunkt der Totalität. Die beiden Pole Gerechter/Frevler, Klein/Groß dienen dazu, einen Sachverhalt in seiner Gänze zu benennen. Das mit den Truppen Babels herbeigeführte Unheil, das Ezechiel kommen sieht, wird keine Rücksicht kennen. Ezechiel sieht darin Gott selbst wirken, der an seinem Volke handelt. Wie schon in V. 4 soll »alles Fleisch erkennen« (V. 10), dass in diesem Unheilsgeschehen Gott selbst seine Macht erweist.

c. Symbolische Handlungen des Propheten VV. 11-12

Zwei symbolische Handlungen schließen das Unheilswort ab. Der klagende Aufschrei Ezechiels über das schreckliche Unheil und seine zerbrochene Hüfte, Zeichen der gebrochenen Kraft und Stärke, zeigen an: Dieses von Gott kommende Gericht ist bereits wirksam und unaufhaltsam im Kommen. Sobald es eintrifft, werden die Menschen die Fassung verlieren und in Panik geraten. Es wird ihnen den Atem verschlagen und sie werden das Wasser nicht mehr halten können ob des Unheils, dass sie anfällt.

3. Ein Schwertlied 21,13-22

Das unheimlich wirkende Schwertlied malt in zwei Strophen eine grauenvolle Szenerie. Ein Schwert wird gefertigt und dem ausgehändigt, der es als Henker gebrauchen soll (VV. 14b-17). Die zweite Strophe (VV. 19-22a) zeigt das Schwert, wie es seine Arbeit verrichtet und nach allen Seiten (V. 21) um sich schlägt.

Ezechiel bringt mit diesem Schwertlied nichts schlechthin Neues. Bereits die prophetische Verkündigung vor ihm weiß vom Schwert als einem Gerichtswerkzeug in den Händen JHWHs. Mit ihm geht JHWH gegen seine Feinde, gegebenenfalls auch gegen sein eigenes Volk vor (Am 4,10; 7,9; 9,1), insofern dieses zu seinem Feind geworden ist. Auch in der Auseinandersetzung JHWHs mit dem Chaosdrachen dient das Schwert als sein Werkzeug (Jes 27,1). Als Diener JHWHs wird das Schwert »ausgesandt« (Jer 9,15;

49,37), von JHWH »gerufen« und »berufen« (Jer 25,29; Ez 38,21). Gott »beauftragt« es (Am 9,4; Jer 47,7), seine Aufgabe zu erfüllen. Wo das vom Schwert herbeigeführte Ergebnis gezeigt werden soll, kann es in bildhafter Rede heissen, dass das Schwert »frisst« (Jes 1,20; Jer 12,12; 46,10), ja, dass es sich an seinem Erfolg »berauscht« (Jes 34,5; Jer 46,10).

Die häufige Verwendung des Schwertes in prophetischen Gerichtsworten hat aus dem ursprünglichen Kriegswerkzeug ein Gerichtswerkzeug werden lassen. Zudem bildete sich im Laufe der Zeit eine Art »Schwertlied« heraus, das die Entstehung des Schwertes, sein Wüten und sein Toben besingt (Jer 50,35-38). Dabei kann das Schwert durch den Gebrauch direkter Anrede gleichsam personifiziert werden und als selbständig wirkendes Wesen erscheinen (Jer 47,6-7; Sach 13,7-8).

Ezechiel tritt in diese Tradition ein und greift vermutlich ein solches ihm vorgegebenes Schwertlied oder gar einen Schwerttanz auf, deutet das ihm vorgegebene Traditionsgut jedoch auf seine Weise um. Das zweistrophige Schwertlied wird eingefügt in ein von Gott ausgehendes Wort (VV. 13.18b.22b). Dieses fordert Ezechiel auf, als Prophet aufzutreten (VV. 14.19). Der zweimalige Auftrag, verbunden mit der Anrede »Sohn eines Menschen« (neben VV. 14.19 noch in V. 17), gliedert das Schwertlied in die beiden Strophen. Zugleich aber zeigt das von Gott ausgehende Wort von Anfang an, dass JHWH selbst in diesem unheimlichen Geschehen am Wirken ist.

Die *erste Strophe (VV. 14b-17)* spricht von der Fertigung des Schwertes. Es wird für seine Arbeit geschärft und poliert, um zu schlachten und wie ein Blitz zu wirken. Das »Schlachten« bezieht sich ursprünglich auf die Tötung von Tieren, dient aber in Gerichtsworten als Bild für das Gericht an den Völkern und ihren Königen. Das Schwert als Gerichtsinstrument wird sodann den Händen dessen übergeben, der damit das Gericht zu vollstrecken hat. Die Gestalt des Gerichtsvollstreckers bleibt jedoch verborgen. Offen bleibt zudem, gegen wen sich das Schwert austoben wird. JHWHs Auftrag an seinen Propheten aufzuschreien und zu klagen bringt mit einem Male die entsetzliche Eindeutigkeit. Dieses Schwert wird sich mitten im Volk JHWHs und unter seinen Fürsten austoben (V. 17). Die Klage des Propheten, seine zeichenhafte Handlung, in der er sich an die Hüfte schlägt, und das zweimalige »mein Volk« in der Gottesrede bringen in all den Schrecknissen des Gerichtes noch das Mitleiden Gottes und seines Propheten zur Sprache.

Die *zweite Strophe (VV. 19-22)* zeigt das Gerichtsschwert in Aktion. Dabei übt der Prophet mit seinem Händeschlag eine beschleunigende Wirkung auf das Schwert aus, dessen Leistung sich dadurch potenziert. Das große Morden und Schlachten, welches das Schwert vollführt, macht jeglichen Widerstand zunichte. Letztlich geschieht das Toben des Gerichtsschwertes, so die unerbittlich harte Aussage, auf den Willen JHWHs hin. Wie einst über Israels Feinde, so bringt er den Gottesschrecken nun über sein eigenes Volk. Dieses wird in panische Angst versetzt, sodass die Herzen verzagen (V. 20). JHWH selbst bringt das Schlachtschwert über die Stadt und ihre Tore (V. 20) und lässt es in alle Richtungen sich austoben (V. 21). Er, ja er ist es, der in die Hände schlägt (V. 22), um das Gericht bis zu seinem bitteren Ende wirken zu lassen, bis sein ganzer Grimm gestillt ist (V. 22).

Dieses Wort Ezechiels stammt wohl aus der letzten Zeit vor der Belagerung und Eroberung Jerusalems. Es lässt in die abgründige Rohheit und Grausamkeit hineinblicken, die mit dem Schwert des babylonischen Heeres über das Gottesvolk hereinbrechen werden. Es enthüllt im grausamen sich Austoben von Rache und Hass den richtenden Gott, der seinem Volk zum Feind geworden ist und gleichwohl von diesem Volk (V. 17: »meinem Volk«) nicht lassen kann und nicht lassen will.

4. Das Schwert des Königs von Babel 21,23-37

a. Der König von Babel am Scheideweg VV. 23-29

Das Schwert, das zuvor im Lied besungen worden war, erscheint nun in seiner geschichtlich konkreten Gestalt: als Schwert des Königs von Babel. Dieser wird das göttliche Gericht vollstrecken. In einer nur skizzenhaft wiedergegebenen Zeichenhandlung hat der Prophet die drohende Gefahr darzustellen. Zwei Wege gehen von einem Lande aus, von Babylon. Zwei entsprechende Wegzeichen weisen mit ihrer Aufschrift nach Rabba, der Hauptstadt der Ammoniter, und nach Jerusalem in Judäa. Sowohl Ammon wie auch Juda waren am Aufstand gegen Nebukadnezzar beteiligt und werden von diesem wegen Vertragsbruchs zur Rechenschaft gezogen. Beide Hauptstädte werden charakterisiert: Rabba als die Große und Jerusalem, analog dazu, als uneinnehmbare Feste. Diese Sicht Jerusalems, uneinnehmbar zu sein, dürfte die Auffassung großer Teile der Exulanten wie der Bewohner Jerusalems wiedergeben. War Jerusalem doch auf dem Zion fest gegründet (Ps 46; 48). Wie einst die assyrischen Truppen (2 Kön 18,13 – 19,37; Jes 36,1 – 37,38), so würden auch die babylonischen Heere unverrichteter Dinge abrücken müssen. Freilich war dieses Sicherheitsdenken mehrfach erschüttert worden (vgl. Mi 3,9-12; Jer 7,1-15; 26,1-19). Doch zog man es vor, sich an die vermeintliche Uneinnehmbarkeit der auf dem Zion erbauten Stadt Jerusalem und ihres Tempels zu halten.

Die Ausdeutung der Zeichenhandlung (VV. 26-28) zeigt den König von Babel im Augenblick der Entscheidung, gegen eine der beiden aufrührerischen Städte vorzugehen. An der Wegscheide angekommen, befragt er das Orakel (Schütteln der Lose, Befragung der Terafim, Leberschau), um den Willen seiner Götter zu erkunden. Das Los zeigt unbestreitbar auf Jerusalem, gegen das sich die kriegerischen Aktionen Nebukadnezzars und seiner Soldaten nunmehr richten. Als Werkzeug JHWHs bringt der babylonische König das Versagen und die Schuld des JHWH-Volkes in Erinnerung.

An der Gültigkeit und Unverrückbarkeit des Orakels ändert auch die Tatsache nichts, dass das JHWH-Volk das Losverfahren Nebukadnezzars als Lügenorakel disqualifiziert, das – so die voreilige Schlussfolgerung – nicht mit dem Willen JHWHs übereinstimme und damit ein wirkungsloser Gottesbescheid sei. Das Urteil, das der Prophet zu sprechen hat, richtet sich zunächst gegen das Volk, dessen Aufbegehren und Sünden offenbar werden (V. 29). Mit auffälligen Formulierungen wendet er sich dann gegen den Fürsten Israels (VV. 30-32).

b. Gegen den Fürsten VV. 30-32

Nach dem knappen Gerichtswort gegen das Volk (V. 29) wendet sich Ezechiels Anklage gegen dessen Repräsentanten, den Fürsten

Zidkija. Durch den Bundesbruch (vgl. Ez 17; s.o. Kommentar XI.) hat dieser nicht nur seinem Oberherrn Nebukadnezzar, sondern letztlich JHWH selbst die Treue aufgekündigt und somit sein Ende heraufbeschworen (vgl. Ez 7; s.o. Kommentar IV.). Damit hat Zidkija zugleich den Bereich des Schutzes und der Fürsorge verlassen, den sein Herr ihm, dem Vasallen, gewährte. Mehr als an den babylonischen König ist dabei jedoch an JHWH als den eigentlichen Schutzherrn gedacht. Der Bundesbruch von Ez 17, auf den hier verwiesen ist, macht die Untreue gegenüber dem babylonischen König zu einem Realsymbol der Untreue gegenüber den eigentlichen Oberherrn Zidkijas, gegen JHWH. Das politische Fehlverhalten verweist somit in seiner Tiefendimension auf das religiöse Fehlverhalten der Verantwortlichen Israels.

In kurzen, stakkatoartigen Sätzen wird die Strafe angesagt. Der Fürst Israels wird seiner Würde beraubt und entehrt: »Weg mit dem Turban, herunter mit der Krone!« Der hier angekündigte Umsturz der korrupten Ordnung und die Umkehrung der geltenden Maßstäbe – das Hohe wird niedrig, das Niedrige hoch – wird sich mit dem kriegerischen Eingreifen des babylonischen Königs sicher teilweise realisieren. Doch erschöpft sich die Aussage hierin nicht. Denn sie weiß neben der Zerstörung auch von einer Neugestaltung und Neuordnung. Das von JHWH gewirkte Ausmaß der Zerstörung (V. 32), das sich zunächst wohl auf Jerusalem bezieht (»Trümmer, Trümmer mache ich daraus ...«), dürfte nach den unmittelbar vorausgehenden, allgemein gehaltenen Aussagen (»das Niedrige wird hoch, das Hohe wird niedrig«) das bloße Schicksal Jerusalems und seines Fürsten überschreiten.

Die abschließende Formulierung »bis der kommt, dem das Recht / Gericht zusteht« greift auf die Segenszusage von Gen 49,10 zurück. Es ist denkbar, dass Ezechiel diese ursprüngliche Segenszusage aus dem Jakobssegen in eine Gerichtsansage umwandelte. Der babylonische König wäre in diesem Falle der Vollstrecker des Gerichts, das JHWH ihm übergibt (vgl. Ez 23,24b). Da der babylonische König jedoch sonst nie auf diese umständliche und ungewöhnliche Weise beschrieben wird, ist wohl eher auf eine nicht näher bekannte, zukünftige Gestalt verwiesen, durch die JHWH seinem Recht Geltung verschaffen wird (vgl. Jes 9,6; 42,1). »Ist aber der Kommende der Träger des Gottesrechts, dessen Verwirklichung ihm von Gott anvertraut ist, so weist auch die schwerste Katastrophe von der zu Trümmern zerschlagenen Welt nach vorwärts auf eine neue Aufrichtung der Gottesordnung. Wie diese möglich werden soll, wird nicht gesagt; es bleibt bei einer kurzen Anspielung, die das Ziel aller Gottesgerichte sicher stellt« (Eichrodt 200).

c. Zurück in die Scheide VV. 33-37

In einem letzten, wohl später angefügten Wort, wendet sich das Schwert Babels, nachdem es gegen Jerusalem gewütet hat, nun auch gegen die Ammoniter. Sie hatten sich einst mit Jerusalem gegen das Joch Babels aufgelehnt (21,23-25; 25,1-5.6-7), dann aber schmähend und schadenfroh den Niedergang Jerusalems mitverfolgt. Doch auch sie als schadenfrohe Zuschauer des göttlichen Gerichtes werden von eben diesem Gericht getroffen, dem sie, trotz ihrer eigenen Schuld, zu entkommen wähnten. Denn der Gott Israels ist der Herr auch über die Völkerwelt und offenbart sich ihr in seiner Größe und Macht. Er entlarvt im Gericht Überheblichkeit und schäbigen Spott über das Zusammenbrechen anderer als Lüge und Täuschung.

Dem Schwert des Königs von Babel, welches das Gericht auch an den Ammonitern zu vollstrecken hat, ist indessen nicht das letzte Wort. Das Schwert Babels wird – eine für Ezechiel ungewöhnliche Aussage – zurückbeordert an seinen Ausgangspunkt. Dort wird es selbst noch einmal dem Gericht JHWHs unterstellt und schließlich aus der Erinnerung getilgt. Dieses Urteil JHWHs über sein Gerichtswerkzeug, das in sich die Neigung trägt, sich zu verselbständigen und sich als Weltenherr zu gebärden (vgl. Jes 10,5-34), macht deutlich: Das von Gott kommende Gericht ist nicht ein blindes sich Austoben schicksalhafter Mächte. Es gründet vielmehr in Gottes Wort, das dem Gericht zugleich seine Grenzen setzt und gerade darin über das Gericht hinausweist.

XVI. Jerusalem – die verderbte Stadt 22,1-31

1. Hinführung

Ez 22 steht im Kontext der Kap. 21 – 24. Das Gerichtswerkzeug Babel kommt unausweichlich auf Jerusalem zu. Nicht blindes Schicksal und taubes Fatum ereignen sich hier, sondern von menschlicher Bosheit und göttlicher Gerechtigkeit herbeigeführtes Gericht. Nur auf dem Umweg über die »Ver-Nichtung« menschlicher Bosheit, welche die Lebenswelt Jerusalem in eine Gegenwelt zu Gott verwandelt hat, die sich JHWH entgegenstellt, kann ein Weg in eine neue Zukunft frei werden.

Eine Stadt der Gerechtigkeit sollte Jerusalem sein, eine Stadt, in der das Recht und die Weisung ihres Gottes zur Geltung kommen, damit die Wirklichkeit Gottes inmitten der Völkerwelt einen sichtbaren Ausdruck finde. Doch diese Stadt auf dem Berge treibt es schlimmer als die Heidenvölker ringsum (vgl. Ez 5,5). Aus der »treuen Stadt«, aus der »Burg der Gerechtigkeit« wird eine »Dirne«, eine »Zuflucht der Mörder« (Jes 1,21). Ezechiel bezeichnet dieses so entartete Jerusalem mit dem Ausdruck »Blutstadt«. Da nach der Sicht des Alten Testaments im Blut die Lebenskraft liegt (Gen 9,4; Lev 17,11.14; Dtn 12,23) und Blut somit nicht menschlicher Verfügbarkeit übergeben ist, sondern Gottes Eigentum bleibt, wird Jerusalem als »Blutstadt« nicht lediglich irgendwelcher singulärer Vergehen bezichtigt. Als »Blutstadt« qualifiziert hat Jerusalem den Herrschafts- und Wirkungsbereich seines Gottes mit Füßen getreten und ihn entehrt, ist also in Bereiche eingedrungen, die ihrer Verfügungsgewalt nicht übergeben sind.

2. Die Blutstadt 22,1-16

Wie zuvor schon in 20,2 wird Ezechiel aufgefordert »zu richten« und die »Gräuel kundzutun«. Galt das Gerichtswort in Ez 20 den Ältesten Israels und ihrer hartnäckigen Weigerung gegenüber Gott, so wendet sich das göttliche Urteil im Munde des Propheten nun gegen die als »Blutstadt« charakterisierte Hauptstadt Jerusalem. Schon Jesaja hatte den Einwohnern Jerusalems vorgehalten: »Eure

Hände sind voll Blut« (Jes 1,15). Der Prophet Nahum bezeichnet die heidnische Stadt Ninive in ihrem gottwidrigen und menschenverachtenden Verhalten als »Blutstadt« (Nah 3,1). Möglicherweise war auch dieses Wort gegen Ninive ursprünglich auf Jerusalem bezogen und wurde später auf Ninive übertragen (so etwa Jeremias, Kultprophetie; anders hingegen Deissler, Zwölf Propheten).

Ein doppeltes Vergehen wird Jerusalem angekreidet: das Vergießen von Blut und die Herstellung von Götzen. In beidem gibt die Stadt den vitalen Bezug zu Gott als bestimmender, das Zusammenleben begründender Größe auf. Sittliches und kultisches Versagen kommen aus dieser einen Wurzel: aus der Loslösung von Gott als Lebensgrund. So werden die tragenden Pfeiler jeglichen Lebens zerstört. Statt einander im Sinne der Weisung JHWHs Leben zu gönnen, wird der Mensch des Menschen Wolf (»Blutvergießen«). Der fehlende Gottesbezug findet seinen trügerischen Ersatz darin, dass der Mensch seine eigene Welt mit ihren Lebensbereichen vergötzt (»Götzen machen«). Durch diese Korruption des persönlichen und gesellschaftlichen Lebens lädt das Gottesvolk Schuld auf sich und verunreinigt sich. Es verliert sich in einen Bereich der Gottferne, »in eine Sphäre des Verderbens und der Verwüstung« (Zimmerli 508). Solches Fehlverhalten und der daraus geborene Unheilszusammenhang (»Blutstadt«) zieht das Unheil in Gestalt des Gottesgerichtes einem Magnet gleich an. Der kommende Gerichtstag (vgl. Ez 7) ist somit nicht blindes Schicksal, sondern durch den beständigen Missbrauch menschlicher Freiheit im Angesichte Gottes gewähltes und gewolltes Unheil. Wie ernst Gott als Herr der Geschichte diese unselige menschliche Option nimmt, durch welche die Stadt sich selbst ihr Ende bereitet, zeigt seine Antwort. Er gibt die Stadt, die den Ehrenplatz vor seinem Angesicht missachtete, dem Spott und der Schande preis – vor den Augen der gesamten Heidenwelt. Die Stadt, die gemäß dem göttlichen Plan groß und bedeutsam sein sollte, ist aus sich selbst, losgelöst von ihrer Wurzel, lediglich »die in der Zerrüttung Große« (V. 5; EÜ: »deine Bestürzung ist groß«), so der beißende Spott Ezechiels.

Die konkreten Anklagen in VV. 6-12 bringen keine minutiöse Bestandsaufnahme einzelner Vergehen, die in Jerusalem begangen worden sind. Sie legen vielmehr den Maßstab gesetzlicher Bestimmungen, wie sie sich in den großen alttestamentlichen Gesetzessammlungen finden, an das Verhalten der Stadt. Als Priesterprophet nimmt Ezechiel vor allem auf das Heiligkeitsgesetz, insbesondere auf Lev 18 – 20 Bezug, um die Verderbtheit Jerusalems aufzuzeigen. Das durchgehende Motiv »um Blut zu vergießen« (VV. 6.9.12) führt das Thema »Blutstadt« fort und zeigt, wie sehr in Jerusalem Gewalttat und Unrecht regieren.

Die Fürsten Israels (V. 6), denen die Wahrung des Rechts anvertraut ist, bauen auf ihre eigene Macht, statt sich auf JHWHs Arm zu stützen (vgl. Jer 17,5). Die Geringschätzung von Vater und Mutter (vgl. Ex 21,17; Lev 20,19; Dtn 27,16), die Ausbeutung des Schutzbürgers (vgl. Ex 22,20; 23,9.12), der Witwen und Waisen (vgl. Ex 22,21; Dtn 14,29; 16,11.14; 24,19.21; 26,12; Jer 7,6; 22,3) sprechen eine deutliche Sprache (V. 7): In Jerusalem wird das Recht Gottes und das Lebensrecht des Menschen mit Füßen getreten. Die Missachtung der heiligen Dinge und der heiligen Zeiten (vgl. Lev 19,30) zeigen gleich einem Seismographen, wie sehr in der zur Lebewelt gewordenen Lebenswelt Jerusalem der Sinn für das Göttliche und dessen Anwesenheit abhanden gekommen ist. Öffentliche Verleumdung (vgl. Lev 19,16; Spr 11,13; 20,19; Jer 6,28; 9,3; ferner: Mt 5,21-22) und Götzendienst (»Essen auf den Bergen«) gehen Hand in Hand und unterstreichen erneut die gegenseitige Abhängigkeit von Gottesbezug und der Qualität gesellschaftlichen Zusammenlebens.

Die Unordnung im Bereich der Sexualität (V. 10f.) zeigt an, dass auch der Raum der Familie zerrüttet ist und kaum mehr Schutz bietet. Ezechiel steht mit dieser Anklage nicht nur in der priesterlichen Tradition (Lev 18; 20), er kann auch auf seine prophetischen Vorgänger wie Amos (2,7), Hosea (4,2.13f.; 7,4) und Jeremia (5,7; 7,9; 9,1; 23,10; 29,23) zurückgreifen. Mit der Korruption in den Bereichen von Handel und Wirtschaft (V. 12), die so sehr von der Gier nach Geld und von der Sucht nach Gewinn bestimmt sind (vgl. dagegen Ex 23,8; Dtn 10,17; 16,19; 27,25), dass selbst der Mord als Mittel zum Zweck eingesetzt wird, nimmt Ezechiel einen letzten großen Ausschnitt aus dem gesellschaftlichen Leben in den Blick.

Alle diese verschiedenen Lebensbereiche stehen beispielhaft für die umfassende Dekadenz und Verlorenheit Jerusalems, die letztlich, wie Ezechiel betont hervorhebt, in ihrer Gottvergessenheit gründet: »Mich aber hast du vergessen, Spruch Gottes, des Herrn« (V. 12). Das Thema »Gottvergessenheit« findet sich im Ezechielbuch nur hier und in 23,35. Sehr ausführlich gebrauchen Hosea (2,15; 8,14; 13,6), Jeremia (3,21; 13,25 usw.) und das Buch Deuteronomium (6,12; 8,11.14 usw.) dieses Theologumenon.

Nicht so sehr bestimmter Einzelvergehen hat sich Jerusalem schuldig gemacht. Dieses auch. Der Hauptpunkt der Anklage lautet vielmehr: Jerusalem hat sich von Gott und von seiner Lebensordnung abgekehrt, hat seines Gottes vergessen und sich seinem Willen insgesamt verweigert.

Die göttliche Gebärde des Schlagens in die Hände (vgl. 6,11; 21,19) unterstreicht die Unerbittlichkeit des kommenden Gerichtes. Die Stadt und ihre Bewohner werden nicht bestehen können, sie werden vielmehr unter die Völker zerstreut, selbst wenn JHWHs Ansehen vor der Weltöffentlichkeit dadurch Schaden nimmt (V. 16). Doch nur eine Auflösung des Unheilszusammenhanges »Blutstadt« durch das göttliche Gericht macht den Weg zur Gotteserkenntnis frei. Diese jedoch führt bereits über das Gericht hinaus und weist in eine neue Zukunft.

3. Im Schmelzofen 22,17-22

Nachdem die Rede von der Blutstadt (22,1-16) die Verderbtheit der Stadt als Ganzer aufgezeigt hat, taucht Jerusalem unter einem neuen Bild auf: als Schmelzofen, in dem das Feuer des göttlichen Zornes einen Schmelzvorgang durchführen wird. Das Gerichtswort, das sich an Jes 1 anlehnt, diese Vorgabe aber neu gestaltet, beschreibt die heilsgeschichtlich-theologische Größe »Haus Israel« als Schlacke, d. h. als völlig unnützen und wertlosen Gegenstand. Wie das unnütze Rebholz in Ez 15 (s.o. Kommentar IX.), so wird hier das Gottesvolk, das an sich Silber, also kostbares Edelmetall sein sollte, als bloßes Abfallprodukt disqualifiziert. Einst war Israel aus dem Schmelzofen Ägypten (vgl. Dtn 4,20; 1 Kön 8,51; Jer 11,4) herausgeholt worden. Nun wird es in der Stadt Jerusalem, die gleich Ägypten zu einem Ort des Unrechts und des Unheils geworden ist, gesammelt. Dort wartet der göttliche Schmelzer darauf, sein schreckliches Gerichtswerk vollstrecken zu können. Die ehemalige Rettungserfahrung der Befreiung aus Ägypten wird nun zu einer Gerichtserfahrung ohnegleichen. Schon stehen die Truppen Nebukadnezzars bereit und schicken sich an, die Stadt einzunehmen und ihr grausiges Werk auszuführen.

4. Die Verderbtheit aller Stände im Volk 22,23-31

Dass das Gottesvolk wertlose Schlacke sei, mit dieser harten, vernichtenden Aussage hatte Ezechiel seine Landsleute auf das kommende, unausweichliche Gericht vorbereitet. Das Ez 22 abschließende Wort blickt wohl bereits auf das geschehene Unheil zurück. Alle Schichten des Volkes haben versagt, so die Reflexion Ezechiels. Sie alle haben ihren Anteil an der schrecklichen Verwüstung, die über Jerusalem und sein ganzes Gebiet gekommen ist. In seiner »Standespredigt« kann der Verfasser auf prophetische Vorbilder wie Micha (3,11), Jeremia (5,31), besonders aber auf Zefanja (3,1-8) zurückgreifen. Freilich übernimmt er ihre Botschaft nicht unbesehen, sondern er verleiht ihr die spezifisch ezechielische Färbung.

Mit dem Bild eines Landes, dem der Regen versagt ist und das somit zur Dürre, zum Tod bestimmt ist, setzt das Gerichtswort nach der eröffnenden Wortereignisformel ein: »Du (Jerusalem) bist ein Land, das nicht beregnet, das nicht benetzt wurde am Tag des Zornes.« Regen bedeutet in der Vorstellung des Alten Orients Fruchtbarkeit und Segen (vgl. Ez 34,26; Lev 26,4; Dtn 11,14), Dürre und Trockenheit hingegen Tod (vgl. Sach 14,17; Jer 14,1ff.). Der in der EÜ nach der griechischen Septuaginta wiedergegebene Text lautet im Hebräischen: »Du Land, das nicht gereinigt wurde ...«.

Die fünf angeklagten Gruppen werden angeführt von den Königen (V. 25), die typisch ezechielisch als Fürsten bezeichnet sind. Statt Hirten des Volkes zu sein, verhielten sie sich wie Raubtiere. Sie beschützten den ihnen anvertrauten Lebensraum nicht, sondern ketteten statt dessen das Chaos los und vermehrten das Unheil. Der eigenwillige und eigenmächtige Umgang der Priester (V. 26) mit der Weisung Gottes, die von ihnen betriebene Profanierung des Heiligen und ihre Weigerung, die für das Leben im Gottesvolk nötigen Grenzen zu ziehen (zwischen »heilig« und »profan« zu trennen, über »unrein« und »rein« zu informieren), und die heiligen Zeiten zu beachten (»meine Sabbate«): mit all diesem Fehlverhalten trugen die Priester wesentlich dazu bei, dass die Wirklichkeit Gottes im Gottesvolk entweiht wurde, d.h. als solche nicht mehr wahrgenommen werden konnte. Die Beamten (V. 27) als »Wölfe« haben es den Königen gleichgetan in ihrem grausamen Verhalten. Das Fehlverhalten der Propheten (V. 29), die sich in den Dienst der Lüge stellten und nicht die Wahrheit verkündeten, sondern den Erwartungen ihrer Hörer das Wort redeten, wird in Anlehnung an Ez 13 (s.o. Kommentar VII.3.), das Fehlverhalten des Landadels (V. 29) unter Rückgriff auf Ez 18 (s.o. Kommentar XII.) beschrieben.

JHWHs Suche nach Solidarität und nach fürbittendem Eintreten (vgl. 13,5) innerhalb des Volkes bleibt ohne Erfolg. So lässt er das Unheil sich auswirken und behaftet das Gottesvolk mit den Folgen seines Fehlverhaltens. Die Reflexion des Propheten will die Einsicht in die Legitimität des Gerichtes, in das Versagen aller Schichten des Gottesvolkes wie in die göttliche Gerechtigkeit vermitteln. Wo diese Einsicht zur Anerkenntnis des göttlichen Herrn und seines Gerichtes führt, kann aus der Erinnerung in das Geschehene ein neues Ja zur eigenen Gegenwart wachsen. Dies aber ist der Ausgangspunkt dafür, dass von Gott her eine neue Zukunft geschehen kann.

XVII. Die beiden treulosen Schwestern Ohola und Oholiba 23,1-49

1. Hinführung

Die Geschichte JHWHs mit seinem Volk hat Ezechiel immer und immer wieder beschäftigt. Neben einer nüchternen, systematisierenden Geschichtsdarstellung, wie sie in Ez 20 vorliegt, finden sich vor allem ausladende Bildreden (15; 16; 23), die das Rätsel des Bruches zwischen JHWH und seinem Volk Israel zu ergründen suchen. Die mitunter bis ins Obszöne gesteigerten, verletzend wirkenden Bilder wollen sichtbar machen, was unter dem Deckmantel angeblich vernünftiger politischer Handlungsstrategien tatsächlich, nämlich von JHWH her, geschehen ist und geschieht.

Die Bildrede von den beiden Schwestern Ohola und Oholiba erinnert in vielem an die Erzählung vom Findelkind in Ez 16. Die Verwandtschaft von Ez 23 zu Kap. 16 (s.o. Kommentar X.) erlaubt es, die Auslegung von 23 in geraffter Form vorzulegen. Während in Ez 16 die Aussage auf die Stadt Jerusalem bezogen ist, fasst Kap. 23 die Geschichte des getrennten Gottesvolkes, des Nordreiches Israel mit seiner Hauptstadt Samaria (Ohola) und des Südreiches Juda mit seiner Hauptstadt Jerusalem (Oholiba) ins Auge. Wie schon Kap. 16 wird auch Ez 23 einen längeren Wachstumsprozess hinter sich haben. An einen Grundbestand VV. 1-27*, der seinerseits im Laufe der Zeit weiter ausgeschmückt wurde – einen hypothetisch erschlossenen Grundtext ohne ausschmückende Zusätze bietet Zimmerli in seinem Kommentar auf S. 537f. –, wurden später verschiedene Fortschreibungen angehängt: VV. 28-30.31-34.35.36-49. Die folgenden Erläuterungen gehen dem Text in seiner Endgestalt entlang, ohne zwischen möglichen Vorstufen und späteren Bearbeitungen zu unterscheiden.

Dass JHWH als Gemahl seines Volkes gesehen wird, findet sich innerbiblisch erstmals bei Hosea, später bei Jeremia. Über diese beiden Propheten dürfte das Bild des göttlichen Bräutigams auf Ezechiel eingewirkt haben. Hinter Ez 23 steht mit großer Wahrscheinlichkeit Jer 3,6-11, wo Jeremia die Treulosigkeit Israels wie Judas anprangert.

Freilich malt Ezechiel seine Vorgaben zu einem »expressionistischen Gemälde« aus, dessen drastische und expressive Sprache erschrecken lässt. Deutlicher als in Ez 16 stehen hinter Kap. 23 konkrete politische Ereignisse: die Bündnispolitik des Nord- und Südreiches, die zu falscher Abhängigkeit von politischen Mächten führte. Dem Vertrauen auf diese menschlichen Größen und der zumindest teilweisen Übernahme ihrer Sinn- und Wertewelt aber folgte mit innerer Notwendigkeit eine Entfremdung und eine Loslösung von JHWH. Ohne JHWH aber verliert das Gottesvolk den Boden unter den Füßen und stürzt in sein Verderben (VV. 9.21.22f.40).

Die in VV. 1-27 angeprangerte Bündnispolitik, das Hin- und Herlavieren zwischen Assur, Babel und Ägypten spricht dafür, dass das wohl von Ezechiel selbst stammende Grundwort noch aus der Zeit vor 587 v.Chr. stammen dürfte.

2. Die gemeinsame Jugend 23,1-4

Das JHWH-Wort, das an Ezechiel ergeht, wendet sich zunächst nicht an eine Öffentlichkeit (dies gilt erst ab V. 22), sondern nur an den Propheten. In den beiden von einer einzigen Mutter abstammenden Frauen wird Ezechiel die Einheit des Gottesvolkes bewusst gemacht. Dass beide Schwestern zusammengehören, zeigt sich neben der Abstammung auch in ihrer gemeinsamen Geschichte. Diese nimmt ihren Anfang in Ägypten. Eine rätselhafte Solidarität in der Schuld kennzeichnet diese Geschichte (V. 3). Von Jugend an ist beider Lebensweg von der verhängnisvollen Neigung geprägt, sich in falscher Weise den Einflüssen der Umgebung, hier Ägyptens, auszuliefern.

Auch die Namen Ohola und Oholiba, die explizit auf Samaria und auf Jerusalem bezogen werden, unterstreichen lautmalerisch die Verwandtschaft beider Frauen. Über die Bedeutung dieser Namen ist viel gerätselt worden. Nach einer älteren, schon von Hieronymus vertretenen Auffassung, verweise Ohola »ihr (eigenes) Zelt in ihr« auf das sündige Nordreich mit seinem unrechtmäßigen Götzendienst, während Oholiba (»mein Zelt in ihr«) den legitimen Kult am Jerusalemer Tempel meine. Diese Deutung ist zwar umstritten, doch wird sie auch heute noch vertreten. Sie fügt sich sehr wohl in den Duktus des gesamten Kapitels ein.

Verschärft doch gerade die besondere Gegenwart JHWHs in Jerusalem das Versagen und die Schuld der jüngeren Schwester.

Die einleitenden Sätze führen zielstrebig hin zur Ehe JHWHs mit den beiden Schwestern. Diese finden in JHWH ihren Bezugspunkt (V. 4: »und sie wurden mein«; vgl. Ez 16,8: »und du wurdest mein«) und sind durch ihn mit reichlicher Nachkommenschaft gesegnet, ein Hinweis auf die Fruchtbarkeit, auf das Werden und das Wachsen des Gottesvolkes.

3. Die ältere Schwester – Ohola 23,5-10

Ezechiels Aufmerksamkeit wird zunächst auf die ältere Schwester Ohola gerichtet. Die Leidenschaft ihrer Jugend in Ägypten entartet vollends zur Gier, die sie von JHWH wegführt und den attraktiven jungen Liebhabern aus Assur in die Arme treibt. Nicht so sehr der Abfall von JHWH, sondern die Attraktivität, welche die jugendlichen assyrischen Kämpfer auf Ohola ausüben, steht im Vordergrund der Beschreibung. Das Nordreich Israel hatte sich im Laufe der Königszeit immer wieder auf Assur gestützt, um, geblendet vom militärischen Apparat der Großmacht, festen Halt und einen verlässlichen Grund in der Völkerwelt zu finden. Dass dabei auch die religiösen Vorstellungen und Werte Assurs in Israel Einzug hielten (V. 7b), Israel sich also durch die assyrischen Götzen verunreinigte (V. 7b), braucht nicht zu wundern. JHWH vollstreckt sein Gericht über Ohola (vgl. 2 Kön 17), indem er sie ihren so begehrten Liebhabern übergibt (V. 9; vgl. Ez 16,37.39). Diese verfahren mit ihr, wie Kriegsherren mit Besiegten umzugehen pflegen: Die Frauen werden entblößt vorgeführt, ihre Kinder als Sklaven verkauft, die Mütter hernach mit dem Schwert hingerichtet. In dieser sprachlichen Verdichtung wird das Ende des Nordreiches Israel mit der Eroberung seiner Hauptstadt Samaria (Ohola) als von JHWH vollstrecktes Gericht veranschaulicht.

Wie die erwähnte Verunreinigung durch den Götzendienst (V. 7b), so wurde wohl, in Vorwegnahme von V. 17 und in Anlehnung an Ez 16,15, auch das Schielen nach der anderen Macht, nach Ägypten, und das überzogene Vertrauen auf Ägypten, später ergänzt. Auch der abschließende V. 10b ist in Anlehnung an 16,39-41 als Abschluss des Schicksals Oholas vermutlich angefügt worden.

4. Die jüngere Schwester – Oholiba 23,11-27

Mehr als das Fehlverhalten der älteren Schwester wird das der jüngeren Oholiba beschrieben. Die Ausführungen über Oholiba sind besonders von Jer 3,6-11 beeinflusst. Vgl. Jer 3,7 mit Ez 23,11. In Anlehnung an das Verhalten Oholas wurden vermutlich VV. 12-14a als Nachtrag eingefügt.

Bereits ihr Name Oholiba – »mein Zelt in ihr« – weist auf eine besondere Gegenwart JHWHs und damit auf einen besonderen Vorzug hin. Statt vom Verhalten und Schicksal der älteren Schwester zu lernen, treibt es Oholiba indessen noch schlimmer als jene. Allein Wandzeichnungen (vgl. Jer 22,14; Ez 8,10) von chaldäischen Männern lösen in Oholiba eine Gier aus. Sie sendet Boten nach Babylon, um die Babylonier zum Liebeslager einzuladen (VV. 14b-17). Vermutlich spielt Ezechiel damit auf die Rolle Judas während der Zeit des Niedergangs des neuassyrischen Reiches an. Juda hatte damals Kontakt zur neu aufkommenden babylonischen Macht geknüpft, um von Assur frei zu kommen.

Auf die ersehnte Begegnung mit den neuen Liebhabern folgt jedoch sehr schnell die Ernüchterung. Liebessucht führt zu Überdruss und Abneigung. Es entbrennt die Sehnsucht nach dem früheren Liebhaber, nach Ägypten. Ezechiel karikiert damit wohl das Pokerspiel der Könige Jojakim und Zidkija, die das babylonische Joch im Vertauen auf ägyptische Hilfe abzuschütteln suchten. In drastischer und verletzender Sprache beschreibt Ezechiel Ägyptens politisches Agieren in Form sexueller Perversion (V. 20). So abstoßend diese Sprache auch sein mag, sie soll das perverse Verhalten Jerusalems und Judas gegenüber JHWH aufzeigen.

Die direkte Anrede Gottes an Oholiba (V. 22) bildet den Höhepunkt der gesamten Bildrede. Diese unmittelbare Anrede ist zugleich eine Gerichtsansage. Die so sehr begehrten Liebhaber kommen von allen Seiten. JHWH selbst führt sie herbei. Doch sie kommen, um das Urteil zu vollstrecken. Dabei gilt nicht das maßvolle Kriegsrecht Israels, das gewisse Grausamkeiten wie die Verstümmelung von Menschen nicht zulässt (vgl. Dtn 20), sondern das unerbittliche altorientalische Kriegsrecht. Das göttliche Gericht schließt damit, dass die Ägyptenhörigkeit Israels ein Ende nimmt. Im Gericht wird somit zugleich ein Loslösungs- und Befreiungsprozess wirksam. Über diesen Loslösungsprozess wird der Weg für das JHWH-Volk frei, sich neu dessen zu erinnern, dem es in Wahrheit zugehört: JHWH.

5. Ausmalende Fortschreibungen 23,28-47

Der Grundtext Ez 23,1-27* wurde durch mehrere Erweiterungen, meist unter Rückgriff auf Ez 16 und 23, mit verschiedenen Akzentsetzungen bearbeitet und aktualisiert: VV. 28-30.31.32-34.35.36-49.

VV. 28-30 bringen erneut eine Gerichtsansage über die Frau, verlassen aber die bildhafte Rede. Nach V. 29 erscheint Jerusalem bereits ausgeplündert und niedergemacht zu sein. Im Rückblick auf den Untergang dieser Stadt im Jahre 587 v.Chr. werden Schuld und Strafe neu bedacht. Die Ursache für die schwere Strafe, die Jerusalem getroffen hatte, bestand demnach darin, dass die Völker und ihre Götzen den Bezugspunkt für das Gottesvolk und sein Handeln bildeten, wie die Ausdrücke »huren« und »sich verunreinigen« zeigen.

VV. 31-34 nehmen erneut beide Schwestern in Blick. Sie verwenden das Bild des Unheilsbechers, den Oholiba wie zuvor ihre ältere Schwester zu trinken hat. Der Becher ist ein Bild für das den Menschen bzw. den Völkern zugewiesene Schicksal (Ps 11,6). Er kann sowohl Sinnbild für Glück (Ps 16,5; 116,13) als auch für Unglück und den göttlichen Zorn sein (Jer 25,15; Hab 2,16; zur Verwendung des Bildes vgl. ferner: Mt 20,22; 26,39; Offb 14,10). Während der göttliche Zornesbecher nach Jer 25,15.17.28 den Fremdvölkern zum Gericht gereicht wird, hat nach Ez 23,31.32-34 das Gottesvolk selbst diesen Becher des göttlichen Zornes bis auf den Grund zu leeren. Die ältere Schwester hat dies bereits getan, der jüngeren steht es bevor, diesen zweiten Becher bis zur Neige zu trinken. Das radikale Gerichtsgeschehen findet auch darin seinen Ausdruck, dass die Brüste, Zeichen der Lust und der Freude an den Liebhabern (V. 3), nun vom qualvollen und wilden Ringen und Schnappen nach Luft hin- und hergerissen werden. Es ist durchaus möglich, dass das Bildwort des Unheilsbechers VV. 31.32-34 von Ezechiel selbst stammt, allerdings erst später an die jetzige Stelle gefügt wurde.

Das eigenständige Gerichtswort von *V. 35* bringt das Versagen und die Schuld Oholibas unter dem Stichwort »Gott vergessen«

und, noch drastischer, ihn »hinter den Rücken werfen«. Die Strafe für das Vergessen und Verwerfen Gottes hat das Gottesvolk selbst verschuldet. Es verliert und verirrt sich im Dickicht der Völkerwelt (»Hurerei«, »Unzucht«).

Das abschließende und umfassende Gerichtswort greift disparates Material (vorwiegend aus Ez 16 und 23) auf, um die Volksgeschichte als einen Vorgang von *Schuld (VV. 36-44)* und *Strafe (VV. 45-49)* erneut zu reflektieren. In Anlehnung an Ez 16,2; 20,4; 22,2 ergeht an den Propheten der Auftrag, über die beiden Frauen das Urteil zu sprechen und ihnen ihre Gräuel kundzutun. Der Sündenkatalog umfasst Götzendienst (»Ehebruch mit Götzen«) und Blutschuld, insbesondere die Darbringung der eigenen Söhne und Töchter bei gleichzeitigem Gottesdienstbesuch im Heiligtum. Dies wiederum führt zur Verunreinigung des Heiligtums. Neben den heiligen Orten werden auch die heiligen Zeiten, die Sabbate, missachtet und entweiht.

Das Kommen der Liebhaber, zu denen Oholiba geschickt hatte (V. 16), schildern *VV. 40-44*. Die Frau badet und reinigt sich, sie deckt den Tisch und bereitet ein festliches Mahl mit wohlriechenden Ölen (vgl. Spr 7,14ff.). Die Liebhaber erscheinen zum Gelage und ehren die Frau mit ihrem Schmuck. Nach Ez 16,11ff. hatte JHWH selbst seiner Geliebten das Geschmeide angelegt. Oholiba hingegen sucht ihren Wert und ihre Würde nicht aus der Verbindung mit JHWH, sondern aus ihrer Abhängigkeit von den Weltvölkern, eine Treulosigkeit, die das Gericht herbeiführt.

Waren in Ez 16,37f. die Liebhaber zugleich die Gerichtsvollstrecker, so werden nach VV. 45-49 »gerechte Männer« das Gericht sprechen (V. 45) und die Ehebrecherin zusammen mit der Gemeinde (V. 46) steinigen, sie in Stücke hauen, ihre Kinder töten und ihren Besitz vernichten lassen (V. 47). Dieses radikale Gericht soll allen Frauen, d.h. wohl allen Weltvölkern, zu Ohren kommen. Diese lernen durch das negative Beispiel des Gottesvolkes und durch das Gerichtshandeln JHWHs. Sie werden sich vom Schicksal Israels abschrecken lassen und es dem Gottesvolk gerade nicht gleichtun. Israel selbst muss im Vollzug des Gerichtes realisieren, welche Macht wirklich in der Lage ist, den Gang der Geschichte zu bestimmen: JHWH – und nur Er.

XVIII. Jerusalem – das unbrauchbare Gefäß 24,1-14

1. Hinführung

Das Ezechielbuch ist von einem ganzen Netz genauer Datierungen durchzogen, welche die Bedeutung bestimmter Geschehnisse hervorheben. Die Eroberung und die Zerstörung Jerusalems ist das schicksalhafte Ereignis, das im Ezechielbuch einen Tief- und Wendepunkt in der Verkündigung des Propheten markiert. So ist es nicht verwunderlich, dass auch Ez 24 mit einer Datierung beginnt, die den Beginn der Belagerung, gleichsam den Anfang vom Ende, ankündigt.

Immer wieder hat die Eroberung und die Zerstörung Jerusalems mit der sich anschließenden Brandschatzung des Tempels zur Auseinandersetzung mit diesem Ereignis herausgefordert. In verschiedenen Bild- und Gleichniserzählungen kommt dieses für den gläubigen Israeliten unerhörte Geschehen zur Sprache. Das Nachdenken über Versagen und Schuld, über die rätselhafte menschliche Bosheit und Verderbtheit führt schrittweise zu einer Annahme des Gerichtes und zur Anerkenntnis des in diesem Gericht handelnden Gottes. Dieser Reflexionsprozess hat auch in der Niederschrift von Ez 24,1-14 seine Spuren hinterlassen. Verschiedene Bildworte mit dazugehöriger Ausdeutung werden ineinander und aneinander gefügt: ein Arbeitslied vom Kochen des Fleisches (VV. 3-5.9-10) und das Bild vom verrosteten Kessel (VV. 6-8.11-12), beides Bildworte, die geeignet waren, das anstehende Gericht über Jerusalem zu veranschaulichen.

2. »Gekochtes Fleisch« und »verrosteter Kessel« – Bildworte für das Gottesvolk 24,1-14

Mit einer genauen Datierung und dem Auftrag, den präzisen Tag des Wortempfanges festzuhalten, setzt das JHWH-Wort ein. Der Grund für dieses Wort: Wie eine erdrückende Last hat sich Nebukadnezzar mit seinem Heer auf Jerusalem geworfen, um die Stadt endgültig in die Knie zu zwingen. Es mag sein, dass das Datum aus 2 Kön 25,1 (vgl. auch Jer 52,4) nachträglich hier eingefügt bzw. von dort her abgeändert wurde. Nicht nur das Datum als solches jedoch, das in das Jahr 589 v.Chr. (17. 12. 589) weist, verdient Beachtung, sondern auch die Insistenz, mit der »eben dieser Tag« unterstrichen und auf die schriftliche Fixierung des Datums Wert gelegt wird (vgl. Jes 8,1-16; Hab 2,2-3). Auf diese Weise soll das in der Geschichte wirksame Handeln Gottes zum Ausdruck kommen. Zugleich dient die Datierung der Beglaubigung des Propheten und seiner Verkündigung. Gerade die Glaubwürdigkeit der prophetischen Botschaft hinsichtlich des kommenden Gerichtes wird später für die prophetische Heilsverkündigung fruchtbar gemacht.

Die Bedeutung gerade dieses Datums von 24,1 aufgrund des schrecklichen Verlustes der Stadt zeigt sich in der Folgezeit unter anderem darin, dass der zehnte Monat während des Exils zu einer Zeit des Fastens wird. Nach dem Exil findet, so Sach 8,19, die Zeit des Fastens ein Ende. Als Titus im Jahre 71 n.Chr. Jerusalem erobert und den Tempel ein zweites Mal zerstört, wird die alte Tradition des Fastens im zehnten Monat erneut aufgegriffen.

Das Gleichniswort, das der Prophet vorzutragen hat, richtet sich an das Gottesvolk, das typisch ezechielisch als »Haus der Widerspenstigkeit« bezeichnet wird. Damit tritt das Gottesvolk als degenerierte Größe ins Blickfeld, weil es sich JHWH, seinem Gott, verweigert.

Im Gleichniswort *VV. 3b-5* verwendet der Prophet ein ursprünglich vielleicht selbstständiges *Arbeitslied*. Es handelt von der Bereitung eines stattlichen Mahles. Ein großer Topf wird aufgestellt und mit Wasser gefüllt. Auserlesene Fleischstücke sollen gesotten werden. Knochen sorgen für eine schmackhafte Brühe. Auch die Holzscheite sind bereits aufgeschichtet.

Nach der farbenfrohen Beschreibung dieser Arbeitsvorbereitungen thematisieren *VV. 6-8* die *Schuld Jerusalems*. Das vorgegebene Bild des Kessels (V. 3) wird ausgebaut in das eines verrosteten Kessels, ein Bild für die Blutstadt Jerusalem (V. 6; vgl. Ez 22). Der Rost, der sich einer Krankheit gleich in das Metall hineingefressen hat, der festsitzt und sich nicht entfernen lässt, entspricht der Stadt. Diese ist todkrank aufgrund ihres Blutvergießens und des beständigen Unrechts, das ihr Wesen ganz und gar bestimmt.

Blut, das nicht mit Erde zugedeckt ist, findet keine Ruhe. Es schreit zum Himmel und fordert Vergeltung (Gen 4,10; Ijob 16,18). Blutvergießen bestimmt so selbstverständlich das Leben in Jerusalem, dass der Gedanke an Entsühnung für Unrecht gar nicht erst aufkommt. So schreit das unrechtmäßig vergossene Blut nach Rache und Vergeltung und erreicht sein Ziel. Gott selber ist es, der diese Vergeltung herbeiführen wird. Er selbst deckt das geschehene Unrecht auf. Er bewirkt, dass Unrecht als Unrecht genannt wird und dass die gerechte Vergeltung geschieht. So folgt mit innerer Notwendigkeit das göttliche Gericht.

Die sich anschließende *Gerichtsansage (VV. 9-14)* stellt zunächst fest (VV. 9-10a), bezugnehmend auf das Bildwort vom Kochen des Fleisches, dass Gott selbst der Koch ist, der das Feuer entzündet und Fleisch und Brühe zum Sieden bringt. Das Feuer, ein Bild für das göttliche Gericht, ist mit der Belagerung Jerusalems (VV. 1-2) bereits entfacht. Das Gericht ist damit allerdings noch nicht beendet. Der Kessel selbst bleibt, nachdem sein Inhalt zerkocht und verdampft ist, leer auf der Glut stehen, bis sein Rost ausgeschmolzen ist. Dieser Schmelzvorgang kann es freilich mit sich bringen, dass der gesamte Kessel, wenn sich der Rost nicht vorher löst, eingeschmolzen wird. Vermutlich blickt dieses letzte Bild auf das schonungslose Gericht zurück, auf den Untergang Jerusalems und das damit verbundene Unheil, das die schlimmsten Befürchtungen noch übertroffen hatte. Freilich, so der Verfasser, musste dieses schonungslose Gericht kommen (V. 14), weil die Wege und die Taten des Gottesvolkes dieses Gericht herbeizogen, denn das Gottesvolk war völlig degeneriert – zum »Haus Widerspenstigkeit« (V. 3a).

XIX. Der große Verlust 24,15-27

1. Hinführung

Propheten sind nicht in erster Linie Datenträger, die neue Informationen bringen. Ihre Botschaft ist performierende Rede. Ihre Worte verwandeln, sie bewirken Einsicht, sie drängen zur Umkehr, zur Hinwendung zu Gott. Nicht nur sein Wort, die gesamte Person des Propheten steht im Dienste dieser Verkündigung. Sein ganzes Leben, seine Existenz mit all den Geschicken und Widerfahrnissen, die sich darin ereignen, alles dies fließt in die Verkündigung ein und wird Teil der prophetischen Botschaft. So muss schon der älteste Schriftprophet, Amos, in Kauf nehmen, um seiner Verkündigung willen des Landes verwiesen zu werden (vgl. Am 7,10-17 und die spätere Vita prophetarum). Hosea hat in seiner Ehe die Beziehung des JHWH-Volkes zu seinem Gott darzustellen. Zur Botschaft Jeremias gehören wesentlich seine Einsamkeit, die Intrigen und Verfolgungen, die er um JHWHs willen zu tragen hat. Der Gottesknecht schließlich eröffnet im stellvertretenden Leiden einen neuen Weg – selbst noch für seine Spötter und Bedränger.

Auch Ezechiel ist, trotz seiner nüchternen, zum Teil harten Worte, persönlich mit seinem ganzen Leben in Dienst genommen. Die durchgehende Anrede »Sohn eines Menschen« verweist auf seine Niedrigkeit und Ohnmacht angesichts des göttlichen Auftraggebers. In symbolischen Zeichenhandlungen hat er die Schuld des Hauses Israels und Judas zu tragen (4,4-8). Er wird mit Lähmung und Stummheit geschlagen, hat unreine Speise zu essen, um die Unreinheit des Gottesvolkes darzustellen. Freilich sind im Ezechielbuch alle diese Erfahrungen des Propheten in JHWH-Rede gekleidet, sodass nicht zunächst das persönliche Schicksal und die Not des Propheten in den Vordergrund rücken, sondern der göttliche Auftraggeber und sein Wille, von dem her die Existenz des Propheten durchdrungen und bestimmt ist.

In Ez 24,15-27 wird das persönliche Leben des Propheten erneut zum Ausgangspunkt prophetischer Verkündigung. Der plötzliche Tod seiner Frau wird zum Zeichen für den großen Verlust, der dem JHWH-Volk Israel bevorsteht.

24,15-24

2. Der Tod der geliebten Frau 24,15-24

Zum ersten Male im Buch Ezechiel wird Ezechiels Frau erwähnt. Ezechiel war demnach verheiratet und wurde bei der ersten Eroberung Jerusalems 597 v.Chr. wohl zusammen mit seiner Frau verschleppt. Unmittelbar vor der zweiten Einnahme der Stadt, einige Zeit nach dem in 24,1 angegebenen Datum, stirbt seine Frau eines plötzlichen Todes.

Dieser plötzliche Tod wird Ezechiel kurz zuvor angekündigt. Der schreckliche Verlust – »Lust deiner Augen« wird die Frau bezeichnet (vgl. Klgl 2,4) – wird Teil der Botschaft Ezechiels. Er verweist auf den Untergang des Tempels von Jerusalem. Schon vor Ezechiel waren persönliche Erfahrungen von Propheten für deren Verkündigung dienstbar gemacht worden: Hos 1 – 3; Jes 7,3; 8,1-4.18; Jer 16,1-4. Wie die Ehelosigkeit Jeremias (16,1-4) und die damit verbundene Einsamkeit Zeichen des göttlichen Gerichtes sind, so auch der Verlust der Frau Ezechiels. Und wie zuvor schon Jeremia untersagt wird, an Trauerfeiern teilzunehmen (16,5), so wird auch Ezechiel untersagt, die üblichen Trauerbräuche zu vollziehen: lautes Klagen und Weinen, Kahlscheren des Hauptes und Bestreuung mit Erde, Verhüllen des Lippenbartes, barfuß Einhergehen, Trauerbrot verzehren. Alle diese vorgesehenen Trauerriten sind Ezechiel untersagt. Er hat statt dessen in innerer und äußerer Erstarrung zu verharren, Zeichen der Schreckensstarre, die das kommende göttliche Gericht über das Gottesvolk bringen wird.

Die kurze Notiz über den Tod der Frau (V. 18) und der Hinweis auf die sofortige Ausführung der göttlichen Weisung durch Ezechiel (vgl. 12,7; 37,7) vermeiden es, Gefühlsregungen zu erwähnen. In typisch ezechielischer Weise tritt der Prophet hinter den göttlichen Auftrag zurück. Auf die Rückfragen des Volkes (vgl. 12,9; 17,12; 25,5.12; 37,18) gibt Ezechiel die göttliche Gerichtsoffenbarung weiter. Der Tod seiner Frau verweist auf die Entweihung und die Zerstörung des Tempels, der als Zeichen der Hoffnung und als Garant der Sicherheit (vgl. 7,4.10; Ps 46) galt.

Doch nicht nur der heilige Ort wird entweiht, auch die in der Heimat lebenden Kinder der Exulanten werden vom Unheil getroffen und eines gewaltsamen Todes sterben. Die Angehörigen des JHWH-Volkes haben so in eigener Person zu erleiden, was der Prophet für sie mit dem Tod seiner Frau bereits durchlebt. Wenn sie in ihren Sünden »dahinsiechen« (4,17; 33,10; Lev 26,39), dann wird ihnen aufgehen, dass Ezechiel ein Zeichen für sie war. Der Prophet selbst wird, da seine Ankündigungen sich erfüllen werden, als Prophet beglaubigt und so die Angehörigen seines Volkes zur Erkenntnis Gottes führen.

3. Das Verstummen des Propheten 24,25-27

Mit einer weiteren Zeichenhandlung, dem Verstummen des Propheten, schließt der erste Teil des Ezechielbuches, die Gerichtsverkündigung, ab. Diese abschließenden VV. 25-27 üben innerhalb des Ezechielbuches eine Brückenfunktion aus. Sie greifen zunächst auf den unmittelbar vorausgehenden Text VV. 15-24 zurück und kündigen an, dass mit dem Fall Jerusalems die Stummheit des Propheten enden wird. Bis zum Fall der Stadt freilich muss der Prophet verstummen. Im Verstummen seines Propheten hüllt sich auch Gott ins Schweigen ein.

Zugleich weist der Abschnitt VV. 25-27 auf Ez 33,21-22 voraus. Dort heißt es, ein Flüchtling, ein Entronnener werde zu Ezechiel kommen, um ihm den Untergang der Stadt zu melden. Durch diese Nachricht werde sich die Zunge des Propheten wieder lösen und Ezechiel werde somit als authentischer Prophet JHWHs bestätigt. Dieses Ereignis markiert zugleich den Wendepunkt in der Verkündigung Ezechiels. Auf die Ankündigung des Gerichtes folgt die Ankündigung des neuen Heiles, das JHWH wirkt. Dieses kommende, neue Heil ist nicht weniger gültig als die zuvor verkündigte Gerichtsbotschaft. Der in der Geschichte handelnde Gott, der das Gericht herbeiführt, ist derselbe, dem eine Wende des Geschicks möglich ist. Eine solche Wende jenseits des noch ausstehenden Gerichtes wird in Ez 24,25-27 – wieder unter Hinweis auf Datierungen – bereits in Aussicht gestellt, freilich noch auf sehr verhaltene Weise.

Die spätere Buchredaktion hat das ursprünglich mit dem Untergang Jerusalems verbundene Verstummen Ezechiels, das das Ende seiner Gerichtsbotschaft markiert, bewusst an den Anfang seiner Verkündigung gestellt (vgl. 3,22-27; s.o. II.2.), um so die gesamte prophetische Existenz – Reden und Schweigen, Handeln und Erleiden – von Anfang an vom göttlichen Auftraggeber her zu deuten.

Ez 24,25-27 und 33,21-22 schlagen einen Bogen um die Fremdvölkersprüche Ez 25 – 32, die im Folgenden (NSK-AT 21/2) ausführlicher zu besprechen sind.

DRITTER TEIL

Anhang

I. Zur Wirkungsgeschichte

Da für die Kommentierung des Ezechielbuches zwei Bände (NSK-AT 21/1 und 21/2) vorgesehen sind, wurde im ersten Band eine ausführliche Einleitung in das gesamte Ezechielbuch, also auch für Band 21/2, verfasst. Entsprechend ausführlich soll am Ende des zweiten Bandes (Ez 25 – 48) die Wirkungsgeschichte des Ezechielbuches insgesamt zur Sprache kommen.

Folgende Texte aus Ez 1 - 24 sind als Perikopen für die Liturgie der verschiedenen Lesejahre und bei Gottesdiensten in besonderen Anliegen vorgesehen:

1,2-5.24-28c	Montag der 19. Woche (Jahr II)
1,28b – 2,5	14. Sonntag im Jahreskreis (LJ B)
2,8 – 3,4	Dienstag der 19. Woche (Jahr II)
3,16-21	Fest des hl. Johannes Maria Vianney am 4. August / Auswahltext für Hirten der Kirche / Auswahltext im besonderen Anliegen: Für den Fortschritt der Völker
9,1-8a; 10,18-22	Mittwoch der 19. Woche (Jahr II)
12,1-12	Donnerstag der 19. Woche (Jahr II)
16,1-15.60.63	Freitag der 19. Woche (Jahr II) – oder (als Alternative)
16,59-63	Freitag der 19. Woche (Jahr II)
17,22-24	11. Sonntag im Jahreskreis (LJ B)
18,1-10.13b.30-32	Samstag der 19. Woche (Jahr II)
18,21-23.30-32	Auswahltext im besonderen Anliegen: Um Nachlass der Sünden
18,21-28	Freitag der 1. Woche der Österlichen Bußzeit
18,25-28	26. Sonntag im Jahreskreis (LJ A)
24,15-24	Montag der 20. Woche (Jahr II)

II. Literatur zum Ezechielbuch und zum vorliegenden Kommentar

In der Kommentierung verwendete Kommentare werden nur mit Verfassernamen und Seitenzahl, Monographien und Aufsätze mit Verfassernamen, Kurztitel und Seitenzahl zitiert.

1. Kommentare

a. Für Leser ohne Hebräisch-Kenntnisse

J. *Becker,* Der priesterliche Prophet. Das Buch Ezechiel 1-24 (SKK-AT 12/I.), Stuttgart 1971.

A. *Deissler,* Zwölf Propheten II. Obadja, Jona, Micha, Nahum, Habakuk (NEB), Würzburg ²1984.

H. F. *Fuhs,* Ezechiel 1-24 (NEB), Würzburg 1984.

R. *Mosis,* Das Buch Ezechiel I (GSL.AT 8/1), Düsseldorf 1978.

b. Für Leser mit Hebräisch-Kenntnissen

L. C. *Allen,* Ezekiel 20-48 (WBC 29), Dallas 1990.

L. C. *Allen,* Ezekiel 1-19 (WBC 28), Dallas 1994.

D. I. *Block,* The Book of Ezekiel. Chapters 1-24 (NICOT), Grand Rapids (Michigan) / Cambridge (U.K.) 1997.

W. H. *Brownlee,* Ezekiel 1-19 (WBC 28), Dallas 1986.

W. *Eichrodt,* Der Prophet Hesekiel. Kap. 1-18; 19-48 (ATD 22,1; 22,2), Göttingen ⁴1977; ³1984.

G. *Fohrer / K. Galling,* Ezechiel (HAT I,12), Tübingen ²1955.

M. *Greenberg,* Ezechiel 1-20; 21-37 (AncB), New York u.a. 1983; 1997.

M. *Greenberg,* Ezechiel 1-20 (HThK.AT), Freiburg 2001.

K.-F. *Pohlmann,* Der Prophet Hesekiel / Ezechiel. Kap. 1-19; 20-48 (ATD 22,1; 22,2), Göttingen 1996; 2001.

W. *Zimmerli,* Ezechiel 1-24. 1. Teilband (BK XIII/1), Neukirchen ²1979.

2. Forschungsberichte

B. *Lang,* Ezechiel, der Prophet und das Buch (EdF 153), Darmstadt 1981.

J. *Lust (Hg.),* Ezekiel and His Book (BEThL 74), Leuven 1986.

F.-L. *Hossfeld,* Ezechiel und die deuteronomisch-deuteronomistische Bewegung in: W. Groß (Hg.), Jeremia und die deuteronomistische Bewegung (BBB 98), Frankfurt 1995, 271-295.

U. Feist, Ezechiel. Das literarische Problem des Buches forschungsgeschichtlich betrachtet (BWANT 138), Stuttgart 1995.

3. Einführungen und Einleitungen

F.-L. Hossfeld, Das Buch Ezechiel, in: E. Zenger u.a., Einleitung in das Alte Testament, Stuttgart u.a. ⁴2001, 440-457.

O. Kaiser, Einleitung in das Alte Testament. Eine Einführung in ihre Ergebnisse und Probleme, Gütersloh ⁵1984.

O. Kaiser, Grundriss der Einleitung in die kanonischen und deuterokanonischen Schriften des Alten Testaments. Band 2: Die prophetischen Werke, Gütersloh 1994.

W. H. Schmidt, Einführung in das Alte Testament, Berlin / New York ⁵1995.

W. Zimmerli, Ezechiel/Ezechielbuch, in: TRE X, Berlin / New York 1982, 766-781.

4. Weitere Literatur (Monographien und Aufsätze)

R. Blanchet u.a., Jeremia. Prophet in einer Zeit der Krise (Bibelarbeit in der Gemeinde 6), Basel / Zürich / Köln 1986.

C. Dohmen, Das Problem der Gottesbeschreibung im Ezechielbuch, in: J. Lust (Hg.), Ezekiel and His Book (BEThL 74), Leuven 1986, 330-334.

H. Gese, Ez 20,25f. und die Erstgeburtsopfer, in: H. Donner / R. Hanhart / R. Smend (Hg.), Beiträge zur Alttestamentlichen Theologie. FS Walther Zimmerli, Göttingen 1977, 140-151.

C. Hardmeier, Prophetie im Streit vor dem Untergang Judas. Erzählkommunikative Studien zur Entstehungssituation der Jesaja- und Jeremiaerzählungen in II Reg 18-20 und Jer 37-40 (BZAW 187), Berlin u.a. 1990.

F.-L. Hossfeld, Untersuchungen zu Komposition und Theologie des Ezechielbuches (FzB 20), Würzburg 1977.

F.-L. Hossfeld / I. Meyer, Prophet gegen Prophet. Eine Analyse der alttestamentlichen Texte zum Thema: Wahre und falsche Propheten (Biblische Beiträge 9), Fribourg 1973.

J. Jeremias, Kultprophetie und Gerichtsverkündigung in der späten Königszeit Israels (WMANT 35), Neukirchen 1970.

O. Keel, Jahwe-Visionen und Siegelkunst. Eine neue Deutung der Majestätsschilderungen in Jes 6, Ez 1 und 10 und Sach 4 (SBS 84/85), Stuttgart 1977.

O. Keel, Die Welt der altorientalischen Bildsymbolik und das Alte Testament. Am Beispiel der Psalmen, Darmstadt ³1984.

O. Keel / C. Uehlinger, Göttinnen, Götter und Gottessymbole. Neue Erkenntnisse zur Religionsgeschichte Kanaans und Israels aufgrund bislang unerschlossener ikonographischer Quellen (QD 134), Freiburg / Basel / Wien ²1993.

T. Krüger, Geschichtskonzepte im Ezechielbuch (BZAW 180), Berlin / New York 1989.

E. Kutsch, Die chronologischen Daten des Ezechielbundes (OBO 62), Freiburg / Göttingen 1985.

B. Lang, Kein Aufstand in Jerusalem. Die Politik des Propheten Ezechiel (SBB), Stuttgart ²1981.

B. Lang, Die erste und die letzte Vision des Propheten. Eine Überlegung zu Ezechiel 1-3, in: Bib 64 (1983) 225-230.

C. Levin, Die Verheißung des neuen Bundes: in ihrem theologiegeschichtlichen Zusammenhang ausgelegt (FRLANT 137), Göttingen 1985.

H. A. Meek, Die Synagoge. Deutsche Erstausgabe, München 1996.

R. Miggelbrink, Der Zorn Gottes. Geschichte und Aktualität einer biblischen Tradition, Freiburg 2000.

R. Mosis, Ez 14,1-11 – ein Ruf zur Umkehr, in: BZ 19 (1975) 161-194.

R. Nay, Jahwe im Dialog. Kommunikationsanalytische Untersuchung von Ez 14,1-11 unter Berücksichtigung des dialogischen Rahmens in Ez 8-11 und Ez 20 (AnBib 141), Rom 1999.

S. Ohnesorge, Jahwe gestaltet sein Volk neu. Zur Sicht der Zukunft Israels nach Ez 11,14-21; 20,1-44; 36,16-38; 37,1-14.15-28 (FzB 64), Würzburg 1991.

F. Sedlmeier, Studien zu Komposition und Theologie von Ezechiel 20 (SBB 21), Stuttgart 1990.

F. Sedlmeier, »Deine Brüder, deine Brüder ...«. Die Beziehung von Ez 11,14-21 zur dtn-dtr Theologie, in: W. Groß (Hg.), Jeremia und die deuteronomistische Bewegung (BBB 98), Frankfurt 1995, 297-312.

F. Sedlmeier, Gott erschüttert Gottvertrauen. Das Ringen mit dem babylonischen Exil im Ezechielbuch, in: Das Prisma. Beiträge zu Pastoral, Katechese & Theologie 9/2 (1997), 13-19.

H. Seebass, Art. *bāḥar*, in: ThWAT I, Stuttgart u.a. 1973, Sp. 592-608.

U. Struppe, Die Herrlichkeit Jahwes in der Priesterschrift. Eine semantische Studie zu k^{c}bôd YHWH (ÖBS 9), Klosterneuburg 1988.

E. Vogt, Untersuchungen zum Buch Ezechiel (AnBib 95), Rom 1981.

P. Weimar, Art. »Herrlichkeit Gottes«, in: LThK 5, Freiburg 1996, Sp. 21-23.

M. Weinfeld, Art. *kābôd*, in: ThWAT IV, Stuttgart u.a. 1984, Sp. 23-40.

C. Westermann, Art. *kbd*, in: THAT I, München ³1978, Sp. 794-812.

E. Zenger, Ein Gott der Rache? Feindpsalmen verstehen, Freiburg u.a. 1998.

III. Namen und Sachen

1. Abkürzungen

AnBib	Analecta Biblica
AncB	Anchor Bible
ATD	Altes Testament Deutsch
b.	ben (Sohn)
BBB	Bonner Biblische Beiträge
BEThL	Bibliotheca Ephemeridum Theologicarum Lovaniensium
BF	Botenformel
BK	Biblischer Kommentar
BSF	Botenspruchformel
Bib	Biblica
BWANT	Beiträge zur Wissenschaft vom Alten und Neuen Testament
BZ	Biblische Zeitschrift
BZAW	Beihefte zur Zeitschrift für alttestamentliche Wissenschaft
Chag	Chagiga
dtn	deuteronomisch
dtr	deuteronomistisch
dtn-dtr	deuteronomisch-deuteronomistisch
EdF	Erträge der Forschung
EF	Erkenntnisformel
EÜ	Einheitsübersetzung
FRLANT	Forschungen zur Religion und Literatur des Alten und Neuen Testaments
FS	Festschrift
FVS	Fremdvölkersprüche
FzB	Forschung zur Bibel
GSF	Gottesspruchformel
GSL.AT	Geistliche Schriftlesung. Altes Testament
HAT	Handbuch zum Alten Testament
Hg.	Herausgeber
HThK.AT	Herders theologischer Kommentar zum Alten Testament
LJ	Lesejahr
LThK	Lexikon für Theologie und Kirche
LXX	Septuaginta (griechische Übersetzung des AT)
MT	Masoretischer Text
NEB	Neue Echter Bibel
NICOT	New International Commentary on the Old Testament

NSK-AT	Neuer Stuttgarter Kommentar - Altes Testament
OBO	Orbis biblicus et orientalis
ÖBS	Österreichische Biblische Studien
P	Priesterschrift
QD	Quaestiones disputatae
Pg	Priester-Grundschrift
R.	Rabbi
SBB	Stuttgarter Biblische Beiträge
SBS	Stuttgarter Bibelstudien
SKK-AT	Stuttgarter Kleiner Kommentar - Altes Testament
SKK NT	Stuttgarter Kleiner Kommentar - Neues Testament
THAT	Theologisches Handwörterbuch zum Alten Testament
ThWAT	Theologisches Wörterbuch zum Alten Testament
TRE	Theologische Realenzyklopädie
TUAT	Texte aus der Umwelt des Alten Testaments
WBC	World Biblical Commentary
WEF	Wortereignisformel
WMANT	Wissenschaftliche Monographien zum Alten und Neuen Testament
ZAW	Zeitschrift für die alttestamentliche Wissenschaft

2. Abbildungen

Abb. 1: R. Blanchet u.a., Jeremia. Prophet in einer Zeit der Krise (Bibelarbeit in der Gemeinde 6), Basel u.a. 1986, 33.

Abb. 2: R. Blanchet u.a., Jeremia. Prophet in einer Zeit der Krise (Bibelarbeit in der Gemeinde 6), Basel u.a. 1986, 34.

Abb. 3: H. A. Meek, Die Synagoge. Deutsche Erstausgabe, München 1996, 77 oben (Ausschnitt).

Abb. 4: O. Keel, Jahwe-Visionen und Siegelkunst. Eine neue Deutung der Majestätsschilderungen in Jes 6, Ez 1 und 10 und Sach 4 (SBS 84/85), Stuttgart 1977, 173 (Abb. 113).

Abb. 5: O. Keel / C. Uehlinger, Göttinnen, Götter und Gottessymbole. Neue Erkenntnisse zur Religionsgeschichte Kanaans und Israels aufgrund bislang unerschlossener ikonographischer Quellen (QD 134), Freiburg / Basel / Wien ²1993, 71 (Abb. 65).

Abb. 6: Siehe Abb. 4, S. 214 (Abb. 166).

Abb. 7: Siehe Abb. 4, S. 225 (Abb. 177).

Abb. 8: Siehe Abb. 4, S. 262 (Abb. 189).

Abb. 9: O. Keel, Die Welt der altorientalischen Bildsymbolik und das Alte Testament. Am Beispiel der Psalmen, Darmstadt ³1984, S. 79 (Abb. 110).

3. Erläuterungen zu Namen und Sachen

a. Namen und Sachen

Apodosis	(Nach-) Satz in einem Satzgefüge, der auf einen vorausgehenden Bedingungssatz (→Protasis) folgt.
Ätiologie	(griechisch: *aitia* »Ursache, Grund«): In lehrhafter oder erzählerisch-anschaulicher Form gegebene Erklärung über die Herkunft und Entstehung eines religiösen Phänomens, besonders im Bereich des Kultes (Kultätiologie, z.B. Gen 28,1-11 [Heiligtum von Bet-El]; 32,33 [Hüftnerv]).
Chagiga	Traktat aus der → Mischna über die drei Wallfahrtsfeste
Dura Europos	Seleukidisch-römische Stadt, am rechten Ufer des Eufrat in strategisch wichtiger Lage erbaut, wurde 256 n.Chr erobert und zerstört. Bedeutsam vor allem für die jüdische und christliche Kunst. Eine mit figürlichen Szenen ausgemalte Synagoge (245-256 n.Chr.) stellt u.a. die berühmte Szene der Totengebeinvision aus Ez 37,1-14 dar.
Gemara	Bestand an Diskussion und Erläuterungen der späteren Rabbinen über die → Mischna. Bildet zusammen mit dieser den Talmud.
Gola	Bezeichnung für die im Exil lebende Gemeinde
Midrasch	Rabbinische Auslegung biblischer Bücher mit direkter Bezugnahme auf den biblischen Text (im Unterschied zum → Talmud).
Midrasch Rabba	Homiletisch ausgerichteter Midrasch zu den fünf Büchern Mose und zu den sog. »Fünf Schriftrollen« (Hld, Rut, Klgl, Koh, Est).
Mischna	(Wiederholung, Lehre): Einprägung der Lehre durch Wiederholung. Erste Gesetzessammlung des nachbiblischen Judentums, der besondere Autorität zukam. Zunächst mündlich überlieferter, aus der Bibel abgeleiteter Traditionsstoff, der später schriftlich fixiert wurde.
Protasis	Vorder- oder Bedingungssatz eines aus zwei Gliedern bestehenden Satzgefüges (→ Apodosis)
Septuaginta	Griechische Übersetzung des Alten Testaments
Shemot	Zweites Buch Mose (Exodus)
Talmud	(Hebräisch: »Studium, Lehre«): Hauptwerk des rabbinischen Judentums und autoritative Quelle für die Auslegung der Schrift und für die Lehre und Ausübung der Religion. Der Talmud besteht aus den beiden Teilen → Mischna und → Gemara.
Vita prophetarum	(Leben der Propheten): Frühjüdische Sammlung von Kurzbiographien über die 16 Schriftpropheten (einschließlich

Daniel) und über weitere Prophetengestalten wie Elija, Elischa, Natan usw. Die stark legendär ausgestalteten Erzählungen liegen nur in christlicher Bearbeitung vor und betonen das Lebenszeugnis und die Lebenshingabe der Propheten bis in den Tod (Martyrium).

b. Glossar verwendeter hebräischer Wörter

ādôn	Herr, Gebieter
bāḥar	wählen, erwählen
bāṭaḥ	vertrauen
bæṭæn	Leib, Inneres
bāmāh	Höhe (für Höhenkult an fremden Göttern)
bæn 'ādām	Sohn eines Menschen, Menschensohn
dāraš	suchen, fragen, sich erkundigen nach
gā'al	auslösen
g^{e}ullāh	Verwandtschaft, Einlösungspflicht von Verwandten
galgal	Radwerk (EÜ: Wirbel)
hôj	wehe
zākar	gedenken
jāda'	erkennen
kbd, kābed	schwer sein
kābôd	Herrlichkeit
lāken	deshalb, daher
lāqaḥ	nehmen, hinwegnehmen
mārad	abtrünnig sein
nāsā'	emporheben, wegheben
nb', nibbā'	prophetisch tätig sein
sôd	Kreis, Gemeinde
'āmad	(dienend) stehen, sich stellen
pāša'	sich empören, (von jemand) abfallen
rābāh	groß sein, zahlreich sein
ribbāh	groß ziehen, zahlreich machen
rûaḥ	Wind, Atem, Sturm, Geist
ra'aš	Erdbeben
šûb	umkehren
šālaḥ	senden
šem	Name
šāma'	hören
tô'ebāh	Gräuel